Paul Herrmann

Von der Finsternis ins Licht

atb aufbau taschenbuch

Paul Herrmann, geboren 1866 in Burg bei Magdeburg, studierte an der Universität Straßburg Deutsche Altertumskunde und Alte Sprachen. Nach jahrzehntelanger Beschäftigung mit dem deutschen Altertum, dem Studium von Mythologie und Sagengeschichte der germanischen sowie altnordischen Völker veröffentlichte er eine große Anzahl Bücher, die heute als Klassiker gelten. Für seine Forschung erhielt Paul Herrmann einen Preis der Preußischen Akademie der Wissenschaften. Er starb 1930 in Torgau.

Im Aufbau Taschenbuch liegt ebenfalls vor: »Vom Anfang und Ende der Welt. Deutsche Mythologie«.

Aus der heutigen Populärkultur sind Thor und Odin nicht mehr wegzudenken, doch woher kommen die zahlreichen Geschichten, die die Grundlage für unsere modernen Interpretationen der alten Sagen liefern? Paul Herrmann geht den nordgermanischen Mythen auf den Grund und nimmt uns mit auf eine Reise in einen Sagenschatz, der viel mehr bietet als die allseits bekannten Heldengeschichten: Eine vielschichtige Welt voll Zwergen und Riesen, Geistern und Walküren eröffnet sich. Strahlend die einen, verflucht die anderen, vollbringen sie ihre Taten und Untaten, göttlich und menschlich zugleich.

PAUL HERRMANN

VON DER FINSTERNIS INS LICHT

NORDISCHE MYTHOLOGIE

Herausgegeben
von Thomas Jung

atb aufbau taschenbuch

MIX
Papier aus verantwortungsvollen Quellen
FSC® C083411
www.fsc.org

ISBN 978-3-7466-3749-5

Aufbau Taschenbuch ist eine Marke der Aufbau Verlag GmbH & Co. KG

1. Auflage 2020

Im Aufbau Taschenbuch erstmals 1992 erschienen.
Gekürzte Fassung der Erstausgabe,
erschienen im Verlag von Wilhelm Engelmann, Leipzig 1903
Umschlaggestaltung und Motiv www.buerosued.de, München
Druck und Binden CPI books GmbH, Leck, Germany
Printed in Germany

www.aufbau-verlag.de

INHALT

VORWORT

Um Gehör bitte ich alle heiligen Menschenkinder,
Hohe und niedere Söhne Heimdalls.
Du willst, daß ich, Walvater, genau erzähle
Die alten Geschichten der Menschen, deren ich von
Anfang an gedenke.

Aus: »Völuspa«

Der Norden. Das fahle Licht der Mittsommernachtssonne und das ferne Leuchten des Nordlichts über den Fjorden, Gletschern und Hochebenen Norwegens, über den unendlichen Wäldern und zahllosen Seen Schwedens, über den Schärengürteln der südlichen Küstenstreifen, über Islands Vulkanen und Geysiren ... eine noch immer urwüchsige Natur und deren unbändige Gewalten der winterlichen Stürme, der reißenden Ströme und tosenden Wasserfälle. Hier ist die Heimat der Trolle und Riesen, der Zwerge und Elfen, des Hohen Gottes Odin und der Unterweltsgöttin Hel, hier wuchs einst die Weltesche Yggdrasil, wurden der Fenriswolf gefesselt und die Midgardschlange besiegt, hier wurde Baldr von Loki getötet und hier kam es schließlich zum Weltenbrand, der Götterdämmerung. Die Wikinger verunsicherten von hier aus die nördlichen Weltmeere, in den Tempelstätten wurden Ernte, Tiere und Menschen geopfert, es wurden Kriege geführt gegen die Kelten im Westen, gegen die Lappen im Nordosten und zwischen den einzelnen Stämmen und Königsfamilien. Doch nicht nur ein kriegerisches Volk, sondern auch ein von hohen Ehr- und Gerechtigkeitsbegriffen geprägtes Volk schuf sich unter dem rauhen nordischen Himmel vor vielen Jahrhunderten eine Religion, eine Welt voller heidnisch-mythischer Vorstellungen, sich die Naturgewalten zu erklären und ihr gesellschaftliches Zusammenleben religiös zu ordnen.

Zu einem Zeitpunkt, da andere Kulturkreise der südlichen und südöstlichen Hemisphäre bereits zivilisatorische und kulturelle Höhepunkte erreicht und teilweise überschritten hatten, zu einer Zeit, da in Mittel- und Südeuropa der christliche Glaube gefestigt und institutionalisiert war, entstanden im Norden militärdemokratisch organisierte Gesellschaftsformen mit germanisch-heidnischem Kultus. Mit der Vorstellung vom großen »Weltenbrand« allerdings war der sich immer prachtvoller entwickelnden mythischen Vorstellungswelt der Germanen deren Ende bereits eingeschrieben. Die aus der Götterdämmerung hervorgehenden neuen Götter brauchten sich in den Vorstellungen der nordgermanischen Völker kaum mehr zu entwickeln und dort festzusetzen, da jetzt, am Ende der heidnischen Vor-Zeit, auch hier die christliche Heilslehre Einzug halten würde.

Mit der Wiederentdeckung der »Deutschen Mythologie« von Paul Herrmann versuchte der Aufbau Taschenbuch Verlag einen ersten Schritt in unsere heidnisch-germanische Vorzeit zu tun. Damit war die deutsche, das heißt »südgermanische« Mythologie zunächst von der nordgermanischen abgekoppelt worden. Daß dies durchaus problematisch war, hängt mit den unterschiedlich schwer auffindbaren Quellen zusammen, die nicht immer nur die jeweilige Seite allein abdecken können. Vielfach berief sich der Autor der »Deutschen Mythologie« auf Quellen nordischer Kunde. Und so sind beide Texte als »Komplementärfassungen« zu lesen, sie ergänzen sich gegenseitig, verweisen aufeinander, sind jedoch auch einzeln als eine durchaus umfassende Darstellung des jeweiligen Glaubens und Brauchtums zu betrachten. Eine andere Quellensituation für die nordische Mythologie und die vorwiegend literarisch überlieferten Texte bedürfen einiger erläuternder Worte.

Zu Beginn unserer Zeitrechnung drangen nordgermanische Stämme, die teilweise noch an den Küsten der Nord- und Ostsee bzw. in Südschweden siedelten, verstärkt nach Norden vor. Die Goten verließen Skandinavien in Richtung Südeuropa. So stießen die Germanen auf Widerstand einzig bei den Lappen und anderen finnischen Stämmen, die sie aber weiter nach Nordosten bis auf das Gebiet des heutigen Finnlands zurückdrängten.

Runenschriften, entstanden um 400 n. Chr., sowie einige Lehnwörter im Finnischen sind die ältesten Zeugnisse von diesem Kontakt beider Sprachgemeinschaften. Erst bei der Besiedlung Islands durch norwegische »Emigranten«, Ende des 9. Jahrhunderts, galt es nochmals, den Widerstand der ursprünglichen Bevölkerung, diesmal einiger weniger Kelten, zu brechen. Mit Beginn des 8. Jahrhunderts und der Konstitution größerer territorialer Einheiten in Skandinavien, mit denen sich ein zentrales Königtum herauszubilden begann, ging die nordische Geschichte in ihre für unsere Betrachtung entscheidende Phase über. Nordische Geschichte zu dieser Zeit ist weitgehend gleichbedeutend mit norwegischer Geschichte; Norwegen nimmt bald schon und bis ins Mittelalter hinein einen beherrschenden und für die territoriale Einheit wichtigen Platz in ganz Skandinavien ein.

»Unsere« Geschichte beginnt im Jahre 872 mit König HARALD HARFARGI (Haarschön), der nach der gewonnenen Schlacht am Hafsfjord das norwegische Königreich neu begründet, die bisherige Verfassung aufhebt und damit den unabhängigen Volks- und Gaukönigen, den sogenannten Jarlsfamilien, ihre Macht entzieht und sie sich unterordnet. Kurze Zeit zuvor, zwischen 860 und 870, hatten drei beinahe zufällige Entdeckungsfahrten die »nahe« gelegene Insel Island gemacht. So ist es nur allzu verständlich, daß die freien Männer, denen ihre norwegische Heimat durch Haralds Militärmonarchie verleidet war, sich auf den Weg nach Island machten, gefolgt vom Kern der Bauernschaft, eine ruhige und freie

Heimat zu finden. An der Spitze der Unzufriedenen stand INGOLF ARNARSON, der 874 nach Island aufbrach und seine Niederlassung durch Zufall in der »Rauchbucht« gründete, dort, wo sich heute die Hauptstadt Reykjavik befindet. Im Verlaufe von 60 Jahren erhielt Islands eine nordische Bevölkerung, welche ihre Kultur aus der alten Heimat mit herüberbrachte. Eine isländische Republik wurde gegründet, die bis heute auf demokratische Weise vom Althing, einem Reichs- und Gerichtstag auf volksdemokratischer Basis, regiert wird. Bereits im Jahre 1000 wurde formal, einfach des Friedens und der Einheit des Landes wegen, die christliche Religion angenommen. Formal bedeutet, daß jedermann sich früher oder später taufen ließ, daß aber zugleich jede Inquisition in Glaubensfragen unterblieb und die alten germanisch-heidnischen Bräuche ungestört weitergepflegt werden konnten. Schon lange zuvor hatten Bischof Friedrich aus Sachsen und der gewalttätige Priester DANKWART aus Bremen versucht, in Island die christliche Heilslehre zu verbreiten, erst unter dem Einfluß des norwegischen Königs Olaf Tryggwason allerdings breitete sich das Christentum auf Island merklich aus.

Nur zögernd breitete sich zuvor auch in Skandinavien selbst das Christentum aus. Wohl war die neue Religion in Dänemark und Schweden in den zwanziger und dreißiger Jahren des 8. Jahrhunderts durch ANSGAR, einen Mönch des westfälischen Klosters Neu-Corbie, späteren Vorstand des neu gebildeten Erzbistums Hamburg-Bremen, genannt »Apostel des Nordens«, gepredigt worden, wohl hatte König HAKON DER GUTE (935–961) sie zu unterstützen versucht, aber erst OLAF TRYGGWASON (995–1000) und, nach seinem frühzeitigen Tode, OLAF HARALDSON, der Heilige (1015–1028), beförderten, teilweise mit Gewalt, eine schnellere Ausbreitung. In Dänemark tat KNUD DER GROSSE (1018–1035) und in Schweden ERIK DER HEILIGE (1150) ein gleiches. 1104 wurde in Lund in Schweden ein erster Erzbischofssitz für die drei nördlichen Reiche gegründet.

Die relative »Insellage« Skandinaviens, weitab von den geschichtlichen Ereignissen und Einflüssen Süd- und Mitteleuropas, wo sich der christliche Glaube bereits im 5. und 6. Jahrhundert durchzusetzen begann, ermöglichte es, den alten Glauben solange zu bewahren und rituell zu pflegen. Um die Jahrtausendwende, wo sich auch im Norden Macht und neuer Glaube zu arrangieren begannen, fingen die »Hofschreibern« nicht unähnlichen Skalden und zahlreiche Klosterschüler an den Stiftsschulen damit an, die alten Lieder, Sagen und Mythen niederzuschreiben. Gewiß waren diese »Intellektuellen« und Künstler einerseits geprägt von christlicher Bildung und christlichem Glauben, andererseits ließ sie ihr Traditionsbewußtsein gerade auf die »alten« Lieder zurückgreifen. Trotz mancher gegenwärtiger wissenschaftlicher Diskussionen ist weiterhin die Ansicht vorherrschend, daß diese Aufzeichnungen als von den Märchen und Mythen anderer Kulturkreise (mit denen in erster Linie die Wikinger auf ihren Weltreisen in Kontakt kamen), unberührt anzusehen sind. Fest steht, daß die eddische Dichtung ein Erzeugnis der Wikingerzeit ist, daß keines der Lieder vor dem 9. Jahrhundert aufgeschrieben wurde und daß diese Gedichte nicht nur geistige Erzeugnisse des gesamten Nordens sind, sondern auch allein dem norwegisch-isländischen Mythen-Stamm angehören. Lediglich einzelne Stücke der Skaldendichtung sind möglicherweise älter und von noch nicht christianisierten Dichtern aufgeschrieben worden. Zwischen Skaldendichtung und Volksverständnis klafft kein Riß, und die Skalden haben nicht eine neue Mythologie erfunden, gab es doch im 9. und 10. Jahrhundert noch keinen bedeutenden Kulturunterschied zwischen dem König, seiner nächsten Umgebung und dem Volke. Gerade die isländischen Sagas waren volkstümlich und dem Verständnis und Interesse der Bauern und Fischer ohne Einschränkungen zugänglich.

Die Wikingerzeit hat am meisten zur Auflösung des heidnischen Glaubens und zu seinem späteren Untergang beigetragen. Wenn die Nordleute mit anderen Völkern zusammenstießen und besiegt wurden, konnte leicht die Vorstellung entstehen, daß fremde Götter mächtiger wären als die eigenen, andererseits wuchs bei einem Sieg das Gefühl der eigenen Stärke und der eigenen Werte. An den alten Sitten und Gebräuchen, besonders an den Mahlzeiten und den großen Gelagen zu Ehren der Götter, hing man noch mit großer Zähigkeit, die innere Überzeugung, der Glaube an die Götter jedoch, schwand allmählich dahin. Viele der Wikinger, vielleicht die meisten, waren so etwas wie religiös gleichgültige »Freidenker« geworden. Diese isländische Gleichgültigkeit hat sich bis in spätere Zeiten hinein erhalten, und so war die Übernahme des Christenglaubens insgesamt eher ein kühler, vernünftiger Vorgang. Wie anders dagegen flammte der leidenschaftliche Fanatismus auf, als Drontheimer Bauern ihren Bekehrer HAKON I. überfielen, töteten und schließlich heidnisch bestatteten.

Zu den literarischen Quellen jener Zeit zählen neben den nicht sehr umfangreichen, zudem später entstellten und mißverstandenen Liedern der Skaldendichtung vor allem die Eddalieder. Die alte Skaldendichtung war nach Einführung des Christenglaubens zunehmend zur bloßen stilistischen Handwerksarbeit geworden, die früheren poetischen Bilder gerannen zu toten Metaphern. Die neueren Eddalieder hingegen zeichnen sich durch eine volkstümlichere Sprache, freie Metren und einfache, aber nicht unschöne Bilder aus. Auch sie sind das Werk von norwegisch-isländischen, allerdings unbekannten Skalden, zu datieren sind die frühesten unter ihnen in das 9. Jahrhundert. In der uns bekannten Form niedergeschrieben und gesammelt wurden sie jedoch frühestens zwischen 1240 und 1250. Der ursprüngliche Name der Liedersammlung ist nicht mehr bekannt, der Titel »Edda« gebührt nur SNORRIS Buch über die nordische Götterlehre und die Skaldenkunst, und der Titel wird als »Buch von Oddi« erklärt, dem Ort, an dem SNORRI die Stoffgrundlage der Sammlung vorfand. Die ursprüngliche »ältere Edda« besteht aus Götterliedern, gewidmet den Gruppierungen um den älteren Thor und den späteren Odin, sowie Heldenliedern, deren wichtigste die Nibelungenlieder sind. Eine spätere Liedersammlung SNORRIS bezeichnet man als »jüngere Edda«. Im Mittelpunkt des Streits um Herkunft und Reinheit der Eddalieder steht »der Seherin Weissagung« (Völuspa). Zwar ist der Text unter indirekter Beeinflussung durch das Christentum entstanden, der Inhalt versteht sich jedoch aus einem noch lebendigen heidnischen Volksglauben. Als das Verständnis für die alte Dichtung langsam erlosch und die mythologischen Ausdrücke vielfach rein schematisch angewandt wurden, ohne sich ihrer ursprünglichen Bedeutung noch recht bewußt zu sein, verfaßte obengenannter SNORRI STURLUSON (1178–1241) seinen Entwurf zu einem Handbuch zur Erklärung skaldischer, heidnischer Umschreibungen, eben die »Edda«. SNORRI war auf dem Gehöft seines Großvaters SÄMUND zu Oddi aufgewachsen und hatte sich in dessen historischer Schule schon in früher Jugendzeit mit dichterischen Versuchen befaßt. Manches aus der alten Götterwelt mag ihm unvertraut gewesen sein und deshalb begann er alles zu sammeln, was er zum Verständnis der alten Dichtung auffinden konnte. Sein skaldisches Handbuch besteht aus drei Teilen, deren erster eine schematische Übersicht in Gesprächsform über den alten Glauben ist, der zweite stellt eine Art Poetik dar, eine Anleitung zur Sprache und Ausdrucksweise des Skalden, bei dem dritten schließlich handelt es sich um ein Lobgedicht auf den norwegischen König HAKON HAKONARSON. Auch die isländische Geschichtsschreibung erlangt durch SNORRI ihren ersten Höhepunkt. Seine Sammlung von Biographien norwegischer Könige hat den Titel »Heimskringla« (Weltkreis), in der SNORRI die Ahnenreihe der norwegischen Könige bis auf Frey führt, sie beginnt mit der Ynglinga-Saga und endet mit dem Jahre 1177.

Ein älterer Zeitgenosse SNORRIS, SAXO GRAMMATICUS (geboren 1150), war Geistlicher und gehörte zur näheren Umgebung des Erzbischofs von Lund, ABSALON. Auf dessen Veranlassung schrieb Saxo die 16 Bücher seiner bis 1187 reichenden »Historia Danica«. Die ersten neun, für die Mythologie wichtigen Bücher sind die wahrscheinlich zuletzt geschriebenen. Außer einer Reihe mittelalterlicher Novellenstoffe und Märchenmotive, die er wohl dem Engländer LUCAS verdankt, sind SAXOS Quellen altdänische Volkssagen und isländische Sagensammlungen, deren Kenntnis ihm der Isländer ARNOLD THORWALDSSON vermittelt hat, der 1168 in Lund weilte.

Neben der Eddasammlung, SNORRIS Edda und SAXOS Chronik sind die isländischen Sagas als einheimische Quelle nordischer Mythologie zu erwähnen. Die ältesten unter ihnen sind gegen Ende des 12. Jahrhunderts, jedenfalls vor SNORRIS Buch, aufgezeichnet worden. Sie stellen Perlen der Erzählkunst dar, die eine Fülle kulturgeschichtlicher Stoffe bieten und ein unverzerrtes Bild nordgermanischen Lebens und Denkens zeichnen.

An ausländischen literarischen Zeugnissen ist wegen der geographischen Abgeschiedenheit Skandinaviens kaum etwas überliefert. Zu nennen wären die zwei Araber IBN DUSTAH und IBN FADHLAN, die zwischen 912 und 921 vom Kalifen MUKTADIR als Gesandte nach Norden geschickt wurden. Unter den Bekehrern verdient vor allem ADAM von Bremen Beachtung. Er schrieb bereits 200 Jahre vor SAXO als »magister scolarum Bremensis« im Auftrage seines Vorgesetzten, des Erzbischofs ADALBERT von Hamburg-Bremen, seine »Gesta pontificum Hamaburgensis« (ca. 1075), eine Geschichte und Geographie der dem Erzbistum untergeordneten Lande. Bremen war zwar seinerzeit das Zentrum deutscher Forschung zu Nordeuropa, da ADAM jedoch die Archivquellen der Bremischen Kirche nicht ausreichten, begab er sich persönlich zum Dänenkönig SWEN ESTRITHSON, der »die ganze Geschichte der Barbaren in seinem Gedächtnisse bewahrte, als wenn sie darin eingeschrieben wäre«. Er erhielt von diesem so ausreichend Kunde, daß er ihn als seinen Hauptgewährsmann bezeichnete.

Archäologische Zeugnisse können kaum ein klares, geschweige denn allseitiges Bild von vorgeschichtlichen religiösen Auffassungen der Nordgermanen geben, jedoch dienen sie als nützliche Ergänzung der kulturgeschichtlichen und sprachhistorischen Forschungen. Älteste Funde aus der Steinzeit sind Kreuz- und Radfiguren, die mit der Sonne in Verbindung gebracht werden, und kleine Streitäxte. Aus der Bronzezeit sind uns Felsenbilder in Schweden und Norwegen bekannt, in denen häufig das Hakenkreuz und die Triskele (ein dreiarmiges Kreuz) auftreten. Deren religiöse Bedeutung ist nach wie vor unklar: sind es Symbole des Blitzgottes oder der Göttertriade Odin, Thor, Frey? 1902 wurde im Trundholmer Moor ein Wagen aus der älteren Bronzezeit (um 1000 v. Chr.) gefunden, eine bronzene Scheibe, teils vergoldet, auf drei Paar Rädern, von einem zehn Zoll langen bronzenen Pferd gezogen: ein Sonnenbildnis, das den eddischen Mythos vom pferdegezogenen Sonnenwagen darstellt?

Erst die Runeninschriften auf Steinen, Metall- und Holzgegenständen sind als sichere Quellen zu bezeichnen. Die Worte der Fyrunga-Inschrift um 700 »Von Göttern stammende Runen schreibe ich ... wir zwei Weiber verfertigten das Weihtum zum Andenken« beweisen die »göttliche Herkunft« der germanischen Runen bzw. ihre zunächst ausschließlich religiöse Funktion.

Bekannt sind die zwei, inzwischen leider eingeschmolzenen Goldhörner von Gallehus (gefunden 1639 und 1734), von denen es jedoch genaue Abbildungen gibt. Auf beiden finden sich eine Reihe von Bildern, die unterschiedlich gedeutet werden. Stellen sie Walhall, Hel oder Odin mit seinen Gefährten dar? Eindeutige Zeugnisse der Vermischung von heidnischem und christlichem Glauben mögen dagegen die Kreuzwegmonumente in Northumberland, Cumberland, Schottland, Irland und auf der Insel Man sein. Auf ihnen finden sich nebeneinander oder vermischt Christussymbole und solche heidnischer Art, wie die Weltesche Yggdrasil (oder ist es der Baum des Lebens?) und nordgermanisch-mythische Tiersymbole (Drachen, vierfüßiger Vogel, Wolf, Einhorn u. a.). Das bekannteste Kreuz ist das Gosforthkreuz in Cumberland, auf dem der gefesselte Loki und seine Gemahlin Sigyn zu erkennen sind. Es stammt aus dem 9. Jahrhundert.

Auch Orts- und Personennamen sind sprachliche Zeugnisse. Sie beweisen die Verehrung einzelner Götter an bestimmten Stellen.

Die Volksüberlieferung in Märchen, Sagen und im Brauchtum spielt beim Erschließen alter Lebens- und Denkweisen eine wichtige Rolle, haben sich doch besonders in Skandinavien viele Traditionen bis heute fast vollständig in ihrer ursprünglichen Form erhalten, so zum Beispiel verschiedene Feste zu jahreszeitlichen Anlässen, wie das Sonnenwendfeuer (für uns »Südgermanen« besonders beeindruckend) und bestimmte uralte Sitten und Gebräuche im alltäglichen Leben auf Island, den Färöer- und Orkney-Inseln.

In erster Linie sind es jedoch die großartigen literarischen Überlieferungen, die eine nordische Mythologie vor unseren Augen erstehen lassen und uns in eine Zeit »vor unserer Zeit« zurückversetzen. Dabei sind nordische und gemeingermanische Mythologie keinesfalls so unkritisch zu vermischen, wie dies in den letzten Jahrzehnten des vergangenen Jahrhunderts geschehen ist, von den konservativ-nationalistischen Verklärungsversuchen mehrerer Autorengenerationen um und nach der Jahrhundertwende ganz abgesehen. Bei der Erklärung germanischer Vorgeschichte, die natürlich eine heroische zu sein und nicht im Weltenbrand ohne eine Götterdämmerung zu enden hatte, vermengten sich die Inhalte alter isländischer Sagas, die Eddalieder und bestimmte TACITUS-Episoden, überstrahlt vom Heldenmut deutscher Recken und so Idealbilder germanischen Heroentums schaffend. Allein die Falschübersetzung des Wortes »Ragnarökkr« mit »Götterdämmerung« anstelle des richtigen »Ragnarök« mit »Götterende bzw. -schicksal« hat den Hauptteil der Edda über lange Zeit entstellt und bei Generationen deutscher Forscher und Künstler (zum Beispiel RICHARD WAGNER) ein mehr oder minder falsches Bewußtsein ausgelöst.

Natürlich ist jede spätere Lektüre zugleich auch Interpretation durch den Lesenden, doch soll mit dem vorgelegten Text eine möglichst unverfälschte, objektive Darstellung erreicht werden. Textgrundlage ist wiederum die erste Ausgabe einer Veröffentlichung von PAUL HERRMANN. Sie stammt aus dem Jahre 1903 und ist fünf Jahre nach seiner »Deutschen Mythologie« erschienen, mit der er den Grundstein zu einer wissenschaftlich objektivierenden Trennung von nordischer/nordgermanischer und deutscher/südgermanischer Mythologie vorlegte.

Die Änderungen an der Textvorlage betreffen Passagen, die auf Grund zu großer, ohne wissenschaftliche Vorkenntnisse nur schwer zu überwindender Fremdheit wie auch aus Gründen der Wiederholung im laufenden Text gestrichen wurden. Das sowie geringfügige Veränderungen in Orthographie und Interpunktion erlauben wir uns der durchgängigen Lesbarkeit und der Allgemeinverständlichkeit wegen, ohne den Text dadurch jedoch seines wissenschaftlichen Anspruchs zu berauben.

Manches, was den Leser auf den folgenden Seiten erwartet,

mag ihm bekannt oder sogar vertraut erscheinen, das eine findet er in den Erinnerungen an die Märchen seiner Kindertage wieder, anderes mag ihn staunen machen: wie unsere gemeinsamen Vorfahren, gleich ob südlich oder nördlich der Ostsee lebend, dachten und welchen Göttern sie huldigten. Vergnügen und Erkenntnis möge dieses Buch nach so vielen Jahrzehnten all denen bringen, die sich unserer Vorgeschichte unbefangen und mit Interesse zuwenden.

Thomas Jung

I DER SEELENGLAUBE

1. Bedeutung des Todes für die Entstehung mythologischer Vorstellungen

Aus den reichen archäologischen Funden Skandinaviens kann die Wissenschaft eine Entwicklung der Vorstellungen von dem Leben nach dem Tode geben und die verzweifelten Versuche aufdecken, die man gemacht hat zur Lösung des ersten und letzten großen Problems, den Tod zu verstehen und sich mit dem Beweise seiner Herrschaft abzufinden, dem leblosen Körper. So verschieden wie die Begräbnisbräuche, so mannigfach sind die Anschauungen vom Jenseits. Erklärend und ergänzend treten für die spätere Zeit die literarischen Zeugnisse hinzu.

Das älteste germanische Grab der jüngeren Steinzeit, etwa im Beginn des 3. vorchristlichen Jahrtausends, ist eine kleine Stube, aus wenigen Tragsteinen errichtet, auf denen ein einzelner Deckstein ruht; an der Seite befindet sich eine Öffnung. In diesem Raume behielt der Abgeschiedene sitzend oder liegend den bescheidenen Hausrat seiner Wohnung zur Verfügung: irdenes Geschirr, Waffen und Schmucksachen der primitivsten Form. Neben den kleinen Stuben repräsentieren die großen, die sogenannten Riesenstuben die reinen Formen des Grabes in der Steinzeit; es sind Massengräber, die nicht selten 20–30, 70 und selbst 100 Leichen beherbergen, sehr geräumige Bauwerke, mehr einer Hausanlage als einer Stube vergleichbar, bald ärmlich wie die kleinen Stuben, bald wohlhabend und reich ausgestattet. Der Ruheort der Toten ist eine Nachbildung des Hauses der Lebenden. Der Grabbau soll den Toten schützen, damit er dadurch sein Leben gewissermaßen fortsetzen kann. Wenn der Leib erhalten blieb, ging die Seele nicht zugrunde; sie konnte sich für kürzere Zeit zwar entfernen, aber kehrte doch beständig zurück, und das Grab war ein Haus, in dem sie ihr Dasein fortsetzte. Die Beigaben, mit denen man den Toten für das Jenseits ausstattete, die primitiven Symbole, die die Grabsteine bedecken, bezeugen einen ausgebildeten Seelenglauben; ihn beweisen auch die Spuren von Feuer: an dem Lebenselemente, an Licht und Wärme sollte sich der Tote erfreuen.

Neben der Beerdigung war Verbrennung der Leichen üblich, namentlich in der nordischen Bronzezeit. Diese reicht mit ihren Anfängen bis in das 2. Jahrtausend v. Chr. zurück, und ihr Abschluß fällt etwa in das 4. Jahrhundert v. Chr. Die Sprache zeigt, daß Leib (Leben) das »Dauernde« ist, während altgermanisch lik-hamo nur die Umhüllung bedeutet, die für die Existenz des »Dauernden« nicht wesentlich ist. Dieser Gegensatz zwischen dem Leben und der Leiche lehrt, daß der Glaube an die Unsterblichkeit der Seele wandellos derselbe blieb, ob die »Hülle« verfaulte oder verbrannt wurde. Mit der Sitte, die Leiche zu verbrennen, ändert sich das Grab: es wird in der jüngeren Bronzezeit klein und kleiner, wird zu einem viereckigen Behälter, der gerade zur Aufnahme verbrannter Gebeine ausreicht, oder diese werden in einem Tongefäße niedergelegt. Schließlich sind die Überbleibsel in einem Holzkistchen oder ohne jede Umhüllung der Erde anvertraut. Darum ist das Grab jetzt nicht mehr wie das Wohnhaus ausgestattet, denn es war als solches nicht mehr gedacht und gebaut; darum kommen Arbeitsgerät und Werkzeug in den Gräbern fast gar nicht vor. Man hat den Glauben verloren, daß der eigentliche Körper fortlebt, dafür ist die edlere Vorstellung aufgekommen, daß nur die Seele nach dem Tode fortdauert. Nach der Verbrennung des Leibes und Vernichtung der liebsten Besitztümer des Verstorbenen im Feuer hielt keine Haft die Seele mehr im Diesseits fest: so sorgte man für die Toten, die nun nicht mehr ratlos umherschweifen, aber noch mehr für die Lebenden, denen die Seelen nie mehr begegnen konnten. Trotzdem hielt man an dem altehrwürdigen Brauche fest, auch nachdem er sinnlos geworden war, die Seelen mit Speise und Trank zu laben: aber was früher zum wirklichen Gebrauche des Toten bestimmt war, ward jetzt mehr als Andenken und Liebeszeichen aufgefaßt. Eine neue Stufe des Glaubens bezeichnet dann die Vorstellung, daß die Totengaben, zusammen mit dem Toten verbrannt, diesem ins bessere Jenseits folgten und dort ihm nützlich wären. Diese Behandlung der Grabbeilagen ist im Norden bis zum Ende der heidnischen Zeit festgehalten: ein jeder wird in Walhall besitzen, was auf seinen Scheiterhaufen gelegt wird.

In der Eisenzeit (die ältere reicht vom 4. Jahrhundert v. Chr. bis zum 5. Jahrhundert n. Chr., die jüngere von da bis zum 10. Jahrhundert n. Chr.) verbreitet sich zugleich mit den römischen Einflüssen die Sitte der Bestattung unverbrannter Leichen. Obwohl die Leichenverbrennung keineswegs aufhört, nehmen die Begräbnisse doch mehr und mehr überhand. Aber es handelt sich in diesem Falle nur um Aufnahme ausländischer Mode. Neben der Hügelbestattung finden sich unterirdische Begräbnisstätten. Die Gräber liegen meist einzeln, die Leiche ruht in einem Holzsarge, der mit Winkelbändern und Eisennägeln verbunden und mit Tragringen versehen ist. Zuweilen liegen die Leichen in stattlich gezimmerten Holzkammern teils auf gestopften Kissen, teils sitzen sie auf Stühlen. Der Tote wurde bekleidet und geschmückt beigesetzt, umgeben von Speise und Trank, Spielsteinen und Würfeln, wie bei einem Festmahle. Man dachte sich also das Dasein im Jenseits als ein Leben in bloßem Genusse. Von kriegerischem Leben und Siegen, Taten und Ehren war nicht die Rede. Darum legte man dem Toten auch keine Waffen bei.

Erst vom 5. Jahrhundert an bis in die Wikingerzeit hinein

gab man ihm seine ganze Waffenrüstung mit ins Grab. Die Gebräuche, die im Walhallglauben ihre Verklärung gefunden haben, gehen also anscheinend nicht über das Jahr 500 hinaus, reichen aber weit über das Jahr 840 zurück, wo zuerst nähere Berührungen zwischen den heidnischen Nordleuten und den Christen in England und Irland stattfanden. Das kriegerische Leben der großen Wanderungen der Nordgermanen, die Heerkönige, die Schildmädchen und ihre Gefolgschaft können darum nicht das Vorbild des Walhallmythos sein. Es ist die bedeutungsvolle Übergangszeit, wo der Norden von den Deutschen die Runenschrift, die Nibelungensage und die Wodansverehrung übernahm, wo der nordische Götterglaube hauptsächlich in Norwegen ausgebildet wurde. Sein kriegerisches Gepräge war ihm durch die Kämpfe mit den Finnen und Lappen aufgedrückt, nicht erst durch die Wikingerzüge: Thors Fahrten nach dem Osten und seine Kämpfe mit den dort hausenden Riesen spiegeln diese Zeiten wider, nicht die Wikingerfahrten nach dem westlichen Europa im neunten Jahrhundert. Die Sitte, den Toten mit Speise und Trank zu bestatten, ist allerdings vom Walhallglauben verschieden, darf aber, da es sich bei diesen neuen Bestattungsgebräuchen nicht um einheimische Bildungen handelt, gegen das Alter von Walhall nicht angezogen werden. Um dieselbe Zeit, spätestens im siebenten bis achten Jahrhundert, ward auch der Seelenwanderungsglaube aus der Fremde im Norden eingeführt.

In der Wikingerzeit traten Speise- und Trankgeräte in der Grabausstattung ganz zurück. Außer dem Streithengst und Pferdegeschirr zum Fahren hat auch der Hund und Falke bisweilen seinen Herrn auf der Reise ins Jenseits begleitet. Wie das kriegerische Leben des Wikings durch den Tod keine Unterbrechung erlitt, so folgte dem kühnen Seehelden auch sein gutes Schiff. Zu der Reise ins Land der Hel mußte der Tote über das Wasser fahren. Von den Schiffsbestattungsfunden ist der von Gokstad nahe am Sandefjord im südlichen Norwegen am berühmtesten, etwa vom Jahre 900. In einer Grabkammer unmittelbar hinter dem Maste ist der tote Häuptling mit seinen Waffen niedergelegt; mit ihm zusammen waren zwölf Pferde, sechs Hunde und ein Pfau begraben. In dem Grabhügel bei Tune nahe Frederiksstad ist ein Mann mit seinen Waffen und zwei Pferden in seinem Schiffe beigesetzt. Nur in Dänemark sind solche von Hügeln bedeckte Schiffsgräber nicht nachgewiesen.

Zum Gedächtnis und zu Ehren des Toten wurden oft Bautasteine (d.h. lange, spitze Steine zum »Stoßen« oder Steine zum Andenken eines »Getöteten«) und Runensteine errichtet; sie vertreten die Leichen- oder Re-Bretter Deutschlands, die Namen, Geburts- und Todestag des Verstorbenen enthalten. Schon die Bronzezeit kannte unbehauene Bautasteine auf dem Gipfel eines Grabhügels. Die Steine mit Runeninschriften scheinen von 500 an aufgekommen zu sein; gegen Ende der heidnischen Zeit begegnen sie zahlreich und sind ausschließlich auf oder bei Gräbern sichtbar aufgestellt.

Die Runeninschriften mit den älteren Runen und die nordischen Königsnamen im Beowulf zeigen, daß vor dem Jahre 500 bei der Namengebung das Variationsprinzip geherrscht hat, d.h. das Bestreben, innerhalb der Familie bereits vorhandene Namen durch Kombination mit anderen, ebenfalls schon vorhandenen, und allenfalls auch mit Benutzung der Alliteration zu individualisieren. Aber mit dem Glauben an die Seelenwanderung kam die Sitte auf, dem Neugeborenen den vollen unveränderten Namen eines verstorbenen Angehörigen und zumal des Vaters beizulegen, wenn dieser bereits gestorben war: mit dem Namen sollte dieser in dem Neugeborenen weiterleben.

Noch jetzt ist in Norwegen die Meinung, wenn eine schwangere Frau von einem Verstorbenen träumt, daß dieser »nach dem Namen gehe«, d.h. sich einen Namensvetter suche.

Das Kind wird dann nach ihm genannt, weil es Glück bringt; wenn es ein Mädchen ist und der Tote, von dem sie geträumt hat, ein Mann, so wird der Name verändert: Lars wird Larine, Iver wird Ivrine. – Erst seit dem Übertritte zum Christentum fing man an, dem Kinde allenfalls auch den Namen eines noch lebenden Angehörigen zu geben.

Wichtige und reiche Auskünfte über die Begräbnisgebräuche und die damit verbundenen Vorstellungen der letzten Zeit des Heidentums geben die schriftlich überlieferten Zeugnisse. Den ältesten historischen Bericht verdanken sie dem Araber IBN DUSTAH:

Stirbt ein hervorragender Mann, so machen sie ihm ein Grab in Gestalt eines großen Hauses, legen ihn hinein, und mit ihm zusammen legen sie in dasselbe Grab seine Kleider, sowie die goldenen Armbänder, die er getragen, ferner einen Vorrat Lebensmittel und Gefäße mit Getränken und Geld. Endlich legen sie das Lieblingsweib des Verstorbenen lebendig ins Grab, schließen den Zugang, und die Frau stirbt so darin.

IBN FADHLAN erzählt: Ist ein armer Mann gestorben, so bauen sie für ihn ein kleines Schiff, legen ihn hinein und verbrennen es. Beim Tode eines Reichen aber sammeln sie seine Habe und teilen sie in drei Teile. Das eine Drittel ist für seine Familie, für das zweite schneiden sie ihm Kleider zu, für das dritte kaufen sie berauschend Getränk, um es an dem Tage zu trinken, wo die Sklavin sich dem Tode preisgibt und mit ihrem Herrn verbrannt wird. – IBN FADHLAN beschreibt aus eigener Anschauung die Bestattung eines Häuptlings: Sie brachten eine Ruhebank, stellten sie auf das Schiff und bedeckten sie mit wattierten, gesteppten Tüchern, mit griechischem Goldstoff und mit Kopfkissen von demselben Stoffe. Dann zogen sie den Toten in dem Leichentuche, in dem er gestorben war, aus dem Grabe heraus, wo er bisher gelegen, bekleideten ihn mit Unterbeinkleidern, Oberhosen, Stiefeln, einem Kurtak und Kaftan von Goldstoff mit goldenen Knöpfen und setzten ihm eine goldstoffne Mütze auf, mit Zobel besetzt. Darauf trugen sie ihn in das auf dem Schiffe befindliche Gezelt, setzten ihn auf die mit Watte gesteppte Decke, unterstützten ihn mit Kopfkissen, brachten berauschende Getränk, Früchte und Basilienkraut und legten das alles neben ihn. Auch Brot, Fleisch und Zwiebeln legten sie vor ihm hin. Hierauf brachten sie einen Hund, schnitten ihn in zwei Teile und warfen die ins Schiff, legten des Toten Waffen ihm zur Seite, führten zwei Pferde herbei, die sie so lange jagten, bis sie von Schweiß troffen, zerhieben sie mit ihren Schwertern und warfen das Fleisch ins Schiff. Alsdann wurden zwei Ochsen herbeigeführt, zerhauen und ins Schiff geworfen. Endlich brachten sie einen Hahn und ein Huhn, schlachteten auch die und warfen sie ebenfalls da hinein. Nachdem dann das Mädchen getötet war, das sich dazu erboten hatte, zündete der nächste Anverwandte des Verstorbenen Holz an, ging rückwärts zum Schiff und steckte das ins Schiff gelegte Holz in Brand. Auch alle übrigen schleuderten Holz in die Flammen, bis das Schiff hell loderte. Da blies ein fürchterlicher Sturm, wodurch die Flamme verstärkt und die Lohe noch mehr angefacht wurde. Während die Araber den, der ihnen der geliebteste und geehrteste ist, in die Erde werfen, wo ihn die kriechenden Tiere und Würmer fressen, verbrennen sie ihn in einem Nu, so daß er unverzüglich und sonder Aufenthalt ins Paradies eingeht. Nachdem das Schiff, Holz und Mädchen verbrannt waren, führten sie einen runden Hügel auf, errichteten in dessen Mitte ein großes Holz und schrieben den Namen des Verstorbenen darauf.

Die altnordische Literatur unterscheidet das Brennzeitalter und Hügelzeitalter. Das Brandalter war das älteste, da wurden die Toten verbrannt, und man feierte sie durch Errichtung von Bautasteinen. Das Hügelalter sollte in Dänemark entstanden sein und sich namentlich dort verbreitet haben, während beide Bräuche nebeneinander in Norwegen und Schweden bestanden.

König HRING setzt nach der Brawallaschlacht die Leiche des HARALD HILDETAN auf seinen Wagen, läßt sie den Hügel hineinführen und legt noch seinen eigenen Sattel zu dem Toten, damit dieser nach eigener Wahl nach Walhall reiten oder fahren könne. Nach anderer Überlieferung wird HARALD mit seinem Schiffe verbrannt, während die Edlen um den Scheiterhaufen gehen und Waffen, Gold und das Kostbarste, das sie haben, in die Flammen werfen. König HAKI hatte zwar seine Gegner geschlagen, war aber selbst zum Tode wund. Da ließ er sein Schiff voll Toter und Waffen laden und sich selbst auf einen Scheiterhaufen in die Mitte legen. Als er verschieden, warf man Feuer hinein, richtete das Steuer, zog die Segel auf, und brennend trieb das Schiff mit der Leichenladung in das Meer hinaus.

Dem Toten gebührte von Rechts wegen ein Anteil am eigenen Nachlasse als Ausstattung für das Leben im Jenseits. In dem arabischen Berichte vertritt das Drittel, für das dem Toten Kleider zugeschnitten werden, den Totenteil, das zweite gebührt den Kindern, das dritte der Witwe. Der Totenteil bestand aus der Fahrnis, die mit ihm verbrannt und begraben wurde, nicht nur aus Geld und Gut. Was dem Toten mitgegeben wird, soll ihn nach Walhall begleiten. Als ein Sohn seinem erschlagenen Vater dessen Speer bringen will, bemerkt er: »und er nehme ihn nach Walhall und trage ihn dort am Waffenthinge«. Alles, was der Held im Kampf erobert hatte, wurde nicht vererbt, sondern mit ihm begraben: er nahm dieses eigenste Eigen mit sich in die Unterwelt. Roß und Rind sollten dem Verstorbenen nicht nur im Jenseits dienen, sondern sie sollten ihm, wie Schuhe und Wagen, helfen, daß er bequem und ungefährdet ins Totenreich gelangte.

Der Brauch, daß die Witwe dem Gatten in den Tod folgte, hat sich im Norden lange erhalten. Aber selbst Blutbrüder gelobten, daß nach dem Tode des einen sich der andere mit ihm begraben ließe. Aus dem Mitbegräbnis ward später ein

Scheinbegräbnis: der Überlebende soll über dem andern einen Hügel aufwerfen und drei Nächte bei dem Toten sitzen.

Die Ausübung des Totenkults kam zunächst der Verwandtschaft zu, den Personen, denen die Pflicht der Blutrache wie das Recht zu erben zustand.

Erst wenn der Leichnam dem körperlichen Auge sich zu entziehen beginnt, können Spekulation oder Phantasie ihn mit neuem Leben ausstatten. Erst nach dem Begräbnis brach die Grabesnacht an – bis dahin bewahrte der regungslose Körper noch die ihn belebende Seele. Jetzt handelt es sich nicht mehr um die Pflege seines Leibes, sondern darum, den jeder Pflege Entzogenen seinen unheimlichen Weg ins Jenseits ungehindert gehen zu lassen und ihm eine die Lebendigen schädigende Rückkehr abzuschneiden. Je länger den Toten der Rasen bedeckt, desto mehr entfernt er sich begrifflich von uns. Diese begriffliche Entfernung wird als ein räumliches Weiterrücken, eine Reise aufgefaßt. So kommt die Sage von dem Totenwege auf. Begriff und Ausdruck »weite Wege wandeln« für »sterben« ist urgermanisch. Jede sich aufdrängende Erinnerung an den Toten wurde als eine Rückkehr von der Reise, als ein Geisterbesuch apperzipiert. Die Veranlassung dazu konnte der Überlebende geben, oder der Verstorbene fand durch eigene Verschuldung im Grabe keine Ruhe. Die Volksphantasie vermischt vielfach den Toten selbst mit seiner umherirrenden Seele. Eine strenge Unterscheidung zwischen Toten, Seelen und Gespenstern ist auch kaum möglich. Die Hauptzüge des Geisterglaubens sind durch den Anblick eines Schlafenden wie durch die eigenen Traumbeobachtungen hervorgerufen. Beide zeigten, daß der Mensch ein zusammengesetztes Wesen ist: der Körper kann scheinbar leblos daliegen, während die Seele sich frei zu bewegen vermag, und selbst wenn der Körper zerstört wird, existiert sie weiter und zeigt sich den Lebenden hin und wieder, und zwar zumeist da, wo die Erfahrung sie unmittelbar darzubieten schien – im Traume. Dieser Gedanke des Überirdischen, geheimnisvoll die Geschicke des Menschen Umschwebenden mag aus Seelengeistern dann Götter geschaffen haben. Die nordischen Spukgestalten sind nicht orientalische Dämonen, d.h. der Ursprung zu allem Bösen, sondern sie kommen nur ausnahmsweise, werden auf die eine oder andere Weise vertrieben und unterscheiden sich also nur durch ihre Stärke und große Zauberkraft von den Menschen. Sie können durch Waffen besiegt werden, sie weichen vor dem Gesetz, aber ihr Wissen ist größer, ihre Kräfte und Fähigkeiten sind übermenschlich. Um ein ungewöhnliches Maß von Stärke oder einen ungewöhnlich starken Mann zu bezeichnen, gebraucht man die Ausdrücke »Totenstärke«, »Totenmensch«.

Die Totenerscheinungen heißen Draugen oder Wiedergänger.

Tote kommen zu ihrer Leichenfeier. Zuweilen werden sie dem Menschen ohne Grund sichtbar. Der Grabhügel eines erschlagenen Isländers, von dem man annahm, daß er nach Walhall eingegangen sei, zeigte sich einmal offen, und man sah den Toten in heller Mondnacht bei vier Lichtern sitzen, deren keines einen Schatten warf; er war seelenvergnügt und sang eine Weise zum Ruhme seiner eigenen Waffentaten.

Grausig aber ist die Vorstellung, daß die Zähren der Braut den Verstorbenen wie einen fürchterlichen Vampyr aus dem Grabe locken. Die isländische Leonorensage weiß von einem solchen Draug zu erzählen:

Ein junger Mann hatte seiner Geliebten versprochen, sie am Christabend abzuholen. Aber als er über einen heftig angeschwollenen Bach setzen wollte, scheute sein Pferd vor den dahintreibenden Eisschollen, und bei dem Bestreben, sich und sein Tier zu retten, erhielt der Reiter von einer scharfen Eisscholle eine Wunde am Hinterkopfe, die ihm sofort den Tod brachte. Lange wartete das Mädchen auf den Geliebten;

endlich in später Nacht kommt der Reiter, hebt sie schweigend hinter sich aufs Pferd und reitet mit ihr der Kirche zu. Unterwegs wendet er sich einmal zu ihr um und spricht:

Der Mond gleitet,
der Tod reitet;
siehst du nicht den weißen Fleck an meinem Nacken,
Garun, Garun?

Das Mädchen hieß nämlich Gudrun; Gud, Gott, kann der Draug nicht aussprechen: daher die Entstellung des Namens. Dem Mädchen wird ängstlich zumute; aber sie reiten fort, bis sie zur Kirche kommen. Hier hält der Reiter vor einem offenen Grabe und spricht:

Warte du hier, Garun, Garun,
bis ich mein Pferd, mein Pferd,
ostwärts über den Zaun hinausbringe.

Die Worte des Gespenstes sind mehrdeutig. Wer auf einem Hofe bleiben will, versorgt sein Pferd außerhalb des Zaunes, der zum Schutz des Grasgartens aufgeführt ist, damit es nicht diesem Schaden tue – aber von einem Zaun ist auch der Kirchhof, die Herberge der Toten, umgeben. Als Gudrun diese Worte hört, fällt sie in Ohnmacht; zu ihrem Glück liegt das Grab, an dem sie abgesetzt worden war, hart am Eingange zum Kirchhofe, über dem sehr häufig die Glocken zu hängen pflegen; sie erreicht noch das Glockenseil und zieht dieses im Zusammenbrechen an: vor dem Geläute verschwindet natürlich das Gespenst, und sie ist gerettet.

Wenn sie von den Lebenden in irgendeiner Weise geplagt werden, zeigen sich die Gespenster; hört dieses aber auf, so verschwinden sie.

Ein Mädchen träumte, es käme ein unheimliches Weib in gewebtem Mantel und sprach: »Sage deiner Großmutter, daß ich es nicht leiden kann, daß sie sich jede Nacht so auf mich stürzt und so heiße Tränen beim Beten über meine Grabstätte vergießt, daß ich ganz davon zu brennen anfange.« Am nächsten Morgen ließ es einige Bretter vom Fußboden der Kirche aufnehmen, dort, wo die Großmutter beim Beten zu knien pflegte: da fand man in der Erde einige blaue, häßliche Knochen, auch Haken und einen großen Zauberstab; man schloß daraus, es sei eine Wölwa oder heidnische Seherin dort begraben worden. Die Knochen wurden weit fort gebracht, wohin wohl kaum ein Mensch kommen würde, und die Wölwa hatte Frieden.

In anderen Fällen zeigen sich die Wiedergänger nur als Vorzeichen, um den Lebenden ein trauriges Ereignis, ihren eigenen oder der Hinterbliebenen Tod oder ähnliches zu verkünden.

Auch solche Leute zeigen sich wieder, die versäumt hatten, eine besondere Pflicht zu erfüllen, z.B. die Ausführung des letzten Willens eines Verstorbenen. Erst wenn sie durch wiederholtes Unglück die Lebenden gezwungen haben, das auszuführen, was sie selbst unterlassen haben, bekommen sie Ruhe. Sie fühlen sich wie die Menschen wohl am wärmenden Feuer, haben aber auch die Achtung der Lebenden vor dem Gesetz bewahrt und werden durch das »Türgericht« vertrieben. Die Wiedergänger, die durch eigene Schuld umgehen, sind meist böse Wesen. Grenzverrücker, d.h. Leute, die den Grenzpfahl zum Schaden ihres Nachbars verrückt haben, wandern um Mitternacht mit einem Licht in der Hand nach der Stelle, wo sie den Pfahl verschoben haben. Ungerechte Landmesser sieht man mit langer Feuerstange in den Furchen auf und ab schweben und gleichsam das Vermessene nachmessen; wer seinem Nachbar abgepflügt, den trifft der Fluch, als Irrwisch umzugehen. Geizhälse – isländische Geldwichte – können sich nicht von ihrem Gelde trennen. Wo ihre Schätze liegen, brennt regelmäßig eine blaue Flamme. Verwandt damit ist die Vorstellung von Feuer über und in Gräbern, zumal von

Leuten, die schon bei Lebzeiten gefürchtet waren. Schon in den älteren Quellen ist von solchen Hügelfeuern die Rede. Die Seele, die den toten Leib kalt zurückläßt, konnte leicht als Feuer, Licht aufgefaßt werden. Von solchen leuchtenden Spukgestalten weiß der Volksglaube und die moderne spiritistische Literatur viel zu erzählen; dänisch lygtemand (Leuchtemann), blaasmand (Feuermann), vättelys (Geisterlicht); schwedisch lyseld (Leuchtfeuer), lyktgubbe (Leuchtemann), eldgast (Feuergeist). Nahe Berührung mit den Wichten und Elben zeigen Vättelys und Elflicht.

Die Seele des Toten klammert sich also förmlich an alles, was ihr gehört und vertraut ist. Unzählige allgemeine Volksvorstellungen von dem Umgehen der Geister beruhen auf diesem fetischhaften Zusammenhange der Seele und ihres Eigentums. Beraubung des Toten bildete das unter religiösen Gesichtspunkten geahndete Delikt des Walraubes. Später aber, in dem Wikingertreiben und Seeräuberleben, war es Sache der Bravour oder besonderer unheimlicher Künste, die Schätze der wachenden Seele zu entreißen, an denen sie besonders hing. Aber diese Erbrecher der Grabhügel hatten mit dem Hügelbewohner, der sich nicht gutwillig von seinem Eigentum trennen wollte, einen harten Kampf zu bestehen. Erst wenn sie ihm den Kopf – den Sitz der Seele – abgeschlagen und zwischen die Beine gelegt und die Leiche verbrannt hatten, konnten sie sich der Schätze bemächtigen. Namentlich die Sage Grettis des Starken ist reich an derartigen Taten.

Gretti sieht auf einem Hügel ein starkes Feuer aufleuchten und vermutet, daß dort ein Schatz begraben liegt. Er erfährt, daß der Hügel ein Grab ist und daß dieses Kar, dem Alten, gehört; unter der Erde sind starke Balken eingerammt, die eine Grabkammer umschließen: dort sitzt der tote Kar auf seinem Stuhle, umgeben von seinen Schätzen; durch sein Umgehen hat er die benachbarten Bauern verscheucht, so daß sein Sohn die ganze Insel ankaufen kann. Gretti gräbt einen

Schacht in das Grab, bis er auf Holzwerk stößt, haut mit der Axt ein Loch in die Bohlen, groß genug, um einen Menschen durchzulassen, und läßt sich an einem Seile hinab, das sein Gefährte halten soll. Häßlicher Modergeruch schlägt ihm entgegen. Er findet das Gerippe eines Pferdes, stößt an die Kante eines Stuhles und bemerkt, daß ein Mann darauf sitzt, dessen Füße auf einem mit Gold und Silber gefüllten Schrein stehen. Als Gretti den Kasten nach dem Seile hinträgt, packt ihn jemand von hinten an. Ein furchtbarer Ringkampf entsteht; alles zerbricht, woran sie stoßen. Der Hügelbewohner kämpft angriffsweise, Gretti hält sich in der Verteidigung. Endlich sieht er, daß er alle seine Kräfte anwenden muß. Keiner schont mehr den andern. Ringend zerren sie sich hierhin, dorthin. Wo das Pferdegerippe liegt, packen sie sich am schärfsten und fallen wechselseitig in die Knie. Endlich stürzt der Hügelbewohner rücklings über, und unter dem Sturze gibt es einen donnergleichen Krach, so daß der Genosse oben erschreckt flieht. Schnell zieht Gretti sein Schwert, trennt den Kopf des Toten von dem Rumpfe und setzt den Kopf dem Draug an das Ende seines Rückens. An dem Tau steigt er dann wieder aus der Grabkammer empor.

Die Gespenster und Draugen sind also wunderbar lebendig und zäh; sie können noch einmal getötet werden, und dann muß man noch besondere Anstalten treffen, wenn man sicher sein will, sie für immer unschädlich gemacht zu haben.

Ein Isländer war während seines Lebens ein böswilliger und schadenfroher Mensch gewesen, und sein Tod war kein recht natürlicher. Er wird begraben, ist aber so schwer, daß man ihn nicht von der Stelle schaffen kann, und geht sogleich um. Besonders nach Sonnenuntergang wird es draußen unheimlich, und jedermann fürchtet sich. Ein Hirt wird vermißt und später tot aufgefunden. Die Leute flüchten aus der Gegend. Er tötet noch mehrere Menschen; zuletzt wird ein Scheiterhaufen errichtet und der Tote, der blau geschwollen war, darauf durch Verbrennen noch einmal getötet, die Asche wird ins Meer geworfen. Eine Kuh, die die Steine beleckt, an denen etwas von der Asche des Zauberers hängen geblieben war, gebiert davon später ein bösartiges Kalb, das Unheil über das Haus bringt: die Seele des Zauberers war also selbst durch dieses radikale Mittel nicht vernichtet, sondern war in den Körper des Kalbes gefahren.

Zauberer, die als Gespenst umgingen und nach wie vor Unheil stifteten, mußte man ausgraben, ihnen den Kopf abschlagen und einen Pfahl durch die Brust treiben oder sie verbrennen und ihre Asche ins Meer streuen.

Wie man dem Toten den Kopf abschlägt, den Seelensitz, um ihn wirklich tot zu machen, so soll die Pfählung der Leiche den Sitz des nicht völlig entschwundenen Lebens treffen. Es war in Grönland Brauch, daß man die Leute auf dem Hofe begrub, wo sie starben; man sollte dabei dem Toten einen Pfahl auf die Brust setzen.

In Dänemark wurden mit dem Beile hingerichtete Missetäter so begraben, daß der Kopf zwischen die Beine oder an die Füße gelegt wurde, dann konnte der Tote nicht als Wiedergänger auf die Erde zurückkehren. Die vielen Sagen von kopflosen, umherspukenden Gespenstern hängen jedenfalls mit diesem Glauben zusammen. In Schweden häuft man Steine auf ein Grab, um das Wiederkommen der bösartigen Seele des Wiedergängers materiell zu verhindern.

Hat aber ein Mensch dem Toten, der keine Ruhe im Grabe findet, diese verschafft, so erweist er sich dankbar.

Pelle Båtsmann landet an einem wüsten Ufer und schläft ein. Durch starkes Geräusch erweckt, sieht er, wie zwei Tote sich heftig balgen; er erfährt von dem unten liegenden, daß er allnächtlich von dem anderen aus dem Grabe gejagt und durchgepeitscht werde, weil er ihm bei Lebzeiten eine Schuld nicht bezahlt hatte. Pelle berichtigt diese und gibt dadurch dem gequälten Geist für immer Ruhe; dieser aber verheißt ihm augenblicklich Hilfe, falls Pelle ihn jemals in der Not anrufe, und erfüllt auch sein Versprechen getreulich. In ANDERSENS Märchen »Der Reisekamerad« ist dieses Motiv schön verwertet: Johannes hat zwei Männern sein ganzes Erbteil gegeben, die einen Toten wie einen Hund vor die Kirchtüre werfen wollen, weil er ihnen Geld schuldig geblieben ist. Der Tote schließt sich ihm später als Reisekamerad an, hilft ihm bei der Bewerbung um die Prinzessin, indem er für ihn die Rätsel rät, und gibt ihm endlich ein Mittel, die in eine Hexe verzauberte Prinzessin zu erlösen.

Die Seelenpflege soll nicht nur dem Toten Befriedigung gewähren, sondern auch dem Pflegenden als Gegengabe Hilfe und Rat. Denn Hilfe befreundeter Geister kann man an allen Dingen erfahren, im Hause, im Felde, bei der Herde, im Kriege; den Rat gewinnt man durch das Seelenorakel. Der Tote in seinem Grabe weiß alles, was auf Erden vorgeht und nimmt ein lebhaftes Interesse und eingehenden Anteil daran. Man kann ihn in wichtigen Dingen um Auskunft ersuchen, und man wird nicht vergeblich bitten. Wenn die Seele vor die Fenster ihres Hauses tritt, also kurz vor dem Tode, ist ihr bereits der Blick in die Zukunft eröffnet.

Es gab verschiedene Möglichkeiten, sich mit dem Verstorbenen in Verbindung zu setzen.

Noch aus dem 12. Jahrhundert wird von einem Norweger auf den Orkaden erzählt, daß er die Nächte auf den Gräbern der Toten zubrachte, um von ihnen Ratschläge und Weissagungen zu erhalten. Verstorbene weise Frauen wie Männer geben aus ihrem Grabe heraus ihr Wissen kund.

Allgemein ist die Sitte, draußen zu sitzen und Unholde oder Hügelbewohner zu wecken, um das Schicksal zu befragen. Auf Island und den Färöern wird das Draußensitzen am Kreuzwege besonders in der Julinacht oder am Sylvesterabend ausgeführt. Wer von Toten die Zukunft erforschen will, muß sich an die Stelle, wo vier Wege kreuzweise gehen, niederlegen, mit einer Kuhhaut bedecken und eine scharfe Axt zur Hand nehmen: gegen Mitternacht kommen dann seine verstorbenen Verwandten aus allen Windrichtungen, sagen ihm alles, was er zu wissen wünscht, Vergangenes und Künftiges über viele Menschenalter hinaus, und schleppen Gold und kostbare Kleinodien herbei.

Der Aufenthaltsort der Toten war das Grab selbst, die Tiefe der Erde. Das Grab hieß hel und wurde seit Urzeiten als Haus eingerichtet. In vorgeschrittener Zeit wurde das Totenhaus Hel als Halle mit hohen Sälen vorgestellt, wo der Met schäumte und die Becher kreisten. Wie Walhall vom Golde glänzt und mit Zieraten und Waffen geschmückt ist, so strahlt die Unterweltshalle im Glanze goldbelegter Dielen, blitzender Schilde und funkelnder Armringe. Aber trotz allen Prunkes ist das Leben dort unheimlich und beschränkt.

Wie die Menschen selbst, so bilden die Geister der Tiefe allmählich politische Verbände, über die besondere Götter oder Göttinnen als Könige oder Königinnen herrschen. Der griechische Hades und die germanische Hel haben von der Örtlichkeit des Totenreiches ihren Ausgang genommen; hades ist Ort der Unsichtbarkeit, hel Ort der Verbergung, Grab. In der Urzeit lebten die Toten zunächst »Jenseits von Gut und Böse«: besondere Lustörter für die Guten wie Elysium und Walhall, und besondere Straförter wie Tartaros und Niflhel sind verhältnismäßig spät aufgekommen.

Das altnordische Wort für Seele ŏnd gehört zu anan und sagt dasselbe aus wie anima: Seele und Wind gehört also zusammen. Floh der Lebenshauch aus dem erstarrten Körper, so schwebte er in die Luft empor, und die Seelen flogen im Sturme daher. Beim Sturme fährt die wilde Jagd, in Norwegen die Aasgaardsreia (eigentlich Aaskereia; schwedisch åska Blitz, reid Donner) durch die Luft, Seelen, die nicht so viel Gutes taten, daß sie den Himmel, nicht so viel Böses, daß sie die Hölle verdienten. An der Spitze des gespenstischen Zuges fährt die Gurorysse oder Reisarova d.i. Guroschwanz (altnordisch gygr Riesin) und Sigurd Snarenswend. Der Zug reitet über Wasser wie über Land, nimmt Vieh und Menschen mit sich, und sein Erscheinen bedeutet Kampf und Tod. Hört man den Zug nahen, so muß man aus dem Wege weichen oder sich platt auf den Boden werfen. Wo sie ihre Sättel auf ein Dach werfen, muß augenblicklich ein Mensch sterben. Man setzt für die Aasgardsreia etwas vom Weihnachtsessen und einen Krug Bier auf den Hof hinaus; am nächsten Morgen ist alles verzehrt, »und so ist die jährliche Sitte bis weit hinab in unsere Zeit gewesen«.

War der Sturm als die Vereinigung von Seelen gedacht, so mußte den Geistern, während der Wind ruhte, ein bestimmter Ruheort zugeschrieben werden. Aus dem Berge bricht der Wind hervor, in die Berge kehrt der Wind zurück. Berge sind darum das Heim der Toten.

Holger Danske (d.h. Oddgeir der Däne) sitzt unter dem Fels von Kronborg bei Kopenhagen im tiefen, finstern Keller. Er ist in Eisen und Stahl gekleidet und stützt sein Haupt auf die starken Arme; sein langer Bart hängt über den Marmortisch hinaus, in dem er festgewachsen ist; er schläft und träumt, aber im Traume sieht er alles, was oben in Dänemark vorgeht. Gerät Dänemark in Gefahr, so wird sich der alte Holger Danske erheben, so daß der Tisch birst, wenn er den Bart zurückzieht; dann kommt er hervor und schlägt drein, daß es in allen Ländern der Welt gehört wird.

Ähnliches erzählt die bekannte deutsche Sage vom Kaiser Barbarossa im Kyffhäuser.

Wie die fortschreitende Lebensfürsorge aus Familien Familienverbände mit beginnender Organisation schafft, tritt aus dem in die Breite gehenden Seelenkultus die klarere Einheit des Ahnenkultus heraus. Nicht mehr die nächste Verwandtschaft allein labt die Seelen der Toten durch Speise und Trank, sondern die Mitglieder der einzelnen Familienverbände erweisen den Seelen der Abgeschiedenen der eigenen Sippe oder der eigenen Hausgemeinschaft göttliche Ehren. Dieser Ahnendienst erhebt sich zum Heroenkultus, wenn er sich auf einzelne durch ihre Taten besonders berühmte Vorfahren bezieht: sie werden zunächst als Schutzgeister jener Familienverbände, später als Schirmherren des Landes verehrt, das sie bewohnen. Ödipus wünscht Tod und Grab im Haine der Eumeniden zu finden, um den Thebanern furchtbar zu werden und das attische Land gegen sie zu schirmen, wenn sie dereinst als Feinde entgegentreten sollten. Das Christentum hat an die Stelle der Heroen die Märtyrer und Heiligen gesetzt; ihre Gebeine sind ein gleich sicheres Unterpfand für den Schutz, den sie Stadt und Land angedeihen lassen, wie vordem die Gräber und Denkmäler der Landesheroen. Auch bei den Germanen treten die im Boden der Gemarkung bestatteten Heroen als Schutzgeister des Landes auf.

Ganz deutlich wird ausgesprochen, daß Menschen, die man bei Lebzeiten hochgeschätzt hatte, Opfer gebracht wurden, in der Meinung, daß sie weiter helfen könnten; traten aber unfruchtbare Zeiten ein, so erklärte man sie für Unholde oder üble Wichte.

Der gottähnliche König, der sein Geschlecht von den Göttern selbst ableitet, wird nach seinem Tode zu den Göttern aufgenommen, apotheosiert. Seine Leichenfeier wurde prunkvoll begangen und Ehre dem Verstorbenen erwiesen, nicht wie einem Menschen, sondern als einem Heros, einem Verklärten. Wieder mag eine einfachere Form den Übergang bilden:

Als der nordische Wiking IWAR, Sohn RAGNAR LODBROKS, in England starb, gebot er auf dem Totenbette, ihn dort zu bestatten, wo das Land feindlichen Einfällen ausgesetzt wäre; so, sagte er, würden die dort landenden nicht den Sieg davontragen. Es geschah also, und jeder Versuch, über seinen Grabhügel vorzudringen, mißlang, bis Wilhelm der Bastard, einen Einfall ins Land versuchend, zuerst Iwars

Hügel ausgrub und ihn unverwest darinnen fand. Er ließ einen großen Scheiterhaufen errichten und Iwar darauf verbrennen. Danach ging er ans Land und gewann den Sieg.

Die göttlich verehrten Ahnenseelen, die zur Apotheose gelangten Menschen bezeichnet nach der jüngsten Erklärung das Wort Ase, dessen Grundbedeutung Lebenshauch sei, anima, Geist eines Verstorbenen. Die Goten nannten ihre Edlen, deren Glück sie den Sieg verdankten, nicht mehr einfach Menschen, sondern Asen, d.h. Halbgötter. Asen sind also ursprünglich siegreiche zu den Göttern erhobene Helden, heroisierte, nach dem Tode zu göttlichem Leben erhöhte Fürsten. Könige der nordischen Erde wurden zu Asen des nordischen Himmels. Diese sind also nicht Vollgötter, sondern Halbgötter. War schon der leibhaftige König als Göttersohn höherer Ehren und fast göttlicher Verehrung bei seinem Volke teilhaftig, so verehrte dieses in der göttlichen Seele des verstorbenen Königs einen treuen Wächter und Schirmherrn. So entsteht die schöne Vorstellung, daß die alten großen Götter ihre bevorzugten Lieblinge zu sich heimholen. Könige und Prinzen, in deren Adern Götterblut floß, aus den alten Göttern entsprossene Edelinge wurden in Walhall aufgenommen, wenn sie sich selbst dem Odin opferten (wie z.B. Hadding) oder dem Odin geopfert wurden (wie z.B. Helgi) oder auf der Walstatt blutigen Opfertod fanden; denn auch der Krieg und die Schlacht waren religiös geweiht. Diese durch Opfertod geweihten Heroen erhielten den Ehrentitel Einherjer oder Asen und lebten im Kultus als Söhne des Odin fort. Von der Erde entrückt, walteten sie im Himmel schützend und hilfreich über ihren irdischen Kultgemeinden. Wenn auch Asen und Einherjer keineswegs identisch sind, so bleibt doch die Vorstellung von der göttlichen Verehrung der Ahnenseelen zu Recht bestehen. Aber die spätere Zeit hat das Bewußtsein davon verloren, daß die Asen in den religiösen Vorstellungen des Ahnenkultus wurzeln und bezeichnet auch die göttlichen Vertreter der himmlischen Naturgewalten (altnordisch tivar) als Asen.

Der im Grabhügel weilende, alle Zeit mit seinem Wissen umspannende Heros erscheint wie die Seelen Verstorbener als Schlange oder Drache, als das Tier, das in der Nähe der Gräber wie der Wohnungen der Lebenden seine Schlupfwinkel hat, plötzlich und geheimnisvoll erscheint und verschwindet. Die Schatzhöhle des riesigen Drachen Fafni ist die unter dem Hügel sich breitende Grabkammer, wo der Unterirdische mitten in der Fülle des ihn im Lichte der Oberwelt umgebenden Reichtums bestattet ist. Sigurd zwingt das drachengestaltete Orakelwesen zur Aussage. Selbst von dem Blute des Toten geht noch eine zauberhafte Wirkung aus: Sigurds Auge und Ohr werden für ein Vogelorakel empfänglich, für die im Vogelgezwitscher kund werdenden Orakelweisungen. Als die Seele, die zäh bei ihrem Schatze wacht, ist die Schlange die Hüterin des Grabschatzes; als Heros besitzt sie weissagende Kraft.

Höhlen und Totenhaine sind die typischen Grundlagen der Drachensagen. Drache und Gold sind seither so unzertrennlich geblieben, daß auch unser »Geizdrache« noch ein Überbleibsel dieser Vorstellung ist. Auch der Drache Nidhögg am Fuße der Weltesche, wo die Thursen ihre unterirdische Wohnung haben, wird in diesen Zusammenhang gehören.

2. Bedeutung des Traumes für die Entstehung mythologischer Vorstellungen

Die Erscheinungen des Traumlebens sind von höchster Bedeutung für die Vorstellung von der Fortdauer der Seele gewesen; vielleicht sind sie geradezu die Veranlassung zum Glauben an Geister und deren Eingreifen in das Menschenleben. Die Traumbilder werden in einer Zeit, der es an Einsicht in die

Gesetze der Natur und des Seelenlebens fehlt, für volle Wirklichkeit genommen, und daraus ergibt sich der Glaube an Geister. Gerade so halbmateriell, so schattenartig verschwommen wie die Traumbilder haben sich die Völker auch zu allen Zeiten die Gestalten der Geister gedacht. Das gemeingermanische Wort Traum (altnordisch draumr, mittelhochdeutsch troum, englisch dream) ist verwandt mit altnordisch draugr, neunordisch Draug, althochdeutsch gi-troc »Gespenst«; der Zustand, in dem die Schlafruhe der Seele von den nächtlichen Besuchern, den dämonischen Wesen, beunruhigt wird, wurde drau(g) wmós genannt: Traum ist also die Toten- oder Gespenstertraumerscheinung. Die ursprüngliche Konstruktion des Verbums »träumen« zeigt, wie fest der Glaube der Germanen an die Objektivität der Traumwelt war. Träumen hieß »in den Zustand versetzen, der durch draumr bezeichnet wird«. Die Person, von der nach unserer Anschauungsweise geträumt wird, galt als die erzeugende Ursache des Traumes; im altnordischen heißt es nicht bloß unpersönlich »mich träumte«, sondern ganz gewöhnlich »der Mann hat mich geträumt«. Nicht die Traumerscheinung ist der Inhalt des Traumes, sondern das, was sie den Schläfer träumen läßt: das Traumbild ist offenbar als ruhestörende, beängstigende Erscheinung gedacht.

Gewöhnlich wird die Deutung eines Traumes, in dem sich lebende Wesen gezeigt haben, mit den Worten eingeleitet: »das müssen die Fylgjen großer Männer gewesen sein«. Diese enge Verbindung zwischen Träumen und Geistern kann kein Zufall sein, sondern muß als ein Beweis für die Entstehung des Geisterglaubens aus den Traumbildern gelten. Da die Nordleute für philosophische Spekulationen wenig veranlagt waren, ist es leicht verständlich, daß sie den Glauben an Geister nicht sonderlich weit und tief entwickelt und sich vielmehr im wesentlichen darauf beschränkt haben, Geister da anzunehmen, wo die Erfahrung sie unmittelbar zu zeigen schien – nämlich in den Träumen.

Die Vorliebe der Nordleute für Träume ist außerordentlich stark. Es gibt kaum eine Sage, in der nicht wiederholt von Träumen und deren Auslegung die Rede ist. Gewisse Menschen haben eine besondere Gabe, zu träumen und Träume zu deuten. Von einem Weibe heißt es: »immer wird sie im Traume solche Dinge gewahr, deren Eintreffen ihr wahrscheinlich dünkt« und von einem Manne: »er deutete Träume besser als andere Leute«. Die Unfähigkeit, zu träumen, galt geradezu als eine Krankheit. König Halfdan, der niemals träumte, wandte sich deshalb um Rat an einen weisen Freund. Traumlosigkeit schlägt für keinen Mann gut aus, denn es ist wider die Natur des Mannes, daß er nie träumt.

Die Traumdeutung erfolgte nicht nach bestimmten Regeln, hatte also kein wissenschaftliches Gepräge, sondern war Sache einer augenblicklichen Inspiration. Denn der Träumende war selten mit der Auslegung zufrieden, sondern erklärte geradezu, daß wohl eine bessere Deutung hätte gefunden werden können.

Gleichwohl war man fest überzeugt, daß der richtig gedeutete Traum sich unweigerlich erfüllen würde. Daher finden wir verschiedene Beispiele dafür, daß man sich scheute, beunruhigende Träume zu erzählen; denn man wünschte sie nicht in ungünstigem Sinne gedeutet zu sehen, und man zieht es oft vor, den Traum eines anderen ungedeutet zu lassen, um sich nicht seinem Zorn oder seiner Ungnade auszusetzen. Hat man aber erkannt, daß das im Traum angekündigte Schicksal unausbleiblich ist, so weiß man sich mit Heldenmut darin zu fügen. Der Fatalismus der Germanen, der so gern eine Frage an das Schicksal frei haben wollte, der den Orakeln in allen Angelegenheiten des Lebens eine so hohe Bedeutung beimaß, ließ ihn auch unerschrocken der Gefahr ins Auge sehen, wenn er sie als unvermeidlich erkannt hatte. Wie er sich jauchzend in das Wetter der Speere stürzte, wie er mit unheimlicher Folgerichtigkeit auch das letzte Schicksal seiner

Götter erwog, so ergab er sich stumm und stolz in das vom Traum gewiesene Los. Aus dieser Überzeugung entwickelt sich die trotzige fatalistische Ergebung. Träume können den Helden von dem einmal gefaßten Vorhaben nicht abhalten:

Wieviel die Helden auch warnten, nicht hörten die Recken darauf.

So konsequent wird schließlich der Fatalismus getrieben, daß man dem Traume direkt die Kraft zuschrieb, die Todesgeweihtheit herbeizuführen, den Tod also als eine unmittelbare Folge des Traumes hinstellte.

Häufig erscheinen die Seelen von Menschen dem Träumenden in Tiergestalt, nicht nur als schattenhafte Geister, und zwar besucht die Fylgja ausschließlich den Träumer in Tiergestalt, als Wolf, Bär, Eisbär, Eber, Hirsch, Ochse, Pferd, Hund, Vogel, Adler, Rabe, Schwan, Habicht, Falke, Schlange, Drache usw.

Der Wunsch, mit Hilfe des Traumes die Geheimnisse der Zukunft enthüllt zu sehen, veranlaßte die Nordleute zu einer sorgfältigen Erkundung derjenigen äußeren Umstände, unter denen bedeutsame Träume von selbst eintreten mußten oder willkürlich hervorgerufen werden konnten. Die Heiligkeit des Neuen, Ersten, Unberührten und Keuschen spielte dabei eine große Rolle, wie man nach allgemeinem Volksglauben noch heute auf die Träume besonders achten soll, die man in einem neuen Wohnhause, in der ersten Nacht in der Fremde träumt. König Halfdan übernachtet auf den Rat seines klugen Freundes in einem Schweinestalle, um einen die Zukunft kündenden Traum zu erzielen: dem Grunzen der Schweine wird besonders zu Weihnacht in Österreich und Baden weissagende Kraft zugeschrieben.

Der Alp (altnordisch alfr) ist der »Truggeist« (skr. rbhú), der Troll der »Treter« (altnordisch trođa, althochdeutsch tretan); beide ergänzen die Draugen, »die Unheil stiftenden« Dämonen. Gemeingermanisch ist der Name der oder die

Mare (altnordisch mara), »der, die Tote« (indogermanisch Wurzel mer »sterben«): er beweist klar den Zusammenhang von Seelen-, Totenwesen und Traum. Neuerdings wird Mara mit »Schicksal«, »unglückliches Geschick« zusammengestellt: das jedem Menschen »beigegebene« andere Ich, seine Psyche; – während sich bei den Griechen diese Wesen zu Schicksalsgeistern entwickelt hätten, seien sie bei den Germanen Druckgeister geworden. Aber man darf als Seitenstück zur Mare nicht die Fylgja, die »Folgerin«, hinstellen, die dem Menschen als ein zweites Ich folge, wie die Mare sein »beigegebenes« Ich sei; denn die Fylgja ist vielmehr die Seele des Ahnen.

Die Alpsagen haben ihren letzten Grund im Seelenglauben und in der Annahme einer Seelenwanderung, und so erscheinen auch die Maren oft in Tiergestalt. Wenn man von ihnen, den nächtlichen Plagegeistern, den Alpen oder Maren, heimgesucht wird, soll man sie festhalten und nicht loslassen; sie nehmen dann alle möglichen Gestalten an, verwandeln sich in eine Schlange, ein Pferd, einen Strohhalm, aber ausrichten können sie nichts mehr, und endlich müssen sie in ihre menschliche Gestalt zurückkehren: der geängstete Mann hält in seinen Armen ein nacktes Weib – der Alp wird wieder, was er war. Mädchen werden unbewußt im Schlafe entrückt und suchen andere Menschen auf, quälen, ängstigen und drücken sie. Die färoische Marra gleicht der schönsten Dirne, ist aber doch der ärgste Unhold. Zur Nachtzeit, wenn die Leute liegen und schlafen, kommt sie herein und legt sich auf sie, die Bettdecke heraufkriechend, und drückt so fest auf die Brust, daß sie nicht den Atem holen, auch nicht ein Glied rühren können. Ist man imstande, »Jesus!« zu rufen, muß sie fliehen und verschwindet schleunigst. Den einfachsten Typus der Alpgeschichten enthält eine aus dem 9. Jahrhundert stammende norwegische Sage:

Eine verlassene Königstochter dingt ein zauberkundiges

Weib, daß es während der Nacht ihren treulosen, fernbleibenden Geliebten aufsuche und ihn als Mare erdrücke. Kaum war er eingeschlafen, da rief er: die Mare träte ihn. Da kamen seine Diener und wollten ihm helfen; doch wie sie ihm den Kopf aufhoben, zog der Alp ihm die Füße, so daß sie beinahe zerbrachen; und wie sie ihn bei den Füßen zogen, da drückte die Mare ihm den Kopf, so daß er daran starb.

In Deutschland wie in ganz Skandinavien findet sich die Sage, daß eine Mare einen Schläfer überfällt, in ein Pferd verwandelt und auf ihm davonreitet; der Mann wird aber Herr der Unholdin, wandelt sie selbst in ein Pferd, legt ihr Zügel und Zaum auf und beschlägt sie; am nächsten Morgen liegt sein Weib krank im Bett, und man entdeckt an ihren Füßen und Händen vier blanke Hufeisen. So fest wurzelt der Marenritt, daß es im alten Christenrecht heißt: »Wenn das von einer Frau bewiesen wird, daß sie einen Mann oder dessen Dienstleute reitet, so soll sie drei Mark Silber büßen.«

Die Umkehrung der Alpqual, die den Überfallenen unfähig macht, sich zu rühren, ist die, daß der Alp den Geplagten verlassen muß, sobald dieser die Sprache wiedererlangt. Das Abschütteln des Zungenbannes wie der Klang der eigenen Stimme haben dieselbe Wirkung wie Tagesanbruch, plötzlich entzündetes Licht und Hahnenschrei oder wie der Zuruf einer wachen Person, der gar oft als Rettungsmittel wider den Alp angegeben wird: der Schläfer erwacht. Mythisch wird das so ausgedrückt: wenn der Heimgesuchte die auf ihm hockende Tiergestalt mit dem Namen der Person anspricht, die in solcher Tierverwandlung den Alpdruck ausübt, so steht diese in ihrer eigenen Gestalt vor ihm und kann nicht mehr schaden. In den vielen Märchen vom Typus »Rumpelstilzchen« hat der Alp die Aufgabe übernommen, statt des Menschen ein Werk zu vollenden, z. B. Stroh statt Gold zu spinnen oder einen Bau in kurzer Zeit auszuführen, und als Lohn ist ihm das erstgeborene Kind zugesagt, wenn sein Name nicht erraten wird. Erfährt dann aber der Mensch den Namen und spricht ihn aus, so ruft der Alp: das hat dir der Teufel gesagt! und reißt sich mitten entzwei. Dasselbe besagt das andere Motiv, daß der Alp vom Sonnenaufgange oder Hahnkrat überrascht wird, und nur eine Abart ist das Verbot, den Alp unverhüllt zu sehen, ein Verbot, das aus der großen Gruppe von »Amor und Psyche« bekannt ist.

Der Glaube an die Verwandlungsfähigkeit war im nordischen Heidentum sehr verbreitet; die übliche Benennung dafür war »die äußere Hülle wechseln«, »eine andere Hülle annehmen«. Männer konnten tierische Hüllen annehmen, die ihrem Charakter entsprachen: tapfere wurden Bären, Adler, Wölfe, listige Füchse; schöne Frauen wurden Schwäne. Das Hineinfahren und Umfahren in solcher Tiergestalt war gewöhnlich auch mit einer Kraftsteigerung verbunden.

Solche Menschen hießen »einer anderen Hülle mächtig« oder »in anderer Hülle laufend«. Dieses Tauschen der sinnlichen Hülle des Geistes geschah entweder so, daß sich die Verwandlung leiblich vollständig vollzog, Glied für Glied, und ebenso natürlich auch die Rückwandlung. Gewöhnlich aber wird der Gestaltenwechsel in naiv sinnlicher Art als das Hineinschlüpfen in eine andere Hülle gedacht, in ein Kleid, das man an- und ausziehen und wechseln, das der Besitzer auch an andere verleihen kann.

Von Odins Gestaltenwechsel sprach im 13. Jahrhundert Snorri in ganz zustimmender Art: »Odin konnte Antlitz und Leib wechseln, auf welche Art er wollte. Da lag sein Leib wie schlafend oder tot, aber er war da ein Vogel oder ein vierfüßiges Tier, ein Fisch oder eine Schlange und fuhr in einem Augenblick in fern gelegene Länder in seinen Geschäften oder denen anderer.« Die Walküren schlüpfen in eine Schwanen- oder Krähenhaut, Freyja in eine Falkenhülle, Odin, Thjazi und Suttung in ein Adlerhemd und werden damit zu Schwänen, Krähen, Falken oder Adlern. Nach einer neuern isländischen

Sage leben die im roten Meer ertrunkenen Dienstleute Pharaos als eigenes Volk in Seehundsgestalt auf dem Grunde des Meeres; in der Johannisnacht dürfen sie ihre Seehundsfelle ablegen und kommen zu fröhlichem Spiel und Tanz ans Land; wer ihnen das Gewand nimmt, hat sie in seiner Gewalt, und sie bleiben Menschen. – Märthöll wird von einer der Schicksalsschwestern verflucht, in der Brautnacht zu einem Sperlinge zu werden und in den ersten drei Nächten nur eine Stunde die Vogelhaut ablegen zu dürfen; ewig sollte sie Sperling bleiben, wenn ihr nicht innerhalb dieser Frist die Haut abgenommen und verbrannt würde. – Freyja verborgt sogar ihr Feder- oder Falkenkleid öfter an Loki, und wenn Loki es anlegt, ist er vollkommen ein Falke geworden – mit Ausnahme der Augen, die als Spiegel der Seele unwandelbar bleiben, da auch die Seele unverändert bleibt.

In diesem Zusammenhang ist nur die Rede von dem Gestaltenwandel, der aus freiem Willen oder vermöge angeborener Eigenschaft vollzogen wurde, nicht von dem, der durch feindlichen Zauber geschah. Die gewöhnliche Dauer der Verwandlung beträgt neun Tage, die mythische alte Zeitfrist; am zehnten bekommt der Verwandelte seine eigene Gestalt wieder und steht als nackter Mensch da. Neun Tage dauert der Werwolfzauber, nach anderen Sagen drei, sieben oder neun Jahre; am neunten Tag wird Hyndla ihre Hundsgestalt los, jeden neunten Tag verwandelt sich der Seehund in einen Menschen. Neun Jahre müssen die Walküren in menschlicher Verbindung als Frauen bleiben. Nackt stürzen die in Tiergestalt verwandelten Hexen aus den Wolken, wenn sie mit Eisen oder Brot geworfen oder dreimal bei ihrem Namen angerufen werden. Signy-Hyndla wird in einen Hund verwandelt, jede neunte Nacht sollte sie dieser Gestalt ledig werden und nackt auf freiem Felde liegen; ihre Erlösung war an die Bedingung geknüpft, daß sich ein Königssohn entschlösse, sie in ihrer Hundsgestalt zu heiraten. Ein Königssohn sah darauf eines

Tages ein nacktes Weib am Wege liegen, das sich mit Laub zugedeckt und ein Hundsgewand neben sich hatte. Sie sprang auf, warf das Hemd über sich und bellte ihn an. Er aber vermählte sich mit ihr, und im Brautbette verwandelte sie sich wieder in die schöne Signy.

Vom Gestaltentausch bis zur Möglichkeit des Geschlechtswechsels ist nur ein Schritt. In Norwegen und auf Island herrschte der Glaube, daß gewisse Männer jede neunte Nacht zu Weibern werden, geschlechtlichen Verkehr mit Männern haben und sogar Kinder gebären könnten.

Odin und Njörd werfen Loki vor, in der Unterwelt acht Winter als Weib gelebt und Kinder geboren zu haben. Loki verwandelt sich in ein Weib, als er Frigg das Geheimnis der verwundbaren Stelle an Baldrs Leibe entdecken will, und zeugt, sich in eine Stute verwandelnd, mit dem Hengste des Riesen Odins achtfüßiges Roß.

3. Hexen

Als Geister Verstorbener treiben die Hexen wie die andern seelischen Scharen besonders in der Walpurgisnacht, am ersten Mai oder in der Johannisnacht sowie um Mittwinter ihr Wesen und schädigen Feld und Flur, indem sie Unwetter, Wind, Regen, Kälte, Donner, Blitz, Schnee und Eis wie stechende Hitze senden. Versengte ein nächtlicher Frost die Blüten, warf ein Hagelwetter das der Sichel entgegenreifende Getreide nieder, vernichtete eine Seuche den Viehbestand des Bauern oder Hirten, so ward dies dem boshaften Wirken einer Hexe zugeschrieben. Mit lautem Geschrei, mit Peitschen knallend und mit Schellen läutend, lief man über die Felder hin, um die feindlichen Dämonen zu vertreiben; mit der Rute wurde das Vieh dreimal unter Hersagen eines Segensspruches auf den Rücken geschlagen, um alle schädlichen Hexen und Krankheit bringenden elbischen Geister aus dem

Körper der Tiere zu verjagen. Wenn es regnet und dazwischen hagelt, sind die Hexen aus, zu buttern. Damit die Hexen der Kuh nicht schaden, von der die Milch kommt, wirft man Stahl in die Milch. Diese Hexen sind es besonders, die noch heute im Volksglauben fortleben. Den jungen Swipdag lehrt die aus dem Grabhügel erweckte tote Mutter einen Zauberspruch, falls auf einsamem Pfade ihn Nacht und Nebel umhüllt: nimmer werde in Not ihn bringen eines toten Weibes Trug, d.h. einer gestorbenen Hexe.

Andererseits sind die Hexen lebende Weiber, die während des Schlafes die Seele aussenden, um andern zu schaden. Eine isländische Zauberin fällt wie die Mare über einen Mann her, der ihrer Liebe widersteht, und man findet diesen am Morgen bewußtlos, von Blut überströmt und das Fleisch von den Knochen gerissen. Der Verdacht fällt auf eine andere Zauberin, und man ladet sie vor Gericht: sie werde ihn geritten haben, denn sie sei eine Nachtreiterin und habe die Krankheit verschuldet. Der für die westgermanische Bezeichnung Hexe im Norden übliche Name Troll geht vermutlich auf trodla, trolla d.i. das Treten, Alpdrücken zurück; er bezeichnet bald riesische und elbische, bald zauberische Wesen ganz allgemein. Odin kann durch einen Zaubervers Hexen zwingen, verwirrt von dannen zu fahren: wenn er die Zaunreiterinnen in der Luft sich tummeln sieht, so bewirkt er, daß sie den Pfad nach Hause wenden, ohne daß sie, verstörten Verstandes, ihre eigene Haut, ihre eigene Behausung finden können. Aber der Gott der Zauberei verführt auch mit den feinsten Künsten die Abendreiterinnen und lockt sie listig den Männern fort. Die Bezeichnungen »Abendreiterin« deutsch »Nachtreiterin« deuten auf ihre ursprüngliche Natur als Druckgeister, die des Nachts auf Menschen reiten und sie quälen und drücken.

Das nordische Recht unterscheidet also zwischen dem Zauberer und dem Unholde; der Zauberer wirkt durch unerlaubte Geheimmittel und ist für sein Treiben verantwortlich, der Unhold dagegen ist kein Mensch und kann nichts dafür, daß er jenes und nicht dieses ist. Aber das norwegische und schonische Christenrecht stellen die Trolle, Unholde und die, welche Menschen oder Tiere reiten, unbedenklich zusammen. Das westgotische Recht zählt zu den schwersten Scheltworten den gegen ein Weib erhobenen Vorwurf, daß man sie im Zwielicht in Trolls Gestalt losgegürtet und mit losen Haaren auf einer Zauntüre habe reiten sehen. Das abendliche und nächtliche Ausfahren oder Reiten der Hexen darf als ein gemeingermanischer Zug gelten.

Dieses zauberhafte, wunderbare, übernatürliche Fortbewegen durch den Raum hieß man Geisterritt (gandreiđ; gandr, *gaandaR, »Geist, dämonisches Wesen«). Die Hexe fliegt entweder in eigener nackter Gestalt in die Lüfte (trollriđa »unholde Reiterin«), oder sie nimmt dazu allerlei Vogelgestalt oder die eines raschen Tieres an, das auch mit einem Stabe oder Besen wechseln kann, und heißt darum hamhleypa, »die in anderer Gestalt Laufende«. Eine Frau, die sich im Schlafe übel gebärdete, sagte beim Erwachen, indem sie schwer Atem holte: weit herum habe ich diese Nacht die Geister getrieben, und ich habe nun Dinge erfahren, die ich vorher nicht wußte. Deutlich ist von dem Herumfahren der Seele in fremder Gestalt unter Hinterlassung ihres Leibes die Rede.

Neben dem Glauben an die Möglichkeit des Gestaltenwechsels und an einen Übergang von den Menschen zu den höheren Wesen durch die abgeschiedenen Seelen ist die Überzeugung von der Möglichkeit übernatürlicher Wirkungen, die vorzüglich den Frauen durch den Zauber beschieden ist, die Grundlage des Hexenglaubens. Wer Hexerei, Zauberei oder Wahrsagerei irgendwelcher Art oder auch nächtliche Heimlichkeiten treibt, mit denen er Geister auferwecken will, wird für friedlos erklärt. Wenn Männer oder Frauen überführt werden, daß sie mit Zauber oder Beschwörung Geister erwecken, um Menschen oder Tiere zu verhexen, soll man sie aufs Meer hinausführen und in den Grund versenken. Die nordischen Sagas sind voll von Berichten, wie Hexen Sturm und Unwetter erregen.

Jarl Hakon hatte auf einer Insel in einer Lichtung im Walde ein Heiligtum, das in erster Linie der Thorgerd Hölgabrud geweiht war. Zu diesem Heiligtum geht Hakon vor dem Hauptkampfe mit den Jomswikingern und bittet seine Schutzgöttin um ihren Beistand. Allein diese verweigert hartnäckig günstige Antwort; selbst das Gelübde eines Menschenopfers vermag sie nicht freundlich zu stimmen. Erst das Opfer seines siebenjährigen Sohnes stimmt sie um. Nach diesem begibt sich Hakon zu den Schiffen zurück und spornt seine Mannschaft an, in der festen Überzeugung, daß er siegen müsse; denn er habe die beiden Schwestern Thorgerd und Irpa um Sieg angefleht. Da begann der Himmel im Norden sich zu verdunkeln, plötzlich zogen Wolken auf und Hagel fiel, dazu tobte ein entsetzlicher Sturm. Blitze fuhren in diesem Unwetter daher, und furchtbarer Lärm erscholl. Die Jomswikinger hatten alle gegen das Unwetter zu kämpfen; denn es war so wunderbar schnell gekommen, daß ihre Leute nur mit den Waffen bedeckt waren, da sie während des Tages ob der Hitze alle ihre Kleider abgelegt hatten; da nun das Wetter ganz anders ward, wie es vorhin gewesen war, so begann es denen sehr kalt zu werden, die gegen den Wind standen. Es war ihnen keineswegs behaglich zumute, als sie das ungeheure Unwetter vor sich sahen und den Hagel spürten, der wie harter Stein niederfiel; zudem hinderte der Sturm den Gebrauch der Waffen, ob sie nun schossen oder hieben, daß sie sie kaum gegen das Unwetter bewegen konnten. Zuerst hatte Haward des Trollweibes Thorgerd furchtbar bösen Anblick, dann hatten ihn auch viele andere. Als das Hagelwetter ein wenig nachließ, sahen sie Pfeile fliegen von jedem Finger der Trollgestalt, und jeder Pfeil fällte einen Mann. Da rief Sigwald aus: »Es scheint mir nicht unwahrscheinlich, daß wir am heutigen Tage nicht bloß mit Menschen zu kämpfen haben, sondern mit furchtbareren Feinden, und gegen Trolle anzustürmen wird größeres Wagnis scheinen! Nun ist es not, so kräftig wie möglich standzuhalten!« Jarl Hakon glaubt zu bemerken, daß der Hagelschauer nachläßt. Da ruft er laut zu Thorgerd und ihrer Schwester Irpa und fleht sie an, ihm zu helfen nach voller Kraft, hinzufügend, wieviel er ihnen geopfert hätte. Und sogleich begann zum zweiten Male ein Hagelschauer niederzuprasseln, und, soweit noch möglich, noch stärker und gewaltiger als vorhin. Soweit die Überlieferung zurückgeht, gab es niemals ein größeres und schlimmeres Ungewitter. Und mitten in diesem entgegentosenden Wettersturme sah man zwei Trollweiber auf Hakons Schiff stehen und von jedem Finger der beiden Pfeile in die Scharen der Jomswikinger fliegen, und jeder Pfeil war der Tod eines Mannes. Da endlich beschließt Sigwald der höheren Macht zu weichen und zu fliehen: »Wir haben nicht mehr mit Menschen zu fechten, sondern mit Teufeln! Viel ärger ist es jetzt als vorhin, denn nun sind es zwei Ungewitter. Gegen Trolle und solchen Spuk uns zu schlagen haben wir niemals gelobt!« Alsbald hörte das Hagelwetter, das Feuer der Blitze und das Donnergetöse auf, gutes und helles Wetter trat wieder ein, der Himmel wurde heiter, die Kälte aber groß. Der Jarl ließ die Hagelkörner auflesen und wägen, und jedes wog eine Öre: da erschien denn dem Jarl die Macht der beiden Schwestern gar gewaltig.

Wie die Druckgeister quälen die Hexen Menschen und Tiere und zaubern ihnen Lähmung, Geschwulst und Siechtum an, daß sie sich nicht von der Stelle rühren können (Gelenkrheumatismus, Tobsucht). In dem Namen Hexenschuß für rheumatische Steifheit des Kreuzes lebt diese uralte volkstümliche Anschauung noch heute fort. So berühren sich die Hexen mit den Elben, die mit ihrem Blicke bezaubern und Erblindung verursachen, jede Gestalt annehmen, mit Schuß und Schlag schädigen und deren Anhauch Gliedgeschwulst bewirkt.

Die Häupter der Berge gelten überall als Sammelplätze göttlich verehrter Wesen, und man glaubte ihre Höhen stets von Geistern belebt. Die dänischen und deutschen Hexen fahren zum Blocksberg (die dänischen bisweilen auch zum Hekkelfjeld, Hekla auf Island, oder nach Trommenfjeld bei Tromsö), die schwedischen ziehen Blaakulla auf Oeland und Nasafjäll im Norrland, die norwegischen Lyderhorn bei Bergen, das Dovrefjeld, Vardö und Domen in der Finnmark vor. Zwei Hexensagen des 14. Jahrhunderts erwähnen solche Hexenversammlungen, »Trollenthing«:

Ketil erwachte nachts von heftigem Geräusch im Walde, lief heraus und sah seine Pflegemutter, ein Trollweib mit fliegenden Haaren. Auf sein Befragen sagte sie ihm, er möge sie nicht aufhalten, sie müsse zum Trollenthing; dahin komme Skelking, der König der Trolle, aus Dumbshaf, Ofoti (Ohnefuß) aus Ofotansfird, Thorgerd Hölgabrud und andere mächtige Geister von Norden her. Es waren viele unholde Reiterinnen in dieser Nacht auf der Insel, aber Ketil erlitt keinen Schaden durch sie.

Man hat gemeint, daß die nächtlichen Unholdenversammlungen nicht recht im Geiste des nordischen Heidentums seien, und hat jeden Zusammenhang des späteren Hexensabbats mit heidnischen Opferzusammenkünften bestritten. Aber die orgiastische Natur der Hexenfeier geht doch wohl auf alte Opferfeste verzückter Weiber zurück: wilder, nackter Tanz, Menschenopfer und Genuß von Menschenfleisch ergeben sich als Akte dieses Festes.

4. Werwolf und Berserker

Man stellte sich die Seelen der Verstorbenen, insofern sie als bösartig gedacht wurden, gern als Hunde (Kynanthropie), Wölfe und Bären vor. Es ist Tatsache, daß in verschiedenen

Formen von Geisteskrankheit die Patienten Leute zu schlagen und zu töten suchen und selbst in wilde Tiere verwandelt zu sein glauben. Der Glaube an die Möglichkeit des Gestaltenwechsels mag die erste Ursache gewesen sein, die den Kranken dazu verführt hat, sich einzubilden, daß die Verwandlung auch bei seiner eigenen Person Platz greife. Jedenfalls kommen solche wahnsinnige Täuschungen vor (Lykanthropie), und auch den nordischen Werwolfsagen fehlt das pathologische Moment nicht.

Der Norweger Ulf »konnte seine Gestalt verändern«. Er war ein tüchtiger Wirtschafter, überhaupt ein kluger und anschlägiger Mann; aber jedesmal, sobald der Abend herankam, wurde er so gereizt, daß wenige Leute mit ihm sprechen konnten; auch war er zum Schlafe geneigt, sobald es dunkelte (d.h. während der Nacht schweifte er als Wolf umher), und darum nannte man ihn Kweldulf »Abendwolf«. So sollte es den Männern ergangen sein, die nicht »eingestaltig« waren, sondern die die Berserkerwut erfüllte, daß ihnen, solange die Stärke anhielt, nichts widerstehen konnte; aber sobald sie verschwand, waren sie kraftloser als sonst. Auch dem Kweldulf erging es so: wenn die übermenschliche Kraft von ihm gewichen war, empfand er Ermattung vom geführten Kampfe und wurde so kraftlos, daß er sich zu Bette legte.

Wenn die Berserker, vermutlich durch den Genuß berauschender Getränke oder durch Autosuggestion, der ihnen eigentümliche Zustand befiel, gerieten sie in einen wilden Paroxysmus: sie heulten wie die wilden Tiere, ein Zittern lief über ihre Haut, so daß jeder Zahn knirschte, sie sperrten den Rachen auf, stießen Schaum heraus, bissen in die Schilde; auf eisige Schauder, bei denen es ihnen so vorkam, als würde ihnen Wasser zwischen Haut und Fleisch gegossen, folgte eine heftige Wut, in der sie nichts verschonten von dem, was ihnen in den Weg kam, Getäfel, Balken, Säulen oder Menschen, selbst Feuer betraten sie und scheuten kein Eisen;

damit sich ihre Wut nicht auch gegen die eigenen Landsleute kehrte, wurden sie oft dadurch unschädlich gemacht, daß man sie zwischen Schilden festklemmte. Odin versetzt die Krieger in tierische Wut: »seine Mannen drangen ein ohne Panzer und waren wütend wie Hunde oder Wölfe, bissen in ihre Schilde, waren stärker als Bären oder Stiere«.

Werwolf bedeutet Mannswolf, Berserker (*berr »Bär« und serkr »Fell, Schurz«) Bärenhäuter, daneben gibt es »Wolfshäuter«: man schrieb ihnen die Fähigkeit zu, sich in Bären oder Wölfe zu verwandeln, sie waren also Werwölfe oder Werbären.

In der Wölsungen-Sage verwandelt sich die Mutter Siggeirs in eine Werwölfin und frißt Sigmunds neun Brüder auf. Sigmund und Sinfjötli fanden im Walde ein Haus, darin lagen zwei schlafende Männer mit dicken Goldringen. Ihre Wolfsbälge hingen über ihnen, denn sie waren verwünschte Königssöhne und konnten nur jeden zehnten Tag aus ihren Wolfsgewanden fahren. Sigmund und Sinfjötli fuhren in die Wolfskleider und nahmen Wolfsgebärden und Stimme an; so verwandelt stifteten sie großes Unheil in ihrer Feinde Land.

5. Disen, Hamingja und Fylgja

Man pflegt die nordische Fylgja d.i. Folgerin, Folgegeist als das zweite Ich des Menschen zu bezeichnen, das sich kurz vor dem Tode von ihm trennte und sichtbar wurde: insofern die aus dem Körper tretende Seele besondere Gestalt, die Hülle eines Tieres (altnordisch hamr) annahm und nun den Menschen überall begleitete, hieß sie Hamingja »Gestaltenwechslerin«, Fylgja und Hamingja seien also identisch. Wahrscheinlich aber ist die Hamingja von der Fylgja verschieden; die Fylgja ist nicht die getrennt vom Leibe vorgestellte Seele des Menschen, dem sie beigelegt wird, sondern die Seele des Ahnen, die als Schutzgeist dem Geschlechte folgt. Die Hamingja ist nach der Glückshaube (hamr) genannt, mit der bisweilen Kinder geboren werden, und in ihr hat der Schutzgeist fetischartig seinen Sitz.

So geht Hamingja in den Begriff »Glücksgöttin«, »Glück« über, während Fylgja nur den Begriff der Begleitung ausdrückt, nicht aber den ihres zuverlässig schützenden oder glückbringenden Erfolges. Es gibt daher schwächere und stärkere Fylgjen, wovon die einen nicht gegen die andern aufkommen.

Obwohl in der germanischen Überlieferung die Geister der Verstorbenen fast stets in der Gestalt auftreten, darin sie gelebt hatten, Männer als Männer, Frauen als Frauen, Jünglinge als Jünglinge, werden doch die Ahnengeister, sofern sie das Amt als Schutzgeister erlangen und darin der kommenden Dinge kundig sind, ohne Rücksicht auf das Geschlecht der Personen, denen sie einmal im Leben angehörten, als weibliche Wesen gedacht. Das ist bezeichnend für die Denkweise der Germanen und hängt mit ihrer hohen Schätzung des ahnungsvollen und weisen Teils der Frauennatur zusammen. Bei ihrer Vorliebe für kriegerisches Leben und kampffrohe Tätigkeit erscheinen diese weiblichen Schutzgeister gern bewehrt und beritten und gehen so in die Walküren über; andererseits stammen aus den geisterhaften Wesen, die das Leben des einzelnen Menschen geleiten, die Nornen. Alle diese Schutzgeister weiblichen Geschlechts, die Fylgjen mitinbegriffen, scheint die nordische Sprache als Disen zusammenzufassen. Ursprünglich liegt in altnordischen dis (althochdeutsch idis) der Begriff des Übernatürlichen nicht, sondern dis bezeichnet die schaffende, arbeitsame, gewandte Frau, in mythischem Sinne dann die rührigen, übermenschlichen Frauen, namentlich die Schicksalsfrauen. Wenn sich diese Disen im Traume offenbarten, hießen sie auch Traumweiber.

Deutlich treten die Disen als Todverkünderinnen im Traume der Glaumwör auf; Gespenster kommen aus dem Totenreiche, ihren Gatten Gunnar für ihre Gesellschaft zu gewinnen, nachdem die Disen ihm abtrünnig geworden sind:

Mir schien's, als träten bei Nacht
tote Frauen hier ein,
in dürftige Kleider gehüllt,
die dich entführen wollten;
es luden zu ihren Bänken
die leidigen Weiber dich ein;
die Disen haben dir den Schutz aufgesagt.

Nicht nur warnend, sondern auch ermutigend lassen die Disen sich vernehmen. Asmund träumt, daß einige Frauen in kriegerischer Rüstung über ihm stehen und zu ihm sagen: »Was ist das für eine Furcht, die dich befällt? du bist ausersehen, Anführer aller andern zu werden, aber du fürchtest dich vor elf Männern; wir sind deine Schutzdisen und werden dich gegen die Männer beschirmen, mit denen du dich versuchen wirst.«

Ein schönes und klares Zeugnis für ihren Wert im Familienleben bezeugt ausdrücklich, daß sie um Hilfe angerufen wurden:

Schutzrunen lerne,
wenn du schwangere Frauen
von der Leibesfrucht lösen willst:
auf Hände und Gliedbinden
male die Heilzeichen
und den Beistand der Disen erbitt'.

6. Nornen

Die Tätigkeit der Nornen ist gegenüber dem Walten der Fylgjen und Disen ungleich reicher, sie umfaßt das gesamte menschliche Leben: von der Stunde der Geburt bis zum letzten Atemzuge bestimmten sie das Schicksal des Menschen. Aus dem Vergleiche des menschlichen Lebens mit einem Gewebe entstand das Bild der Schicksalsspinnerin und Weberin: der Name Norn, germanisch *nornô, ist nur altisländisch, faröisch und norwegisch belegt und wird aus der indogermanischen Wurzel snerk, *norhni »Verknüpfung, Verknüpferin« gedeutet, oder aus der Wurzel ner, einfädeln oder aus *norhsn »Männertöterin«. Die gemeingermanische Bezeichnung ist Urd, die Spinnerin. Aber bereits in urgermanischer Zeit ragt aus der großen Schar eine Führerin heraus, die neben den andern vor allem das Gewebe des Schicksals knüpft und schlingt, aber auch den Lebensfaden jäh zerreißt.

Die schöne alte Vorstellung des Schicksalwebens und -flechtens klingt in der nordischen Dichtung nach. Bei Helgis, des Hundingstöters Geburt ward es dunkel im Hause, die Nornen kamen, die dem Fürsten das Leben bestimmten; sie hießen den Helden ruhmreich werden und herrlich den Edeling sein. Sie wandten mit Macht die Schicksalsfäden. Wohl drehten sie die goldenen Bande und festigten sie hoch unter des Mondes Saal, d.h. am Himmel. Sie bargen die Enden im Osten und Westen – in der Mitte lag das Land des Königs –; die eine schwang die Schlinge gen Norden.

Da die Riesen für älter gelten als die Götter, stammen die Nornen, deren Erscheinen das Ende des ersten glücklichen Lebens der Asen und den Eintritt eines mühevollen Daseins, voll von Kampf und Not, bedeutet, auch aus Riesenheim, und die eine der webenden Nornen wird auch sonst als Riesin bezeichnet. Das Verhältnis der Götter zu den Nornen ist schwer zu bestimmen; aber die Götter scheinen wie die Menschen ihrem Spruch unterworfen zu sein: sie erkennen die Anzeichen drohenden Unheils und suchen es abzuwenden, aber weder Baldrs Tod noch ihren eigenen Untergang vermögen sie zu verhindern. Das Wirken der Nornen ist vollkommen unabhängig von den Göttern; zwar »treiben« auch die

Walküren Schicksal, aber in Odins Dienst und insoweit es das Glück der Schlachten betrifft: die Nornen bestimmen, wer sterben soll, die Walküren geben dem Urteile Wirklichkeit. Daher kann auch von der verschiedenen Herkunft der Nornen die Rede sein: die einen sind vom Asen-, die andern vom Elbenstamme, die dritten vom Geschlechte der Zwerge.

Eine Mutter überlieferte ihrem Sohne die Kunde schützender Runenlieder:

auf allen Seiten
mögen Urds Riegel dich schirmen,
wohin immer dein Pfad dich führt.

Der Ausspruch der Nornen über das Geschick heißt Urteil oder Schicksalsspruch. Von dem toten Könige Halfdan wird gesagt, er habe das Urteil der Nornen abgenutzt, d.h. die Zeit gelebt, die ihm die Nornen zum Leben festgesetzt hatten. Die Nornen weben nicht nur das Schicksal, sondern deuten auch die mit Runen versehenen Losstäbchen, die über jeden Menschen geworfen werden, und wie sie die heiligen Runenstäbe auslegten, so war ihm das Schicksal gefügt.

Die eine heißt Urd
die andre Werdandi
– sie schnitzten am Losstab –
Skuld ist die dritte;
des Lebens Lose
legen sie fest
den Menschenkindern,
der Männer Schicksal

heißt es in einer jüngeren, eingeschobenen Strophe. Es ist ein feiner Gedanke, daß Vergangenheit und Gegenwart die Lebenslose zuschneiden, die die Zukunft aufzunehmen bestimmt ist; aus den Taten der Vergangenheit und Gegenwart gehen die Geschicke der Zukunft hervor.

Geburtshilfe ist keineswegs die Aufgabe der Nornen, wie etwa der Disen; sie sind zwar bei der Geburt zugegen, aber um das Schicksal des Neugeborenen zu bestimmen. Sie wählen Mütter aus für die Kinder der großen, auf den Eintritt ins Leben wartenden Seelenschar. Sie küren den Menschenkindern das Leben und bestimmen dann fort und fort den Lebenden ihre Einzelgeschicke. Als der junge Helgi einen Tag alt ist, erscheinen die Nornen und bestimmen seine künftigen Eigenschaften und sein Lebensglück. In der Nornagestsage wird eine Geschichte von wirklichen Nornen erzählt, diese aber als menschliche Zauberfrauen (Wölwen) dargestellt.

Der Vater hatte drei weise Frauen zu sich geladen, um die Nativität des Sohnes zu stellen. Sie kamen mit großem Erfolge, um dem jungen Gest sein Schicksal vorauszusagen. Das Kind lag in der Wiege, daneben brannten zwei Kerzen (zur Abwehr des Alps, damit kein Wechselbalg untergelegt würde). Die Frauen verhießen dem Knaben, er solle ein Glückskind werden und mehr im Lande gelten, als andre seiner Verwandten, Voreltern und Häuptlinge. Die jüngste Norne aber glaubte sich nicht genug geehrt, sie rief laut und zornig drein und gebot mit den günstigen Weissagungen inne zu halten: »ich bescheide ihm, daß das Kind nicht länger leben soll, als die hier neben ihm angezündete Kerze brennt«. Schnell aber griff die älteste Wölwa nach dem Lichte, löschte es aus und hieß es die Mutter aufbewahren; die gab es dem Sohne, als er groß geworden und sich die Worte der guten Nornen an ihm erfüllten. Er hieß von jener Weissagung Nornagest, Nornengast. Als er nach der Sage 300 Jahre alt geworden war, begehrte er zu sterben. Er nahm den Lichtstumpf aus dem Stocke seiner Harfe, darin er ihn bewahrte, und zündete ihn an. Wie die Kerze niedergebrannt war, hatte auch er sein Leben geendet.

Wie hier bei Nornagest und im Märchen von Dornröschen die 13. weise Frau das wieder zu vereiteln sucht, was vorausgehende Begabungen Günstiges verheißen hatten, so erzählt auch ein islamisches Märchen von der bösen Schwester, die Unheil und Tod bringt:

Bei Märthölls Geburt werden drei Schwestern, Schwarzmäntel genannt, von der Mutter gastlich bewirtet; die Mutter aber hatte nur zwei Gedecke hingelegt, so daß die jüngste leer ausging. Die beiden älteren Schwestern hießen das Mädchen schön werden wie die Sonne und nur lauteres Gold weinen, wenn ihr die Tränen kämen und einen Königssohn zum Manne gewinnen; die dritte konnte davon zwar nichts zurücknehmen, fügte aber, über ihre Zurücksetzung erzürnt, den Fluch bei, daß sie in der Brautnacht ein Sperling werden und in den ersten drei Nächten nur je eine Stunde die Sperlingshaut ablegen sollte.

Die erste Mahlzeit der Wöchnerin heißt auf den Faröern »Nornengrütze«. Wahrscheinlich opferte die Mutter hiervon den Schicksalsgöttinnen, die beim Eintritte des Menschen in das Leben ihre weisende und bestimmende Macht entfalteten.

Da man glaubte, daß die Nornen an das Bett des Menschen heranträten und mit grausamer Hand ihr Opfer ergriffen, legte man ihnen scharfe Nägel, furchtbare Krallen bei, und damit hängt mannigfacher Aberglaube zusammen. Die Nägel sind also Symbole der tötenden, krallenversehenen Nornen. Die weißen Flecken auf den Nägeln heißen noch heute auf den Faröern »Nornenspuren«, und diese verkündigen der Menschen Schicksale vorher. In Norwegen müssen die abgeschnittenen Nägel verbrannt oder vergraben werden, sonst machen die Elben Kugeln davon, mit denen sie das Vieh schießen. In Dänemark greifen gespenstische Wesen (Dödninger) nach den Menschen und verursachen die gelben oder blauen Flecken, die sich auf den Händen finden. Auf Island sagt man: am Abend geschnittene Nägel werden oft eines Gesunden Tod; die weißen Flecke auf den Fingernägeln bedeuten, daß ebenso viele weibliche Wesen Liebe zu dem Manne hegen, wie dieser »Liebestropfen« an sich trägt, und um so stärker ist die Liebe, je größer die Tropfen sind.

Die Dreizahl der Schicksalsgöttinnen steht fest, unbekannt aber sind die Namen. Erst an jüngerer Stelle werden die Namen Urd, Werdandi, Skuld genannt. Und wie man in den Walküren später nur Personifikationen des Krieges selbst sah, so wurden die Nornen abstrakte Bezeichnungen der Zeit: Vergangenheit, Gegenwart und Zukunft. Urd wurde in etymologischer Spielerei als die »Gewordene« gedeutet, Verdandi als die »Werdende« und Skuld als die »werden Sollende«.

Dreifach ist der Schritt der Zeit,
Zögernd kommt die Zukunft hergezogen,
Pfeilschnell ist das jetzt entflogen,
Ewig still steht die Vergangenheit. (Schiller)

7. Walküren

In den Walküren, den Jungfrauen, die die Wahl, d.h. den Haufen der Erschlagenen küren, sind die verschiedenen mythischen Vorstellungen zusammengeflossen: die gespenstischen Reiterinnen im Gefolge des Windgottes, der Glaube an höhere weibliche Schicksalswesen, die irdischen Frauen, die als die ständigen Gefährtinnen des Mannes an dem Schicksale der Schlachten unmittelbaren Anteil nahmen und auch nach dem Tode ihr kriegerisches Handwerk fortsetzten, die Auffassung der Wolken als göttliche Mädchen, die auf feurigen Rossen durch die Lüfte sausen. Die späteren Walküren berühren sich ferner mit den Fylgjen und Disen: ihr Erscheinen ist todkündend. Wie diese und auch die Nornen schmückt sie kriegerisches Gewand. Wie die Nornen werden sie webend vorgestellt, und ihnen wird eine Vorbereitung für den Ausgang in der Schlacht übertragen. Wie die Mar endlich über den treulosen

König Wanlandi herfällt, daß er sich nicht rühren kann, so bezeichnete man im 13. Jahrhundert mit dem Walkürennamen Herfjötur (Heerfessel) eine dämonische Lähmung, von der man dem Tode Verfallene im Kampf oder auf der Flucht plötzlich befallen werden ließ. Wie die in anderer Gestalt laufenden seelischen Wesen endlich (hamhleypur) bedienen sich die Walküren gern der Gestalt des Schwanes, einmal auch der einer Krähe. Von der Stellung der Walküren zu dem Kriegsgott Odin und den Einherjern und von ihrem Amt in Walhall wird in dem Abschnitt über Odin gehandelt werden; hier soll nur ihre allgemeine mythische Natur dargelegt werden.

Im ersten Merseburger Zauberspruche legen die einen von den Idisi den Feinden Fesseln an. Aus ihrer Gewalt zu lösen und zu fördern, zu binden und zu hemmen ist die abstrakte Vorstellung des ein Heer fesselnden, lähmenden Schreckens entstanden, der in schwerer Kampfesgefahr über den Krieger kommt und ihm körperlich unmöglich macht, dem drohenden Untergange zu entfliehen.

Hörd und sein Pflegebruder Helgi werden überfallen, gefangen und gebunden. Beiden gelingt es, sich ihrer Bande zu entledigen und zu fliehen. Ihre Feinde verfolgen sie. Da kam über Hörd die Heeresfessel, und er hieb die »Zauberbande« von sich das erste und zweite Mal. Zum dritten Male kam über ihn die Heeresfessel, und die Feinde schlossen ihn ein. Trotzdem entkam Hörd und floh auf das Gebirge, Helgi auf dem Rücken tragend. Aber obwohl sein Gegner zu Roß war, wagte er nicht, ihn anzugreifen. Da kam nochmals die Heeresfessel über Hörd. Er sah ein, daß große Unholde im Spiele waren, und gab den Widerstand auf.

Die Walküren künden als Todes- und Schicksalsgeister den Ausgang der kommenden Schlacht voraus, indem sie ein blutrotes Gewebe weben.

Unmittelbar vor der blutigen Schlacht bei Clontarf (1014), die zwischen den Nordmännern und dem irischen Oberkönige BRIAN stattfand, beobachtete ein Mann zu Caithness, wie zwölf Frauen nach einer Kammer ritten und dort verschwanden. Sie hatten ein Gewebe aufgespannt: Menschenhäupter dienten als Gewichte, Gedärme von Menschen als Garn und Wift; Schwerter dienten als Spule, Pfeile als Kamm. Die Frauen sangen dazu düstere Weisen und bestimmten aus dem Gewebe den Verlauf und das Ende der Schlacht. Dann rissen die Walküren das Gewebe herunter und bestiegen ihre Hengste; sechs ritten nach Süden, aber die andern sechs nach Norden.

Von Süden fliegen die Walküren durch den schwarzen Wald, das Schicksal zu wirken; sie setzen sich am Seegestade nieder, die südlichen Disen, und spinnen köstliches Linnen (d. h. sie wirken das Schicksalsgewebe). Schwanweiß heißt die eine – schneeweiß war sie im Schwanengefieder –, Allwiß die andere, Ölrun die dritte. Da überrascht sie Wölund mit seinen beiden Brüdern, sie nehmen ihnen die abgestreiften Schwanenhemden weg und führen die drei Jungfrauen als ihre Weiber heim. Sieben Winter saßen sie daheim bei ihren Gatten, doch im achten waren sie unruhig, im neunten konnte sie nichts mehr halten. Sie schwangen sich auf zum schwarzen Walde, die behelmten Mädchen, um in den Dienst ihres göttlichen Herrn zurückzukehren. Denn die neun Jahre, die die Walküren in menschlicher Verbindung als Frauen bleiben mußten, waren vermutlich eine Sühnzeit, die ihnen von ihrem Gebieter auferlegt ist, und diese war vorüber. Vom Waidwerk kamen die wegmüden Schützen; sie fanden die Häuser öd und verlassen, sie traten hinein und traten hinaus und suchten und spähten – fort waren die Frauen. – So erzählt eins der ältesten Eddalieder, das auf niedersächsische Überlieferung zurückgeht.

Walküren, Disen, Schwanmädchen sind also eins: im Begriff, in die Schlacht zu fahren, rasten sie am Wasser, spinnen wie die Nornen kostbares Gewebe, haben ihre Heimat im

Walde und heißen die Disen des Südens. So wird auch die Walküre Sigrun, Helgis Geliebte, Tochter des Südens genannt: vielleicht liegt darin eine Erinnerung, daß der Kult Odins und der Walküren zuerst bei den Südgermanen ausgebildet war und von hier nach dem Norden drang.

Die Namen, die spätere Dichtung den Walküren beilegt, gehen auf ihre kriegerische Tätigkeit und Ausschmückung.

Aus der Heldensage kennen wir die Walküren Brynhild, »die Kämpferin im Panzerkleide«, Grimhild, »die verlarvte Kämpferin«, Gudrun, »die der Kampfrunen Kundige«, Signy, »Tochter des Sieges«, Sigrun, »die der Siegesrunen Kundige«, Sigrlinn, »sieghafte Schlange«, Swanwit, »Schwanweiß«, Swanhild, »Kämpferin im Schwanenkleide«, Swawa, Kara. Sie werden zusammen als die siegspendenden Frauen bezeichnet, und als Odins kriegerisches Gefolge heißen sie seine Schildmädchen, Siegmädchen, und weil der Sieg der Männer Wunsch ist, seine Wunschmädchen, wie die Einherjer Odins Wunschsöhne sind.

8. Schwanjungfrauen

Wie die Walküren sind auch die Schwanmädchen ursprünglich Wolkengeister. Zwar kann eine Walküre ein Schwanmädchen sein, aber ein Schwanmädchen ist nicht notwendig eine Walküre. Die Wolken, die durch den Luftraum fliegen, nehmen die Gestalt von Schwanenscharen an, die mit mächtigem Flügelschlage die Luft durchmessen. Die aus dem Wasser emporsteigende Wolke, der sich dem Weiher im Walde entwindende Nebel brachten die himmlischen Frauen mit den im Dunkel der Wälder sprudelnden Brunnen und mit den fließenden Wassern in Verbindung. Als Gestaltung des weißen Nebels von See, Fluß und Born erscheint die liebliche Schwanjungfrau. Sie legt ihr Schwanenkleid ab und badet im einsamen Waldsee oder am Strande des Meeres, schlüpft dann wieder in ihr himmlisches Gewand und schwebt über Land und Wasser. Streift sie ihr Schwanengefieder ab, so steht sie, nach dem durchgehenden Gesetze des Gestaltenwechsels, in nackter menschlicher Gestalt da; wer sich des Gewandes bemächtigt, erzwingt sich ihre Liebe, und das göttliche Mädchen muß ihm dienen. Aber die Sehnsucht nach dem früheren Leben treibt sie zur Flucht, sie findet ihr Schwankleid wieder und entflieht in ihr lichtes Reich.

Aber auch die lieblichen, leichtbeschwingten Schwanenjungfrauen traten als wilde Walküren in des streitfrohen Odins Dienst.

In der Nacht geht der Dänenkönig Fridleif auf Kundschaft aus. Da hört er in der Luft ein ungewohntes Rauschen, und als er emporsieht, vernimmt er aus der Höhe den Gesang dreier Schwäne, der ihm die Entführung eines norwegischen Königssohnes durch einen Riesen meldet. Nach diesen Worten der Vögel fällt ein Gürtel aus der Höhe, auf dem Runen stehen. Es sind wohl Walküren im Schwanenkleide, die Fridleif zum Kampfe mit dem räuberischen Riesen aufreizen.

Aus diesen spärlichen Trümmern hat RICHARD WAGNER seine schöne tragische Dichtung »Die Walküre« geschaffen; die tiefe Gefühlswelt, die gewaltigen Seelenstürme, die hinter den schlichten Worten der alten Quelle liegen, führt sein Drama in wahrhaft ergreifender Weise vor.

II ÜBERGANG VOM SEELENGLAUBEN ZUR NATURVEREHRUNG

1. Elfen

Die Elfen spielen in dem mythologischen Systeme des Nordens eine weit geringere Rolle als die Riesen, wurzeln aber viel tiefer im Glauben des Volkes. Zwar haben sie nach der Edda manches kostbare Kleinod der Götter angefertigt, aber sie liegen dem Gesichtskreise der Edda ferner als die Riesen, die Urwesen, mit denen die Götter fortwährend im Streite liegen. Ob in ihnen ursprüngliche Seelengeister oder Personifikationen der Naturkräfte und des Wetters zu suchen sind, läßt sich nicht schlechthin entscheiden. Bei manchen, wie beim Kobold, ist Zusammenhang mit den Seelen Verstorbener offenbar; manche stehen mit der Natur im innigen Bunde und verkörpern ihre geheimnisvollen, in der Stille wirkenden Kräfte, im Gegensatze zu den Riesen, den Vertretern der ungezügelten Naturgewalten, den Elementen, die das Gebild von Menschenhand hassen. Aber weder die eine, noch die andere Erklärung darf man ohne weiteres allen Elfen zugrunde legen. Da Wind und Wolke, Wind und Nebel, das wogende Wasser, das vom Winde bewegte Ährenfeld, der rauschende Wald, die summende Heide von freundlichen oder feindlichen Geistern beseelt sind, berühren sich die Elfen mit den Gebilden des Seelenglaubens. In den Hügeln und Bergen wirtschaften »Bergvolk, Hügelvolk« und Zwerge, in den endlosen Wäldern Schwedens die Waldfrau; wo der Bergfluß im brausenden Wasserfalle hinabstürzt, wohnt der Fossegrim, Nøkke, Neck, der Nix; durch Volksetymologie ist der Elf an den Elf (Bergfluß) angeknüpft: in ihm lebt der »Alte im Flusse« (Älvkall), der durch sein Spiel Menschen toll machen kann. Weil sie verborgen leben, heißen sie isländisch huldufolk, norwegisch Huldrer (die Unterirdischen), und weil sie dem Menschen wohlgesinnt, isländisch »Liebling«. In Schweden benutzt man für viele dieser Elben als gemeinschaftlichen Namen Ra, Rådande »die Waltenden« oder auch Vitra: dieses Wesen findet sich überall, wo Menschen mit Viehzucht, Jagd und Fischerei beschäftigt sind, im Gebirge, Walde, See, Wasserfall, an der Meeresküste, auf Klippen und Scheeren.

Für die Herleitung der elfischen Geister aus dem Seelenglauben pflegt man sich auf die etymologische Erklärung der indogermanischen Reihe altnordisch álfr, angelsächsisch aelf »Elfe«, dänisch elv, schwedisch elf zu berufen, deren Grundbedeutung die eines übersinnlichen, trügerischen Wesens sei: damit sei die menschliche, vom Leibe losgelöste, ein selbständiges Dasein führende Seele gemeint. Aber Elf wird von anderen auch als »Lichtgeist« gedeutet. Altnordisch dvergr, mittelhochdeutsch twërc, angelsächsisch dweorh »Zwerg« wird zu altnordisch draugr, »durch Betrug schädigen« gestellt »das Trugbild« oder zu mittelhochdeutsch zwergen, »der Druckgeist«. Die neueste Erklärung wieder stellt den Zwerg zu »Insekt«, irisch dergnat »Floh«. So ist auch der Wicht (gotisch waihts, altnordisch vaettr), wenn er zu wegen, bewegen gehört, das »kleine Ding, der winzige Elf«. Der Elbe heißt ferner altnordisch skratti (althochdeutsch scrât, mittelhochdeutsch Schrat, Schretel = Behaarte? oder der Lärmgeist? norwegisch skratta lärmen, skratla rasseln). Mit Deutungen, die allein auf die Etymologie aufgebaut sind, ist es immer eine mißliche Sache. Aber das Wesen der Elfen findet wenigstens zum Teil im Seelenglauben seine Erklärung. Wo Leben und Wachstum in der Natur ist, müssen Geister und Seelen seine Träger sein, und als solche erscheinen die Elfen. Wie die Seelen werden sie mit Milch, Brot und Käse gelabt, haben als Zwerge, wie die Toten, ihren Wohnsitz in der

Erde und sind, wie die Seelen, den Menschen bald freundlich, bald feindlich gesinnt, je nachdem sie behandelt werden. Die Toten gehören den Elfen an, und daher »feiern sie das Absterben eines Menschen wie ein Fest mit Tanz und Musik«. Zwei altnordische Zwergnamen bedeuten »Toter«. An den Berg Helgafell hatte Thorolf so großen Glauben, daß niemand ungewaschen dahin gehen sollte, und nichts solle man auf dem Berge töten, weder Menschen noch Vieh. Er meinte, daß er in den Berg fahren würde, wenn er stürbe. Da war eine so große Friedensstätte, daß er den Boden in keiner Weise wollte beschmutzen lassen, und da sollte man auch nicht hingehen, um seine Notdurft zu verrichten, denn sonst würde man die Elben vertreiben. Hier können nur die Seelen der Verstorbenen gemeint sein, die in dem Heiligenberge hausen. Der Volksglaube ist auch sonst ausdrücklich bezeugt, daß die Elben den Geruch der Exkremente scheuen, oder Knoblauch, Baldrian und andere starkriechende Gewächse. Dem toten König Olaf, dem Alf von Geirstad, wurden auf dem Grabhügel Opfer gebracht, um ein gutes Jahr zu bekommen. Die Jultage heißen im Norden Fahrtage der Alfen, die dann ihre Wohnung wechseln; in der Julzeit haben aber auch die seelischen Geister ihr Fest. Das Elbenopfer wurde in heidnischer Zeit im Inneren des Hauses gefeiert, kein Fremder durfte dabei zugegen sein, oder es wurde auf einem dem Hause nahen Hügel dargebracht, indem man diesen mit Stierblut bestrich und aus dem Fleische den Alfen ein Opfermahl bereitete. Die Elbe wohnen also in Gräbern, und auf uralten Zusammenhang der Elementargeister mit der Ahnenverehrung deutet die Bedeutung »Elfenmühlen« hin, die sich in Schweden noch hier und da erhalten hat. Die napfartigen künstlichen Vertiefungen, die in Grabsteinen öfter vorkommen, werden als Schalen zum Aufsaugen des Opferblutes aufgefaßt.

Noch heute wird diesen Näpfen eine abergläubische Verehrung gezollt. Erkrankt ein Kind im Hause, so sucht die Mutter einen solchen »Elfenstein« auf, salbt unter Anleitung kluger Frauen die Schalen mit Fett und hinterlegt eine Nadel, die das Kind getragen, oder eine kleine Puppe aus Lumpen als krankheitsbeschwörendes Opfer. Das alte Elbenopfer wird noch heute im Norden als Engelöl (Engelbier) geübt. Der Niss antwortet dem nach seinem verstorbenen Vater fragenden Sohne: »dein Vater ist bei uns«. In den kugelförmigen Begräbnissen des Stein- und Bronzealtars werden noch heute die Wohnungen der »Hügelleute« gedacht, die noch immer mit dem Volke verkehren. Ein dänischer Bauer entdeckt am Elfenhügel unter dem dort tanzenden Volke seine verschwundene Frau; er ruft sie beim Namen, und sie muß ihm folgen; er hatte aber keine Freude mit ihr mehr, immer saß sie weinend in der Küche. Wer Gast im Reiche der Toten gewesen, ist fürs Leben gezeichnet. Ein norwegischer Bauer beleidigte den »Gardvord«, d.h. den Kobold, der das Haus schirmt, darüber wacht, und der Erzähler fügt hinzu: »das hätte er aber nicht tun sollen, denn der Gardvord ist die Seele des Mannes, der den Platz, wo das Haus jetzt erbaut ist, zuerst urbar machte, und den Mann darf man doch wohl ehren und achten«.

Als letztes Beispiel für den Zusammenhang von Wassergeistern mit Seelen Ertrunkener mag eine färoische Sage dienen, ein Seitenstück, aber auch ein reinerer Beleg als die früher angezogene isländische Volkssage von Pharaos Dienstleuten:

Die Seehunde sind zuerst von Menschen gekommen, die sich selbst hinabgestürzt und in der See ertränkt haben. In jeder neunten Nacht legen sie ihr Seehundskleid, ihre Haut ab und tanzen und spielen, anderen Menschen gleichend, am Ufer und in den Klippenhöhlen. Ein Bursch belauschte diesen Tanz und gewahrte das schönste Mädchen aus einem Seehundsbalge fahren: beim Mondenlichte sah er eine Menge Unterirdischer eifrig auf dem weichen Sande tanzen, neben ihnen lagen die Seehundsfelle auf der Erde. Er raubte das Seehundsgewand, als die Stunde des Sonnenaufgangs gekommen war, und gab es ihr trotz ihrer Bitten nicht wieder. Sie heiratete ihn und gebar ihm mehrere Kinder, die außer einer dünnen Haut zwischen den Fingern und einer Beugung der Hand, wodurch diese mit der Vorderpfote eines Seehundes Ähnlichkeit bekam, keine weiteren Spuren ihrer seeischen Abkunft an sich trugen. Einmal aber vergaß der Mann den Schlüssel seines Kastens zu Hause. Die Frau fand ihr Seehundskleid, konnte ihrer Sehnsucht nicht widerstehen, schlüpfte hinein und verschwand in der Flut. Sogleich gesellte sich ein großer Seehund zu ihr, es war ihr erster Gatte, den sie stärker liebte als ihren menschlichen Gemahl. – E. M. ARNDT erzählte KLAUS GROTH in Bonn 1855/56 von dem tief eingewurzelten Glauben der Norweger und Schweden, die er ja auf seiner Flucht vor Napoleon persönlich kennengelernt hatte, an geheimnisvolle Bewohner der Tiefen des Meeres: wie da die Seehunde, scheinbar Seehunde, schönen Frauen auflauerten, die am Ufer zu tun hatten oder badeten, und sie mit sich nahmen.

Das Erscheinen der Morgensonne um die Zeit des Hahnenschreis vertreibt die elbischen nachtfahrenden Gestalten wie die Maren und Gespenster; denn sie ist der »Verdruß der Zwerge«, »der arge Betrüber der Elben« und verwandelt sie mit ihren Strahlen in Stein.

Die Phantasie sah überall elbische Wesen. Nicht nur die unbelebte Welt war ihr Aufenthaltsort, sondern auch die Tierwelt. Besonders Wurm- und Madengestalten, aber auch alles scheinbar fußlose Getier, wie Aal, Schlange, Molch galten als die Hüllen der elbischen Geister, da Krankheiten erzeugende Parasiten im Leibe des Tiers und Menschen nach uralter Erfahrung stets vorkamen. Eine solche mitzehrende Elbengestalt ist der norwegische Alptroll (Elvetrold), der die Rachitis in seinen Trollrachen verschlingen soll, der Elbenball (Finnball) und das Trollnest, parasitäre Wurmnester, die sich als Elbengeschosse im Magen der Tiere vorfinden und von den Elben herausgeschossen werden.

Der Wurm ist die typische Gestalt der elbischen Krankheitsdämonen, die nach germanischem Volksglauben bei Mensch und Tier Seuchen bringen. Die Kröte rächt sich an dem, der ihr Böses antut, indem sie sich nachts auf seine Brust setzt, d.h. ihm Alpdruck bereitet. Das Zittern, Beben, Rütteln und Schütteln im Frostschauer, der ob seiner Regelmäßigkeit im Kommen und Gehen eine der auffälligsten Krankheitserscheinungen ist und deshalb den Eindruck der Tat eines erscheinenden und verschwindenden dämonischen Wesens machen mußte, konnte dem Altertum nur das Werk eines elbischen Wesens sein. Das plötzliche Erscheinen von Hautblattern und Hautflecken nach einer mit schweren Angstzuständen und unter Fieberträumen durchlebten Nacht war die sichtbare Folge einer elbischen Tat. Rote Hautflecken, Hitzblatterchen heißen »Elbenfeuer«. In inniger Beziehung zu den Hautkrankheiten stehen die Veränderungen des menschlichen und tierischen Haarbodens; namentlich die Verflechtungen und Verfilzungen der Haare zu Zöpfen, Haarnestern und Kugeln schrieb man der flechtenden Tätigkeit elbischer Dämonen zu. Im Norden heißen die runden verfilzten Haarballen im Magen der Wiederkäuer »Alpkugeln«, »Trollenknäuel«. Die verfilzte Mähne der Pferde, das verwirrte Haar der Menschen heißt Alpzopf, struppige, nestartige Gewächse »Marequasten«. Man hängt die Marenquasten in den Stall, damit die Maren oder Elben auf ihnen sitzen, statt die Pferde zu reiten und Alpzöpfe zu flechten. Schon der bloße elbische Anhauch, ja selbst das Anfauchen des Dämon konnte Krankheit, Seuche, Tod bewirken. Dieser »Elbenhauch« bringt Pestbeulen, Hautschwellung, Gliedergeschwulst. Der »blasende« Atemhauch der Elben vergiftet drachenartig die Luft. Aus den Lüften senden sie den »Alpschuß«, die tödlichen Pfeile, und selbst der Zwerg »schießt«; »vom Zwerg geschlagen« sind lahme Tiere. Sie töten durch Sonnenstich, Sonnenstrahlen (»Elbenstrahl«); bringen durch Anwehen Rheuma, Lähmungen, Beulen, Pestbeulen oder schlagen den Menschen ins Gesicht, gegen das Herz, daß Betäubung, Lähmung, Gliederstarre, Tod eintritt. Es sei auch an den Apostel Paulus erinnert, der die furchtbare Krankheit, an der er litt, vermutlich epileptische Krämpfe, als einen Dorn ins Fleisch, einen Schlag des Satanenengels ins Gesicht bezeichnet. Noch heute ist der Ausdruck gang und gäbe: ich fühle mich angegriffen, d.h. von dem krankmachenden, wütenden Dämon. Die Rachitis gilt als eine durch Verhexung und Verzauberung oder durch den »bösen Wurf«, durch das Elbengeschoß veranlaßte Krankheit. Schon ihr bloßer Anblick tötet. Es ist ratsam, sich zu entfernen und nicht aufzublicken, wenn der nächtliche Tanz der Elben kommt. Wer durch ein Astloch nach den Elben sieht, verliert sein Auge. Eine Wehmutter erzählt, was sie im Berge bei den Unterirdischen gesehen hat, und erblindet.

Auch die Geisteskrankheit gilt als elbische Verirrung. Selten kommt ein Mensch zurück, den die Elben in ihr Reich gelockt haben, und wenn es geschieht, so ist er wahnwitzig oder stumpfsinnig. Manchmal erhält er nach langem Todesschlafe die Sinne wieder. Deshalb glaubt man auch von einem Einfältigen, er stehe in Verbindung mit den Unterirdischen, und wenn sie nächtlich erscheinen, springt er auf, spricht mit ihnen und zeigt sich vertraut mit den Bewegungen ihres Tanzes. Norwegischer Volksglaube nennt den geistverwirrten Zustand »huldrin«, verhuldert, schreibt ihn also dem bösen Einflusse der Huldern zu, der Unterirdischen (althochdeutsch helan, verbergen).

Wer von Speise oder Trank, den Elfen in Goldbechern darbieten, das geringste anrührt oder genießt, ist ihnen verfallen; umgekehrt, wer bei den Seligen verweilt hat, geht durch irdische Nahrung ihres herrlichsten Vorrechtes, der ewigen Jugend, verlustig. Der Königssohn, den die Meerfrau lange Jahre unter dem Wasser in Dienstbarkeit gehalten, und den die Liebe ihrer Tochter vom sicheren Verderben gerettet hat, wird, als er zu den Seinigen heimkehrt, von ihr gewarnt, irgendeine Speise anzunehmen. Er kostet nur ein Pfefferkorn und bleibt zwar am Leben unversehrt, aber seine Verbindung mit den Elben bricht ab, und er vergißt die auf ihn harrende Geliebte.

Das Verfallen an die Elben wird in einem weitverbreiteten Sagentypus durch einen Vergessenheitstrank angedeutet, den verführerische, dämonische Wesen kredenzen. Der Bergkönig reicht der Menschenjungfrau diesen Trank, damit sie alles vergesse und für immer bei ihm im Berge bleibe. Beim ersten Trunke aus dem Horne vergißt sie Himmel und Erde, beim zweiten Gott, beim dritten Schwester und Bruder. In einer vielverzweigten Sagengruppe wird erzählt, daß eine Jungfrau dem Berg-Elfen-Zwergenkönige durch den Genuß eines Trankes verfällt, der ihr meist sofort beim Betreten seines Reiches gereicht wird. Wichtiger ist die zweite Gruppe, daß ein Menschenjüngling den Elben verfällt, indem er einen Vergessenheitstrank von einer Elbin annimmt. Ein dänischer Ritter hat sich an einem Elfenhügel schlafen gelegt. Da kamen drei schöne Jungfrauen und begannen so hold zu singen, daß die reißende Woge im Lauf hielt an, die Fischlein vergaßen das Schwimmen, die wilden Tiere im tiefen Wald hielten inne im Springen und die Vöglein auf den Zweigen verstummten. Und aus dem Hügel ein Jungfräulein kam, die Silberkanne in den Händen. Doch die Schwester, die schon den Elfen verfallen war, warnt ihn: laß den Trank in den Busen rinnen, gar schlimm ist es im Bergesgrund bei den Elfenfrauen darinnen.

> Und hätte nicht Gott es gnädig verlieh'n,
> Daß der Hahn geregt seine Flügel,
> Da müßt' er mit den Elfinnen zieh'n
> Hinein in den Elfenhügel.

Die färoischen Huldermädchen tragen oft Verlangen nach einem Christenjüngling und locken ihn an sich. Geht er in die

Wildnis, so öffnet sich der Hügel, und das Mädchen tritt heraus, um ihm einen Trank anzubieten. Bläst er dann nicht den Schaum von oben ab, so trinkt er sich Vergessenheit. Denn in ihm liegt der Zauber, und damit betören sie ihn, bekommen Gewalt über ihn und ziehen ihn mit sich in den Elbenhügel.

Selbst mit Göttinnen buhlen die lüsternen Elfen. Vier Zwerge, die ein kostbares Halsband geschmiedet haben, überlassen es Freyja erst, nachdem sie jedem von ihnen ihre Gunst gewährt hat. Loki schmäht Freyja, alle Asen und Elben mit ihrer Liebe beglückt zu haben.

Wie nach blühenden Jünglingen und schönen Jungfrauen tragen die Elben Verlangen nach kleinen gesunden Kindern, die sie mit Gewalt oder List rauben und an deren Stelle sie die eigenen unterschieben. Zeichen, die die elbische Abkunft des Wechselbalges lehren, sind, daß es wie ein Unhold anzusehen ist und nicht wie Menschen, bleich wie Bast, fahl wie Asche.

Will man den Wechselbalg loswerden, so braucht man ihn nur nach der Kirche zu tragen, dann stirbt er; oder man prügelt ihn und hält ihn hart, dann kommt die Elbin und tauscht ihr eignes Kind wieder gegen das fremde ein.

So häßlich der Wechselbalg ist, so schön sind die elfischen Eltern an Gestalt. Sie sind weit schöner als andere Menschengeschlechter in den Nordlanden. Alfhild war die schönste von allen Frauen, wie ja überhaupt die Bewohner von Alfheim von hübscherem Aussehen waren als irgendein anderes Volk zu jener Zeit. Der Zwerg aber hat Kindesgestalt, ist alt und häßlich, langnasig, von erdbrauner Farbe. Weil ihn das Licht nicht bestrahlt, hat er das Gesicht eines Toten. Daher nennt Thor den Zwerg Alwis bleich um die Nase, wie wenn er bei Leichen die Nacht gelegen habe.

Die Wohnung der Lichtelfen ist nach der Edda bei dem Wanengotte Frey. In den Elfen und Wanen sind ja die milden und wohltätigen Stimmungen der Luft und des Wetters persönlich geworden, beide gebieten über Sonnenschein und Wind.

Die Volkssage weist ihnen ein ausgedehntes Reich in Bergen, wilden und unzugänglichen Schluchten, Hügeln und Klüften an, das mit Gold und Silber angefüllt ist.

Eine Jungfrau, die acht Jahre bei dem Bergkönig im Felsen geweilt hat, antwortet der Mutter auf ihre Frage, wo sie die lange Zeit gewesen sei: »Ich war so lang auf der blumigen Heid.« In den Elfengärten sind Bäume von herrlicherem Grün, als man je gesehen, und Früchte, die nirgends ihresgleichen haben. Des Elbenkönigs Gudmunds Reich »Unsterblichkeitswiese« im Lande »Glanzgefilde« ist ein nordisches Paradies. Oben auf der Erde haben die Elfen Lieblingsplätze, Wiesengründe, einsame, abgeschlossene Waldgegenden, auch besondere Bäume, unter denen sie sich gern aufhalten.

Ihre Lebensweise ahmt die menschlichen Einrichtungen nach. Sie leben manchmal frei, zumeist aber in großen Genossenschaften unter einem Oberhaupte. Es gibt Elfen- und Bergkönige. Auf Island wird der von HANS SACHS bekannte Schwank »die ungleichen Kinder Evä« von den Elfen erzählt. Nach der 1774 verfaßten isländischen Kirchengeschichte des FINNUS JOHANNAEUS beherrschen sie zwei Vizekönige, die abwechselnd, jedes zweite Jahr, von einigen Untertanen begleitet nach Norwegen segeln, um sich dort dem Könige des ganzen Stammes vorzustellen und ihm einen genauen Bericht über das Betragen, die Treue und den Gehorsam seines Volkes abzustatten; die Begleiter sind dazu da, die Vizekönige anzuklagen, wenn diese die Grenzen der Gerechtigkeit oder Sittlichkeit überschritten haben.

Auf Island haben die Geächteten, die Leute, die außerhalb des Gesetzes stehen, vielfach das Wesen der Elben angenommen: sie haben ihren besonderen Haushalt, eigene Herden und holen sich Weiber von den Menschen, wie die elbischen Geister. Gretti ist das älteste Beispiel dafür, daß ein Verurteilter zu ihnen in Verbindung gesetzt wird.

Besonderen Gefallen finden die Elfen am Tanz. Bei Sonnenuntergang kommen sie herangeschwebt, zart und fein gebaut, von unbeschreiblicher Schönheit und Lieblichkeit, zart wie die Lilie und weiß wie der Schnee. Die Zeit ihrer Spiele in duftiger Nacht auf tauigen Rasen dauert bis zum Hahnenschrei, und wenn sie nicht vor dem dritten Hahnkrat verschwunden sind, wie der wallende Nebel vor der aufgehenden Sonne, werden sie »taggebannt« und müssen auf demselben Flecke stehen bleiben, auf dem der Hahnenruf ihr Ohr erreichte.

Verbunden mit der Liebe zum Tanz ist die Lust zur Musik. Unbeschreiblich ist der Zauber, den der Gesang der Elfen auf die ganze Natur ausübt, alles horcht auf und scheint gleichsam zu erstarren. Wenn die Zwergtochter Ulfa den Runenschlag auf der Goldharfe schlägt, vergessen die Tiere des Waldes, wohin sie springen, die Fische der Flut, wohin sie schwimmen sollen, der Falk auf dem Zweige breitet die Flügel aus, die Wiese blüht, und alles belaubt sich. Wenn die Jungfrau des Elfenhügels ihr Lied anhebt, hält der gewaltige Strom inne, die Fische spielen mit ihren Flossen, die Vögel im Walde beginnen zu zwitschern. Umgekehrt, wenn der Bräutigam die vom Neck hinabgezogene Braut durch Harfenschlag zurückheischt, so spielt er die Vögel vom Zweige, die Rinde von der Birke, das Horn von der Stirne des Stieres, den Turm von der Kirche und zuletzt die Braut aus den Wellen auf sein Knie. Eine solche süße Musik heißt in Schweden Elbenspiel, in Norwegen Schlag, Spiel des Huldrevolkes, in Island Weise, Schlag der Lieblinge.

Die Elfen sind anstellig, geschickt, schaffenslustig und kunstreich; bei steigender Kultur wurden sie die besten Handarbeiter, die Techniker der Götter. Sie verfertigten Odins Speer Gungni und Ring Draupni, Sifs goldenes Haar, Freyjas Halsschmuck, Freys Schiff und Eber, und die Kette, mit der der Wolf Fenri gefesselt wird. Die altnordische Literatur ist reich an Erzählungen von der Geschicklichkeit der

Zwerge in künstlicher Schmiedearbeit, von ihnen stammen meist die berühmten Waffen, Rüstungen und Schwerter, in unterirdischen Schmieden gehämmert. Der Isländer nennt einen kunstfertigen Arbeiter »geschickt wie ein Zwerg« und kunstreiche Arbeit »Zwergenarbeit«. »Zwergarbeit« heißt der glänzende Bergkristall, weil die Zwerge im Innern der Berge die edlen Metalle und Steine bereiten. Die Spinne und das Spinnengewebe heißen Zwerg und Zwergnetz.

Große Weisheit ist ihr Teil. Alwis, der vollkommen Weise, geht mit Tor eine Weisheitswette ein; er hat die neun Welten alle durchwandert und acht gegeben auf alles. Zwei Zwerge stellen den Dichtermet her, in dessen Besitz dann Odin kommt. Ritter Oluf versprechen die Elbinnen starke Runen, sie wollen ihn lehren, Runen schneiden, schreiben und lesen. Ihre zauberischen Gesänge wurden Runen genannt; das bezaubernde Harfenspiel der Zwergtochter Ulfa, die Ritter Tynne in ihr Reich lockt, heißt Runenschlag, und der Ritter wird aus den Runen, in die er durch dasselbe gebunden ist, durch Hilfe von Runenbüchern wieder gelöst.

Sie weissagen und verkündigen bevorstehendes Unglück, besonders den Wassergeistern ist der Blick in die Zukunft geöffnet.

Wie sie Schaden und Krankheiten anrichten, so können sie diese auch heilen. Thorward bringt den Alfen ein Opfer aus Stierblut und wird von einer schweren Wunde geheilt.

Als verschlagen und listig werden sie überall geschildert. Alberich-Alfrik »Alfenkönig« wird der große Stehler genannt, andere Zwerge heißen Althjof (Erzdieb), Hlethjof (Hügeldieb), Fundin (Findig).

Sinnesart und Neigungen der Elfen zeigen eine eigentümliche Mischung von Gut und Böse, List und Aufrichtigkeit. Beispiele bedarf es nicht weiter. Ein gewisses neckisches Wesen, das sie in der Volkssage regelmäßig an sich tragen, muß ihnen schon im Heidentume beigelegt worden sein. Ein boshafter Störenfried wird Rotelbe genannt. Aber daneben kommt ihre Gutmütigkeit immer wieder zum Vorscheine. Niemand soll ein gegebenes Wort brechen, sagt Alwis. In Island glaubt man, daß sie Recht und Billigkeit in allen Dingen üben. Unbezweifelt ist die Treue der Hausgeister, die keine Unredlichkeit dulden und deshalb selbst das Gesinde strafen. Obwohl sie ein verborgenes, heimliches Leben führen und nur in der Nacht munter und tätig werden, wenn die Menschen schlafen, so bedürfen sie doch oft deren Hilfe, namentlich bei Geburten, und sie lohnen diese durch reiche Geschenke und Gaben wunderbarer Art. Aber man muß davon schweigen und darf das Geheimnis nicht verraten, sonst schwindet ihre Glücksgabe.

In der eddischen Dichtung treten die Elben häufig in der Gesellschaft der Asen auf, und zwar schließen sie sich an die Götter, nicht an die Riesen an. Daß mehrfach nach den Elfen Menschen genannt werden, weist auf ein freundliches Verhältnis dieser zu jenen hin: gut scheint die Benennung nach den Elben.

2. Zwerge

Die Elfen, die in den Bergen und unter der Erde wohnen, heißen Zwerge, Bergvolk (dänisch), rabvolk (norwegisch Haugfolk), Huldren (norwegisch), Erdelfen, Erdfolk (schwedisch), Unterirdische. Unter Steinen steht das Haus des Zwerges Alwis. König Sweigdi kam in Schweden auf ein großes Gehöft, »Stein« genannt; da war ein Stein hoch wie ein großes Haus, und unten bei ihm saß ein Zwerg. Er redete den König an und forderte ihn auf, einzutreten. Alsbald schloß sich der Stein, und Sweigdi kam nie wieder. In der schwedischen Ballade »Ritter Tynne« wird das Leben und der Haushalt des elfischen Bergvolkes geschildert. Im Berge ist alles mit Erzen beschäftigt. Die Bergkönige spielen Goldtafel und kleiden ihre Mannschaft in Eisen, die Zwergfrau legt Gold in den Schrein. Die schöne Tochter Ulfa aber schleicht sich hinaus und schlägt den Goldklang der Harfe an, um den Ritter zu bezaubern. Nachdem dieser auf dem Goldstuhl geschlummert, wird er von den Runen entbunden und erhält zum Abschiede wunderbare Waffen und herrliche Kleinode. ARNDT hörte von einer schwedischen Führerin, daß sie in Häusern voll Gold und Kristall leben und tanzen und trinken; sie hatten alles Gold und Silber in den Goldberg gebracht, das die Leute im großen russischen Kriege vergraben hatten. Auf den Färöern wohnen die Zwerge in großen Steinen oder in Hügeln und Blöcken, solche Zwergensteine findet man weit und breit auf den Inseln wie auch in Island. Vom Gestein hallt aller Klang, aller Wesen Sprache wider, und noch heute heißt das Echo im Norden Zwergrede; ein färoisches Volkslied läßt in den Bergen, in jedem Fels diese Zwergsprache singen.

Die Zwerge sind die besten Schmiede; von ihnen lernten die Menschen zuerst den Stahl im Wasser härten; früher dehnten sie das Eisen aus und schmiedeten es, indem sie es kalt mit dem Hammer schlugen. Die Zwergenwerkzeuge schmieden von selbst. Am Fuße der Steine, wo sie wohnen, kann man oft Asche liegen sehen, die aus ihrer Schmiede herausgefegt ist. Ihre Stärke beruht in einem selbstgefertigten Gürtel: bekommt ein Mensch diesen in seine Gewalt, so kann er den Zwerg zwingen, zu schmieden, was er verlangt, und die seltensten Kleinode zu liefern.

Wie die Volkssage wissen auch die ältesten Mythen, daß die Zwerge treffliche Schmiede sind.

Wölund, der Elbenfürst, war der geschickteste von allen Männern, von denen die alten Sagen zu berichten wissen, und mit einer Schwanjungfrau vermählt. Durch seinen Reichtum und seine Kunst erweckte er den Neid des Königs Nidud von Schweden. Er wurde in der Nacht überfallen, gelähmt und auf einer kleinen Insel in eine einsame Werkstätte gesetzt, wo er

Schwerter und Bauge, Brustspangen und Ringe und andern Schmuck dem Könige schmieden mußte, bis er Gelegenheit fand, sich furchtbar an diesem zu rächen und in einem Flügelkleide zu fliehen.

Högnis Todesschwert ist von Zwergen geschmiedet und bringt jedesmal einem Manne den Tod, wenn es entblößt wird; nie wird ein Hieb mit ihm vergeblich geführt, und nimmer heilt die Wunde, die es geschlagen. Mit dieser Waffe kämpft Högni gegen Hedin, der ihm die Tochter entführte, und er weist die Sühne ab, weil sein Schwert einmal gezogen ist.

Die mit Unrecht gewonnene Zwergengabe wird ein Fluch für alle ihre Besitzer – das ist ein Lieblingsgedanke der alten Dichtung:

König Sigrlami sieht bei Sonnenuntergang im wilden Walde einen großen Fels, bei dem zwei Zwerge stehen. Er bannt sie mit einem Zaubermesser außerhalb des Steines fest. Da baten sie, ihr Leben lösen zu dürfen, und der König legte ihnen auf, ihm ein so vortreffliches Schwert zu schmieden, wie sie vermöchten: Griff und Mittelstück sollten von Gold sein, Scheide und Gehäng mit Gold beschlagen; es sollte niemals brechen noch rosten, Eisen und Stein wie Tuch schneiden und in Schlacht und Einzelkampf immer den Sieg haben. Weil die Zwerge aber wider ihren Willen die Waffe hämmern mußten, verhängten sie einen Fluch über das Schwert Tyrfing: »es soll eines Mannes Tod sein, sooft es gezogen wird, und mit ihm sollen die drei größten Neidingstaten verübt werden; es soll auch dein Tod werden!«

Der Zwerg belohnt eine Gefälligkeit, die ihm erwiesen, und zeigt sich treu, wenn er sich einmal zum Dienst verpflichtet hat. Wie er das rote Gold und das dunkle Erz zusammenschlägt und schmilzt, so schmiedet er auch klugen, scharfen Rat, kennt die Geheimnisse der Natur und weiß Wunden zu heilen.

Der Zwerg Möndul kommt an den Hof eines Jarles, um sich ein schönes Weib zu stehlen, eignet sich widerrechtlich ein

Kleinod an, wälzt den Verdacht auf einen Unschuldigen, den er dem Tode nahe bringt, und dessen Frau er verführt, wird aber von Hrolf überrascht und gefangen, gesteht seine Schuld ein, heilt die verblendete Frau und erweist sich fortan als treuer Geselle. Er begleitet ihn auf seinen Kriegsfahrten und verbindet nach der Schlacht mit großem Geschick die Verwundeten. Als dem Hrolf hinterlistig beide Füße abgehauen werden, salbt er sie und bindet sie mittels Radstäbchen an die Stümpfe fest. Darauf legt er den Verwundeten mit den Füßen gegen das Feuer und läßt ihn drei Tage liegen, daß es gut aneinander buk. Darauf war Hrolf heil und konnte gehen wie zuvor.

Daß das menschliche Auge mit Elbensalbe bestrichen geistersichtig wird, kehrt in vielen Sagen von den Huldern in Norwegen und den Zwergen in Deutschland wieder. »Zwergarbeit« nennt man altes Eisengerät, dem man Heilkräfte gegen gewisse Krankheiten beilegt.

3. Hausgeister und Landgeister

Der deutsche Kobold ist der Kobwalt d.i. der im Koben (im Hause, in der Hütte, im Stalle) Waltende, Herrschende oder der Kobhold, d.i. der Hausholde. Von den annähernd 50 Koboldnamen des Nordens sind die wichtigsten.

I. Die erste Reihe hängt mit der Wohnung des Menschen zusammen: schwedisch tomtekarl, tomtegubbe, tomtkall, ist »Hausmann«, »Hausgreis«, »Hausalter«, norwegisch tomtevätte »Hauswicht«, schwedisch volvättar, »Wichtel der Wohnung«, dänisch gaardbo, »Bewohner des Hofes«, gaardbuk, »Puk des Hofes«, norwegisch gardvord, »Schirmer des Hauses«, schwedisch gårdsråd, »der im Hause waltende«, norwegisch gardsbonde »der im Hause Ansessige«; bestimmten Bezug auf die menschliche Wohnung haben ferner die norwegischen Zusammensetzungen mit tun (altnordisch Hofplatz,

Zaun) und tufte (altnordisch tupt Bauplatz): tunkall (Hofalter), tunvord (Hofschirmer), tufte-volk, tufte-bonde, -gubbe, -kall.

II. Die zweite Reihe bezeichnet den Popanz als den plötzlich daherfahrenden, durch sein jähes Erscheinen erschrekkenden und ist von der Wurzel beug gebildet (vgl. Bö = jäher Windstoß), schwedisch buse, dänisch busemand, bussemand, bussetrold. Zu derselben Wurzel gehört altnordisch púki, dänisch puge, dänisch/schwedisch puke, norwegisch bokke; Puck (gå-hús bukk) hat also nichts mit Bock zu tun, er ist der Haus- und Hofbutz, im Gegensatz zu den norwegischen Houbukken, den Bergbutzen, nicht den Hügelböcken. Aber durch Mißverständnis und Volksetymologie hat man vereinzelt dem Hausgeist Bocksgestalt beigelegt, ebenso dem Julebuk, Julebok, Julevätten, d.h. dem Weihnachtsbutze, Weihnachtswichtel, der sich im Sommer in den Wäldern aufhält. Durch die falsche Deutung aus Bock wird auch an manchen Orten seine mimische Darstellung beeinflußt. Die Masken des Julbockes und der Julgeiß sind ursprünglich Nachahmungen der Erdwichteln, und das Speiseopfer, das man ihnen bringt, eine Schüssel Grütze, damit sie dem Hause gewogen bleiben, stellt sie in die Reihe der Kobolde.

III. Die mit bise, gubbe, kall zusammengesetzten Namen bezeichnen den Hausgeist als den Alten. Kosenamen sind Hannpeiter (Johann Peter), Chim (Joachim), Hás (Hans), Michel und vielleicht Nisse, Nis, klein Niels – wenn Niss Koseform zu Niels ist –, d.h. der heilige Nikolaus hat den alten Hausgeist verdrängt (andere erklären ihn als den »Geschäftigen« oder als einen Alpnamen: althochdeutsch hneigjan, hnîgan – norwegisch Nisse god dreng, schwedisch goa nisse (Niels guter Junge, Niels Gutknecht).

Alle diese Namen stammen wohl aus der Zeit her, da der Hausgeist als unbedingt gut und den Menschen freundlich angesehen wurde – wenn auch die alte Überlieferung bereits holde und unholde Wichte kennt –; fast alle deuten auf Haus, Hof, Wohnung hin, auf den Platz, wo das Haus erbaut ist, auf den im Hause seßhaften Geist. Die Volkssage ergibt folgende Züge zum Verständnis seines Wesens: überall leben Wichte; man muß sie um Erlaubnis bitten, den Bauplatz auszuwählen; in jedem Hause sind Wichte, und sie bringen Glück, wenn sie dort bleiben und unter der Türschwelle wohnen. Darum wird der Niss seinem Wesen nach der Geist des Platzes sein, auf dem die menschliche Wohnung steht; wo das Haus aufgeführt wird, da lebt er; gefällt es ihm bei dem Menschenvolke, so bleibt er unter ihnen als der gute, segnende Hausgeist, und sie bringen ihm aus ihrem Überfluß Opfer. Er ist der Stammvater der im Hause wohnenden Familie, und als solcher ist er Hüter, Mitarbeiter und Helfer des von ihm gegründeten Hauswesens.

Kein Haus hat Gedeihen, wenn nicht ein Niß darin ist, und wohl den Mägden und Knechten, wenn sie bei ihm in Gunst stehen! Sie können sich zu Bette legen und brauchen sich gar nicht um ihre Arbeit zu bekümmern. Dennoch finden die Mägde des Morgens die Küche gefegt und Wasser und Holz getragen, und die Knechte die Pferde im Stalle wohl geputzt und gestriegelt: Jedes Ding ist an seinem Platze. Droht des Nachts, wenn die Leute im Hause schlafen, irgendeine Gefahr, so kommt er still und freundlich, leicht und gelinde zu dem schlafenden Hausherrn und weckt ihn. Besonders sorgt er für die Pferde und Kühe. Der Stallknecht füllt die Pferdekrippe, es ist aber der Tomte, der das Pferd fett macht. In einer Zeit, wo die Bauern gemeinschaftlich ihr Feld bebauten und oft nicht wußten, wie sie ihr Vieh durch den Winter bringen sollten, mußte der Niß bringen, was sie selbst nicht besaßen oder verschaffen konnten. Der stahl, was er fand, und brachte es dem ausgehungerten Vieh seines armen Freundes im niedrigen Bauernhofe. In Dänemark kennt man Zauberpuppen, Dragedukker = Tragpuppen, d.h. Puppen, die Reichtümer nach Hause zu ihrem Besitzer tragen. Auf Island bringen einem in der Julnacht auf dem Kreuzwege sitzenden Manne Elfen von allen Seiten Schätze heran, um ihn mit sich zu ziehen, bis der Tag aufgeht und der Mann aufsteht und spricht: Gott sei Lob, nun ist ringsum Tag. Da sind all die Schätze sein. Schon die altnorwegischen Gesetze verbieten das Draußensitzen auf den Kreuzwegen während der Jul- und Neujahrsnacht, um mit Hilfe des Zaubergottes Odin und der Geister der Verstorbenen einen Blick in die verborgenen Schätze der Erde und in die Zukunft zu tun.

Der Niß dient um Lohn, fordert seinen Lohn, und erhält er nicht, was ihm zukommt, wird der Bauer es teuer bezahlen müssen. Was in späteren Zeiten als Lohn betrachtet wird, war früher das Opfer, durch das man den guten Willen des Wichtes gewann und damit Hilfeleistungen, Glück, Gedeihen und Überfluß erhielt. Noch immer setzen die Leute jeden Sonnabend für ihn Buchweizengrütze beiseite, wie auf dem Hofe seit undenklichen Zeiten getan worden. Die Grütze wird unter einen Stein gestellt, und immer wurde dabei für Butter gesorgt; dann holte der Niß sein Essen von dort. Der reiche Bauer pflegte alle Weihnachtsabende eine Schüssel Grütze für den Tomte in die Dreschtenne zu setzen, und wenn dieser die Speise aufgegessen hatte, füllte er die Schüssel mit Geld. Am Morgen des ersten Christtages erhält er seinen Lohn ausgezahlt: einige graue Friesfetzen, etwas Tabak und eine Schaufel voll Erde, oder das Essen wird für ihn auf den Ofen gesetzt. Ebenso läßt man auch etwas von der Julspeise in der Nacht auf dem Tische stehen; denn in der Julnacht kommen die abgeschiedenen Familienmitglieder, und da sollen auch sie etwas Gutes haben. Nicht nur in Küche und Keller, am Herd und im Stall wohnen die Hausgeister; sondern auch unter dem Boträd (Baum der Wohnung), Vårdträd (Schutzbaum, von dem das Glück der Familie abhängt), Tunträd (Hofbaum), heiligen Bäumen, die in der Nähe des Hofes oder auf dem Hofplatze standen, wurden Gebete gesprochen, und man goß, um Unglück,

Krankheit, Not von Mensch und Vieh abzuwenden, ihm Milch oder Bier über die Wurzeln. Auch Tomteträd (Hausgeisterbäume) wurden solche Bäume genannt, und in oder unter ihnen wohnten die Tomtegubbar (die Alten im Gehöfte). Der Tomtegubbe aber ist der Niß, des Bauers treuester Helfer und Schutzgeist. Auf Opfersteinen wurde Geld gespendet.

Schlechte Behandlung treibt den Niß vom Hofe. Dazu gehört merkwürdigerweise das Geschenk von einem Paar neuer Schuhe oder einer Kleidung. Statt sich dankbar dafür zu erweisen, geht der Niß hoffärtig seines Weges, erklärt, nun stehe ihm das Dienen nicht mehr an, und sein Wohltäter muß seine Hilfe entbehren; oder auch, er verläßt ungern und unwillig seinen Platz und klagt: ach, nun wissen sie es! oder: ausgelohnt! Vielleicht ist das Geschenk der Kleidung oder der Schuhe ursprünglich als ein Aufkünden des Dienstes aufgefaßt worden, und darum verläßt der ausgelohnte Kobold weinend seinen Dienst. Oder aber das Motiv ist eine Spielart von der gefangenen Mare, die so lange dienend im Hause bleibt, bis sie ihres geraubten Gewandes wieder habhaft geworden. Ob sich der Wichtel über sein Gewand freut oder härmt, das sind mythisch belanglose Unterschiede, bloße Behelfe der Motivierung zum Ersatze für das alte beiseite geschobene Motiv, daß die Flucht von der Wiedererlangung des Kleides abhängt. Nicht weil er ausgelohnt wird, sondern weil er sich entdeckt sieht, zieht der Niß ab. Eine andere Sagengruppe erzählt, daß die Frau den Unterrock über den Kopf wirft und gebückt rücklings in den Stall tritt, wo der Kobold weilt. Dann erschreckt er, flieht aus dem Hause und kehrt nimmer wieder. Was als grobkörniger bäurischer Scherz erscheint, beruht auf dem uralten Glauben, daß Nacktheit erforderlich ist, um die Geister zu vertreiben.

Der Hausgeist hat seine Wohnung nicht unmittelbar im Hause, sondern nur unter der Schwelle, im Stall, in der Scheune, auf dem Boden, unter einem Steine. Dahin wird auch das Opfer für ihn gestellt. Wo viel Wichteln sind, baut man nicht, oder man muß vorher laut seine Absicht aussprechen, daß man hier ein Haus errichten wolle. Sind die Erdelben auf diese Weise unterrichtet, und geben sie der Arbeit ihren Beifall, so hört man in der Stille der Nacht ein Hämmern, Hauen, Lärmen wie von Leuten, die bei voller Arbeit sind. Es sind die Wichtelmännchen, die beim Bau behilflich sind, daß alles gut ausfalle. Unter den Grundstein legt man Geld als Opfer hin, um den auf dem Bauplatze »Waltenden« (Ra) zu besänftigen und Frieden fürs Haus und Wohlsein für die Bewohner zu gewinnen. Freunde trinken mit den in ein neues Haus Einziehenden auf das Glück des im Hause Seßhaften (Tometevo-lycka), daß der Tomte bei ihnen bleiben und ihnen Glück schenken möge. Auch im Boträd (Wohnsitzbaum) hausen die Tomtegubbar, die ungesehen dem Bauer hilfreich in der Wirtschaft zur Seite stehen, sich des Viehs annehmen, das Haus mit Wohlstand begaben und vor Brandschaden schützen. Darum darf man diese Bäume nicht fällen, sonst zürnt der Kobold und entweicht mit seinem Segen. Als ein Bauer einen solchen Wohnsitzbaum fällte, hörte er singen: »Wir verloren unser Haus, wir verloren unser Haus – auch du sollst das deine verlieren.« Tags darauf brannte das Gehöft nieder. Noch 1774 wurde ein Mann, der von einem Boträd einen Zweig abgehauen, dann aber vor dem Baume einen Kniefall getan, und um Verzeihung gebeten hatte, in der Beichte zu einer Buße verurteilt. Daher unterliegt es wohl keinem Zweifel, daß der Niß der Tomtevätte des Bauplatzes ist, der Stammvater der Familie.

Im Jahre 1607 erzählt der Holländer DITHMAR BLEFKEN: die Isländer halten sich Kobolde zu ihren Diensten, und der Engländer MARTINIERE 1675: Die Isländer beten den Teufel an, den sie »Kobold« nennen, dieser erscheint oft in menschlicher Gestalt. Ihre dienstbaren Geister (Trolles) sind ihnen treu ergeben und sagen ihnen die Zukunft voraus. Diese Geister wecken sie, wenn des Morgens gut Wetter ist, so daß sie sich zeitig zum Fischfange auf dem Meere befinden. – Schon die alte isländische Überlieferung kennt einen Schutzgeist eines gewissen Kodran, der, mit Weib und Kind und allem Hausrate in einem Steine wohnend, den er als sein Erbgut betrachtet, ihm Rat erteilt, die Zukunft verkündet, sein Vieh behütet, kurz, ganz den Kobolden der Volkssage gleicht. Sie ist der älteste Typus der vielen Geschichten, in denen der Hausgeist durch christlichen Einfluß in einen Teufel umgestaltet ist, aber auch ein Seitenstück zu dem Abschiede Thors von seinem Volke. In Gilja stand ein Stein, den die gesamte Verwandtschaft angebetet hatte, und von dem sie sagten, daß ihr Schutzgeist darin wohne. Kodran erklärte, daß er sich nicht taufen lassen wollte, bevor er wüßte, wer stärker wäre, der Schutzgeist oder der Bischof. Darauf begab sich dieser zu dem Stein und »sang« darüber, bis der Stein barst. Da meinte Kodran zu verstehen, daß sein Schutzgeist besiegt war, und er ließ sich taufen.

Wie jedes einzelne Gehöft, so haben auch ganze Ortschaften, Bezirke und Länder ihre Schutzgeister. Die Volkssage erzählt, daß sich die Nisser zweier benachbarter Gehöfte blutig bekämpften, und daß der siegende Niß den Verehrern des Unterlegenen den Aufenthalt so heiß macht, daß sie gezwungen sind, das Gebäude abzutragen und anderswo wieder aufzubauen. Auch das Altertum kannte neben dem eigentlichen Land-As und Schutzgott Landgeister, von deren Gunst das Glück der Bewohner in hohem Grade abhing. Man glaubte, daß man sie durch Köpfe mit offenem Munde schrecken könne, und es galt natürlich als ein großes Unglück, wenn die Schutzgeister eines Landes so verscheucht wurden. Auf dem ersten Allthing im Jahre 928 wurde deshalb gesetzlich bestimmt, daß keiner, wenn er irgendwo lande, auf seinem Schiffe am Vordersteven ein Bild mit aufgesperrtem Maule oder gähnendem Haupte haben dürfe, sondern es vorher abnehmen sollte. Daher war es die schlimmste Verhöhnung oder

Kränkung, die man einem Manne zufügte, wenn man eine »Neidstange« gegen ihn aufrichtete, d.h. wenn man einen Pferdekopf mit aufgesperrtem Maule nach seinem Hofe hingewandt aufsteckte; denn die Landgeister konnten dann ihren Wohnsitz nicht wiederfinden. Ein Isländer sieht des Morgens im Bette durch ein Fenster, wie sich viele Hügel öffnen und wie jedes Getier sein Bündel rüstet, groß und klein: es sind die Landgeister in Tiergestalt, die sich des neuen Glaubens wegen zum Auszuge fertig machen. Die Landgeister nehmen auch ihr Land gegen feindliche Angriffe in Schutz; in Tier- oder Riesengestalt treten die Schutzgeister der mächtigeren Häuptlinge des Landes an die Spitze der Landgeister, wie der Häuptling selbst die Verteidigung seines Bezirkes zu leiten hatte. König Harald gebietet einem Zauberer, Island auszukundschaften. Der fuhr in Walfischgestalt rings um die Insel, aber die Landgeister vertrieben ihn als Drachen, Vögel und Bergriesen.

4. Wassergeister

In Quellen und Brunnen, Bächen und Flüssen, Seen, Teichen und Meeren wohnen elbische Wesen (schwedisch vattenelfv »Wasserelbe«, sjörå »im See waltend«; dänisch Hafvolk »Seevolk«). Einzelne Zwerge werden als Wassergeister dargestellt: Andwari bewohnt in Hechtsgestalt einen Wasserfall; Alfrik haust in einem Fluß. Der Nix oder die Nixe ist die verbreitetste germanische Bezeichnung für den Wassergeist. Althochdeutsch nihhus = Krokodil, altnordisch nykr = Flußpferd zeigt, daß man unter Nix von Haus aus ein märchenhaftes Seeungeheuer, dann einen Wassergeist in Gestalt eines Krokodils oder Flußpferdes verstand. Wahrscheinlich liegt eine germanische Wurzel niq zugrunde = sich waschen, baden; der Nix ist eigentlich ein mit Baden sich ergötzendes Seetier. Man sieht oft die von den Nixen aufgehängte oder über das

Gebüsch gebreitete Wäsche: Nebel und Wolken, die an den Bergen und Wäldern streichen.

Durch die Wassergeistersagen geht ein Zug von Grausamkeit und Blutdurst, der bei den übrigen elfischen Gestalten nicht vorkommt. Die älteste Natur des Nixes ist wild und menschenfeindlich, entsprechend der unheimlichen, oft verderblichen Gewalt der tiefen Wasser. Von Ertrunkenen heißt es, der Nix hat ihn fortgenommen, ihn ausgesogen. Ertrunkene, deren Körper nicht gefunden werden, haben die Meerfrauen nach ihrem Aufenthalte geschleppt.

Die niederdrückende Allgewalt der winterlichen, meerumbrausten Natur hat ein ganzes Heer von Gespenstern der Ertrunkenen geschaffen, vor allem das Seegespenst, das in einem halben Boote rudert und in Winternächten gräßlich draußen in der Bucht heult. Mancher, der sich in schwerer Gefahr noch hätte retten können, ist aus Furcht vor dem Seegespenst zugrunde gegangen. Mit dem Glauben an die Mächte des Wassers mischen sich anscheinend die Vorstellungen von den Draugen, den Seelen der Ertrunkenen und den Druckgeistern, die ihre Entstehung im quälenden oder erotischen Alptraum haben. Der Dichter JONAS LIE, der in seiner Kindheit das Entsetzen des finstern, wintergrauen Nordlandes kennengelernt hat, erzählt meisterhaft solche See- und Spukgeschichten.

Auf Helgeland wohnt Fischer Elias mit seiner Frau Karen und sechs Kindern. Er trifft hinter einem Felsvorsprunge am Strande einen ungeheueren, sich sonnenden Seehund und stößt ihm seine lange, schwere Picke gerade in den Rücken, dicht unter dem Genick. Mit einem Male erhebt sich das Tier auf dem Schwanz in die Höhe, so groß wie ein Mastbaum, und sieht ihn dabei mit ein paar blutunterlaufenen Augen so boshaft und giftig an, während es ihm dabei grinsend die Zähne zeigt, daß Elias beinahe vor Schrecken den Verstand verliert. Im Winter hört er eines Abends eine Stimme, die höhnisch lachend sagt: wenn du ein großes Boot bekommst, so nimm dich in acht, Elias! Viele Jahre vergehen. Elias hat gespart und kauft sich einen Schnellsegler für wenig Geld, muß aber versprechen, keine Änderung am Boote vorzunehmen, also auch kein Kreuz darauf anzubringen. Die ganze Familie segelt nach Hause, und das Schiff durchschneidet die Wellen wie ein Seevogel, ob auch der Sturm heult und die Schaumkämme der schweren Wogen sich aneinander brechen. Da taucht plötzlich ein anderes Boot neben ihm auf, und mit rasender Schnelligkeit schießen sie an Landzungen, Werdern und Scheren vorbei, wie wenn sie um die Wette führen. Immer höher braust das Meer, und eine schreckliche Sturzwelle reißt die beiden jüngsten Kinder mit sich fort – von dem andern Boote aber glaubt Elias schreckliches Schreien und Lachen zu hören. Ärger noch wird der Sturm. Eine neue Sturzwelle, brausend wie ein Wasserfall, schleudert die Frau und das dritte Kind in das finstere Naß – auf dem andern Kahn aber sieht die Besatzung gespensterhaft bleich aus und spricht kein Wort. Beim hellen Phosphorscheine des Meerleuchtens vermag Elias drüben den Steuermann zu erkennen: Es ist das Seegespenst, das sein Halbboot dicht neben ihm lenkt und ihn ins Verderben geführt hat; aus seinem Rücken ragt eine lange Eisenpicke heraus. Nun weiß er, daß er in dieser Nacht seine letzte Fahrt macht: denn wer das Seegespenst auf dem Meere erblickt, ist verloren. Immer furchtbarer tobt der Sturm, Schneegestöber wirbelt durch die eisige Luft. Deutlich hört Elias, wie es in dem andern Boote lacht: nun steure dein Großboot, Elias! Das vierte Kind geht über Bord, und das fünfte gleitet vor Ermattung in die See hinunter. Als es heller wird, bemerkt der älteste Sohn, daß des Vaters Antlitz totenbleich ist und sein Haar sich an verschiedenen Stellen geteilt hat, wie bei einem Sterbenden. Um den letzten Sohn zu retten, opfert Elias sein Leben und wirft sich rücklings ins Meer. Da legt sich der Sturm, ein Lappenmädchen rettet den

Ältesten und pflegt den Kranken den ganzen Winter. Aber auch als er genesen war, ging er nicht wieder auf den Fischfang und das Meer hinaus – er hatte den Seeschreck bekommen, und die Leute meinten, er wäre manchmal seitdem etwas wunderlich.

Nicht immer rauscht das Wasser verderbenbringend. Die Wassergeister sind auch lach- und tanzlustige, frohsinnige Wesen, die besonders den vertrauten Verkehr mit warmfühlenden Menschenkindern suchen, aber die Verbindung endet für diese zuletzt mit Leid.

Die Quellgeister sind überwiegend weiblichen Geschlechtes, entsprechend den nährenden, reinigenden, heilenden, begeisternden Eigenschaften des Wassers. Von ihnen ging Fruchtbarkeit aus über Menschen, Tiere und Pflanzen: das Wasser ruft nicht nur Gras und Laub hervor, es hegt auch die Keime des Menschen; bei ihnen suchte man Reinigung von den Leiden des Leibes, die als Flecken des Lebens erschienen; zu ihnen, den Geheimnisvollen, ging man, um Aufschluß und Rat über die dunkle Zukunft und die Rätsel des Daseins zu erhalten. Göttliche Frauen belebten im Dunkel der Wälder sprudelnde Brunnen, verwandt, aber nicht eins mit den Nixen der Seen und Flüsse. In Volksliedern und Sagen wird die Schönheit der Quell- und Brunnfrauen gepriesen, die bisweilen von Sterblichen gesehen werden: dann zeigen sie ihre liebliche Gestalt, auf dem Boden der Quelle oder ruhend auf dem Blütenlager an ihrem Ufer. Wer die Quelle reinigt oder einen schattenreichen Baum neben sie pflanzt, gewinnt die Huld und Zuneigung der Jungfrau; wer sie aber verunreinigt oder entheiligt, den befällt Krankheit und Unheil.

Das Wasser besitzt Heilkraft, und Weisheit raunend rinnt seine Welle: beides finden wir in den Wassergeistern verkörpert.

5. Waldgeister

Aus der Einöde, aus Berg und Wald, kommen die Krankheitsgeister oder die Pfeile der Krankheit zu den menschlichen Wohnungen. Ursprünglich hausten wohl alle Krankheitsdämonen im wilden Walde, auch zwischen Rinde und Holz, in Stamm und Wurzeln einzelner Bäume. Man warf dieses Waldgewürm mit den bösen Geistern in Wurmgestalt zusammen, die als Schmetterlinge, Raupen usw. in den Körper einschlichen und darin als Parasiten verweilend die Krankheiten, besonders nagende, bohrende, stechende, hervorbrachten. Der Baum, der sie beherberge, so glaubte man, entsende sie entweder aus Lust am Schaden oder um sie loszuwerden, weil sie in seinem eigenen Leibe wie in den Eingeweiden des Menschen verzehrend wüteten. Wie der Baum oder Baumgeist das krankheitserzeugende Ungeziefer (Elben) schickt, so kann er es auch wieder zurücknehmen. Im Walde suchte man darum Hilfe gegen die Wald- und Krankheitsdämonen. In Wald und Busch, auch in irgendeinem Baum werden sie noch heute fast alle zurückgebannt: im Baum- und Waldkulte sucht man die ersten Anfänge medizinischen Handelns und Denkens. Der Schwede nennt als Bewohner der Bäume die Elfen, die wie kleine Puppen gestaltet auf den Wiesen tanzen. Unsichtbar fahren sie durch Luft, Feuer, Erde, Wasser, Berge und Bäume. Sichtbar erscheinen sie in mannigfacher Gestalt, oft sah man sie als Eulen zwischen den Ästen herumhüpfen. Wer solchen Bäumen schadet, wird von den Geistern angehaucht und bekommt eine Geschwulst, eine Wunde. Eine Bäuerin hieb einen Baumstumpf mit der Wurzel heraus und wurde sofort so siech, daß sie kaum heimgehen konnte. Ein kluger Mann erkannte, daß sie einem Elfen geschadet haben müsse: »Erholt sich der Elf, sagte er, so erholt sich die Bäuerin auch, stirbt der Elf, so stirbt die Bäuerin ebenfalls.« Die Frau sah ein, daß ein Elf im Baumstamme gewohnt haben müßte und starb bald darauf. Denn der Elf konnte nicht leben, da der Stubben mit den Wurzeln ausgenommen war. Der schonischen Eschenfrau und Holunderfrau wurde die Macht zugeschrieben, Menschen und Tieren zu schaden. Vor Sonnenaufgang goß man Wasser über die Wurzeln des Baumes mit den Worten: »Nun opfere ich, so tue du uns keinen Schaden!« Bei Zahnweh nimmt man einen Holunderzweig in den Mund und steckt ihn dann in die Wand mit den Worten: »Weiche, böser Geist!« Durch Volksetymologie wurde aus der Elfenfrau eine Ellerfrau, die im Ellerbaume lebt, in Schweden lebt die Laubfrau. Volkslieder und Sagen erzählen von Jungfrauen, die durch Zauberkunst in Bäume und Büsche verwandelt wurden.

Indem der Mensch sein eigenes Wesen auf den Baum übertrug, ihn als Person behandelte, wurde er zu einem wirklich lebendigen und beseelten mythologischen Wesen. Denn mochten die Bäume durch Wachsen und Verdorren, Grünen und Blühen noch so viel Andeutungen einer inneren Lebenskraft geben, ihre Standfestigkeit widersprach allzusehr allen volkstümlichen Vorstellungen von wirklichem Leben. Nun aber ward unter der Rinde menschliche Körperlichkeit vermutet; verletzte Bäume bluten, der Hieb geht in den Baum und in den Leib des Frevlers zugleich; Baum- und Leibwunde bluten gleich stark, und nicht eher heilt der Leib, als der Hieb am Baume vernarbt.

Der Aufenthalt der Elfen im Baume und ihre Eigenschaft als krankheitsverursachende Geister sind natürlich nur eine einzelne unter ihren mannigfachen Erscheinungen. Die Seele des Verstorbenen geht in den Baum über, erfüllt ihn mit menschlichem Leben, so daß das Blut in seinem Geäder umläuft. Zugleich aber läßt sie sich in Menschen- oder Tiergestalt auch außerhalb des Baumes sehen. Neben dem eigentlichen Baumgeiste bevölkern auch zahllose Elfen die Zweige des Baumes:

Überbleibsel eines Eichwaldes auf einem Kirchhofe nennt der gemeine Mann Soldaten des Elfenkönigs; bei Tage sind sie Bäume, bei Nacht tapfere Krieger. Aus einem Baume kommt nachts ein ganzes Elfenvolk und läuft lebendig umher. Ein Holunderbaum geht in der Dämmerung spazieren und guckt durchs Fenster, wenn die Kinder allein im Zimmer sind. Eine Buche bricht allen Holzdieben in ihrem Bezirke Arm und Beine. Ein Bauer, der sich mit einem Elfenmädchen verlobt hat, umarmt statt seiner lieblichen Braut einen Eichstamm. In einer Eiche wohnte ein »Bergmann« zweihundert Jahre, bis er durch die vielen Kirchenglocken vertrieben wurde.

Überirdische Wesen wohnten also und wirkten in dem einzelnen Baume, und man widmete ihnen ehrfürchtigen Dienst mit Gebet und Opfer. Am Weihnachtsabend goß man Bier für den Baumgeist unter den Baum, um Glück für die Ernte zu bekommen. Aber neben den Mächten, die den einzelnen Baum beseelen, kannte man Waldwesen anderer Art, die nicht das freundliche Leben des Baumes, sondern das Grausen und die Gefahren des Waldes verkörpern. Diese Unholde stellen den den Wald durchwandernden Menschen nach, baumlang, mißgestaltet oder in verführerischer Schönheit.

Man muß selbst den Eindruck erfahren haben, den die unermeßliche Waldwildnis auf Gemüt und Phantasie ausübt, um die Waldgeister von Schweden verstehen zu können. Man muß den dunklen, oft grausigen Skog (Wald) kennen, dieses meilenweit ununterbrochene chaotische Gemisch von Laub- und Nadelholz, von Felstrümmern und umgestürzten Baumstämmen und einem Stein und Stock pilzartig überwuchernden Teppich von Moos und niederem Pflanzengestrüpp, der die Kleider und die Haut zerreißt und ein Vordringen unmöglich macht. Noch heute kann es dem Touristen begegnen, der, den Akkatschfall bei Jockmock besuchend, seinen Wagen zurückgelassen hat, daß das Pferd, wie von einer unerklärlichen Angst befallen, zu toben anfängt, sich losreißt und schließlich zitternd dasteht. Es ist skogsrädd, d.h. »es hat Angst vor dem Walde« oder »der Wald hält es fest«, oder man sagt selbst: »die Waldfrau ist dagewesen«. Die Volkssage nennt diesen Zustand bei Menschen skoktagen (walderfaßt): Menschen im Walde draußen werden mitunter von einem unsichtbaren, aber dichten, undurchdringlichen Netze festgehalten, so daß sie sich weder rühren noch um Hilfe rufen können; der Klang der Kirchenglocke hebt diesen von der Waldfrau geübten Bann auf, so daß er höchstens eine Woche lang währen kann. Mit der Einsamkeit, die den Sinn gefangenhält, hat sich die Vorstellung von der Alpqual verbunden, weder sich regen noch rufen zu können; nur dauert sie statt eine Nacht eine Woche lang, und die Sonntagsglocke ist an die Stelle der Morgenglocke getreten.

Der Waldmann heißt Skouman, Skougman, Skogman, Hulte, die Waldfrau Skogsfru, Skogsnufva (die im Walde Schnaubende? die Einsamkeit Suchende?), Skogsrå (im Walde Waltende). Der Skogman ist so groß wie der höchste Baumstamm, führt die Menschen im Walde in die Irre und lacht höhnisch, wenn sie vor Angst weinen; er fährt in Sturm und Unwetter daher und schmettert die Baumriesen zu Boden; er ist sehr sinnlich und strebt nach Verbindung mit christlichen Frauen. Die Waldfrau kann sich in Waldtiere, Bäume und andere Naturdinge verwandeln, die im Walde vorkommen. Sie narrt als Reh den Jäger, dem sie nicht hold ist. Ihre wahre Gestalt aber ist die eines in Tierfell gekleideten alten Weibes mit fliegendem Haar und langen Brüsten, die über die Achseln geschlagen sind. Im Rücken trägt sie einen langen Kuhschwanz, oder sie ist hohl wie ein alter, fauler Baumstock oder ein zu Boden geworfener Stamm. Dem Jäger zeigt sie sich gern als schöne, verführerische Jungfrau, aber auf der Hinterseite kann sie ihre Ungestalt nicht verbergen. Man hört sie im Urwalde trällern, lachen, wispern und flüstern – in den Blättern säuselt der Wind. Hört man am einsamen Waldbach einen klatschenden oder schnalzenden Laut, so wäscht die Waldfrau, im Gewitter klopft sie ihre Kleider, und werden im Frühling schneeweiße Flecken und Stellen tief hinten im dunklen Dickicht sichtbar, so breitet sie ihre Kleider aus: der den Wald erfüllende Nebel oder weiße, an den Bergen hängende Wölkchen gelten als ihre Wäsche.

Ihr Erscheinen kündigt sie mit einem schwachen Wirbelwinde an, der die Baumstämme bis zum Zusammenbrechen schüttelt; aus wirbelnder Wolke schüttelt sie Regen, während es sonst allenthalben still und heiter ist. Wer sich zu tief in den Wald wagt, wird von ihr sinnverwirrt gemacht, daß er die Kreuz und Quer durch Hag und Dorn, durch Fels und Morast irrt, bis ihr lautes Lachen ihn freigibt. Melancholische Menschen, die die Einsamkeit suchen, stehen in dem Rufe, daß die Waldfrau sie locke oder Macht über sie bekommen habe. Dem Köhler, der nachts einsam bei dem schwelenden Meiler wacht, oder dem Jäger, der sich um Mitternacht an einem Feuer ausruht, naht die Waldfrau gern in liebreizendem Körper, und lassen sie sich von ihr betören, so sehnen sie sich fortan Nacht und Tag darnach, ihr im Walde zu begegnen, und kommen schließlich ganz von Sinnen. Oft schreit aber das tückische Waldweib laut auf und ruft ihren unholden Gatten, der herbeistürzt und den Liebhaber zu Boden schlägt. So fest haftete der Glaube an Liebschaften von Menschen mit Waldfrauen, daß z.B. 1691 ein Bursch zum Tode verurteilt wurde »wegen unerlaubter Vermischung mit einer Skogsrå«. Auch bei den Waldgeistern kehrt das aus dem Alptraum stammende Motiv vom »Niemand« wieder: Köhler und Teerbrenner hatten Feuer auf eine Waldfrau geworfen, als sie zu nahe herangekommen war, und ihr eingebildet, daß sie »Selbst« hießen. Nun rief sie nach ihrem Manne und sagte, daß sie Schaden durch Brand erlitten hätte. Darauf fragte er: »Von wem?« »Von selbst.« »Selbst tun, selbst haben«, erhielt sie zur Antwort; denn ihr Mann glaubte, daß sie es selbst getan hätte; oder aus den Bergen schallt die Antwort: selbtan, selbhan oder: selbtan, wohltan!

Der Volksglaube rechnet die Waldfrau zur Familie der Trolle. Troll bezeichnet nicht notwendig das Riesische, sondern allgemein den Unhold, meist von übermenschlicher Größe.

Besonders der Jäger sucht die Freundschaft der schwedischen Waldgeister; denn sie gebieten allem Wild im weiten Wald, und wer mit ihnen gut steht, kann schießen, soviel er will. Alte Auerhahnjäger legten eine Kupfermünze oder etwas Speise für die Skogsnufva auf einen Baumstubben oder Stein als Opfer: dadurch erhielten sie Jagdglück. In Dalarna nimmt die Waldjungfer Gaben an, aber nicht aus der Hand; was man geben will, muß man für sie irgendwo hinlegen. Ein Jäger, der ihr begegnete, legte Essen für sie auf einen Holzstoß. Da sagte sie: »Morgen wirst du meinen besten Untertan schießen.« Am folgenden Tage erlegte er einen Bären. Auch eine Schlinge oder Falle legt der Jäger für sie hin, indem er spricht: »Was hier gefangen wird, gehört der Waldfrau.« Er läßt es darnach unangerührt.

6. Feldgeister

Anschauungen und Erfahrungen des Waldes kommen der Weide und schließlich dem Acker zugute. Mit dem Beginne des Feldbaues bildeten sich die Baum- und Waldgeister zu Feldgeistern um, und noch heute wird angesichts der Dreschmaschinen und Dampfpflüge dem Landmanne der Glaube an die Feldgeister durch die das Korn durchwogenden, bald befruchtenden, bald verheerenden Winde wachgehalten. Die Feldgeister sind Windelbe. Vom Wirbelwinde im Frühjahr sagt der Schwede: »der Trolle ist draußen, Saat zu stehlen«. Eine wichtige Rolle im Felde spielen die wühlenden, grunzenden Tiere, Eber und Sau. Der Wirbelwind heißt Sau. Wer bei der Ernte den letzten Schnitt oder beim Dreschen den letzten Schlag tut, schlägt oder haut der Sau den Schwanz ab. In Norwegen tötet der Schnitter der letzten Halme den Bock, die Geiß oder den Hasen und muß das Hasenblut in Gestalt von Getränk den Mitarbeitern austeilen. Mit Sensen wehren die schwedischen Bauern beim Gewitter die in Knäuelform oder in Tiergestalt vom Berge auf die Wiesen rollenden Trolle ab. Viele Erntezüge und Bräuche sind aus dem auch dem Getreide schädlichen Windgeiste zuerklären. Sie sind älter als der Getreidebau, und daher haben diese Wesen auch mehr Beziehung zum Menschen als zum Tier. Erst nach der Zähmung verschiedener Tiere wurden sie auch zu diesen in Beziehung gesetzt, erst nach dem Aufkommen des Ackerbaues auch zum Getreide. Die Feldgeister reichen also nicht wie die Waldgeister in die indogermanische Urzeit zurück.

7. Die Riesen

Während die elbischen Dämonen, mit den seelischen Gebilden noch eng verknüpft, die Natur- und Himmelserscheinungen in feineren Formen nachbilden, schaffen die riesischen Dämonen frei nach der ungeheueren Natur, losgelöst vom Seelenglauben. Der Riese ist der Vorläufer des Menschen, sein unförmiger Vorbote, noch ein Mittelding zwischen Element und Geschöpf; Riesen sind menschenähnliche Berge, heulende Gewitterstürme, alles was physisch mehr, geistig weniger ist als der Mensch. Die nordischen Riesen sind die Personifikation der toten, rohen Materie; unergründlich wie diese sind sie zwar der tiefsten Weisheit voll, aber ohne Verständnis wie die Kinder und deshalb leicht zu betören, gutmütig, aber auch gewalttätig. Darum sind sie vor allem die Vertreter des Ungeheuern und Ungestümen, Finstern und Feindseligen in der Natur, der ungezähmten Elemente. Sie sind die Urwesen; aus dem chaotischen Urriesen Ymi, dem Stammvater des Riesengeschlechtes, ist die Welt geschaffen. Auch in der erschaffenen und geordneten Welt behalten Ymis Abkömmlinge, Riesen und Riesenweiber, die Liebe zum alten Chaos, den Hang zur Zerstörung, die Feindschaft gegen alles, was den Himmel mild und die Erde wohnlich macht. Sie sind

Dämonen des kalten und nächtlichen Winters, des ewigen Eises, des unwirtlichen Felsgebirges, des Sturmwindes, der sengenden Hitze, des verheerenden Gewitters, des wilden Meeres, und danach sind sie auch besonders genannt, Reif- oder Eisriesen (Hrimthursen), Berg- oder Felsriesen. Zurückgedrängt oder gebunden, rütteln sie unablässig an ihren Schranken und Fesseln, auch wird es ihnen einst gelingen, alle Bande zu zerreißen. Ihrer rohen Wildheit wegen, die zerstörend und dem menschlichen Anbaue feindlich wirkt, gelten sie als böse. Mit den Asen liegen sie fast ständig im Kampfe, namentlich Thor ist ihr Hauptgegner, Odin dagegen holt sich öfters Rat von ihnen. Die Germanen waren also auf dem Wege, den Stoff zu vergeistigen, die Riesen zu Vertretern der rohen Naturkraft, die Götter zu Vertretern der geistigen Ordnung zu machen. Aber diese Umdeutung ist bei ihnen nicht erfolgt, wie bei HESIOD und ÄSCHYLOS für die Titanen und Olympier. Ihrer großen Bedeutung bei der Kosmogonie entspricht nicht ihre untergeordnete Stellung in der Eschatologie.

Die Bezeichnung des Begriffes »Riese« geht naturgemäß auf die übermenschliche Gestalt oder die übergroßen physischen Kräfte dieser Wesen. Altnordisch Thurs = sanskrit turá ist der Starke, altnordisch Jǫtunn, dänisch, schwedisch, lappisch Jetanas, ist der Gefräßige, möglicherweise sogar der Menschenfresser (*man-etanaz); vielleicht ist diese Eigenschaft bei den ältesten germanischen Riesen allgemeiner hervorgetreten als später. Nur der Troll tritt als Druckgeist auf; er ist der Dämon, schlechtweg der Unhold, bald der Tote, bald Gespenst, bald Zwerg, bald Alf, bald Riese.

Die älteste Kunde von den Riesen verdanken wir vielleicht der erste Hälfte des 7. Jahrhunderts v. Chr., der Odyssee. Bei dem menschenfressenden Riesenvolke der Lästrygonen, die in den hohen Norden verlegt werden, kann der des Abends eintreibende Hirt den des Morgens austreibenden anrufen, und einer, der nicht schliefe, würde sich leicht doppelten

Lohn erwerben: »Denn nicht weit sind die Pfade der Nacht und des Tages entfernt.«

Die kurzen stillen Sommernächte des Nordens erscheinen vollkommen deutlich, ebenso seine winterliche Kehrseite in der Schilderung des Landes der Kimmerier, das, beständig in Nacht und Nebel gehüllt, niemals von der Sonne bestrahlt wird. Diese Kunde aber, die auf Beobachtungen in der nordischen Natur beruht, kann den Griechen nur durch die Phönizier zugekommen sein, und diese wiederum haben sie auf dem Wege des Bernsteinhandels mittelbar oder unmittelbar aus germanischen Quellen empfangen. Die Lästrygonen entsprechen genau den germanischen Riesen, deren Reich man sich im höchsten unwirtlichen Norden gelegen dachte; auch die Editionen des Tacitus hausen dort, und noch im 11. Jahrhundert wird das Heim aller Unholde und Riesen in den äußersten Norden verlegt. Alte Zeugnisse für menschenfressende Riesen sind selten. Aber Hräswelg ist der Leichenverschlinger; auf einer norwegischen Insel haust ein Riese Brusi, ein Unhold und Menschenfresser, dem die Bewohner nichts anhaben können, und wenn sie sich noch so zahlreich zusammentun; die blutlockige Tochter der Ran erinnert an den Tiroler Blutschink, der ein blutiges Gesicht und blutige Füße hat. Die Menschenfresser der Volkssagen und Märchen, die nach Christenblut lechzen, vertreten den dem Schläfer das Blut aussaugenden Alp. Aber das Märchen bindet sich nicht mehr an die nächtliche Stunde: sein Menschenfresser ist jederzeit sichtbar, und die alte Spukhaftigkeit, das schleichende Gespensterwesen ist durch plumpe Wildheit ersetzt. In der Erzählung vom Besuche der Götter Ty und Thor bei dem Riesen Hymi ist eine solche Menschenfressersage verwertet.

Der Mythus von Suttung und Mimi zeigt, daß die Riesen die Weisheit und die Schätze der Urwelt bewahren, daß diese aber erst im Besitze der Götter zum Segen für die Welt werden. Die Geheimnisse, die in den Tiefen der Natur verborgen liegen und deren Kenntnis den Göttern selbst nötig ist, werden den personifizierten Naturmächten als Weisheit zugeschrieben, und da die Riesen, als die erste Schöpfung, älter sind als die Götter, so mußte ihnen auch die Kunde von den ältesten urweltlichen Dingen zukommen, schauten sie tiefer in der Vergangenheit Dunkel. Die Seherin, die vom Anfang und Ende der Welt singt, ist von den Riesen der Urzeit auferzogen und unterrichtet. Odin weckt eine riesische Seherin vom Tode auf. In dem Wettgespräche zwischen Odin und Wafthrudni weiß der weisheitsberühmte Riese langhin auf jede Frage Bescheid; erst vor der geistigen Weisheit des Gottes verstummt seine Naturweisheit. Freyja begibt sich in die Höhle der Riesin Hyndla, um für ihren Schützling Ottar kluge Kunde zu bekommen. Die Riesen heißen vielwissend, vielkundig, weise, allweise, klug, zukunftwissend. Von dem Riesen Widolf stammen alle Weissagerinnen, von Swarthöfdi (Schwarzkopf) alle Seher.

Treu wie die Riesen war noch spät sprichtwörtliche Rede im Norden. Man spricht von Riesentreue, sagt von einem Menschen, »er ist der vollständigste Treuriese«, »die Riesen sind am besten, soweit Friedensverträge in Frage stehen«, »die Riesen brechen nicht leicht ihr Friedensgelöbnis«. Aber ihre gutmütige Tölpelhaftigkeit artet leicht in Dummheit aus, wie die Bezeichnungen »stumm« und »dumm« zeigen.

Die eddische Dichtung schildert das Äußere der Riesen im allgemeinen ohne abstoßende Züge. Thrym, der Thursenfürst, ist ein behaglicher, stattlicher Mann; bei Ægi, Thjazi, Suttung, Mimi wird nirgends leibliche Entstellung erwähnt. Die Riesinnen waren sämtlich von großer Schönheit. Gerd erfüllt Himmel und Meer mit ihrer glänzenden Erscheinung, Skadi darf sich den schönsten Gott zum Gemahl erwählen; Jarnsaxa ist des Donnerers Weib, Jörd, Gunnlöd und Grid sind Odins Geliebte. Frid, des Dofrakönigs Tochter, und Frid, Thjazis Tochter, sind ihrem Namen nach schon lieblich und schön. Nach den holden Göttinnen Freyja und Idun trachten die Riesen. Der Riese Hati hat viele schöne Menschenweiber geraubt. Starkad raubt Alfhild, die so schön war wie kein anderes Weib. Aber ihr Vater rief zu Thor, und der Gott erschlug den Riesen. Daneben wird ihre wundersame, unförmliche Gestalt erwähnt: drei Köpfe, sechs- oder gar neunhundert, verunstalten ihren Wuchs, ein steinernes Haupt trägt Hrungni. Starkad hat drei Paar Arme, Thor schneidet ihm vier Hände ab, andere Überlieferung verleiht ihm acht Hände und das Vermögen, mit vier Schwertern auf einmal zu fechten.

Wenig anmutig ist auch das Bild, das riesische Eigennamen ergeben: Plump und ungeschickt ist ihre Gestalt wie ein Klotz, schwarz ihr Antlitz, fahl ihr Aussehen, behaart und zottig der Leib oder glatt und schlüpfrig. Eisenschädel und Hartschädel oder auch groß wie ein Wagen wird ihr Kopf genannt, der mit mächtiger Glatze geschmückt ist. Außergewöhnlich groß und dick ist die Nase: Adler-, Horn-, Pelz- und Eisennase. Die Backen hängen dick und taschenartig herunter, über das Kinn fällt eine dicke, fleischige Lippe, darunter klafft ein weites Maul, und tüchtige Mahlzähne kommen der Freßlust des Riesen zu Hilfe. Ungeheuere Ohren, wie dicke Fleischklumpen, stehen weit vom Kopf ab, Wange und Kinn ziert ein struppiger Bart. Knochiger Bau und lange Beine entsprechen dem Kopfe, breite Hände zermalmen alles mit mächtigem Griffe.

Wird die gutmütige, plumpe Ruhe des Riesen gestört, so wird er wild, tückisch und heftig und entbrennt im »Riesenzorn«. Hymi bricht durch die Kraft seines Blickes einen Pfeiler entzwei. Aber diese Kraft hat doch ihre Grenzen: fährt der Donnerer in seine ganze Asenkraft, so überbietet er den Riesen; ja, schon ohnedies sind die flammende Kraft des Auges und der herkulische Appetit des Kraftgottes so ungeheuer, daß sie den Gott unter den Riesen verraten.

Der Wind, der über das Wasser fährt, den Menschen unsichtbar, kommt von den Schwingen des Riesen Hräswelg

(Leichenschlinger), der in Adlershaut an des Himmels Rande sitzt. Auch Thjazi und Suttung kommt die Adlerschwinge zu. Ferner gehört die Urkuh Audumla hierher. Der riesige Drache Midgardsorm ist eine gewaltige Schlange, die sich im Meere versenkt, um die ganze Erde schlingt, wie das Weltmeer alle Länder umgürtet. In Gestalt eines Drachen liegt Fafni auf dem Nibelungenhorte. Fenri erscheint in Wolfsgestalt, wie Skoll und Hati, die Verfolger der Sonne, Managarm, der den Mond verschlingt. Wölfe sind ihre Reittiere. Die Walküre Sigrun nennt den ihr aufgezwungenen Verlobten einen König, der unverschämt wie ein Katzensohn (d.h. ein Riese) sei. Denn Kater ist ein Riesenname, wie Hyndla und Mella (Hündin), Trana (Kranich), Kraka (Krähe).

In diesem Zusammenhange sei noch ein norwegisches Trollenmärchen erwähnt, weil es zeigt, wie der Dichter alter und neuer Zeit den aus der Naturanschauung geschöpften Stoff symbolisch und psychologisch vertieft:

Peer Gynt, ein richtiger Lügenschmied und Aufschneider, stößt vor einer Sennhütte auf etwas, das groß ist und kalt und schlüpfrig. »Wer ist das?« sagt Peer, denn er fühlt, daß es sich rührt. »Ei, das ist der Krumme«, antwortete es. Er geht ein Stück um den Spuk herum und trifft wieder auf das Kalte, Große, Schlüpfrige. »Wer ist das?« fragt Peer. »Ei, das ist der Krumme«, antwortet es abermals. »Ob du nun gerade bist oder krumm«, sagt Peer, »durchlassen mußt du mich doch«; denn er merkt, daß er rundum im Kreise geht, und daß der Krumme sich um die Sennhütte geringelt hat. Er nimmt seine Büchse, tappt vorwärts, bis er an den Schädel des wunderbaren Dinges kommt, und schießt ihn dreimal vor den Kopf. »Schieß noch einmal!« ruft der Krumme. Aber Peter versteht es besser; denn hätte er es getan, wäre die Kugel auf ihn zurückgeprallt. Darauf zieht er den großen Troll aus dem Wege und gelangt ungehindert in die Sennhütte. Am nächsten Morgen besuchen ihn vier Bergtrolle, deren Namen auf die vier Elemente Luft,

Erde, Wasser und Feuer gehen. Aber Peer Gynt erlegt sie alle und befreit so die Sennerinnen aus ihrer Gewalt.

Dieses Märchen ist die Quelle von HENRIK IBSENS dramatischem Gedichte Peer Gynt, einer satirischen Personifizierung des norwegischen Volksgeistes, speziell für den zweiten Akt, der auf dem Dovrefjeld spielt. Die märchenhaften, volkstümlichen Grundzüge hat der Dichter zu lebendigen, bedeutungsvollen Allegorien umgestaltet, die mißgestalteten Trolle zu Sinnbildern nationaler Fehler. Das Ringen mit dem Krummen ist zu einem Kampfe Peer Gynts mit dem eigenen Charakter geworden, dessen Überschwang an Phantasie sich wie ein schlüpfriger Ring um seine gesunde Empfindung legt.

Das Märchen vom Riesenspielzeug ist selbst bis Lappland gedrungen. Die kolossalen Steinbauten der Vorzeit gelten im Norden wie überall als Stuben, Gräber oder Öfen der Riesen. Wie früh derartige volkstümliche Erklärungen der Steingräber entstanden, zeigt SAXOS Äußerung, es müßten früher Riesen in Dänemark gelebt haben, wofür die gewaltigen Steine, die auf die Grabhügel gesetzt seien, Zeugnis ablegten; denn es sei unglaublich, daß gewöhnliche Menschenkräfte solche Steinmassen gehoben hätten, die man auf flachem Felde gar nicht oder nur sehr schwer bewegen könne. In allen germanischen Ländern ist die Volkssage vom Riesen als Baumeister verbreitet. Er bedingt sich als Lohn Sonne und Mond aus, oder den Mond allein, oder ein junges Mädchen, muß aber das Bauwerk innerhalb einer bestimmten kurzen Frist fertigstellen, sonst bekommt er keinen Lohn; zuweilen hilft ihm ein Pferd bei seiner schweren Arbeit. Diese schreitet schnell vorwärts und ist bald vollendet. Der Auftraggeber, der das unheilschwangere Versprechen dem Riesen unter Bedingungen machte, die nach seiner Meinung niemals erfüllt werden könnten, sucht den Baumeister um seinen Lohn zu betrügen. Teils findet der Unhold dadurch seinen Tod, daß sein Name genannt wird – Motiv des Alptraums –, teils wird er zu Stein dadurch, daß die Sonne auf ihn scheint. Eine solche Volkssage ist die Grundlage für den Eddamythos, in dem ein Riese sich erbietet, den Göttern eine Burg zu bauen, dafür aber Freyja, Sonne und Mond als Lohn beansprucht.

Wie von den Zwergen werden von den Riesen Versteinerungssagen erzählt: die Veranlassung dazu mögen Wolken- und Nebelgebilde gegeben haben, die zur Nachtzeit an den Berggipfeln haften, mit den Strahlen der aufgehenden Sonne aber schwinden oder durch den Sturm verjagt werden und dann die Felsenspitzen erscheinen lassen. Wie die Berg- und Erdriesen scheuen auch die Riesen der dunklen Meerestiefe das helle Licht.

Früh kam die Vorstellung von Königreichen und gesonderten Ländern der Riesen auf. Jüngere Zeit dichtete dann, an einzelne Riesennamen anknüpfend, eine Menge Unterkönigreiche hinzu (z.B. Ymisland, das Reich des Geirröd und Utgardaloki), und als das Wort Riese nach dem Norden gekommen war, trennte man Risaland von Jötunheim. Hier weiden sie ihre Herden, die von bösen Hunden bewacht werden; grimme Wächter wehren dem Fremden den Eintritt. Finnland und Kvenland (Lappland und Finnland) sind die eigentlichen Riesenländer.

Wie die Götter mit den Riesen in beständigem Kampfe begriffen sind, so liegt auch den Helden vieler Sagen die Bekämpfung der Riesen ob. Wie die Riesen Freyja und Idun aus Asgard entführen, so sind auch die Riesen der Heldensage stets darauf aus, schöne Erdentöchter, königliche Jungfrauen zu rauben und nach ihren Felsenhöhlen ins Gebirge fortzuschleppen. Wie Götter und Riesen sich ehelich verbinden, finden auch kühne Jünglinge Gnade vor wilden Riesentöchtern und zeugen mit ihnen Kinder. »Die Riesen nahmen sich Weiber aus Mannheim, und manche verheirateten auch ihre Töchter dahin.« An Fornjot und seine Söhne knüpfen sich ganze norwegische Geschlechter.

Mit einem im Wasserfall hausenden Riesen hat auch der starke Gretti auf Island zu tun:

Auf einem isländischen Gehöfte südlich des Godafoss (Götterwasserfall) war zwei Jahre hintereinander in der Julnacht unter großem Getöse der Mann verschwunden, der das Haus hütete, während die andern zum Weihnachtsgottesdienste geritten waren. Gretti, der davon vernahm, erbot sich, das nächste Mal Wache zu halten. Er trug die Bäurin, die nach der Kirche wollte, durch den reißenden Strom und kehrte dann nach dem Hofe zurück, wo er sich zum Empfange des Unholdes einrichtete. Um Mitternacht erhob sich ein gewaltiger Lärm, ein riesiges Weib trat in die Stube, einen Trog unterm Arme und ein Messer in der Hand. Gretti warf sich ihr entgegen, und es begann ein gewaltiges Ringen, das bis zum Morgen währte. Die Trollin war stärker als ihr Gegner, und trotz seines heftigen Widerstandes schleppte sie ihn hinaus an den Fluß; da gelang es ihm, seine rechte Hand frei zu bekommen, er faßte sein Schwert, hieb der Riesin den Arm ab und rang weiter mit ihr, bis das Tageslicht sie überraschte und sie in Stein verwandelte. Es dauerte lange, bis sich Gretti von dem fürchterlichen Kampfe erholte. Als er genesen war, begab er sich in Begleitung eines Priesters an den Wasserfall und sah dort eine Höhle, die sich unter der Klippe hinzog. Ihre Oberfläche war glatt wie gemeißelt, so daß es unmöglich schien, hinabzuklettern, und sie fiel 150 Ellen tief steil herab. Trotz der Abmahnung des Priesters unternahm Gretti das Wagnis, er befestigte für den Notfall ein Tau an einen Pfahl, der in den Fels getrieben wurde, ließ das Seil, an dem ein schwerer Stein hing, ins Wasser, sprang kopfüber, nur mit einem Schwerte bewaffnet, in den Strudel und arbeitete sich bis zu der Höhle durch, die hinter dem Wasserfalle lag. An einem mächtigen Feuer sah er einen ungeheuern Riesen sitzen, der ein mit einem hölzernen Griffe versehenes Schwert gegen ihn zückte. Als Gretti den Schaft durchschlug, wollte der Riese nach dem Schwerte greifen, das hinter ihm an der Wand hing, aber Gretti war behender und zerschnitt mit seinem glänzenden Schwerte die schwarze Brust des Riesen. Der Priester, der die blutigen Eingeweide auf der Oberfläche dahinschwimmen sah, glaubte Gretti getötet und ging heim. Gretti aber fand in der Höhle viele Schätze und die Gebeine zweier Männer, belud sich damit und schwamm nach dem Seile hin, um sich aufziehen zu lassen; da der Priester aber davongelaufen war, blieb ihm nichts andres übrig, wie emporzuklettern. Die Gegend war fortan von Unholden befreit.

Die Strecke, die die Riesin Gretti geschleppt haben soll, wird noch heute gezeigt, und unter der Klippe ist eine Grotte, die man zuweilen vom Lande aus besuchen kann. Es ist vermutlich eine lokale Volkssage, die an den geschichtlichen GRETTI angeknüpft ist († 1031). Entlehnung aus dem Beowulf ist sehr zweifelhaft, trotz auffallender Übereinstimmungen. Auch Beowulf kämpft zweimal, zuerst mit einem männlichen Unholde, Grendel, dann mit einem weiblichen, einer Meerwölfin, das zweite Mal in einer Höhle unter dem Wasser. Beide Male büßt das Ungeheuer einen Arm ein, und die am Ufer Zurückgebliebenen gehen fort, weil sie den empordringenden Blutstrom für ein Zeichen von dem Tode des Helden ansehen.

Ein Seitenstück zu der Sage vom Riesen, der mit seinen Füßen Brandung und Seestürme erregt, erzählt von einem Feuerriesen, der seine Macht in Erdbränden entfaltet: Ein alter Mann sieht spät am Abend einen Mann in einem Riesennachen rudern, groß und bösartig. Er steigt ans Land, begibt sich zu einem Gehöfte und fängt beim Stadeltore zu graben an. In derselben Nacht schlug da Erdfeuer auf, die Ansiedelung brannte ab, und Lavahaufen liegen jetzt da, wo der Hof stand.

Die Zahl der Flammenriesen ist äußerst gering. In gleicher Nacktheit, wie die Luft in dem Sturmriesen Wind, finden wir das Feuer versinnbildlicht in den Riesen Eld (Feuer), Logi (Lohe, Wildfeuer), den Riesinnen Glod, Eisa und Eimyrja (Glut, Asche, Glutasche). Aus ihnen ragt Surt hervor (der Schwarze), der mit lohendem Schwerte in der Feuerwelt sitzt, beim Götterkampfe Frey besiegt und dann über die ganze

Welt das Feuer wirft. Die Pechkohle heißt nach ihm isländischer Surtarbrandr, sie stillt, auf geschwollene Glieder gelegt, den Schmerz; Surtarepli, Apfel des Surt, werden die Knollen des Equisetum arvense genannt. Islands größte Höhle, eine 839 Faden lange Lavablase, heißt Surtshellir. Ein schutzloser Verbrecher flüchtete in sie und lief Tag und Nacht, da waren seine Schuhe voll Sand, und als man genauer zusah, war es Goldsand; der Mann sagte, er sei lange bis an die Knöchel in schwerem Sande gewatet; er kam zuletzt auf der nordöstlichsten Landspitze Islands, Langanes, heraus. Schon die alten Quellen kennen sie unter diesem Namen; ein Mann wanderte im Herbste zur Höhle des Surt und brachte dahin ein Lied, das er gedichtet hatte auf den Riesen in der Höhle.

8. Gestirnmythen

Eine eigenartige Stellung in der nordischen Mythologie nehmen die Gestirne ein. Diese Mythen beruhen z.T. auf alter, volkstümlicher Anschauung, andererseits zeigen sie in der überlieferten Gestalt und dem Zusammenhang, in den sie miteinander gebracht sind, offenkundig junges, allegorisches Gepräge. Sonderlich anziehend sind diese Mythen in ihrer abstrakten Dürftigkeit keineswegs. Man würde gern fremden Einfluß, namentlich aus dem klassischen Altertum, annehmen, wenn dadurch nur im geringsten das Verständnis erleichtert würde. Aber alle derartigen Versuche haben sich bis jetzt als verfehlt erwiesen.

Als die Götter aus dem getöteten Ymi die Welt schufen, nahmen sie die Funken aus Muspellsheim, die unstet durch die Luft flogen, und setzten sie als Gestirne mitten im Ginnunga gap oben und unten an den Himmel, um die Erde zu erleuchten. Allen Lichtern gaben sie ihre Stellen, danach werden Tage und Jahre gezählt.

Von Sonne und Mond, den wichtigsten unter den Gestirnen, sind verschiedene Mythen überliefert.

Zwei Sonnenrosse, Arwakr »Frühwach« und Alswinn »Allschnell« ziehen den Wagen, in dem die Sonne über den Himmel fährt, aufwärts auf Arwaks Ohr, und auf Alswinns Huf sind Runen geritzt, daß sie nicht zu früh matt und müde werden. Inmitten der Buge brachten die Götter kühlende Eisen an; nach Snorri sind es zwei Blasebälge (der kühle Morgen- und Abendwind, der beim Auf- und Untergange der Sonne weht?), die die von der Sonnenglut heiß gewordenen Hengste abkühlen und erquicken sollen. Vor die Sonne aber ward ein Schild gesetzt; wenn er herabfiele, würde Feuer Felsen und Fluten verzehren. Zwei Untiere aber in Wolfsgestalt, Skoll und Hati, verfolgen unablässig die glänzende Göttin; Skoll rennt ihr nach, Hati aber läuft vor der heitern Himmelsbraut. Darum fährt die Sonne so schnell, wie wenn sie in Furcht sei.

Hati wird sonst als der Verschlinger des Mondes bezeichnet und heißt darum auch Managarm (Mondwolf; s. u. Fenri). Da das Schicksal beider Himmelskörper eng aneinander geknüpft war, verfolgte Hati ursprünglich wohl den Mond, den Vorläufer der Sonne, und bedrohte dadurch in gewissem Sinne die Sonne selbst.

Die Vorstellung der Sonnenrosse und Sonnenwölfe stammt sicher aus altem Volksglauben. Auch dem leuchtenden Himmelsgotte Tius, Frey und Baldr ist ein Roß eigen, dessen Huf Quellen aus dem Boden stampft. Ebenso konnte die runde, glänzende Gestalt der Sonne als Schild des Tagesgottes bezeichnet werden. Der Sonnenschild behauptete dann noch neben der andern Vorstellung, dem Sonnenwagen, seinen Platz, wurde aber diesem angepaßt. Die Sonne heißt »Verdruß der Zwerge« oder »Elbenstrahl«, weil das unter der Erde wohnende Volk der Zwerge das leuchtende Tageslicht nicht vertragen kann, sondern durch den Sonnenschein in Stein verwandelt wird. Ihr Licht ist vielmehr der verschwiegene Mond, nach ihm zählen die Elben die Zeit. Aber im Kampfe kehre sich keiner zu der Schwester des Mondes (der Sonne), wenn sie scheint im Westen.

Die angeführten Beinamen, »die glänzende Göttin«, »die schimmernde Braut des Himmels«, »die scheinende Schwester des Mondes«, zeigen die Sonne als eine herrliche Gottheit. Denn die Vergleichung ihres blendenden Glanzes mit der Schönheit einer Jungfrau liegt nahe; unter den dichterischen Benennungen des Weibes findet sich auch Sol (Sonne), und Sol wird zu den Göttinnen gerechnet. Aber ihre eigentlichen Mythen sind auf Frigg und Freyja übergegangen; nur von ihrer Herkunft gibt es eine Sage:

Mundilföri heißt der Vater von Sol und Mani (Mond); die Wölbung des Himmels umwandeln sie täglich, danach messen die Menschen die Zeit. Mundilföri hatte zwei Kinder: die waren so schön und herrlich, daß er seinen Sohn Mani nannte und die Tochter Sol.

Mundilföri oder -fari wird als »Beweger der Weltachse« erklärt, der die drehende Bewegung der Himmelskörper bewirkt und leitet, der den Himmel regiert. Der Name könnte also eine von der Bewegungsursache aus aufgefaßte Vorstellung des Himmelsgottes sein und mit Tius-Odins Beinamen Hjarrandi verglichen werden: gemeint ist der Polarstern, um den sich, wie um einen Spielmann, »der nächtliche Sternentanz« dreht. Mundilföri kann aber auch der Schutzgewährende, der Vormund oder Erzieher sein, und ein solcher ist Mundilföri als Vater von Sonne und Mond. Dann aber ist die Gestalt rein allegorisch, gehört nicht der lebendigen Mythologie an, sondern ist eine spät entstandene Abstraktion, ohne bestimmte Anschauung und Begründung im Volksglauben. Man wollte den beiden Kindern, die den Sonnen- und Mondwagen lenken, einen Vater geben und wußte ihn nicht weiter zu charakterisieren und zu benennen, als daß er eben Vater sei.

Ganz jung ist die Fortsetzung:

Sol wurde mit einem Manne namens Glen (Glanz) vermählt. Doch die Götter zürnten wegen dieses Übermutes und setzten sie an den Himmel. Sie ließen Sol die Pferde lenken, die den Wagen der Sonne ziehen, die die Götter aus einem Funken geschaffen hatten, der aus Muspellsheim flog, um die Welt zu erleuchten.

Der Erzähler ist der alten Anschauung schon entfremdet, er trennt darum das Symbol von der Naturerscheinung. Die Sonne als Weltkörper ist von den Göttern aus den Flammen der Feuerwelt geschaffen und fährt in einem von Rossen gezogenen Wagen über den Himmel, nur fehlt dem Wagen die Lenkung. Ein Mensch nennt seine Kinder Sonne und Mond, diese Vermessenheit erzürnt die Götter, die stets darauf bedacht sind, die Schranken zwischen ihnen und den Menschen aufrechtzuerhalten, sie nehmen die Tochter und setzen sie an den Himmel als Lenkerin des Sonnenwagens. An die Stelle des Mythus ist eine erklärende Bearbeitung getreten, die alles Wunderbare ausscheidet und an die Stelle der mächtigen Götter gewöhnliche Zauberer, an die Stelle der ewigen Weltordnung ganz gemeine menschliche Motive setzt.

Nach isländischem Volksglauben kann man, wenn man gut acht gibt, sehen, daß der Mond einem menschlichen Antlitze gleicht mit Stirn, Nase, Augen, Mund usw.; dasselbe ist von der Sonne zu sagen, doch sieht man es an ihr nicht ebenso deutlich, weil sie glänzender und schöner ist. Volkstümliche Anekdoten suchen die Flecken oder schattigen Vertiefungen im Lichte des Vollmondes sowie die beiden Mondphasen, den abnehmenden und zunehmenden Mond, zu erklären. Nach deutscher Sage soll es ein Holzdieb sein, der am Sonntag während der Kirche Waldfrevel verübt habe und zurStrafe in den Mond verwünscht sei: da sieht man ihn, die Axt auf dem Rücken, das Reisholzbündel bald in der Hand, bald gleichfalls auf dem Rücken. Im Märchen nehmen die vier Besitzer des Mondes je ein Viertel bei ihrem Tode mit ins Grab, so daß der Mond schließlich völlig verschwunden ist. Beide Erzählungen sind im Norden miteinander verknüpft:

Mani lenkt den Lauf des Mondes und waltet über Neumond und Vollmond. Er hob die beiden Kinder Bil (die Abnehmende) und Hjuki (der zu Kräften Kommende?) von der Erde zu sich empor, als sie von dem Brunnen kamen; Wildfinn hieß der Vater dieser Kinder, die den Mond begleiten, wie man dies von der Erde aus sehen kann. – Bil wird auch zu den Göttinnen gerechnet. – Unerklärt bleibt in diesem eddischen Märchen, ob Mani die beiden Kinder raubte, und ob diese eine Schuld begangen hatten.

Wie Sonne und Mond, so sind auch Tag und Nacht zu göttlichen Wesen erhoben. Dem ungeübten Blick ist es natürlich, Sonne und Tag unabhängig voneinander zu denken; denn oft ist Tag, während die Sonne nicht sichtbar ist, und der Tagesschein ist, namentlich in Norwegen und Island, oft während der ganzen Nacht am Himmel zu sehen, wenn auch schwach und unbestimmt. Weil aber nach germanischer Vorstellung die Nacht dem Tage voranging, so ist die Nacht als die Mutter des Tages gedacht.

Nor, Nörfi oder Narfi hieß ein Riese, der in Jötunheim wohnte. Seine Tochter, die schwarze, dunkle Nott (Nacht), war in erster Ehe mit Naglfari vermählt, in dritter Ehe mit Delling (oder Dögling) aus dem Asen-Geschlechte; beider Sohn war Dag (Tag); der war licht und glänzend wie sein Vater. Nott, die Tochter des Nor, heißt »Nacht« bei den Menschen. Der freundliche Delling ist Vater des Dag, und Nott ist gezeugt von Nor.

Jötunheim liegt im Osten und Norden; aus diesen Gegenden kommt die nächtliche Dunkelheit über die Erde, dort wohnt deshalb der Urheber des nächtlichen Dunkels, der riesische Vater der Nacht. Narfi ist auch ein Sohn Lokis, der von seinem Bruder Wali, den die Götter in einen Wolf verwandelt haben, zerrissen wird, und mit dessen Gedärmen dann Loki gefesselt wird. Lokis Sohn und der Vater der Nacht sind kaum voneinander verschieden, sie sind Dämonen des einbrechenden nächtlichen Dunkels.

Der Name des ersten Gatten der Nacht, Naglfari, kehrt auch bei dem Schiffe wieder, auf dem beim Weltuntergange die Zerstörer daherfahren. Naglfar ist das größte Schiff, das Muspells Söhne besitzen. Es ist aus den Nägeln gestorbener Menschen gefertigt, und deshalb soll man niemand mit unbeschnittenen Nägeln sterben lassen; denn jeder, der das tut, fördert dadurch sehr die Vollendung des Schiffes Naglfar, von dem Götter und Menschen wünschen, daß es spät fertig werde. Besteht zwischen dem ersten Gatten der Nacht und dem Schiffe, das, aus den Nägeln der Toten erbaut, am Weltende die Riesen herbeifährt, ein Zusammenhang? Zunächst ist klar, daß dadurch die ungeheure Ferne und das langsame Zustandekommen des Weltendes ausgedrückt werden soll: bis ein solches Schiff aus schmalen Nägelschnitzen der Leichen zusammengesetzt wird, verstreicht lange, lange Zeit, und sie leidet noch durch die warnende Vorschrift Aufschub, allen Toten die Nägel zu schneiden. Ähnlich ist die Vorstellung des Berges der Ewigkeit, dem alle hundert Jahre ein Vogel nur ein Sandkorn zuträgt. Dieser märchenhafte Zug wird sonst nirgends für das Schiff Naglfar vorausgesetzt und ist ihm angedichtet, als man seine ursprüngliche Bedeutung nicht mehr verstand. Mit der nordischen Sitte, in ein Schiff gelegte Tote zu verbrennen oder den Wellen zu überlassen, steht die Angabe jedenfalls in keinem Zusammenhange. Auch die Deutung des Namens »das zwischen Leichen fahrende« oder »das Totenschiff«, auf dem die Totengespenster heranrücken, erklärt die Verknüpfung mit dem seltenen Bau des Fahrzeuges nicht genügend, abgesehen davon, daß eher der Name Naglafar zu erwarten wäre. Naglfar ist das »Nagelfahrzeug«. Die nordischen Seefahrer verzierten ihre Schiffe gern mit blanken Nägeln, und so kann Naglfar das mit Nägeln beschlagene Schiff bezeichnen. Man erblickte in den Sternen glänzende Nägel, die am Firmament eingeschlagen seien. Schwäbischer Aberglaube hält die Sterne für die Köpfe silberner Nägel, die das Himmelsgewölbe zusammenhalten, und der Philosoph ANAXIMENES vertritt dieselbe volkstümliche Ansicht, daß die Sterne wie Nägel am ehernen Himmelsgewölbe befestigt seien. Der Himmel ist mit Sternen besetzt, wie das Schiff mit glänzenden Nägeln. Das langsame stetige Vorrücken des Himmels vergleicht sich der ruhigen, unaufhaltsamen Fahrt eines Schiffes, und so konnte man den Sternenhimmel wohl als Schiff ansehen und Naglfari zum Gatten der schwarzen Nacht machen. Da nach nordischer Vorstellung die Welt durch Wasser und Feuer zugrunde geht, die heiße Lohe aber bis an den Himmel leckt, so ist der Gedanke nicht wesentlich kühner zu nennen, daß auch die Meereswogen so hoch schlagen und den Sternenhimmel mit ihrer Flut davontragen: das flottgewordene Schiff benutzen dann die Feinde der Götter zum Angriffe. Die Deutung des Schiffes Naglfar als eines Sternenbildes, entsprechend der des gefesselten Fenriswolfes, läuft auf dasselbe hinaus. Als spätere Zeit das Naturbild nicht mehr verstand, dachte man bei dem Nagelschiffe nicht mehr an goldene oder silberne Nägel, sondern an Nägel des menschlichen Körpers, und gelangte so zu der wunderlichen Vorstellung eines aus unbeschnittenen Nägeln Verstorbener erbauten Fahrzeuges.

Ein altnordisches Rätsellied fragt: »Wer ist der Gewaltige, der über die Erde hinzieht? er verschlingt Seen und Wald; den Windzug fürchtet er, aber Männer nicht, und nimmt mit der Sonne den Kampf auf.« Die Antwort lautet: »Das ist der Nebel; seinetwegen sieht man das Meer nicht; aber er macht sich sogleich davon, wenn der Wind kommt, und die Menschen können ihm nichts anhaben; er vernichtet den Schein der Sonne.« Das ist zwar kein Mythus vom Nebel, und mit der ausgesprochenen Lösung des Rätsels schwindet die scheinbare Persönlichkeit des finstern Unbekannten, aber die Schilderung paßt Zug für Zug auf das Ungetüm, von dem am Ende der Tage der Himmelsgott (Odin) und die Sonne verschlungen werden sollen, den Fenriswolf. Die Vorstellung des »verschlingenden« Nebels führt zum Bilde des riesenhaften Wolfes hinüber, und aus dem die Sonne verdunkelnden Nebel konnte leicht der Dämon der winterlichen Mächte der Finsternis werden. Aus dem Meere oder dem Sumpfe (altnordisch fen) steigt der Nebel auf, und darum wurde das Ungeheuer Fenriswolf genannt, oder allgemein nach seiner Raubtiernatur »der raubgierige Wolf«.

In der letzten Hälfte des 9. Jahrhunderts begegnet bei den Skalden zuerst die Vorstellung, daß Loki »des Wolfes Vater« sei, den er mit der wilden Riesin Angrboda, »die Schadenbotin«, zeugte; Hel und die Midgardsschlange sind des Wolfes Geschwister. Ostwärts in dem endlosen, wilden und furchtbaren Walde, der den Wohnsitz der Menschen umgibt, d. h. bei den Riesen, gebar eine – unbekannte – Alte dem Fenri Kinder, den Mondwolf Hati (»der Hasser«) und den Sonnenwolf Skoll (zu gotisch skadus »Schatten«). Diese Fenris-Kinder sind also Lokis Enkel und im Grunde dieselben mythischen Wesen wie Fenri. Wie dieser selbst als Verschlinger der Sonne erscheint, so verfolgt auch das Untier in Wolfsgestalt, Skoll, die glänzende Göttin, und »der Räuber des Gestirns« erwürgt sie. Er ernährt sich vom Fleische gefallener Männer und besudelt mit Blut den Sitz der Götter; so schnappt auch der graue Wolf Fenri selbst nach den Sitzen der Götter. Der andere Wolf Hati, der den Mond verschlingt, heißt darum auch Managarm (Mondwolf); auch er mästet sich vom Fleische gestorbener Männer und wird den Himmel mit Blut bespritzen: dann wird die Sonne ihren Schein verlieren. Daher ergibt sich die dringende Mahnung, die Leiber der Gefallenen nicht unbestattet auf freiem Felde liegen zu lassen und sie nicht den Wölfen und Raben zum Fraße oder der Verwesung preiszugeben; denn durch das Versäumen dieser heiligen Pflicht mästet man die beiden Scheusale. Die Verfinsterung eines Gestirns konnte man sich leicht als ein Verschlucktwerden durch ein Ungeheuer vorstellen, so erklärt sich leicht Fenris Wolfsgestalt und seine Verkörperung als des hereinbrechenden, gleichsam verschlingenden Dunkels. Der Mythus, daß die Sonne, bevor Fenri sie verschlingt, dereinst eine Tochter gebiert, die in der neuen Welt die Pfade der Mutter ziehen wird, beweist, daß die Nordleute glaubten, daß wenigstens bei totalen Verfinsterungen ein vollständiges Verschlingen und demgemäß auch eine Erneuerung des Gestirns stattfindet. Der Mythus verschiebt den regelmäßigen Vorgang nur ans Ende der Welt, und die Erfahrung mochte die Nordleute gelehrt haben, oder wenigstens war es ihr Glaube, daß in den auf Sonnenfinsternisse folgenden Sommern das Wetter immer »übelgesinnt«, unbeständig und unfreundlich war.

Nach dem Volksglauben erzeugt die Sonnenfinsternis ansteckende Krankheiten. Das Röten des Göttersitzes mit rotem Blute geht auf die öfter, besonders morgens und abends blutrot erscheinenden Nebensonnen; in Schweden, Norwegen und Dänemark hieß eine Nebensonne »Sonnenwolf«, eine Vädersol (Nebensonne), und ihr Erscheinen bedeutet Hunger und Sterben.

Während der Herrschaft von Licht und Tag ist der Dämon des Dunkels vom lichten Himmels- und Tagesgotte Tius-Ty getötet oder bei Beobachtung der wiederkehrenden Naturerscheinung in eine finstere Höhle gebannt, wobei aber der Gott selbst in seiner Macht geschwächt wird. Fenri ist bei den Göttern aufgezogen, soll aber seiner gefährlichen Größe und des von ihm drohenden Unheils wegen gefesselt werden; Ty allein wagt die mit Hilfe der Zwerge verfertigte, unsichtbare Fessel ihm anzulegen, büßt aber dabei seine Hand ein, die er dem Wolfe verpfändet hat. Dem gefesselten Ungeheuer, das die Götter in einer unterirdischen Höhle bergen, wird der Rachen noch durch ein Schwert gesperrt, Geifer rinnt aus seinem Maule, das ist der Schaumfluß Wan. Dort liegt er bis zum Untergange der Götter.

Als die Vorstellung vom Weltuntergange mehr und mehr in die Form eines erbitterten Kampfes der Riesen und Götter umgeschmolzen wurde, war der gefesselte Wolf für den Fall seines Freiwerdens ein gefürchteter Feind der Götter und der von ihnen bisher geschützten Menschen. Sein Freiwerden ward zu einem feindlichen Ansturm auf die bisherige Weltordnung. Wild reißt und zerrt der Wolf an seiner elastischen Kette, entsetzt gewahrt seine Umgebung, die Helbewohner, seine wachsende Wut, vom Reißen an der Fessel erbebt rauschend die Weltesche Yggdrasil, die Fessel dehnt sich und streckt sich, und der Fenriswolf ist frei. Laut bellt der Höllenhund Garm vor Freude über das Loskommen des Wolfes und ermuntert Fenri und die Mächte der Hel, zum Angriff vorzugehen. Mit geöffnetem Rachen stürmt der Wolf einher, seine Kiefern klaffen vom Himmel bis zur Erde, und so verschlingt er den Himmelsgott. Odins Sohn aber, der schweigsame Widar, rächt den Vater und tötet das Ungeheuer, indem er mit seinem Fuße ihm in den Unterkiefer tritt. Die Rache tritt sofort ein, denn eine Sonnenfinsternis dauert nur einige Zeit und pflegt für den Menschen mit dem Gedanken an die baldige Wiederkehr des Lichtes verbunden zu sein. Dieser Mythus besagt dasselbe wie der, daß die Sonne, ehe Fenri sie frißt, eine Tochter gebiert. Das Aufreißen des Rachens durch Widar erinnert daran, daß gewissermaßen die Sonne einen freien Ausweg gewinnen sollte, durch den sie ihrem Gefängnisse entrinnen könnte.

Die Ansicht, daß der am Himmel von den Göttern mit geheimnisvollem Band gefesselte und zum beständigen Aufsperren der Kiefern genötigte Wolf ursprünglich das Sternbild »Wolfsrachen« (ulfs keptr) in der Nähe der Milchstraße (= des Schaumflusses Wan) bedeute, von dem die Götter Unheil für sich und die Welt besorgten, wenn es auf die Welt herabstürzte, verdient Beachtung.

III DER GÖTTERGLAUBE

Die germanischen Götter sind fast ausschließlich die vergöttlichten Abbilder von Naturmächten, geistige Reflexe sinnlicher Naturerscheinungen. Die Götter, die nicht die Phantasie aus der lebendig gemachten Natur erzeugt hat, sind jung und kein Gemeingut des Volkes. Stimmt ein Mythus nicht mit der Natur des Landes überein, dem er entsprungen ist, so kann er nicht wurzelfest sein.

Aber der Zeit, der die Götter Menschen von mächtiger Größe und Herrlichkeit waren, menschlich denkend, fühlend und wollend, geht eine andere, rohere voraus, wo die Germanen die Naturgewalten noch nicht in menschliche Bildung zu bändigen vermochten, sondern sie sich als ungeheure Tiere vorstellten. Der Sturm erschien ihnen ein riesiger flügelschlagender Adler, das Meer eine Schlange, die sich um die Erde ringelt; die Sonne als Roß, Widder, Hirsch, Eber; Wolken und Wogen als Roß und Rinder; das wütende Schwein ist ein Tierbild für die Wetterwolke, die Eberzähne sind Blitze. Die Phantasie übertrug die Gestalt des irdischen Baumes auf baumartige Wolkengebilde, in denen sich die gewaltigen Naturerscheinungen von Wind und Wetter vollzogen und die Macht der großen Götter sich sehr fühlbar offenbarte. Uralter Mythensprache gehört die Vergleichung der funkelnden Sonnenstrahlen und Blitze mit Schwert und Speer an. Auch der Gott ist vielfach Tier oder wird zum Tier, er schwankt zwischen menschengleichem und tierischem Wesen: das Verschwimmen der Grenze zwischen beiden gehört zu den für die Weltanschauung der Naturvölker charakteristischen Zügen. Ihre Phantasie verglich das große Geheimnis der Naturerscheinungen dem geheimnisvollen Tierleben, wie es ihnen in der Erde, im dunklen Walde, in Wasser und Luft entgegentrat, und faßte die Vorgänge in der Natur, vor allem in dem Luftreiche, in tierische Bilder: so entstanden die tiergestaltigen Naturdämonen und die Tierbildung der alten Götter. Odins Beiname »Adlerhäuptig« z.B. ist eine Spur, daß der Gott in sehr alter Zeit mit einem Adlerkopfe vorgestellt sein mag. Diese doppelte Auffassung der vergöttlichten Naturmächte als Tiere und Menschen hat ihre Entsprechung in den aus den Seelen hervorgegangenen übermenschlichen Wesen: da der Mensch zwischen sich und den Tieren eine geheime Verwandtschaft entdeckte, entstand – nach dem Vorbilde der sich häutenden Puppe oder Schlange – der Glaube, daß die Seele des Verstorbenen wie des Schlafenden Tiergestalt annehmen könnte.

Die Naturmythen sind also erste Versuche, über die Welt zu orientieren, Unverständliches und Geheimnisvolles zu erklären; sie sind Anfänge der Physik, eine Art Volksphilosophie und ein poetisches Schaffen, insofern die äußeren Vorgänge der Natur in Geschichten verwandelt werden. Beim Dichter wie beim Mythenbildner walten dieselben geistigen Kräfte, nur dort mehr bewußt, hier unbewußt: beide haben die Aufgabe, dem Leblosen Atem und Leben zu verleihen. Aber der Vergleich mit den Vorgängen des täglichen Lebens, die novellistische Bearbeitung und Ausschmückung der Handlung zieht den Gott und sein mythisches Erlebnis aus der himmlischen Heimat auf die Erde herab.

Die gemeingermanische Bezeichnung Guda = Gott hat man zu altindisch ghoras »schrecklich, scheueinflößend, ehrfurchtgebietend« gestellt, Gott also als das gefürchtete, gescheute Wesen erklärt, dessen Hilfe man in Ehrfurcht erflehte. Andere denken an die Wurzel gheu: der Beopferte, d.i.

der mit Opfer verehrt wird, oder ghau: *ghutó-m = das angerufene Wesen, richtiger: was man beruft, »das Berufene, Besprechung«. Ist die letzte Erklärung richtig, so nannte man das anfänglich Gott, was man durch Zauberkraft und insbesondere durch Zauberwort seinem Willen untertänig machte. Der Zauber und die in seinen Wirkungen angestaunte, dunkelwaltende Macht war also ein geheimes Etwas, das die Gemüter der Germanen packte und mit ehrfurchtsvoller, religiöser Scheu erfüllte. Bevor »Gott« seine klare und unmittelbare Beziehung auf den »Zauber« abgestreift hatte, wurde von Gott der »Gode«, Priester, abgeleitet, eigentlich »der Berufer, Besprecher, Zauberer«.

Die zweite gemeingermanische Benennung für höhere göttliche Wesen ist Asen; in geschichtlicher Zeit bedeutet Ase Gott, nicht Halbgott, nicht den zur Apotheose gelangten Menschen. Den Asen stehen im Norden die »glänzenden« Wanen gegenüber. – Altnordisch tívar, indogermanisch deivo (lateinisch deus) ist von der indogermanischen Bezeichnung des Himmels abgeleitet und meint die »himmlischen« Naturgewalten. – Gemeingermanisch ist auch die Vorstellung der Götter als der Ratenden und Richtenden: altnordisch regin, das beratende, anordnende, bestimmende, das ordnende, messende Wesen = die unpersönlichen Schicksalsmächte, »Schicksalsfügungen«. – Dichterisch ist die Bezeichnung der Götter als der Fesseln, Hafte und Bande, die die Welt zusammenhalten, oder der »heiligen« Götter.

Seit der ältesten Zeit begegnen die himmlischen Wesen in der Dreizahl, das jüngere Bedürfnis nach verstärkten Mitteln erzeugt die 3 x 3.

In dem uppländischen Tempel zu Uppsala standen die Bilder Thors, Odins und Freys. Wiederholt treten die Triaden auf: Odin, Höni, Lodur oder Loki; Hle, Logi, Kari; Byleyst, Helblindi, Loki; Odin (oder Widri), Wili, We; Har, Jafnbar, Thridi; Urd, Werdandi, Skuld. In der Neunzahl werden nur die unteren göttlichen Wesen genannt: die neun Töchter Ægis, die neun Mütter Heimdalls, neun Meernixen. Neun Jungfrauen umgeben Menglöd, neun Zwerge sind Lokis kunstreiche Arbeiter. Neun Disen in schwarzen Gewändern töten Thidrandi, eine Schar von neun weißen Disen ist später dazu erfunden; neun oder gar 3 x 9 Walküren ziehen miteinander aus. Nach neun Nächten will sich Gerd dem Frey zur Vermählung stellen, nur neun Nächte hält es Njörd bei seiner rauhen Gattin im norwegischen Gebirge aus und sie umgekehrt bei ihm am Seestrande; neun Nächte reitet Hermod bis an den Eingang der Unterwelt; von Odins Ring tröpfeln in jeder neunten Nacht acht ebenso schwere. Es gibt neun Welten, Hrungni ist neun Rasten lang, neun Nächte hängt Odin als Opfer am Weltbaum, bis er die Runen erfindet; in Hleidr fallen alle neun Jahre 9 x 9 Menschen, Rosse, Hunde und Hähne den Göttern zur Sühne, in Uppsala alle neun Jahre neun Häupter aller männlichen Gattung. Alle neun Jahre opfert König Aun einen Sohn dem Odin; nachdem er so neun Söhne dargebracht, verweigert ihm das Volk den zehnten Sohn, und er stirbt. Neun wirksame Weisen lernt Odin von Mimi, neun Zaubersprüche gibt die tote Mutter Swipdag auf die gefährliche Fahrt mit. Aus neunerlei Holz wird das Notfeuer entzündet, mit neunerlei Laubholz zündet man in der Johannisnacht auf einem Kreuzweg ein Feuer an, um die Hexen zu sehen. Die Zwölfzahl stammt aus dem 12./13. Jahrhundert und ist gelehrte Nachahmung.

Die Götter der Nordleute wurden im Laufe der Zeiten immer menschlicher gedacht. Die Grenze zwischen Gott und Mensch ist erstaunlich gering. Odin muß seine Kräfte mit dem Riesen Wafthrudni erproben, um voll zu wissen, wer der stärkste ist; Odin muß selbst durch die Tat untersuchen, ob Geirröd gastfrei ist oder nicht; er weckt eine Wölwa auf, um von ihr zu erfahren, wie weit Baldrs Tage gezählt sind; er wird von echt menschlicher Leidenschaft erfaßt, aber von der Schönen gefoppt; er handelt verräterisch an Gunnlöd. Menschlich ist Frigg in ihrer weiblichen Angst um den Ehegemahl und Sohn. Selbst Thor ist Harbard gegenüber nur ein schwacher Mensch. Rein menschlich unglücklich ist Frey in seiner leidenschaftlichen Liebe zu Gerd. Odin ist besorgt um Baldrs Schicksal, Njörd und Skadi sind bekümmert um ihren liebeskranken Sohn Frey. Baldr stirbt wie ein junger Held. Die Liebe der Götter hat stets einen glücklichen Abschluß (Frey-Gerd, Swipdag-Menglöd). Treue Gattenliebe bewahren Odin und Frigg, Baldr und Nanna, Loki und Sigyn. Selbst der Zauberkunst, des Runen- und des Blutzaubers, bedürfen sie. Aber sie üben nur wohltätigen, nicht feindlichen Zauber. Die Vorstellung, daß sie Seid getrieben haben, kam erst mit dem Verfalle des Heidentums auf.

Aber man dachte sich die Götter daneben doch auch im Besitz übermenschlicher, geistiger und körperlicher Kräfte sowie Lebensdauer – sonst wären sie ja keine Götter gewesen. Sie offenbaren ihren Zorn den Abtrünnigen gegenüber, bedrohen sie im Traume, führen die Drohung furchtbar aus und wehren selbst die Taufe. Sie können ihre Gestalten wechseln; kaum gerufen, sind sie zur Stelle, sie haben Zauberrosse, Zauberschuhe, Zauberschiffe und Zauberwaffen. Das ist selbstverständlich. Aber es gibt Dinge, deren Leistung selbst bei Göttern wunderbar erscheint. Wunder sind mythische Rangzeichen. Skirni wird für einen Gott gehalten, weil er durch das Feuer reitet, Odin sitzt lange Tage und Nächte unversehrt zwischen den Feuern. Die Erde grüßt zitternd die Götter: so wird Thor bei Ægi angemeldet. Odin, Frigg, Frey können die ganze Welt übersehen, sobald sie den Hochsitz im Himmel einnehmen. Aber diese Weitsicht ist an den Platz gebunden, ohne diesen ist kein Gott allsichtig. Keiner sieht den gestohlenen Hammer oder gewahrt überhaupt den Diebstahl. Die Götter können die Kraft jedes anderen Wesens niederzwingen, wenn sie sich in ihre Asenkraft werfen. Der Gott vermag sich über seine Durchschnittsstärke zu erhöhen, wie unter den Menschen der Berserker. Aber es gibt auch eigentliche Wunder. Ein Wunder ist nach einer schönen Erklärung eine Unterbrechung oder Aufhörung der Naturgesetze. Ein Wunder ist die Runenerfindung Odins und die Herstellung der Runen, die Geburt Heimdalls von neun Müttern, die ungeheuerlichen Geburten Lokis, die Schöpfung selbst. In der eddischen Mythologie herrscht also nicht die grenzenlose Zügellosigkeit der Märchenphantasie. Es gibt feste Abzeichen der Klassen und feste Regeln für das Überschreiten der Schranken. Es gibt Dinge, die kein Gott ändern kann, und es gibt Mittel, die der Gott so gut wie der Mensch anwenden muß, um Wunder zu tun.

Das Leben der Götter spielt sich wie das der Menschen ab. Sie werden geboren, heiraten, zeugen Kinder und sterben. Ihre Speise ist Wildbret, Schweinespeck und Äpfel; nur Odin lebt vom Weine. Sie trinken Met, das uralte Lieblingsgetränk arischer Völker; sie wandern durch die Welt, fahren, reiten, laufen Schlittschuhe und benutzen Schiffe; sie schließen Blutbrüderschaft, schlafen, träumen, leiden menschlich, werden krank, wieder gesund und heilen selbst Krankheiten; sie kämpfen, üben Spiele und legen Wege an, zeigen den Weg, bauen Wohnungen, erleuchten ihre Säle, schmieden, brauen, fangen Fische, versammeln sich zum fröhlichen Trunk, spielen Schach und erzählen sich Geschichten.

Ihre Gestalt ist das Idealbild körperlicher Schönheit. Helle Farbe an Haut, Haar und Auge galt den Germanen für schön und edel. Der schönste Gott, Baldr, leuchtet vor Schönheit, und ein überaus weißes Gras heißt Baldrs Braue. Die göttlichen Frauen, Gerd und Idun, haben die weißesten Arme, mit deren Glanz sie Luft und Meer erfüllen. Gleich dem irdischen Häuptling und König ist der Himmelskönig durch Fülle des Haupthaares ausgezeichnet, das lang herniederwallt, ein stattlicher Bart bedeckt die Brust. Thor ist ein kräftiger Mann mit rotem Barte, schön und anmutig von Aussehen ist auch Loki. Sigurd, der mit all seinen Schätzen prächtig auf Grani daherreitet, wird für einen von den Göttern gehalten. Als einige Isländer im Waffenschmucke zum Kriege gingen, waren sie so wohl angetan, daß die Leute meinten, die allerhabenen Asen wären gekommen. Für König SIGURD, den Jerusalemfahrer, wurden im Jahre 1111 von Kaiser ALEXIUS Spiele im Hippodrom veranstaltet. »Dort sind mancherlei Begebenheiten, die Asen, Wölsungen und Gjukungen angebracht, welches alles aus Kupfer und Erz mit so vieler Kunst gegossen ist, daß es sich ausnimmt, wie wenn alles lebendig wäre, und wie wenn es Leute wären, die an dem Spiele teilnähmen.« In den Bronzefiguren, mit denen Kaiser KONSTANTIN die Rennbahn geschmückt hatte, fanden die Nordleute also ihre Götter und Helden wieder, nur viel schöner dargestellt und so, wie wenn sie lebten.

Die Wanen

Während Norwegens rauhe, gewaltige Gebirgsnatur den Thorsmythen das eigentümlich starre, kampfreiche Gepräge aufdrückt, schuf die liebliche Natur Dänemarks das lichte Göttergeschlecht der Wanen. »Seeland ist hochberühmt ob seiner Fruchtbarkeit«, SAXO preist es wegen seines hervorragenden Reichtums an Lebensbedürfnissen als den weitaus schönsten Teil Dänemarks, und noch heute ist Seeland die blühendste Provinz Dänemarks. Von hier aus drang die Verehrung der Wanen in die lachenden, fruchtbaren Gefilde von Schonen, Götaland, und weiter nördlich in das eigentliche Schweden nach Uppsala. In der geschichtlichen Zeit des Nordens repräsentiert der Wane Frey diese ganze Götterdynastie, Freyskult und Wanenkult ist im wesentlichen dasselbe. Früh kam seine Verehrung nach Norwegen; ein Freystempel wird bei Drontheim erwähnt, und Frösön im Jemtland zeigt, daß dort ein Hauptplatz für seine Verehrung war. Als die Nordleute Islands Schnee- und Eiswelt aufsuchten, gründeten sie auch dort eine Stätte Uppsalir mit einem Tempel des Frey, und diese Stelle war besonders heilig. Aber überall bewahrten die Wanen ihr der Natur des Landes entsprechendes Wesen: Sie segnen milde waltend Acker und Aue, Wild und Weide mit Regen und Sonnenschein, sie vertreten die wohltätigen Stimmungen der Luft und berühren sich mit den Elben. Odin und Thor sind gewaltiger, aber auch gewaltsamer, sie sind fortwährend in Ränke, Händel, Bündnisse und Frauenräubereien verwickelt; den Wanen haftet etwas eigentümlich Weiches, Liebliches an. Ihre Mythen spielen vorzugsweise im Frühling: der Beginn wie die Ausbeute der Schiffahrt und des Fischfanges, der Segen des Feldbaues und der Weiden hängt von ihnen ab, sie sind die Bringer und Geber des Reichtums. Njörd wohnt in Noatun (Schiffsstätte, d.h. Hafen) und wird bei Seefahrt und Fischfang angerufen; denn er gibt guten Wind dem Schiffer und rechtes Wetter dem Fischer. Als Gott der zeugenden und belebenden Naturkraft in der Sommerhälfte des Jahre, deren Weben man im Sonnenstrahl und Windeswehen, in dem Erblühen und in der Vermehrung von Pflanzen, Tieren und Menschen wahrnahm, ward Frey-Fricco im Tempel zu Uppsala, mit einem ungeheuren männlichen Gliede versehen, dargestellt (Fricco, altnordisch *Friđki, *Frikki, Koseform zu Namen wie Fridfrodi, fridleif u.a.? oder Verwechslung mit Frigg?); und darum wurde er bei Hochzeiten angerufen. Sie schützen Handel und Schiffahrt; mit den Schiffen und Kaufleuten sind Gold und köstliche Kleinodien zu ihren Verehrern gekommen, und gerade auf den dänischen Inseln hat man zahlreiche antiquarische Goldfunde gemacht. Weltweisheit und Zauberkunde, ein Hang zu üppigem, dem Sinnengenusse geneigtem Leben, aber auch Mut und männliche Entschlossenheit sind den Wanen eigen. Als lichte, sonnige, freundliche, heitere und reiche Gottheiten bezeichnet sie ihr Namen Wanen, d.h. Glänzenden, Schönen.

Durch Handel und Schiffahrt ward ihre Verehrung nach England hinübergetragen. Wann ihre Einwanderung in die skandinavischen Länder geschah, entzieht sich unserer Kenntnis; wenn Thor in dieser Zeit im Norden der Hauptgott war, d.h. bevor der Odinsglaube eingeführt oder allgemein anerkannt wurde, so stellten sich die Anhänger der Wanenreligion friedlich zu den Verehrern Thors, und für Schweden ist dieser ruhige Götteraustausch wohl verständlich; ihnen, den Bewohnern der fruchtbaren Ebene, war Thor nicht wie den Norwegern der Riesenbekämpfer, sondern der Gott des Gewitters, des Gewitterregens und darum der Fruchtbarkeit. Anders aber ward es, als der Wodans-Odinskult eindrang, geraume Zeit vor 800, später jedenfalls als der Wanenkult; da war ein Zusammenstoß zwischen der Wodans- und der Wanenreligion, d.h. zwischen ihren Anhängern unvermeidlich. Von diesen Kämpfen erzählt die mythische Überlieferung des Nordens:

Die Asen mißhandeln die zauberkundige Wanengöttin Gullweig-Freyja, indem sie sie mit Geren stechen und dreimal verbrennen. Die Wanen fordern Genugtuung, sie verlangen Bußzahlung oder Gleichstellung mit den Asen. Die Asen halten Rat und überlassen die Entscheidung den Waffen; denn sie hoffen, die friedlichen Gegner leicht und schnell besiegen zu können. Nach altgermanischem Brauche schießt Odin in das Heer der Wanen als symbolisches Zeichen für die Opferweihe alles Feindlichen. Aber die wägende Klugheit siegt über die wägende Kraft: die Asen erleiden eine empfindliche Niederlage, und die kriegskühnen Wanen behaupten die Walstatt. Aber ihre Weisheit macht sich auch bei den Friedensverhandlungen geltend. Sie sehen ein, daß sie den gewaltsamen Gegnern auf die Dauer nicht gewachsen sind; sie ziehen es daher vor, sich mit ihnen zu einem Götterstaate zu verbinden, in dem beide Parteien gemeinschaftlich den Opferzins empfangen sollen. Durch einen Geiselaustausch wird der Friedensschluß besiegelt: Frey und Njörd werden in den Kreis der Asen aufgenommen, während Höni und Mimi nach dem Wanenheim geschickt werden; für Mimi schicken die Wanen dann Kwasi, den Klügsten in ihrem Gebiete.

Der dichterische Bericht in die Sprache der Wirklichkeit übertragen, bedeutet: Der Mythus von der Gegnerschaft der Mächte der Unterwelt, der Finsternis und des Todes und der himmlischen Wesen verschmolz mit dem Zusammenstoße der einwandernden Wodansreligion und der Wanenreligion. Aus dem natürlichen, elementaren Gegensatze wurde ein sittlicher: die einseitig auf Kampf und Sieg bedachten Asen verachteten die heitern Freuden der Wanen, ihren zuweilen zügellosen Lebensgenuß; die rauhen Odinsverehrer haßten den üppigen Dienst der liebes- und goldkräftigen Freyja: »hirnverrückenden Zauber trieb sie, stets war sie die Wonne bösen Weibvolkes«. Vor allem aber standen sich in den Asen und Wanen zwei grundverschiedene Lebens- und Weltanschauungen gegenüber. Kein Volk war mehr davon überzeugt, daß Wissen Macht ist, als die Germanen. Der Grundgedanke der ganzen germanischen Mythologie ist die Macht. Die Wanengötter sind ein Ausdruck für die Macht der Natur, eine Personifikation der Zeugungskraft des Lebens; Wodan aber ist, sozusagen, mehr anthropomorphisiert: er ist die zur Göttlichkeit gesteigerte Kraft und Macht des Menschen, nicht die leibliche, sondern die geistige Überlegenheit. Geistiges Wissen und Können muß der haben, der die Welt beherrschen will, und er, der Runengewaltige, der Gott aller geistigen Anstrengung überhaupt, überragte mit der Fülle seines Wissens unendlich die rohen Zauberkünste der Wanen, die vielfach unter finnischem Einflusse standen. Der Kampf der Wodans- und der Wanenreligion, d.h. der Bekenner derselben, wird zu einem Kampfe der Götter. Mit Mord und Brand dringen die Wodansdiener in das Land der Wanenverehrer ein und bringen den Kultus ihres geistesgewaltigen Gottes nach Dänemark und dann nach Schweden. Aber die Anhänger der Wanen erzwingen sich Anerkennung, behaupten das gewonnene Gebiet und teilen mit den Asen jetzt Opfer und Tribut, d.h. in mythologischer Sprache: die Wanen werden unter die Asen aufgenommen: die Entsendung von Frey und Njörd als Geiseln zu den Asen ist nur der mythische Ausdruck für die geschichtliche Tatsache, daß der Kultus dieser beiden Götterdynastien in Skandinavien als vollkommen gleichberechtigt angesehen wurde. Die Vermutung darf gewagt werden, daß der Mythus von Odin, der Mimi sein Auge verpfändet, gleichbedeutend ist mit der Überlassung Mimis an die Wanen, d.h. er ist ein Zeugnis dafür, daß die Odinsverehrer in manchen Punkten nachgegeben haben.

Die furchtbare Fehde zwischen Asen und Wanen führte zur religiösen Einigung des Nordens, und Odin, den der Norden bis dahin nur als Naturgott kannte, ward durch deutschen Einfluß der unbestrittene Göttervater, der über Asen und Wanen allein gebietet. Die Erinnerung aber an die Herrschaft der Wanen lebte als goldenes Zeitalter, als Frodi-(Freys)-Frieden im Norden fort. Es war die Zeit, wo die Göttin Nerthus sich unter die Menschen mischte, wo der Gott Frey auf Erden weilte. Da ruhten die Waffen, und des Krieges Stürme schwiegen: da gründeten ungestört die Wanengötter und ihre Verehrer Essen, das Gold zu schneiden; da schmiedete man Zangen und Handwerkszeug, übte sich sorglos im Brettspiel und freute sich des glänzenden Goldes. Aber dieser stillen Friedenszeit bereitete ein jähes Ende der erste Weltkrieg, der Kampf der Asen mit den Wanen.

1. Nerthus

Von der Wanengöttin Nerthus gibt Taxitus die älteste Kunde:

Sieben Völker Norddeutschlands hatten ein gemeinsames Stammheiligtum der Göttin Nerthus auf einer Insel des Ozeans. Sie glaubten, daß die Göttin in das Leben der Menschen eingriffe und ihre Verehrer besuchte. Von einem heiligen Haine aus, in dem ihr geweihter, mit einer Decke verhüllter

Wagen stand, hielt sie im Frühjahr auf dem von Rindern gezogenen Wagen, den nur ein einziger Priester berühren durfte, einen Umzug durch das Land. Friede und Ruhe herrschten dann, und festlich geschmückt waren die Stätten, die sie ihres gastlichen Besuches würdigte. Niemand zog dann in den Krieg oder griff zu den Waffen, alle Waffen waren verschlossen. Wenn der Priester die des Verkehres unter den Sterblichen satte Göttin ihrem Heiligtum zurückgab, ward der Wagen nebst den Tüchern und die Gottheit selbst im einsamen See gebadet. Die Sklaven, die dabei den Dienst versehen hatten, starben als Opfer der Göttin.

Drei Teile des Nerthuskultes treten deutlich hervor: die Umfahrt der Göttin auf einem Wagen, die Freude und der Festjubel an allen Orten, die sie besucht, und der absolute Friede, der herrscht, solange sich die Göttin an einem Ort aufhält.

TACITUS schildert den Stammeskult der Ingwäonen. *Tiwaz Ingwaz (der Ankömmling) und Nerthus, der Himmelsgott und die mütterliche Erde, sind das göttliche Paar der Nerthusvölker. Eine Verehrung der Göttin ohne den himmlischen Gemahl ist undenkbar. Im Frühjahre feierten die Ingwäonen das Fest der Vermählung des wiedergekommenen Jahres- und Himmelsgottes mit der Erdgöttin; ihre festliche Umfahrt bedeutet also das Erwachen der Natur im Lenz.

Der Tempel der Nerthus lag höchstwahrscheinlich in Hleidr auf Seeland (Lejre, Lederun). Hleidr (gotisch hleiþra Zeltwagen) bezeichnet das Gebäude, in dem Wagen und Bild der Göttin verwahrt wurden; in der Nähe liegt der Weiße See (Videsö), der Wald südwärts führt noch heute den Namen des heiligen Waldes; viele zerstörte Steinhaufen liegen umher, und die Sage hat sich erhalten, daß mitten im heiligen Walde ein großer Opferaltar gewesen sei. Der Dänenkönig HADDING, auf den von SAXO viele mythische Züge des Njörd übertragen sind, hat hier die Opfer für Frö eingeführt. Um sich die Gnade der Götter zuzuwenden, opferte er dem Gott Frö schwarze Opfertiere; dieses Sühnopfer wiederholte er alljährlich festlich und hinterließ es der Nachwelt zur Nacheiferung. Noch im 10. Jahrhundert wurden in Hleidr, vor allem den Wanen zu Ehren, jedes neunte Jahr um die Zeit der Sommersonnenwende große Opferfeste gefeiert. All das läßt Hleidr als eine alte, und zwar als die im ganzen Bereiche der Dänenherrschaft durchaus bedeutendste Kultusstätte der Wanen erkennen. Der Kult des Frey in Uppsala ist aber dort nicht bodenständig, sondern erst aus der Fremde eingeführt. Der Götterhäuptling Frey nahm seinen Sitz nicht weit von Uppsala und ließ an die Stelle der alten Weise der Opfer, die so viele Völker in so vielen Jahrhunderten geübt hatten, eine schreckliche und ruchlose treten; er schlachtete Menschen als Opfer und brachte so den Himmlischen grause Opfer dar. Der von Tacitus geschilderte Kult ist somit von Seeland über Schonen nach Uppsala gewandert; denn aus dem Beowulf erfahren wir, daß die Ingowäonen im heutigen Schonen einen ganz ähnlichen Kult wie die Nerthusvölker gehabt haben.

Bei Ægis Gastmahl wirft Loki dem Njörd vor: »Du gewannst aus dem Schoße der Schwester den Sohn«, und Snorri sagt: »Als Njörd bei den Wanen war, hatte er seine Schwester zur Frau, denn solches war dort gestattet; ihre Kinder waren Frey und Freyja. Bei den Asen aber war es verboten, so nahe in der Verwandtschaft zu heiraten.« Der Vorwurf der Geschwisterehe, die jüngere Zeit anstößig erschien, zeigt, daß die Wanenreligion vor Odin nach dem Norden kam: eine solche Eheverbindung muß aber uralt sein. Die Gemahlin des Gottes Njörd wird nicht genannt, sie kann aber nur Nerthus sein. Nerthus ist grammatisch Masculinum und Femininum zugleich, mythologisch eine doppelgeschlechtliche Gottheit, ein Geschwisterpaar, das zugleich ein Ehepaar war. Für die Göttin der Erde und Unterwelt wäre die Deutung des Namens »die Unterirdische« wohl passend, aber nicht für den himmlischen Gemahl. Wie die höchste Göttin sonst schlechthin Frija, d.h.

die Geliebte, die Gattin des höchsten Gottes heißt, so mag Nerthus vielleicht »die Männin« sein. Die Bezeichnung »Mann« und »Frau« für den Himmelsgott und die Erdgöttin hat Anspruch auf höchstes Alter. Im Grunde auf dasselbe läuft die Erklärung hinaus: nertu Masc. und Femin. (= guter Willed, lateinisch numen) sei ursprünglich ein Epitheton gewesen, das sowohl einer männlichen wie einer weiblichen Gottheit gegeben werden konnte. Die Identität von Nerthus und Njörd wird auch dadurch bestätigt, daß Njörd Wagengott heißt, und der Wagen spielt im Nerthus- wie im uppsalischen Freyskult eine große Rolle.

Frey heißt auch Yngwi, Ingwi, Ing oder Ingunarfreyr. Inguna-Freyr wird als »Herr der Ingwine« gedeutet oder als Ingunar-Freyr = Inguna-árfreyr = »Ernteherr der Ingwine« oder als »Frey, Sohn des Ingun« oder »Frey, Gemahl der Ingun«. Nimmt man Ingunarfrey als Inguns Sohn oder Gemahl und stellt neben den Himmelsgott Ing die Erdgöttin Ingun, so würde das Beiwort nertu beiden zukommen. Als höchster Gott hatte Ing außerdem das Epitheton Frey »der Herr«. Das ingwäonische Götterpaar hieß also »der wohlwollende Herr Ing« und »die wohlwollende Herrin Ingun«. In Schweden wurde dieses Götterpaar hauptsächlich unter dem Namen des ursprünglichen Epithetons verehrt: »der Herr« und »die Herrin« = Frey und Freyja. Dem Namenpaare Njörd-Nerthus, Frey-Freyja stellt sich das ganz ähnliche Fjörgynn-Fjörgyn an die Seite, auch an Osiris und seine Schwester und Gemahlin Isis sei erinnert.

Wie sich die dem Ozean am nächsten wohnenden Deutschen vermutlich nach *Tiwaz Ingwaz »Ingwäonen« nannten, so betrachteten sich die Könige von Schweden als Abkömmlinge von Yngwifrey, Yngwi, Frey und nannten sich Ynglinger. Bei SAXO heißen die schwedischen Könige »Söhne des Frö«, »Nachkommen des Gottes Frö und treue Diener Gottes«, sie führten den Ursprung ihres Geschlechtes auf den

Gott Frö zurück. In der Dichtung wird Yngwi selbst Ahnherr des Wölsungengeschlechtes, während es doch nicht Frey, sondern Wodan ist, und Sigurd ist »Freys Freund«, d.h. sein Nachkomme. Auch die Götter sind vom Geschlechte Yngwifreys, während sie sonst als Odins Geschlecht bezeichnet werden. Wie Thor »Häuptling aller Götter«, Odin »Vater der Götter«, so ist Frey »der Erste, der Fürst der Asen«, »der Gott der Welt«.

2. Njörd

In Noatun hat sich Njörd die hohe Halle gebaut; im hochgezimmerten Hause thront der makellose Männerfürst. Er heißt kurzweg der Wane oder der Wanensohn. In Wanaheim wurde er von weisen Mächten geschaffen und als Geisel mit seinem Sohne Frey den Göttern gesandt; doch dereinst wird er am Ende der Welt zu den weisen Wanen zurückkehren. Er war vermählt mit seiner Schwester und gewann aus ihrem Schoße die Kinder Frey und Freyja. Später heiratete er die Skadi, die Tochter des Riesen Thjazi, die ihn wegen seiner Schönheit und der Wohlgestaltheit der Füße unter den Göttern auswählte. Er lenkt den Lauf des Windes und beruhigt Meer, Sturm und Feuer. Ihn soll man bei Seefahrt und Jagd anrufen. Er ist so reich und begütert, daß er jedem Land und fahrende Habe geben kann, wenn er will, und darum soll man ihn deshalb anrufen. Aber er ist darum doch kein Meergott, sondern als Schutzgott günstiger Schiffahrt, sommerlichen Fischfanges und des Erwerbes und Handels gibt er den guten Wind dem Seemanne, das rechte Wetter dem Fischer. Gerade für Schweden ist die Hervorhebung dieser Seite des Gottes verständlich, wo eine Seeküste mit bequemen Hafenbuchten zu Gebote stand und das stillere Binnenmeer zum Schifffahrtsverkehre mit nahen und fernen Inseln und Uferlanden einlud. Das isländische Sprichwort »reich wie Njörd« bezeichnet etwa dasselbe, was wir unter den Schätzen des Krösus verstehen.

Die Angabe der Edda, »Njörd waltet ob tausend Altären und Tempeln« wird durch verhältnismäßig zahlreiche Ortsnamen bestätigt: für Norwegen kommen namentlich Bergen, Romsdal und Drontheim in Betracht, für Schweden Uppland. Auf Island heißt die Pflanze Spongia manus »Handschuh des Njörd«.

Ein norwegisches Lied weiß von Njörds Ehe mit Skadi zu erzählen:

Als der Riese Thjazi, der Idun in seine Gewalt bekommen hatte, von den Göttern erschlagen war, rüstete sich seine Tochter Skadi, um den Vater zu rächen. Die Götter boten ihr als Sühne einen aus ihrer Schar an, den sie selbst wählen dürfte; doch sollte sie nur die Füße des Auszuwählenden sehen. Sie bemerkte, daß einer der Männer sehr schöne Füße hatte und sprach: »Diesen wähle ich, an Baldr wird nichts häßlich sein.« Der Gewählte war jedoch Njörd. Die Neuvermählten verglichen sich dahin, daß Skadi in der Wohnstätte ihres Vaters, Trymheim, neun Nächte weilen wollte und dann drei Nächte zu Noatun. Als aber Njörd vom Gebirge nach Noatun zurückkam, sprach er:

Nicht lieh' ich die Berge,
nicht lange dort weilt' ich.
neun Nächte nur;
süßer schien mir
der Sang des Schwanes
als der wilden Wölfe Geheul.
Skadi aber erwiderte:
Mir stört den Schlaf
am Strande des Meeres
der krächzenden Vögel Gekreisch;
am Morgen weckt mich
die Möwe täglich,
die wiederkehrt vom Wald.

Darauf begab sich Skadi hinaus auf das Gebirge.

Die neun Nächte, die Njörd mit Skadi zusammenlebt, erinnern an die neun Nächte, nach deren Ablauf Gerd sich mit Frey vermählen will; dann jagt die schimmernde Götterbraut mit ihrem Bogen auf Schrittschuhen nach Wild. Skadi tritt also ganz wie Ull in der äußern Erscheinung von Finnen auf, weil man sie als mythologische Vertreterin des Winters mit seinen eisigen Stürmen und seinem Dunkel im hohen Norden heimisch dachte, da, wo die Finnen hausten.

Die Sage und das Lied können nur in Norwegen entstanden sein, wo Gebirg und Meer so nahe beieinander sind, wo die gletscherbedeckten schneegekrönten Berggipfel so oft sich in den blauen Fjorden widerspiegeln. Aber der Fischer und Schiffer will zur Sommerzeit auf Fischfang und Schifffahrt ausgehen; die winterlichen Berge sind ihm zuwider, die der Jäger oder die Jägerin auf Schneeschuhen zu durcheilen liebt. Darum konnte ein norwegischer Dichter sich vorstellen, daß die Gatten in unglücklicher Ehe lebten, und er schuf mit seinem Liede die knappste Form und Grundlage, den ältesten Typus von Ibsens »Frau vom Meere«.

Das Herausfinden des Rechten ist in Märchen und Sagen weitverbreitet. Nach einer französischen Sitte muß ein Ehemann seine verkleidete Frau an ihren nackten Füßen erkennen. Allerleirauh wird vom Königssohn an ihrem Ringe, Aschenbrödel am Schuh erkannt.

3. Frey

Nach dem völligen Parallelismus, der in der alten Mythologie und Sagendichtung waltet, sind die Eltern als ein den Kindern durchaus entsprechendes Paar zu denken: sie verjüngen sich in den Kindern. Frey hat das rechte elementare Erbe vom Vater bekommen, er gebietet über Sonnenschein und Regen, Fruchtbarkeit der Saaten und Menschen, er ist der

»Erntegott«. Nerthus ist durch ihre töchterliche Wiedergeburt Freyja, die goldene Sonnengöttin, völlig ersetzt worden.

Das Land seiner Verehrung war vor allem Schweden. Hier ist Frey bis zum Untergange des Heidentums auch der am meisten verehrte Gott gewesen. Dem Herrn des Sonnenscheines geziemen die Beiwörter »der Lichte, Schimmernde«. Ihm ist Alfheim, die Elbenwelt zu eigen gegeben: er hat es in ferner Vorzeit von den Asen als Zahngeschenk erhalten. Denn Licht und Luft, die Elfen und die Wanen, bewegen sich im gleichen Gebiete; in Stjordaladistrikt in Norwegen lag neben Freyshof eine Elbenstätte. Freys Wohnung ist Uppsalir »die himmlischen Säle«; darum wurde er besonders in Uppsala verehrt. Sein Roß saust über Berg und feuchtes Gestein dahin und fürchtet die flammende Waberlohe nicht. Er ist der Beste der kühnreitenden Götter. Wie er als Himmelsgott das Sonnenroß reitet, so sind auch die Gaben, die Skirni der Gerd bietet, Symbole für die Sonne: die goldenen Äpfel, der Goldring Draupni und das leuchtende Schwert. Von selbst schwingt sich die treffliche Waffe, wenn ein furchtloser Held sie führt. Aber als der Gott um Gerd warb, verlor oder verschenkte er das Schwert; mit bloßer Faust oder mit dem zackigen Hirschgeweih schlägt er seinen Gegner Beli nieder; im letzten Kampfe fällt er durch den flammenden Surt, da er sein Schwert nicht hat.

Wie Thors Wagen von zwei Böcken gezogen wird, so ist vor Freys Wagen der Eber Gullinbursti (Goldborst), der Eber mit den gefährlichen Zähnen gespannt. Dieses lebendige Schmiedwerk ist aus der Esse der kunstreichen Zwerge hervorgegangen; eine Schweinshaut ward hineingelegt, und ein Eber mit goldenen Borsten kam heraus; er vermag bei Tag und Nacht schneller als ein Pferd durch Luft und Wasser zu laufen, und niemals ist die Nacht so finster, daß sich nicht dort, wo sich der Eber befindet, genügende Helle verbreite. Zu Baldrs Leichenbrand reitet Frey sogar auf seinem goldborstigen Eber. Der Eber ist ein Symbol der Stärke, und die goldenen Borsten sind Symbole der Sonnenstrahlen. Als Attribut des höchsten Gottes wurde der Eber als Schmuck auf Helmen angebracht; solche Helmzierden in Wildschweinform kennen wir aus der angelsächsischen und altnordischen Dichtung, sowie aus nordischen bildlichen Darstellungen.

Da die Luftfahrt eines geschmiedeten Ebers selbst im Reiche der Mythen und Märchen wunderbar ist, glaubt man, daß der goldborstige Eber Freys auf einem Mißverständnisse des 10. Jahrhunderts beruhe. Der Eber ist vielmehr ein Helm mit einem vergoldeten Eberbilde gewesen und hieß Gullinbursti oder Hildiswini »Kampfschwein«; Freys Eber reiht sich also Odins Speer und Thors Hammer gleichartig an. Man faßte aber später, vielleicht infolge des veränderten Aussehens der Helme, Gullinbursti als einen wirklichen Eber auf, und um ihn in Freys Mythen zu beschäftigen, gab man ihn dem Gotte sogar als Reittier und ließ ihn aus den Händen geschickter Zwerge hervorgehen.

Zwerge haben auch Freys Schiff Skidbladni verfertigt. Es ist das beste, künstlichste und schnellste aller Schiffe. Es ist so groß, daß alle Asen mit ihrer gesamten Kriegsrüstung darin Platz haben, und Fahrwind hat es, wohin man fahren will, sobald das Segel aufgezogen ist. Wenn man aber nicht mit ihm in die See fahren will, so kann man es zusammenfalten und in der Tasche tragen. – Das Schiff war vermutlich ursprünglich ein Attribut des über das Meer gekommenen Wanengottes. Schon früh aber ist es wie der Eber als ein Bild der lichtdurchstrahlten Wolken gedeutet, der »Segler der Lüfte«, auf denen die Sonnenstrahlen über die Weiten des Himmels schweben. Das isländische Märchen kennt ein Wunderschiff, das beim Nichtgebrauche so groß ist wie eine Nußschale; ein Schiff, das »Hans der Dummling« von einem Zwerge zur Belohnung erhält, ist wie ein Tuch zusammenzufalten und bequem in die Tasche zu stecken, auf dem Wasser aber nimmt es jede gewünschte Größe an und fährt ebensogut gegen den Wind wie mit dem Winde.

Von Frey, dem Friedenspender, wird die schöne Charakteristik entworfen: Keiner haßt ihn; er betrübt die Frauen nicht, da er ihre Männer und Verlobten nicht erschlagen läßt, und befreit die Gefangenen aus den Fesseln, ein Werk des Friedens. Da er den Menschen Frieden und Wohlstand gewährt, wird er um Frieden und Fruchtbarkeit angerufen; wie mit Jahressegen die Scheuer, so füllt er das Haus mit blühenden Kindern; darum wurden ihm bei Hochzeiten Opfer gebracht.

Zwei der schönsten Eddalieder singen von der Liebe des lichten Gottes mit dichterisch freier Benutzung uralter mythischer Motive:

Frey hat sich eines Tages auf Odins Hochsitz gesetzt. Vom hohen Himmel blickt er auf die Erde herab und sieht im Reiche der Riesen eine schöne Jungfrau, Gerd, die von dem Wohnhause ihres Vaters zum Frauengemach geht; vom Glanz ihrer weißen Arme erglüht der Himmel und das ewige Meer. Da entflammt das Herz des Gottes in sehnender Liebe zu ihr, so heiß, wie nie ein Mann ein Mädchen geliebt hat. Tiefe Schwermut befällt ihn, da er nicht weiß, wie er die Geliebte gewinnen könne. Als seine Eltern Njörd und Skadi die Veränderung des Sohnes gewahrten, erschraken sie und schickten Skirni, Freys Freund und Diener, zu ihm, daß er ihm die Ursache seines Kummers entlocke. Dem Vertrauten öffnet er sein Herz, verschweigt ihm nicht, wie aussichtslos seine Liebe sei; »Von Asen und Elben nicht einer will es, daß Frey und Gerd beisammen sind«. Skirni aber ist sogleich bereit, auf Werbung zu der Maid zu fahren, wenn ihm der Gott sein Roß leiht, das allein durch die düsterrote, zaubrische Lohe zu reiten vermag, und sein Schwert, das sich von selbst schwingt.

Durch die finstere Nacht über feuchtes Gestein reitet Skirni ins Reich der Riesen zu dem Gehöfte, wo Gerd weilt. Bissige Hunde sind vor dem Tore angebunden, auf einem Hügel sitzt ein Hirt und bewacht den Eingang; flackernde Flammen umzüngeln den Saal. Aber Skirni erzwingt sich den Eintritt und dringt in das Gemach. Doch die Jungfrau weigert sich, seine Werbung anzunehmen, obwohl er ihr elf Äpfel aus eitel Gold und Odins Goldring Draupni als Mahlschatz bietet. Auch seine Drohung, mit seinem schmalen, leuchtenden Schwerte ihr und ihrem Vater das Leben zu nehmen, rührt den harten Sinn der Jungfrau nicht. Da schreckt er sie durch furchtbare Flüche: »Weil sie seine kostbaren Brautgeschenke nicht annehmen will, soll sie einsam, in Tränen ihr Los betrauern, Leid soll auf ihr lasten, Drangsal sie drücken; unvermählt, unfruchtbar und nahrungslos soll sie in kalter Tiefe verdorren gleich der Distel. Im Walde hat er einen Zauberstab gefunden, in ihn will er jetzt unheilvolle Runen einätzen; nur wenn sie sich willig zeigt, will er die Zauberzeichen wieder abschaben und den Zauber lösen.« Diese Drohungen und die unwiderstehliche Kraft der Zauberrunen bewirken, daß ihr sprödes Herz erweicht. Unter freundlichen Worten füllt sie mit altem Met den Willkommensbecher. Zwar sogleich will sie auch jetzt noch nicht dem Gotte angehören, aber im knospenden Haine Barri will sie nach neun Nächten sich ihm zu eigen geben.

Da reitet Skirni heim. Noch eh' er sich vom Rosse schwingt, fragt ihn Frey ungeduldig nach dem Erfolge seiner Werbung. So schwer dem Liebenden die Verzögerung fällt – ein Monat schien ihm oft minder lang als des Harrens halbe Nacht –, er muß sich bescheiden.

Abweichend von den Eddaliedern, die Freys Tod durch Surt berichten, erzählt Snorri in seiner euhemeristischen Weise:

Frey wurde krank, und als die Krankheit zu seinem Ende führte, berieten sich seine Mannen und ließen wenige zu ihm kommen; sie errichteten aber einen großen Grabhügel und machten eine Tür davor und drei Fenster. Als Frey wirklich gestorben war, trugen sie ihn heimlich in den Hügel und sagten den Schweden, daß er lebte, und bewachten ihn drei Winter hindurch. Alle seine Schätze aber brachten sie in den Hügel, durch das eine Fenster das Gold, durch das andere das Silber, durch das dritte das Kupfergeld.

Als die Schweden später erfuhren, daß Frey tot war, daß aber trotzdem Friede und Fruchtbarkeit anhielt, da glaubten sie, es würde immer so sein, solange Frey in Schweden blieb, und wollten ihn nicht verbrennen. Sie nannten ihn Gott der Welt und opferten ihm seitdem alle Zeit, besonders für Fruchtbarkeit und Frieden.

Im Frühjahre wurde in Schweden eine Bildsäule des Gottes auf einem Wagen durchs Land gefahren. Um Friede und Fruchtbarkeit trank man seine Minne. Ihn rief man zum Schutze für erlittene Unbill an. Wie während des Nerthus-Umzuges die Waffen ruhten, duldete Frey in seinem Tempel keine Waffen; kein Mörder oder Geächteter durfte sein Heiligtum betreten. Er, »der Schweden Gott«, »der Opfergott der Schweden«, hatte in Uppsala selbst den großen Tempel gebaut und seine Hauptwohnung dahin verlegt; er hatte all sein Vermögen an Land und fahrender Habe dahin vermacht und somit den Grund zu den großen Besitzungen gelegt, die »Uppsala-Schatz« hießen. Hier wurde das höchste Fest des Landes im Spätwinter begangen; Einheimische und Fremde versammelten sich von Nah und Fern dazu, dann entwickelte sich friedlicher Markt- und Handelsverkehr. Auch im Frühjahre fuhr der schwedische König nach Uppsala zu dem Opfer, das gegen den Sommer angestellt wurde, daß es Friede bleibe. Die Stammesheiligtümer waren zugleich Versammlungsorte für den Handel, die Götterfeste waren mit Messen und Märkten verbunden. Der geschäftliche Charakter der Uppsala-Feier paßt aber für den Wanengott ganz besonders und für die große Ebene um den Hielmar- und Mälarsee mit dem fruchtbarsten Getreideboden.

Aber nicht nur die eigentlichen Schweden kamen dahin, sondern auch die Kleinkönige und andere Festteilnehmer aus den übrigen Provinzen, namentlich, wenn alle neun Jahre zur

Frühlingstagundnachtgleiche ein großes neuntägiges Opfer gefeiert wurde. Bei einem solchen Feste herrschte natürlich Festfriede, und es wird sogar ausdrücklich angegeben, daß in Freys Tempel niemand Waffen tragen durfte.

Die Wanengötter, hauptsächlich Frey, genossen vor anderen eines reich und mannigfach in Tempelbau, Priesterwesen, Umfahrt, Bildern, Weihungen, Gelübden ausgestalteten Dienstes. Freundliche wohltätige Mächte luden zu heiterer, dankbarer Feier ein, und ihre eigenen Segnungen, die Erträgnisse der unter ihrem besondern Schutze stehenden Gebiete, gaben bereite Mittel zu all diesem heiligen Rüstwerke. So üppig waren die Feste, daß der strenge Starkad, nachdem er sieben Jahre bei den Söhnen Freys gerastet hatte, diese verließ, weil ihn zur Zeit der Opfer in Uppsala die weibischen Tänze, die Spiele der Gaugler und die klingenden Schellen anwiderten: das sind die feierlichen Aufzüge, die die Menge zu Ehren des Gottes veranstaltete.

Im Tempel zu Uppsala stand neben Thor und Odin auch Freys Bild, ganz aus Gold, und ihm als dem höchsten Gotte gefielen Menschenopfer. Dem Freydienste geweihte Götterhäuser errichten Hrafnkel, Thorkil und Ingimund auf Island. Neben der bedeutendsten und glänzendsten Opferstätte in Uppsala verehrte ihn besonders eine Amphiktyonie Drontheimer Gaue:

König OLAF TRYGGWASON hatte erfahren, daß die Bewohner der norwegischen Provinz Drontheim wieder zum Heidentum abgefallen wären und sich wieder zu der Verehrung Freys, dessen Bildsäule noch bei ihnen stünde, gewendet hätten. Auf des Königs Befehl, dieses Bild zu zerbrechen, versetzten sie: »Niemals werden wir Freys Bildnis zerschlagen, denn wir haben ihm lange gedient, und er hat uns viel genützt.« Olaf berief sie zu einer Versammlung und beschloß, den Götzen selbst zu zerstören. Er schiffte nach der Küste hin, wo der Tempel errichtet war; als er landete, weideten dort

Freys heilige Pferde. Der König bestieg den Hengst und ließ seine Hofleute die Stuten nehmen. So ritt er nach dem Tempel, schwang sich dort vom Pferde, warf die übrigen Götterbilder um, nahm aber Freys Bild mit sich weg. Als er dann öffentlich Recht sprach, beklagten sich die Bewohner und erzählten von der großen Macht ihres Gottes Frey: jetzt sei er erzürnt, spreche nicht mehr wie früher mit ihnen, gebe keine Orakel, sage das Künftige nicht mehr vorher und gewähre nicht mehr Friede und Fruchtbarkeit. »Der Teufel redete mit Euch«, sagte der König, nahm eine Axt und rief der Bildsäule zu: »Hilf dir jetzt und wehre dich, wenn du kannst!« Da Frey fortwährend schwieg, hieb ihm Olaf beide Hände ab und erzählte ihnen, Frey sei ein Betrüger gewesen und kein Gott; allerdings sei zur Zeit, als er herrschte, Friede und glückliche Zeit gewesen; aber das käme daher, daß gerade zu der Zeit in Rom Kaiser AUGUSTUS regiert habe, zu dessen Zeiten Christus geboren sei; »dieser Christus ist der Geber alles Guten, und von ihm bin ich geschickt, Euern Götzendienst auszurotten«. Unterdessen hatte der König sein Heer versammelt; da folgten die Drontheimer dem guten Rate, taten nach des Königs Gebot und verließen den alten Glauben.

Die ganze Geschichte trägt späteres Gepräge an sich, ist aber schon erzählt und gibt ein lebhaftes Bild. Sie ist sicher aus nordischer Tradition hervorgegangen, entspricht durchaus dem Wesen Freys, wie wir es sonst kennen, und bestätigt, daß dem Frey Pferde geheiligt wurden, die man in dem geweihten Umkreise seiner Tempel unterhielt. Die Rosse waren vermutlich von weißer Farbe. Unter allen Farben galt die weiße für die edelste, auch die Nordlandskönige saßen auf weißen Rossen, wenn sie zu Staatsakten öffentlich aufritten, und die Sagas der Isländer heben die weiße Farbe der Pferde als besonders vornehm hervor. Der Dänenkönig GOTRIKUS († 810) legte den unterworfenen Sachsen den Tribut auf, daß ihre Herzöge, so oft bei den Dänen ein Regierungswechsel eintrat, dem neuen Könige hundert schneeweiße Rosse darbringen mußten.

Wie die Wanen überhaupt, wird Frey besonders als der Weise bezeichnet. An das altnordische Wort für »der Weise« Frodi und Freys andern Beinamen »Friedenserbe« (Fridleif) oder Fridfrodi (Frodi der Friedsame) hat SAXO in der Form geschichtlicher Erzählungen von dänischen Königen eine Reihe von Freysmythen angeknüpft und aus dem mythischen Frodi sechs Könige namens Frotho gemacht.

Unter Freys Herrschaft entstand der Frodi-Frieden. Da war auch gute Zeit in allen Landen; die Schweden schrieben sie dem Frey zu. Die Stiftung des Frodi-Friedens wird also mit Freys Herrschaft in Uppsala in Verbindung gebracht. OLAF TRYGGWASON sagt zu den Drontheimern: »Den Jahressegen und den Frieden, den die Schweden Frey zuschrieben, hätten die Dänen ihrem Könige FRODI, dem Friedsamen, zu Danke gerechnet.« Dem schwedischen Freysfrieden entspricht der dänische Frodifrieden. Fridfrodi herrschte in Hleidr.

Damals tat kein Mensch dem andern ein Leid an, mochte er auch den Mörder seines Vaters oder Bruders ledig oder gebunden finden. Es gab keine Räuber oder Diebe, so daß ein Goldring, der auf Befehl des Königs niedergelegt war, lange liegen konnte, bis ihn einer aufnahm. Zwei gefangene Riesinnen, Fenja und Menja, mußten für ihn auf der Mühle Grotti Gold, Frieden und Glück mahlen. Tag und Nacht mußten sie die gewaltigen Steine drehen, und Schlaf und Ruhe ward ihnen nicht länger gegönnt, als der Kuckuck im Rufen innehält, oder man ein kurzes Lied singen kann. Darum stimmten sie, ob der groben Knechtesarbeit ergrimmt, ein zauberndes Rachelied an und mahlten statt Frieden auf der Zaubermühle Unfrieden. Ein feindliches Heer landete bei der Nacht und erschlug den König: da war Frodis Frieden dahin. Aber es war nur ein Wechsel des Plagers. Ruhe fanden die Riesinnen nicht, weiter ließen sie die knarrende Mühle erknirschen und drehten rüstig die rollenden Steine. Salz mußten sie mahlen, und als sie fragten, ob ihr neuer Gebieter des Salzes noch nicht überdrüssig wäre, hieß er sie weitermahlen. Da mahlten die Jungfrauen im Riesenzorn mit mächtiger Kraft, die Stangen erbebten, der Mühlkasten zerbrach; das Schiff, auf dem die Mühle stand, zerbarst, und die Mühle versank im Meere. Seitdem ist doch ein Strudel im Meere, wo die See durch das Loch des Mühlsteins fällt, und das Meer ist seitdem salzig.

Man wird an jene Mühlenmägde erinnert, deren Klage und Treue der heimgekehrte Odysseus vernimmt. Prachtvoll ist die Charakteristik der Riesinnen: wir sehen und hören sie unablässig die Mühle drehen; bei der knechtischen Arbeit wächst die Erbitterung, bis Riesenstärke und Riesenzorn Macht und Mittel zur Rache finden. Die Zaubermühle, die Erniedrigung und Rache der Riesenjungfrauen ist mit König Frodi verbunden, aber ungeschickt genug; denn er wird als habgierig hingestellt, was seinem Wesen völlig widerspricht. Wundermühlen, die Wetter und Hagel, Silber, Gold und Salz mahlen, sind im Süden und Norden wohlbekannt. Das Märchen kennt einen Topf, der guten, süßen Hirsebrei kocht; als aber die Zauberformel vergessen ist, steigt der Brei über den Topf und füllt die Küche, das Haus und die ganze Straße. Man sieht in der Mühle eine Schneemühle, die in die Gewalt des sommerlichen Gottes Frey geraten ist und in seinem Dienste arbeiten muß; aber das winterliche Wesen der Schneeriesinnen bricht wieder hervor, und das Heer der Schneeflocken überwältigt den sommerlichen Herrn; den kampfgewohnten Schneemädchen taugt es schlecht, Sonnengold und schön Wetter zu mahlen, daher versehen sie ihre Arbeit nur widerwillig. Der Schnee wurde als Salz gedeutet, und die Salzmühle dazu verwertet, um zu erklären, warum das Meer salzig sei. So fanden die Schneeriesinnen ihre Heimat im Wasser: die Wellenmädchen mahlen in ihrer Mühle den Ufersand, das

Rauschen der See wird dem Ton einer Handmühle verglichen, und der Name der Malströme beruht auf demselben Bilde; der Malstrom im Meere war der Weg, auf dem die Salzmühle ins Meer geriet. Endlich soll die Glücksmühle, die so oft als Rad, Scheibe, Stein vorgestellt wird, die Sonne sein; die mahlenden Mägde vervollständigen dann das Bild der Sonnenmühle, Menja wird mit Menglöd verglichen.

Fenja und Menja werden als die Wasserbewohnerin und Halsbandträgerin erklärt, d.h. als Hüterinnen oder Spenderinnen des Goldes. Die Sage ist sicher ein Kunstprodukt. Einfacher ist es, Fenja als die das Getreide von der Spreu Reinigende und Menja als die Sklavin aufzufassen.

Mythisch ist allein das dritte Motiv, der Frodi-Frieden, das goldene Zeitalter, die Zeit der Herrschaft der Wanen, dem die einstürmenden Wodansverehrer ein jähes Ende bereiten, wie der Schneekönig, der bei Nacht landet und Frodi erschlägt.

Wie der Tod Freys, so wird der Frothos verheimlicht, und der Schatz wird weiter erhoben; die Prozession mit dem Nerthus- und Freysbild in Uppsala entspricht der Herumführung des königlichen Leichnams. Nach isländischer Überlieferung wird Frodi von einem Hirsch auf der Jagd getötet. Als der milde Fruote von Tenemark lebt Frodi in deutschen Gedichten des Mittelalters fort (Spervogel, Kudrun, Engelhart).

4. Freyja

Wie die griechische Dospoina und Nerthus mag auch Freyja als Erdgöttin zugleich Unterweltsgottheit sein und die Menschenseelen ohne Unterschied bei sich aufgenommen haben. Folkwang (Volks-, Kampfgefilde) heißt ihre unterirdische Totenhalle, die später in den Himmel verlegt wurde; der Saal in ihr ist an Sitzen geräumig. Hier entscheidet sie, wer die Sitze ihres Saales füllen soll; denn von den toten Helden wählt sie täglich die Hälfte, die andere aber fällt Odin zu. Ob die der

Freyja zugeteilte Hälfte die weiblichen Toten sind, läßt sich nicht ersehen; man kann auch den Vertrag zwischen Wanen und Asen denken. Denn Freyja erscheint auch als Odins Gattin und heißt Walfreyja oder Herrin der auf der Walstatt Gebliebenen. Wie der Totengott Odin die Wölwa in Hels Behausung beschwört, so ruft auch Freyja die Höhlenschläferin Hyndla wach, um von der Riesin Auskunft zu erhalten.

Freyja ist die Tochter Njörds, die schöne Schwester Freys, die Wanengöttin, die Wanenbraut. Loki schilt sie die schlimme, von Freveln arg befleckte Hexe: im Bett ihres Bruders Frey hätten die Götter sie überrascht; der Vorwurf der Geschwisterehe, der ihren Eltern gemacht wird, trifft also auch sie. Sie unterwies zuerst die Asen in den Zauberkünsten, die bei den Wanen üblich waren; Frey verkündete den Drontheimern die Zukunft. Wie Frey fallen auch ihr Stieropfer, und ihr wie Frey wird der größte Eber geopfert »zur Jahresbesserung« am Anfange des Februars. Wie Frey der Eber heilig ist, und er einen goldenen Eberhelm, einen goldborstigen Eber besitzt, das Werk trefflicher Schmiede, so kehrt der Helmname Hildiswini und das glänzende Eberbild bei Freyja wieder: zwei kunstreiche Schmiede haben den goldborstigen Eber auf dem Helm angefertigt; Freyja selbst heißt Syr (Sau). Wie Njörd und Frey Jahressegen, Reichtum und Frieden schaffen, im Eide, zum Opfertranke und im Hilferufe nebeneinander genannt sind, so wird von den Drontheimer Bauern bei dem stark besuchten Opfer, das sie zu Winters Anfang halten, alle Minne dem Thor, Odin, der Freyja und den Asen geweiht, und wie Frey bei Hochzeiten geopfert wird, so endet die Hochzeit mit dem Freyjatranke. In schwerer Stunde steht sie den Müttern bei. Sie ist gern zur Hilfe bereit, wenn die Menschen sie anrufen; sie liebt den Minnesang; nützlich ist es, sie in Liebesangelegenheiten anzuflehen. Freyja wird also ganz wie Frigg von den Müttern gerufen; während aber Frigg mehr das heilige Leben der Ehe beschirmt, nimmt sich Freyja vorzugsweise der zarten erblühenden Liebe an. Der Skald HALLFRED entsagt bei seinem Übertritte zum Christentume dem Frey und der Freyja, und Hjalti SKEGGJASON wurde auf dem Allthing 999 wegen Gotteslästerung auf drei Jahre geächtet, weil er, entrüstet über den mißlungenen Bekehrungsversuch, den Schmähvers gesprochen hatte: »Nicht unterlasse ich es, die Götter zu lästern; ein Hund scheint mir Freyja; jedenfalls ist eins von beiden, Odin ein Hund oder Freyja.«

Wie Frey auf seinem Schiffe die Lüfte durchsegelt, so besitzt Freyja ein Federkleid, durch dessen Anlegung sie zu einem Falken wird. Sie leiht es Loki, daß er auskundschafte, wo Thors Hammer versteckt werde; in Freyjas Falkenhemd fliegt Loki auch zu Geirröds Gehöft und holt Idun zurück. Wenn sie eine Reise unternehmen will, so fährt sie mit ihren Katzen und sitzt in einem Wagen; mit diesem Gespanne kommt sie auch zu Baldrs Leichenfeier; es sind ursprünglich wilde Katzen gewesen, Hauskatzen wurden sie erst, als die Germanen im europäischen Süden diese kennenlernten. Wie Frey der Lichte, der Glänzende heißt, so ist Freyja die angesehenste und schönste der Asinnen. Den Walküren voranstehend, übt sie das Schenkenamt in Walhall. Sie allein wagt, dem trunkenen Hrungni einzuschenken. Durch ihre Schönheit erregt sie die Liebeslust der täppischen Riesen. Hrungni droht, alle Götter zu töten, Freyja und Sif ausgenommen: die will er mit nach Riesenheim nehmen. Thrym will Thors Hammer nur wieder herausgeben, wenn Freyja seine Gattin wird. Der Riesenbaumeister verlangt Freyja, Sonne und Mond zum Lohne. – Freyjas Tochter ist Hnoss, sie ist so schön, daß nach ihrem Namen schöne Gegenstände »hnossir« genannt werden. Die Schwester der Hnoss ist Gersimi (das Kleinod); beide Schwestern sind sehr schön, nach ihrem Namen werden die köstlichsten Kleinode benannt.

Die Liebesgöttin Freyja ist keineswegs, gleich Venus vulgivaga, die Göttin der grobsinnlichen Liebe, oder mindestens ist sie das sehr spät unter antik-christlichem Einflusse geworden. Daß die Isländer manches, was sie von der Venus in Britannien zu hören bekamen, auf Freyja übertragen und ihre Vorstellung von Freyja dadurch teils erweitert, teils verschlechtert haben können, wird man nicht in Abrede stellen. Lokis Schelte, jeder der bei Ægis Gastmahl anwesenden Asen und Elben haben Freyjas Liebe genossen, ist eine handgreifliche Übertreibung, aber leicht verständlich in Lokis Munde von der Göttin der Liebe und Fruchtbarkeit. Auch die den Göttern übelgesinnte Hyndla wirft Freyja vor, daß sie ihrem Geliebten nachliefe, ewig lüstern, aber auch mit andern gebuhlt habe. Ganz anders aber tritt sie in alter, echter Überlieferung auf. Als Loki sie auffordert, sich für Thrym mit dem bräutlichen Linnen zu schmücken, schnaubt sie in schrecklichem Zorne, daß die Halle der Asen erbebt, und von dem ergrimmten Wogen ihres Busens springt ihr kostbares Brustgeschmeide, das Brisingamen.

So erscheint Freyja deutlich als die große weibliche Hauptgöttin der Ingwäonen. Als Sonnengöttin ist sie natürlich nahe verwandt mit der von den übrigen Germanen verehrten Sonnen- und Himmelsgöttin Frija-Frigg: beide wirken segnend und befruchtend auf das Erden- und Menschenleben. Es ist nicht immer möglich, zu unterscheiden, ob der unter Freyjas Namen überlieferte Mythus ihr auch wirklich zukommt und nicht erst von Frigg auf sie übertragen ist. Es ist daher ratsam, um die Verwirrung nicht noch zu vergrößern, die Mythen, die von Freyja erzählt werden, auch ihr zu belassen.

Als Wanen- und Sonnengöttin heißt Gullweig; der nächtliche Unterweltgott Odin verfolgt die Lichte und tötet sie mit seinem Speere; wieder geboren und wieder gestorben lebt sie dennoch fort und fort. Während der Himmelsgott das leuchtende Schwert schwingt, wird die am Morgen am Himmel erscheinende Sonnengöttin mit einem großen leuchtenden Halsbande ausgestattet. Freyja, die sich so gern am Schmuck erfreut, trägt das strahlende Halsgeschmeide der Brisingamen.

Loki hat den Schmuck gestohlen und im Meere verborgen, aber der allsehende Sonnengott, der Wächter der Götter, Heimdall, holt ihn wieder: im Meere versinkt die Sonne, aus dem Meere taucht sie wieder empor. Darum heißt Mardöll (die meeresfrohe, stolze Herrin, oder: die Hellglänzende, oder: die aus dem Meer am Morgen Aufleuchtende oder über das Meer Glänzende; und Menglöd (die Halsbandfrohe, oder: die mit dem Halsschmuck Beladene). Die Werbung des Tagesgottes Swipdag um die Jungfrau Sonne Menglöd ist früher erzählt worden. Dieses goldene Halsband haben vier Zwerge geschmiedet, die in der Nähe von Odins Halle hausen.

Freyja hielt sich bei Odin auf und wurde von ihm sehr geliebt; denn sie war die schönste Frau damals. Eines Tages ging Freyja zu den Klippen, wo die Zwerge wohnten. Diese zeigten ihr das Halsband, und es gefiel Freyja sehr. Sie fragte, ob sie es verkaufen wollten, und bot Gold und Silber dafür. Aber jeder von ihnen wollte seinen Anteil an dem Halsbande verkaufen und nichts anderes dafür haben, denn daß sie bei einem jeden von ihnen eine Nacht liegen sollte. Nachdem Freyja jedem von ihnen ihre Gunst gewährt hatte, erhielt sie das Brustgeschmeide und trug es in ihre Wohnung. Durch Loki erfuhr Odin von Freyjas Untreue und dem Schmuck; er befahl dem Listigen, ihm den Schmuck zu verschaffen. In Gestalt einer Fliege schlüpfte er in Freyjas dicht von allen Seiten verschlossenes Gemach, veranlaßte als Floh durch einen Stich ins Kinn die schlafende Göttin zur Wendung, knüpfte das Halsband los und überbrachte es Odin. Als Freyja ihr Kleinod von Odin zurückverlangte, bekam sie es nur unter der Bedingung, daß sie zwei Könige, die je 20 Könige unter sich haben, veranlaßte, einen Kampf miteinander zu beginnen; dieser Kampf soll in alle Ewigkeit währen, wenn nicht ein Christ den Zauber bricht, der die Toten zum Leben und zu erneutem Kampfe weckt. Dieses geschah im ersten Regierungsjahre König Olaf Tryggwasons, im Jahre 955.

Das Halsband ist vielleicht ursprünglich als ein Bernsteinschmuck gedacht. Als Thor mit ihm geschmückt wird, läßt man ihm breite Steine auf die Brust fallen; um dieses Kleinod streiten Loki und Haimdall bei den Klippen in Robbengestalt, und der Schmuck selbst wird »glänzende Meerniere« genannt. Was liegt näher, als die Göttin mit dem glanzvollen Gesteine zu zieren, das in der Zeit und Gegend ihrer Verehrung ein beliebter und hochgehaltener Besitz war?

5. Gefjon

Die gabenselige, milde Eigenschaft Freyjas ist in der jungfräulichen Göttin der Feldfrüchte und der Fruchtbarkeit Fefn (die Gebende) besonders ausgestaltet.

Ihr Name und ihre Gestalt ist der Gefjon (Geberin) nach verwandt. Die Erklärung *Gedfion = die den Liebesgenuß hassende, die Keusche, wird dem Wesen der Wanengöttin nicht gerecht, wenn auch spätere isländische Schriften Diana mit Gefjon wiedergeben. Wie Egils Tochter zu Freyja eingehen will, so nimmt auch Gefjon alle Jungfrauen nach dem Tode zu sich, die unvermählt sterben. Wie König Alreks Gemahlin und Borgny Freyja anrufen, so legen die isländischen Mädchen bei Gefjon Eide ab: »Ich schwöre bei Gefjon und den anderen Göttern.« Gleich Freyja kennt Gefjon die Weltgeschicke alle ebensogut wie Odin; toll und töricht ist es darum, Gefjons Grimm zu erregen. Wie Loki Freyja Unzucht und Unkeuschheit vorwirft, so schmäht er Gefjon, daß sie, durch Schmuck verlockt, einem blondhaarigen Jüngling ihre Gunst gewährt habe: vielleicht ist damit auf den Mythus vom Halsband angespielt, für das Freyja ihre eheliche Treue opfert.

Unter vielfältigem Namen wandert Freyja als fahrende Frau weit umher.

Als fahrende Frau kommt auch Gefjon zu Gylfi, dem Könige von Schweden, und zum Lohn für die ihm bereitete

Kurzweil – sie lehrte ihn wohl die bei den Wanen schon längst üblichen Zauberkünste – schenkte ihr der König so viel Land von seinem Reiche, wie sie mit vier Ochsen in 24 Stunden aufpflügen konnte. Gefjon nahm vier Ochsen, ihre eigenen Söhne, die sie fern im Norden im Riesenreich einem Riesen geboren hatte, und spannte sie vor den Pflug. Der ging so tief und scharf, daß er das Land herausriß; sie nannte es Selund, es trieb westwärts. Dort aber, wo sie das Land aufgepflügt hatte, entstand ein See.

Das dänische Seeland soll also aus dem Mälar ausgepflügte Seeland sein. Kürzer erzählt BRAGI BODDASON: »Mit vier vor den Pflug gespannten Stieren schuf Gefjon dem reichen Gylfi den Zuwachs Dänemarks (die Insel Seeland); fort zur fernen Furt trugen die Stiere am Pfluge die Insel.«

Diese Erzählung hat SNORRI pragmatisiert:

Snorri läst Odin die Gefjon von Odinsey auf Fünen ausschicken, um Land zu erwerben, verheimlicht, daß sie als fahrendes Weib zu Gylfi kam, und läßt sie dann weiter nach dem Riesenlande ziehen und mit einem Riesen vier Söhne erzeugen; diese verwandelt sie in Stiere, um mit ihnen den Mälar auszupflügen. Hierauf heiratet Gefjon den Skjöld, den ersten König von Dänemark, Odins Sohn; beide wohnen dann in Hleidr. Euhemeristisch wird dann weiter erzählt, daß Odin selbst in das fruchtbare Land des Königs Gylfi gezogen sei, der wider ihn und die Asen nichts vermocht habe, sich in Sigtun niedergelassen habe und von da aus auch den übrigen Göttern, vor allem dem Frey in Uppsala, Wohnsitze angewiesen habe.

Von den in Stiere verwandelten Söhnen ist sonst nichts bekannt. Da die Wassergeister häufig als Stiere auftreten, hat man den Riesen, mit dem Gefjon die Wogenstiere zeugt, als Ægi aufgefaßt, die Sage als die in einem Mythus bewahrte Erinnerung an eine gewaltige Sturmflut und an die Seenbildung des Mälar in Uppland angesehen und den Namen Gefjon darum als die Meeresgöttin gedeutet (altsächsisch geban, angelsächsisch geofon See).

Die Verbindung Seelands mit der Entstehung des Mälarsees ist nur die Folge einer Volksetymologie; Selund (die an Seehunden reiche Insel) wurde als Seeland aufgefaßt. Der Sinn der Sage ist, das Uppland über dem Mälar, den vornehmsten und heiligsten Bezirk der Wanen in ganz Schweden, auch als ihre erste Erwerbung und selbständige Schöpfung darzustellen.

Nun heißt aber Njörd der »gebende« Gott und ist ein Wane, wie Gefjon die »Geberin« eine Wanin ist, d.h. ein anderer Name der Nerthus: Njörd ist also Bruder und Gemahl der Gefjon. Dann aber liegt es nahe, den Schauplatz der Sage nicht in Schweden, sondern in Seeland, als dem eigensten Erwerb der Göttin Nerthus-Gefjon, zu suchen. Die Vorstellung, daß die Insel (Seeland) von dem gegenüberliegenden Festlande (Schonen), von dem sie nur durch einen Sund getrennt ist, losgepflügt sei, ist ganz natürlich. Seltsam aber ist die Anschauung SNORRIS, daß die Landschaft Uppland aus dem rings von felsigen Ufern eingeschlossenen und mit Inseln übersäten Mälarsee herausgepflügt sei. Skjöld aber wird der »Gott der Einwohner von Schonen« genannt, er ist der Stammvater der Hleidrkönige, d.h. eines Freygeschlechtes, mithin Njörd selbst. Somit wäre Skjöld-Gefjon wie Njörd-Nerthus das eheverbundene göttliche Wanengeschwisterpaar, das in Hleidr auf Seeland seine älteste und bedeutendste Kultstätte hat. Dann hat die Annahme etwas für sich, daß Seeland durch Gefjon von Schonen abgepflügt wurde, wenn man auch manches in der Voraussetzung als gekünstelt ansehen muß.

Aber mag man den ursprünglichen Schauplatz der Gefjonsage in der Umgebung Uppsalas oder in der des Hleidrtempels auf Seeland suchen, in dem einen wie in dem andern Fall ist die Sage an ein Hauptheiligtum der Wanen geknüpft.

Die Asen

1. Ty

Durch die große Revolution, die der germanische Geist in der Urzeit durchgemacht hat, ist an Stelle des leuchtenden Himmelsgottes *Tiwaz, *Tius, des Oberhauptes der Götter, Wodan-Odin getreten. In einem Siegeszug ohnegleichen verbreitete sich die Verehrung des nächtlichen Stürmers vom Rheine aus; zuerst in Deutschland, dann im nordgermanischen Kult erhob er sich zum Hauptgott und entriß dem uralten Sonnen- und Himmelsgotte Reich, Macht und Weib.

In urgermanischer und vorgermanischer Zeit war Tius Spender des Lichtes und der Wärme, Hüter des Rechtes und Schirmer des Eides, Gebieter über Krieg und Sieg, Befehlshaber des im Thing und Heer versammelten Volkes. Der jütische Gauname Tysthing oder Tyrsting und der dänische Ortsname Tyrsting bestätigen für den Norden die Beziehung des Ty zur Volksversammlung, zum Gerichte, Gerichtsbezirk und zu der Gerichtsstätte, mit einem Worte: zu dem Thing. Das versammelte Volk in Krieg und Frieden, in Heer und Thing, glaubte unter seinem Schutze und Befehle zu stehen, glaubte in seiner unsichtbaren Gegenwart zu kämpfen und zu beraten. In seinem Namen geboten die Priester Stillschweigen, in seinem Namen straften sie. Hierdurch war seine Verehrung so stark befestigt, daß er aus dieser Stellung nicht verdrängt werden konnte, als Wodan-Odin neben ihm aufkam und ihn verdrängte. Selbst die Namen von Friggs Dienerinnen War und Syn, juristische Personifikationen des Gelübdes und der Ableugnung, zeugen dafür, daß Frigg ursprünglich mit dem großen Volks- und Thinggotte verbunden war. Weil aber das Leben der Germanen mehr kriegerisch als friedlich war, weil das Heer eine viel größere Rolle spielte als das Thing, wurde der Gott der reichsten Lebensfülle in der Natur, wie sie vom

Himmel sich auf die Menschen verbreitet, der Kriegsgott der germanischen Völker.

Ty taugt niemals als Mittler von Mann zu Mann, sagt daher Loki, als Ty bei Ægis Gelage Frey gegen den Lästerer in Schutz nimmt. Skalden sollen ihn als »Kampfgott« bezeichnen. Aber dem weisen Schlachtenlenker Odin gegenüber ist er mehr der ungestüme Gott des wilden Schlachtgetümmels. Das irische Wort dīberc ist aus dem altnorwegischen Tywerk entlehnt und bezeichnet den Inbegriff des Tuns und Treibens der Wikinger im 9. Jahrhundert. »Werke des Ty« nannten die Nordmannen ihre Greueltaten, weil sie diese zu Ehren des Kriegsgottes Ty vollbrachten. Am Hardangerfjord in Norwegen, von wo sie nach Irland hinüberfuhren, Kirchen und Klöster verbrannten und die Christen niedermachten, muß also in der Wikingerzeit ein bedeutender Tykultus bestanden haben. Wer Sieg zu erringen wünschte, sollte Siegesrunen auf das Heft, in die Blutrinne und die blanke Spitze des Schwertes ritzen und dabei zweimal den Namen Tys anrufen. Schon bei den ältesten Skalden des 9. Jahrhunderts heißen Fürsten Tys Geschlecht.

Als Sohn des Eis- und Meerriesen Hymi und einer goldglänzenden Frostriesin mit leuchtenden Brauen soll er die aus dem Meere sich erhebende Tageshelle sein, oder gleichsam der Widerschein seines ursprünglichen Ichs, die Sonne, die die schneeumzäunten Gletscher vergoldet. Aber das Lied, dem wir diese Angaben verdanken, ist ganz auf Märchenmotiven aufgebaut, Ty spielt keine rühmliche Rolle; nur das wäre möglich, daß der Mythus von einem Besuche des Gottes im Riesenreiche mit dem Märchen von der Bewirtung des Sterblichen in der Wohnung des menschenfressenden Riesen verschmolzen wurde.

Deutlich aber geht auf Tys alte Herrlichkeit als Herrscher des Lichtes seine Gegnerschaft zu Fenri, dem Dämon der Finsternis, zurück:

Die Götter erfuhren durch Orakel, daß ihnen durch Lokis Sippe großes Unheil bevorstünde, und daß darunter der Wolf Fenri das gefährlichste Scheusal wäre. Töten wollten sie ihn nicht; denn sie achteten ihre Heiligtümer und Friedensstätten so hoch, daß sie diese nicht mit dem Blute des Wolfes beflecken wollten. Sie zogen ihn daher bei sich auf, aber nur Ty hatte so viel Mut, ihm seine Speise zu reichen. Als sie sahen, wie er täglich an Größe und Kraft zunahm, und alle Weissagungen meldeten, daß er ihnen Verderben bringen würde, beschlossen sie, ihn in eine unzerreißbare Fessel zu legen und so unschädlich zu machen. Zweimal wurden Bande von gewaltiger Stärke geschmiedet, aber sobald der Wolf seine Glieder streckte, zersprangen sie. Da ließen die Götter von den Zwergen eine Fessel herstellen, die Gleipni hieß: sie war aus sechs Dingen gemacht, aus dem Geräusche der Katze und dem Barte des Weibes, den Wurzeln des Berges und den Sehnen des Bären, dem Hauche des Fisches und dem Speichel des Vogels; sie war glatt und weich wie ein seidenes Band, aber zuverlässig fest und erstaunlich stark. Als die Götter sie erhielten, begaben sie sich mit dem Wolfe auf eine mit Heidekraut bewachsene Insel inmitten eines Sees und forderten das Ungetüm auf, das Seidenband zu zerreißen; sie selbst hätten es nicht vermocht. Der Wolf witterte eine List; um aber nicht für feige gehalten zu werden, erklärte er sich bereit, wenn einer von den Göttern seine Hand in sein Maul legte, zum Pfande, daß keine Hinterlist dabei im Spiele sei. Da sah einer der Asen den andern an, niemand wollte seine Hand hergeben; nur Ty streckte seine Rechte vor und legte sie dem Wolf in den Rachen. So konnte die Fessel angelegt und an zwei Felsen befestigt werden. Je mehr der Wolf sich anstrengte, sie zu zerreißen, desto tiefer schnitt sie ein; je wilder er zerrte, desto stärker zog sie sich zusammen. Da lachten alle Götter – nur Ty nicht, denn er mußte seine Hand lassen; der Wolf biß sie ihm an der Stelle ab, die seitdem Wolfsglied (d.h. Handgelenk) heißt, und Ty besaß nur noch eine Hand. Furchtbar riß der Wolf seinen Rachen auf und schnappte gewaltig um sich. Da schoben ihm die Götter ein Schwert in das Maul, so daß der Griff im Unterkiefer seine Stütze fand, die Spitze aber im oberen Gaumen steckte; das ist »die Gaumensperre des Wolfes«. Er heulte entsetzlich, und Geifer rann aus seinem Maule, das ist der Fluß, der Wan heißt. Dort liegt er bis zum Untergange der Götter.

Es ist ein hübscher Witz, daß aus dem feinsten und zartesten Stoffe das stärkste und festeste Band wird, und da die Götter den Wolf überreden, sich mit der scheinbar ganz harmlosen Fessel binden zu lassen, heißt das Band vermutlich Gleibni, d. h. »Spaßmacher«. Auch bei der Fesselung Lokis mit den Därmen seines Sohnes erlangt das anfangs weiche Band erst nach der Anlegung Härte und Festigkeit. Ähnliche scheinbare Unmöglichkeiten, wie sie hier zusammengestellt sind, kennt Sage und Märchen auch sonst, überhaupt ist der Bericht ganz im Stile des Märchens gehalten. Aber als mythischer Kern bleibt die Fesselung des Wolfes durch Ty und die Gaumensperre des Ungeheuers bestehen.

Der Hohn der Götter über den tapferen Wagemut ihres opferfreudigen Genossen verrät, daß eine jüngere Zeit sich in die Handlungsweise Tys nicht mehr zu finden vermochte. Als Oberhaupt der Götter mußte er für ihre Sache eintreten – erst spätere Zeit machte aus seiner heldenhaften Tat blinde Tollkühnheit. Wie der einhändige Ty sich am besten dem einäugigen Odin vergleichen läßt, so bietet auch das Verpfänden des Auges an Mimi die passendste Parallele für die Verpfändung der Hand an den Fenriwolf. Der himmlische Lichtgott war wesentlich Tagesgott; darum mußte er sich zur Nachtzeit irgendwie geschwächt zeigen: das Verpfänden der Hand bezeichnete ursprünglich wohl das zeitweise Verschwinden des Tageslichtes überhaupt. Denn die Hand scheint eine ähnliche Bedeutung wie das Schwert Freys, Heimdalls oder Baldrs zu haben; die gewöhnlich mit dem Schwerte bewaffnete Hand kann dem Schwerte selbst gleichgesetzt werden, und dieses bedeutet den Strahl des Lichtgottes. Aus diesem Gegensatze des Lichtes gegen die Finsternis, weil jenes für die hauptsächlichste Äußerung der Tätigkeit des Himmelsgottes angesehen wurde, wird es erklärlich, wie gerade er zu dem wilden Schlachtengotte werden konnte.

Beim letzten Kampfe zwischen den Göttern und den feindlichen Mächten treffen sich Thor und die Midgardsschlange, Heimdall und Loki nicht zum ersten Male, sondern stehen einander schon von früher her feindlich gegenüber. Man sollte erwarten, daß dabei Ty mit Fenri kämpfen sollte, daß Ty, der lichte Himmel, vom Wolfe der Finsternis verschlungen würde. Nach einer Angabe verschlingt auch Fenri dann die Sonne, nach der andern aber den Odin, während Ty mit dem Höllenhunde Garm streitet, und beide den Tod erleiden. Für Odin, den Windgott, paßt dieser Kampf ursprünglich nicht. Vermutlich hat eine Übertragung stattgefunden: der jüngere Götterkönig übernahm die Stelle des älteren.

Verschiedene Seen scheinen in Schweden nach dem Gotte genannt zu sein: Tibon, Tigotten, Tisan, Tisaren, Tynn und Tisjön; bestimmt trägt die öde Waldlandschaft Tiveden zwischen dem Wenern- und Wettersee (altnordisch *Tyviđer) nach ihm ihren Namen. Merkwürdigerweise ist keine schwedische Ortschaft mit Ty gebildet, während doch die anderen Götter mehr oder weniger häufig begegnen. Mit gutem Grunde hat man daraus geschlossen, daß zu einer Zeit, wo Namen wie Odensåker, Torshard, Fröwi, Ullersäter und Närdalunda aufkamen, der Gott Ty nicht mehr für würdig angesehen wurde, einem Orte den Namen zu geben, oder auch, daß er zu wenig bekannt war. Da aber sein Name gleichwohl bei Wäldern und Seen vorkommt, die natürlich älter sind als diese Ortsnamen, so darf auch das als eine Stütze für die Annahme gelten, daß Tys Macht im Laufe der Zeit gesunken ist.

Auf der Westseite des Gosforth-Kreuzes in Cumberland, das aus dem 7., spätestens aus dem 9. Jahrhundert stammt, ist ein Doppelungeheuer abgebildet, zwei Schlangenleiber mit je einem Wolfskopfe. Davor steht ein Mann, der in der einen Hand ein Horn hält, mit der andern einen Speer oder Stab, den er in die Wolfsrachen stößt, so daß diese wie durch den Stab auseinandergehalten erscheinen. Das ist sicherlich die Fesselung des Fenriwolfes und seine »Gaumensperre«. Das Horn aber ist das Heimdalls, womit er über alle Welten ruft und die Helden zum Streite weckt.

2. Forseti

Forseti heißt ein Sohn Baldrs und Nannas. Er hat im Himmel den Saal, der Glitni (Glänzer) heißt, und alle, die mit schwierigen Händeln zu ihm kommen, gehen versöhnt fort. Dort ist die beste Gerichtsstätte, von der Götter und Menschen wissen. Auf goldenen Säulen ruht des Saales silbernes Dach; hier verweilt er die meisten Tage und begleitet gütlich die Fehden.

Auch die Urteile seines Vaters Baldr können nicht umgestoßen werden, und in seiner Behausung darf sich nichts Unreines finden; kein anderes Land in aller Welt ist von Freveln frei. Wie ihr Name Breidablik (weißer Glanz, der weit und breit strahlt) schon anzeigt, strahlt auch sie von edlem Metalle.

Außer diesen dürftigen Bemerkungen deuten nur noch die Hofdamen Forsetelund und Frosätelund in Norwegen (Hain des Forseti) auf seine Verehrung hin.

Forseti ist also der göttliche Richter, der Vertreter des Friedens und der Gerechtigkeit. Aber daß er kein alter nordgermanischer Gott ist, beweist schon sein unnordischer Name »der Vorsitzer«, und im nordischen Volks- und Rechtsleben findet sich nicht die geringste Anspielung auf diesen rechtsprechenden Gott.

Von einem friesischen Gott Fosite, Fosete, Foseti, der im 8. und 9. Jahrhundert auf Helgoland verehrt wurde, erzählen die Bekehrer:

WILLIBRORD kam an der Grenze zwischen den Dänen und Friesen zu einer Insel, die von den Bewohnern nach ihrem Gotte Fosite Fositesland genannt wurde, weil auf ihr Heiligtümer dieses Gottes standen. Dieser Ort wurde von den Heiden mit solcher Ehrfurcht betrachtet, daß von den dort weidenden Herden oder daselbst befindlichen Gegenständen niemand etwas anzurühren wagte. Zugleich war dort eine Quelle, aus der man nur schweigend schöpfen durfte; sonst verfiel man in Wahnsinn oder starb eines schrecklichen Todes; auch Menschenopfer wurden dem Fosite gebracht. Erst LIUDGER gelang es im Jahre 785, die Einwohner dieser Insel, die nach dem Namen ihres falschen Gottes Fosete Fosetesland hieß, dem Christentum zu gewinnen, alle Tempel des Fosete zu zerstören und dafür christliche Kirchen zu bauen. Seitdem nahm die Insel, die vordem Fosetisland hieß, den Namen Helgoland an; denn sie war allen Seefahrern, zumal aber den Seeräubern ein ehrwürdiger Ort. Es ging die Rede, daß Seeräuber, wenn sie einmal von da auch nur die geringste Beute hinweggeführt hätten, entweder bald darauf durch Schiffbruch umgekommen oder im Kampf erschlagen wären; keiner sei ungestraft heimgekehrt. Nach alter friesischer Sage hat dieser Gott einst selbst sein Volk das friesische Recht gelehrt und einen Quell aus der Erde sprudeln lassen.

Daß Fosite den Bewohnern Helgolands als der höchste Gott gegolten hat, beweisen seine Tempel, die Quelle, die dort weidenden Rinder, die unverletzlich sind, die Menschenopfer und der auf der Insel herrschende heilige Friede, den nicht einmal die Wikinger zu verletzen wagen. Es ist der gewaltige Himmelsgott, unter dessen Schutz und Frieden das versammelte Volk tagt, der dem Gerichte vorsteht und alle Händel beilegt. Es ist sehr wahrscheinlich, daß statt des handschriftlich überlieferten Fosite vielmehr Forsite zu lesen ist; Forsita, althochdeutsch Forasizo, ist der Vorsitzende, Tius Forsita also der Vorsitzende der Gerichtsgemeinde. Seit alter Zeit bestanden zwischen den Friesen und Norwegern Handelsbeziehungen, auf Helgoland wurden die Norweger mit dem nordfriesischen Gauheiligtum bekannt, sie entlehnten von dort den höchsten Gott der Amphiktyonie und behielten sogar den deutschen Namen Forseti. Ist aber die Lesart Fosite richtig, für den eine Erklärung noch nicht gefunden ist, so deuteten die Nordmannen den Namen später auf volksetymologische Weise um. Da sich der fremde Gott in seiner Wesenheit völlig mit dem lichten Baldr deckte, der nach seiner ethischen Entwicklung hin der tapfere Bürge des Friedens war, verband die mythologische Wissenschaft Islands, schwerlich der lebendige Volksglaube diese beiden und machte Forseti zu einem Sohne Baldrs und Nannas. Denn erst die Edda Snorris, und sie allein, hat Baldr den göttlichen Richter zum Sohne gegeben, und was sie vom Vater und vom Sohne zu erzählen weiß, ist völlig dasselbe.

3. Heimdall

Heimdall ist ein Gott des Sonnen- und Tageslichtes, und zwar der Morgenfrühe. Er ist vor allem der Wächter der Götter. Von Anbeginn an ist ihm, wie Loki höhnt, das abscheuliche Los auferlegt, in Tau und Regen und Schnee auf seinem Posten auszuharren und unablässig zu wachen. Er bedarf weniger Schlaf als ein Vogel und sieht bei Nacht ebensogut wie bei Tage hundert Rasten weit um sich her. Er kann auch hören, daß das Gras auf der Erde und die Wolle auf den Schafen wächst, um wieviel mehr vernimmt er das, was einen Laut von sich gibt. Auch die Zukunft ist ihm kund, wie den weisen Wanen. Er ist also ein Wächter wie kein anderer und hütet am Rande des Himmels gegen die Bergriesen die Brücke Bifröst »den schwankenden Weg«, die von den Göttern zwischen Himmel und Erde geschlagen ist. Aber es ist darum noch keine Personifikation des Regenbogens, Weltbogens, wie sein Name gedeutet wird (dalr = Bogen). Die Eigenschaften, mit denen der Wächter der Götter ausgestattet ist, sind Märchenzüge. Ein Jäger schießt einer Fliege, die zwei Meilen entfernt auf dem Ast eines Eichbaumes sitzt, das linke Auge heraus; ein anderer hat so helle Augen, daß er über alle Wälder und Felder, Täler und Berge hinaus und durch die ganze Welt sehen kann. Ein dritter hört das Gras auf der Erde und die Wolle auf den Schafen wachsen. Wir sagen ja noch heute von Menschen, die sich besonders klug dünken, »sie hören das Gras wachsen«. Diese Ausschmückungen stammen aus dem gemeinsamen Novellenschatze, den wir für alle Völker in vorgeschichtlicher Zeit annehmen dürfen.

Seines Gjallar-Hornes, dessen Schall durch alle Welten tönt, bedarf der Gott zwar für jetzt, solange diese Welt steht, nicht. Aber er wird es am jüngsten Tage unter dem heiligen Weltenbaume hervorholen und alle Götter damit zur Sammlung beim letzten Kampfe rufen.

Seiner äußern Erscheinung nach ist er »der lichte Ase«, »der lichteste der Asen« und steht dadurch neben dem lichten Baldr und Frey. Wie Frey den Eber Gullinbursti, so besitzt Heimdall das Roß »Goldbüschel«. Selbst die Zähne des Gottes sind von Gold; denn bei Tagesanbruch wird im Osten zuerst ein lichter Streifen sichtbar; möglich auch, daß die am Eis und Schnee nagenden Sonnenstrahlen als seine Zähne galten. Wenn das Frühlicht über die östliche Kimmung dahineilt, dann glaubte man wohl, der Gott schwebe auf Schneeschuhen durch den Luftraum auf den Wolken einher.

Sein Wohnsitz, »die Himmelsberge«, sind nach norwegischer Anschauung jäh in die See abstürzende Felsen, deren schneebedeckte Gipfel das Morgenlicht zuerst bestrahlt; sie liegen am Rande des Himmels am Brückenkopfe, wo Bifröst den Himmel erreicht. Dort im behaglichen Hause trinkt der

Hüter der Götter vergnügt den guten Met, Grenzwächter und Warner wie Eckehart und Rüdiger, wie Hagen im Hunnenlande.

Als die Götter beraten, wie sie wieder in den Besitz von Thors gestohlenem Hammer gelangen können, gibt er den Rat, den starken Gott als Braut zu verkleiden. »Redlichen Rat« erteilt er auch bei Ægis Gastmahl dem lästernden Loki: »Der Trunk macht zum Toren, Übermaß wirkt bei allen Männern, daß die Zunge dem Zaume nicht folgt.« Auf seinem goldmähnigen Rosse, das glänzende Schwert an der Seite, reitet er zu Baldrs Leichenfeier. Er ist Odins Sohn.

Das sind natürlich Situationen, die lediglich freie Erfindungen der Dichter sind, ohne mythischen Gehalt. Von Heimdall handeln drei ausführlichere Mythen, einer von seiner Geburt, ein zweiter von seinem Kampfe mit Loki und seinem Schwerte, ein dritter, sehr junger, von seinem Dazwischentreten bei der Erzeugung der Stände. Die beiden ersten sind dunkel und rätselhaft und bereiten dem Verständnisse kaum zu entwirrende Schwierigkeiten.

Im Urbeginn der Zeiten haben den speerberühmten (ander: Zauberträger), von Kraft strotzenden Odinssohn (andere: von der Götter Geschlecht) neun Riesenmädchen am Rande der Erde geboren. Wunderstark wurde der Gott durch die Macht der Erde, die kalte See und heiliges Opferblut (des Ebers Blut?); besser war er als alle, als Herrscher war er der Hehrste, allen Geschlechtern der Menschen durch Verwandtschaft vereint.

Die neun Meerfrauen, die als Heimdalls Mütter gefeiert werden, die am Saume der Erde wohnen, wo der Himmel auf ihr zu lagern scheint, und den Sohn aus der kühlen See nähren, sind wahrscheinlich die neun Töchter Ægis. Die Neunzahl der Mütter ist vielleicht nichts anderes wie die Neunzahl von Benennungen der einen Mutter, der Göttin des Meeres. Mit ihr hat der höchste Gott der lichten Himmelshöhe Odin (eigentlich Tius) den Sohn Heimdall erzeugt, den am Horizont aus dem Meere aufsteigenden Gott des Frühlichtes, und als solcher heißt er Heimdall »der über die Welt Leuchtende« oder »der Hellglänzende«. Darum liegt auch sein Wohnsitz gegen den Aufgang, die lichte Ostgrenze der Erdscheibe, entgegen der Wogenklippe und dem Alpenfels im Westen, wo er mit Loki um das Halsband der Freyja kämpft.

Heimdall heißt bei den Skalden Lokis Gegner, Sucher des Halsbandes der Freyja, Besucher der Wogenklippe und des Alpensteins, wo er mit Loki um Brisingamen stritt, und Loki wird als Dieb des Brisingamen und als Heimdalls Gegner bezeichnet. Loki hat mit Einbruch der Abendröte der am Morgen erschienenen Sonnengöttin ihr Halsband, die Sonne gestohlen und es an der Klippe des westlichen Meeres verborgen. Aber der allsehende Sonnengott verfolgt ihn mit dem ersten Frühlicht in Robbengestalt, kämpft mit dem gleichfalls in Robbengestalt verwandelten Loki und bringt den Brustschmuck der Sonnengöttin zurück.

Durch Lokis Hand findet Heimdall am jüngsten Tage seinen Tod, und zwar vermutlich durch sein eigenes Schwert »Haupt«, das jener ihm entwendet hat. Auch Frey fällt im Kampfe mit Surt durch die eigene Waffe, die ihm bei seiner Werbung um Gerd abhanden gekommen ist. Auch im Baldrmythus scheint das eigene in die Gewalt der finstern Mächte geratene Schwert dem lichten Gotte den Untergang zu bereiten, und endlich begegnet dasselbe Motiv in der deutschen Heldensage bei Rüdiger und im dänischen Liede bei Siward und Brynhild, dem nur sein eigenes Schwert etwas anhaben kann. Den Sinn, der der Bezeichnung von Heimdalls Schwert »Haupt« zugrunde lag, können wir nicht mehr sicher erschließen; aber die Deutung »Hauptschwert« kommt ihm wohl sehr nahe. Die rätselhafte Stelle, die allein Heimdalls Schwertmythus enthält, lautet: »Heimdalls Schwert heißt ›Haupt‹; so ist gesagt, daß er von einem Manneshaupte durchbohrt ward. Davon ist in Heimdalls Zauberliede gesagt, und dann wird ›Haupt‹ der Tod Heimdalls genannt; denn das Schwert ist des Mannes Tod.« In den Worten »Heimdall fiel durch ein Manneshaupt« wurde der Eigenname »Haupt«, der den Namen des Schwertes enthielt, nicht nur appellativisch gefaßt, sondern die Spielerei wurde durch den Zusatz »eines Mannes« auf die Spitze getrieben und dadurch fast unverständlich gemacht; gemeint aber war in tieftragischer Ironie der Untergang des Gottes durch sein eigenes lichtes Schwert. Gretti, der Starke, von Island will sagen: »ich muß meinen Kopf retten, so rette ich mein Leben«, statt dessen umschreibt er: »Ich muß ›Heimdalls Schwert‹ retten.« Der moderne Geschmack findet an diesen dunkeln, mühsam zu erratenden Wendungen wenig Freude, aber dem Norden behagten diese spitzfindigen, änigmatischen Spielereien sehr. Vermutlich hat der Schwertmythus, der freilich, als die Edden zur Aufzeichnung gelangten, wohl schon längst verschollen war, so gelautet: Heimdall, der gute und starke Gott, der Vertreter des Positiven, führt gegen Loki, den Vertreter der Negation, und dessen Genossen das überlegene, vorzüglichste, das Hauptschwert. Aber der ewig schlaflose Wächter der Götter läßt sich einmal pflichtvergessen von Loki beschleichen, und sein Schwert wird mit dem des Gegners vertauscht. Mit gewechselten Waffen stehen dann Heimdall und Loki gegenüber und fechten den letzten Kampf aus, indem beide einander fällen.

Der Gott der Frühe ist der Gott des Werdens überhaupt. So wird er auch zum Vater oder vielmehr Neubegründer des Menschengeschlechtes, indem er den Unterschied der verschiedenen Stände, der Unfreien, Bauern und Edeln, begründete. Die Menschen heißen »Heimdalls Kinder« oder kürzer »Söhne des Tages«. In einem norwegischen Liede, das kurz nach 890 entstanden ist, nachdem HARALD HAARSCHÖN sich ganz Norwegen unterworfen und sich um die Hand der dänischen Prinzessin RAGNHILD beworben hatte, wird das

Königtum als die vollkommenste Staatsverfassung verherrlicht und der König als der, der über allen andern Ständen steht, als der oberste Herrscher im Reiche; er stammt von den Göttern ab und darf um die Tochter eines mächtigen und berühmten Königs freien. Unter dem Namen Rig, d.i. Fürst, tritt HEINMDALL auf, wie auch Frey »Herr, Fürst« bedeutet, und vererbt seinen Namen auf seinen edlen Sohn, den JARL, und weiter auf dessen zum Könige bestimmten jungen Sohn. Im Grunde ist aber Rig = der junge König niemand anders als HARALD HAARSCHÖN.

Als Rig wandelte einst Heimdall, der wackere, weise Ase, rüstigen Schrittes auf grünen Wegen den Strand entlang. In einer Hütte fand er ein Ehepaar am Herde, Ai und Edda (»Urgroßvater« und »Urgroßmutter«). Mit Schrotbrot, voll von Hülsen, und Suppe bewirtete ihn Edda, der Wirt aber trat dem Gaste seine Stelle im Ehebette ab, wie er sonst in isländischen Sagas ihn in das Bett der Tochter wies. Drei Nächte blieb der Gott. Neun Monate darnach gebar Edda einen Knaben von gelber Hautfarbe und schwarzem Haar »Knecht«, von dem das Geschlecht der Sklaven stammt. – Rig wanderte weiter und fand in einem Hause, das ihnen eigen gehörte, »Großvater« und »Großmutter«; der Mann hieb Holz zum Webebaume, die Frau führte den Faden zu feinem Gespinst. Mit vollen Schüsseln und gekochtem Kalbfleisch ward der Fremdling bewirtet. Wieder blieb er drei Tage, und nach neun Monaten genaß »Großmutter« eines Sohnes »Karl« mit rötlicher Haut und blondem Haar. Während »Knecht« mit roher Kraft nur Bast binden, Bündel schnüren und Reiser tragen lernte, zähmte »Karl« Stiere und zimmerte Pflüge, stellte Häuser und Ställe her und besorgte das Feld: von ihm stammt der Stand der Bauern. – Weiter wanderte der Gott und gelangte zu einer Halle, in der auf bestreutem Estrich »Vater« und »Mutter« saßen; der Hausherr schnitzte am Boden und schäftete Pfeile, in lichtblauem Kleide mit langer Schleppe schmiegte sich die Hausfrau an ihn. Mit schneeigem Linnen ward für den Gast der Tisch gedeckt, Geflügel aufgetragen und in silbernen Kannen der Wein kredenzt. Auch hier verweilte der Gott drei Tage, und nach neun Monaten gebar »Mutter« einen Knaben mit weißen Wangen und glänzenden Augen, den lichtgelockten »Jarl« (den Edling), der schon jung Schild und Lanze schwingen, Bogen spannen, Wurfspeer schleudern, Hunde hetzen und Hengste reiten lernte. Rig kam selbst und lehrte ihn Runen, gab ihm seinen Namen Rig, ihn damit als Sohn anerkennend, und schenkte ihm Land und Leute. Rig-Jarl schwang das Schwert, wirbelte den Speer und tummelte das Roß; er färbte die Walstatt und fällte die Feinde, spendete den Seinen Geschmeide und Schmuck. Sein jüngster Sohn war Kon (»Sprößling«); wie sein Name andeutet, sollte er König werden. Der König übertraf noch seinen Vater in der Runenkunst, er verstand die Stimmen der Vögel, stillte Meer und Feuer, machte Schwerter stumpf und vereinte in sich die Kraft von acht Männern. Durch Röhricht und Wald ritt der junge König, da rief ihm vom hohen Baume eine Krähe zu, die Dänenkönige zu bekriegen und von ihnen eine Tochter heimzuführen: ihre Augenbrauen seien klarer, ihre Brust leuchtender und ihr Hals weißer als der reine, frischgefallene Schnee.

Hier bricht leider das Gedicht ab; der Schluß hat wohl berichtet, wie Kon die Hand einer dänischen Königstochter erringt und sie friedlich als seine würdige Gemahlin heimführt.

4. Höni

Wirr und wunderlich lauten die Nachrichten über Höni, und dennoch muß er in der ältesten Zeit von großer Bedeutung gewesen sein.

In einem alten kosmogonischen Gedichte wird erzählt, wie die Göttertrias Odin, Höni und Lodur die ersten Menschen am Lande findet, wenig vermögend, schicksalslos. Odin gab den Atem, Höni die Seele. Wärme gab Lodur und blühende Farbe. Seltsam stimmt dazu die Rolle, die Höni nach dem Kriege zwischen Asen und Wanen spielt:

Die Wanen schicken den reichen Njörd und Frey, seinen Sohn, den Gegnern als Geisel zu. Die Asen aber entsenden den Höni, der ein großer und sehr schöner Mann war, zum Häuptling wie geschaffen, und mit ihm als Gefährten den weisen Mimi. Als Höni nach dem Wanenheim kam, wurde er sogleich zum Häuptling gemacht; Mimi aber mußte ihm alle Ratschläge erteilen. Und wenn sich Höni ohne seinen Begleiter auf dem Thing oder in der Versammlung befand und ihm irgendein schwieriger Fall vorgelegt wurde, dann antwortete er immer nur: das mögen andere entscheiden! Da merkten die Wanen, daß die Asen sie betrogen hatten; sie nahmen Mimi, schlugen ihm das Haupt ab und schickten es den Asen. Odin aber salbte es mit Kräutern und sang Zauberlieder, daß es nicht faulen konnte.

Merkwürdigerweise töten die Wanen also nicht Höni, mit dem sie angeführt sind, sondern den weisen Mimi. Der einfältige, ratlose und nebelhafte Höni aber bleibt bei ihnen und taucht in Lodurs Gesellschaft nach dem Weltbrande noch einmal auf. In der neuen Welt mag Höni den Loszweig kiesen, d. h. sich zum Wahrsagen des Loszweiges bedienen, um Segen und Glück dem neuen Geschlechte zu künden, Lodur jedem Labsal gewähren.

Sooft die Sage Höni, Odin und Loki auf Wanderung gehen läßt, Höni tritt niemals hervor. Bei dem unglücklichen Abenteuer, das mit der Entführung der Idun endet, und in dem Vorspiele der Sigurdsage, das von der Ermordung Otrs durch Loki, der Buße der Götter und dem Fluche des Zwerges Andwari handelt, verhält sich Höni durchaus passiv. Auf Hönis enge Verbindung mit Odin deutet seine Benennung bei den Skalden als Odins Gefährte, Begleiter und treuer Freund hin, während die Bezeichnungen »der schnelle Ase«, »der Langfuß« auf einen natürlichen Hintergrund hinweisen. In der Dichtung vom Tode des Iwar Widfadmi fragt der König: »Wer war Hrörek unter den Asen?« und Hörd antwortet: »Er war Höni, der feigste Ase.« Eigenartig mutet auch die Benennung an »Nässe-König« oder »König des Frühlingsglanzes«.

Die norwegisch-isländischen Quellen wissen also nichts von einem aktiven Auftreten Hönis zu berichten, wenn er sich in der Begleitung seiner beiden Genossen befindet, sondern nur von seiner Unentschlossenheit und Unselbständigkeit.

Nur aus einem färöischen Liede erfahren wir, daß Höni Herr der Schwäne ist, während sie sonst dem Njörd heilig sind. Das mag besondere Vorstellung der Färinger gewesen sein. Mit den lichten Sommerwolken hält der Jahresgott seinen Einzug, und mit der Rückkehr der ersten lichten Tage kamen auch die Schwäne wieder zu den meerumbrausten, einsamen Inseln. Wenn Höni der Gott ist, der den ersten Frühlingsglanz spendet, so läßt sich sein Beiname »König des Frühlingsglanzes« auch in dieser Beziehung erklären, und es ist verständlich, daß der Singschwan als der erste Zugvogel und Bote des Lenzes, der außerdem für die Färinger uralte mythologische Bedeutung hatte, mit dem Gotte des ersten Frühlingsglanzes in Verbindung gebracht wurde. Die Auffassung Hönis aber als ausschließlich eines Sonnengottes, nicht des Wolkengottes in seiner besonderen Eigenschaft als Herrscher der lichten Frühlingswolken, sondern als eines Wesens, das den ersten Übergang vom Winter zur sommerlichen Jahreszeit angab, wird den sonstigen Zügen nicht gerecht. Die scherzhafte Fabel von seiner Hilflosigkeit unter den Wanen, wenn sie nicht einfach mythologische Erdichtung ist, da Höni im Kreise der Asen allmählich fast in Vergessenheit geriet, und seine Bezeichnung als Feigling unter den Göttern bleiben dunkel. Auch diese Zusammenstellung will nur aus den vielen Etymologien und Erklärungen das Wahrscheinlichste und Glaubwürdigste bieten.

5. Odin

Kein germanischer Gott ist so reich ausgestattet und zeigt ein so viel verzweigtes Wesen wie Wodan-Odin. Der Kampf zwischen Wanen und Asen ist die Erinnerung an einen uralten, besonders in Schweden ausgefochtenen Kultkrieg zwischen dem ältern Freysdienste und dem jüngern, von Deutschland über Dänemark eindringenden Odinskultus. Der Wanenkult ist überwiegend eine Naturreligion; die erzeugenden und dem Menschen wohltätigen Kräfte der Natur werden personifiziert und verehrt. Der Odinsdienst und Asenkult ist dagegen eine mehr anthropomorphische Religion; die menschlichen Kräfte, die als die höchsten galten, d.h. die imstande waren, Macht zu erwerben, Weltherrschaft, werden hypostatisiert und verehrt. Das ist jedoch nicht so zu verstehen, als ob der Mittelpunkt von Odins Wesen etwa in seiner Eigenschaft als Zauberer zu sehen sei. Sondern auch bei ihm, wie bei allen großen Göttern, ist die Grundanschauung, aus der sich alle Erscheinungen erklären lassen, in der Natur zu suchen. Sein Name, den noch spätere christliche Chronisten mit »furor« übersetzen, gehört zur indogermanischen Wurzel va »wehen« und ist durch zwei Suffixe gebildet. Germanisch votha wütend, rasend, besessen ist mit lateinisch vates verwandt (geistig erregt) und bezeichnet nicht nur die stürmische Bewegung der Luft, sondern weist bereits auf das innerliche, geistige Wesen hin. Altgermanisch *Wôdanaz, althochdeutsch Wuotan, altnordisch Ođinn ist die Fortbildung mit dem Suffix-ano. Bereits die Grundbedeutung »leidenschaftliche Anstrengung« zeigt, wie aus ihr ein Gott des Sturmes, des Kampfes und der geistigen Anspannung werden konnte. Seit alter

Zeit ist im Germanischen das Wort Sturm von dem Kampfe der Lüfte auf den Kampf der Männer übertragen, und die Schlacht hieß bei den Dichtern »Wetter, Hagel, Regen Odins«. Durch die Gleichstellung von Geist zum Geistesleben überhaupt in Verbindung gebracht: der Windgott wird Toten- und Seelenführer und Urheber nicht nur der Kriegskunst, sondern aller Künste und Wissenschaften.

Kein Gott hat auch nur annähernd so viele Beinamen wie Odin.

Über das Alter des Odinsglaubens im Norden bestehen verschiedene Ansichten. Wenn er etwa um 500 oder 600 nach dem Norden eingewandert sein sollte, so sind die 300 oder 200 Jahre, die zwischen der Einwanderung und dem Beginne der nordischen Geschichte liegen, Zeit genug, um ihn sich entwickeln und so gestalten zu lassen, wie wir ihn da finden. Der Weg dieser Einwanderung kann nur von Sachsen nach Skandinavien über Dänemark erfolgt sein; Dänemark hat zuerst die Odinsverehrung angenommen, und von hier ist sie dann zu den übrigen nordischen Völkern gelangt. Noch in später Zeit erscheint Odin den Skandinaviern als der eigentliche Sachsengott, und eine Erinnerung daran mag in dem euhemeristischen Berichte SNORRIS über die Einwanderung des Asen Odin mit den andern Göttern in die Nordlande enthalten sein, wonach Odin von Sachsaland nach Fünen und Seeland gekommen sei. Neben den uralten Kultstätten Lund, Ringsted, Hleidra, Wiborg treten neue, dem Odin geweihte Heiligtümer: Odinswe (jetzt Odense) in Fünen und Onsved in Schonen, Onsted, Onsberg, Onsild u.a. in Jütland; häufig tritt Odin im dänischen Volksglauben als Schützer der Dänen auf. In Schweden sind nach Odin benannt: Onsåker, Odensåker, Odenfors, Onsike, Onslunda, Onsala, Odensjö, Odenstad, Odensvalla, Odensvi. In Norwegen begegnen neben ca. zwölf mit Thor zusammengesetzten Städtenamen zehn solche mit Odin, und zwar weit über das ganze Land zerstreut.

Als die Verehrung Odins als des höchsten Gottes im südlichen Skandinavien festen Fuß gefaßt hatte, wurde ihm von den nördlichen Stämmen, den Gauten in Schweden, der Beiname Gaut = Gaute oder Gautaty = Gott der Gauten beigelegt.

Der Weg von Sachsen über Dänemark ist der einzige geschichtlich mögliche, da die Verbindung zwischen Skandinavien und England erst in den letzten Jahrzehnten vor 800 begann; von England ist also die Odinsverehrung nicht ausgegangen, um so weniger, als England da schon lange christlich geworden war. Bis die Einwanderung Wodans in den Norden erfolgte, war Odin nach dem Friedensschlusse der Wanen und Asen zwar auch schon Oberhaupt der geeinigten Götterwelt, aber im wesentlichen doch noch Naturgott. Bei den Istwäonen am Rheine hatte sich Wodan zu einem Kulturgott im höchsten Sinne des Wortes aufgeschwungen. Er war bereits der fürstliche, dichterische, siegreiche Gott geworden, wie ihn die Gedichte des Nordens so prächtig schildern. Er war Gott des Zaubers und der Heilkunde, des Wissens und der Dichtkunst. Diese istwäonische Vorstellung von Wodan als der Verkörperung jedes geistigen Strebens wurde geraume Zeit vor 800 auf den nordischen Odin übertragen, und erst dadurch wurde er in Wahrheit das Oberhaupt der Welt, der unbestrittene Götterherrscher und Göttervater. An seinen Namen werden die tiefsinnigsten Mythen geknüpft, von der Erfindung der Runen und Erlangung des Dichtermetes. Ausschließlich selbständiges Eigentum des Nordens ist die weitere Entwicklung Odins, des Erhalters, im Gegensatze zu Loki, dem Zerstörer; und dieser Gedanke, als das Heidentum zu Ende ging, der herrschende, ist die ergreifendste Vorstellung, die in der Tat die oft mißbrauchte Bezeichnung tragisch verdient.

Odin vermag alle möglichen Gestalten anzunehmen: darum heißt er Fjölni »der Vielgestaltige«, Swipal »der Veränderliche«, Grim und Grimni »der Verlarvte«, Thudr »der Dünne«,

Har oder Hawi »der Hohe«. »Odin wechselte die Gestalt, da lag der Körper wie schlafend oder tot, er aber war da Vogel oder Tier, Fisch oder Wurm und fuhr in einem Augenblick in fern gelegene Lande, in seinen Geschäften oder in denen anderer.« Als Fährmann nimmt er die Leiche des Sinfjötli auf und verweigert Thor die Überfahrt. Als Heerführer naht er Rind, um ihre Liebe zu gewinnen, das Antlitz mit einem Hute bedeckt, um nicht durch sein Aussehen verraten zu werden; als Goldschmied macht er seine wahren Züge durch täuschende Schminke unkenntlich; das dritte Mal erscheint er als gewandter Reiter, denn »einstmals verstanden es die Zauberkundigen (= Götter) aufs trefflichste, ihre Züge zu verwandeln und sich in verschiedener Gestalt zu zeigen: neben der natürlichen Erscheinung konnten sie das Aussehen von jedem beliebigen Alter annehmen«; endlich legt er Mädchenkleider an und sucht als unermüdlicher Wanderer die Geliebte auf. Um einen Trunk von Suttungs Met zu erhalten, verdingt er sich als Knecht; er verwandelt sich in eine Schlange und schlüpft zur schönen Gunnlöd; er nimmt Adlergestalt an und entflieht, als er mit Hilfe der Tochter den Dichtermet erlangt hat. Die Schlange ist das symbolische Tier der unterirdischen Mächte, und unter Odins Beinamen werden zwei Schlangennamen aufgeführt, Ofni »der Verflechter« und Swafni »der ewigen Schlummer, den Tod Bringende«; die Langobarden verehrten ihn unter dem Bild einer goldenen Schlange. »Der alte Adler«, »Adlerköpfig« sind Beinamen, in Falkengestalt entflieht er König Heidrek.

Mit dem Glauben an die zauberische Fähigkeit des Gestaltenwechsels hängen vielleicht seine Raben zusammen. In vielen Sagen schlüpft die Seele des Schlafenden als Hauch oder Schlänglein aus dem Munde und erfährt dabei allerlei Traumerlebnisse. Odins Raben waren wohl ursprünglich ein Rabe, und dieser Rabe ist Odins Seele. Dem Schlafenden fliegt die Seele als Rabe aus dem Munde und kehrt beim Erwachen in ihn zurück; der Zauberer schickt die Seele als Raben über alle Welt. Bei SNORRI heißt es noch ausdrücklich, daß der Gott am Morgen seine Raben ausschickt und daß sie vor dem Frühstück zurückkehren – vielleicht eine dunkle Erinnerung daran, daß sie einmal des Morgens, d.h. wenn er erwacht, wieder zu ihm kamen.

In Odins Erscheinung ist der natürliche Hintergrund noch deutlich zu erkennen. Der Gott ist von hoher Gestalt, und ein langer Bart wallt auf seine Brust herab (Harbard »Graubart«; Langbard, Sidskegg, Sidgrani »Langbart«; Hrossharsgrani »Roßharbärtig«; Grani »der Bärtige«). Gleich vielen germanischen Königen trägt der Himmelskönig die Fülle des Haares auf dem Haupte und läßt als Königstracht sein Haar reich herniederhängen. Ein weiter, wallender, schwarzer oder dunkelblauer Mantel fliegt um seine Schultern: man erkennt darin leicht das nächtliche, wolkenbezogene Himmelsgewölbe wieder; darum heißt Odin Heklumann »Hackelberend«. Tief in die Stirn ist sein breitkrempiger Schlapphut gedrückt, der Wolken- oder Nebelhut: Hött »Hut«, Sidhött »Schlapphut«. Schrecken geht vor ihm: Skilfing »der Erschrecker«; von den heftigen Windstößen trägt er den Namen Hnikud oder Hnikar »Stoßer«, von ihren verderblichen Folgen: Geigud »Schädiger«, Bölwerk »Übeltäter«, von ihrem Heulen: Hropt »Rufer«, Hrjot »Brummer«, Jalfud »Rauscher«, Brimafeng »Brandungsverursacher«, Hjaldrmognud »Geräuschemacher«, Thund »Lärmer«; Dörrud »Beber«, Wafud »der hin und her Schwebende« bezeichnen ihn einfach als Windgott.

Altgermanische Vorstellung muß Odins Einäugigkeit sein; nur darf man sie nicht aus dem Tageshimmel, sondern eher aus dem nächtlichen Himmel erklären: der unter den Wolken hervorzuckende Blitzstrahl erinnert an das Leuchten eines von einer Wolke als einem Hute beschatteten Auges, oder man denkt an das Ochsen- oder Sturmauge, die runde Öffnung einer sturmverkündenden Wolke. Vielleicht meint Odins

Beiname Har ursprünglich einäugig (gotisch Haihs) und hat die Bedeutung »der Hohe« erst spät erhalten. Bei SAXO ist Odin ein alter Mann, auf einem Auge blind. Als ein Greis, außergewöhnlich groß, aber einäugig, in einem rauhen Mantel, lehrt er Harald die Kriegskunst. Als Gest, der Blinde, besucht er König Heidrek. Als alter, einäugiger Bauer nimmt er Hrolf Kraki auf. Nach junger Sage fährt eine Riesin in die Unterwelt und findet den König der Finsternis, der ihr als Odin erscheint, denn er war einäugig. Die Erinnerung an Odins Einäugigkeit hat sich lange in die christliche Zeit hinein erhalten. Noch um 1180 ruft THORBJÖRG, indem sie dem Sturla Thordarson nach dem Auge stößt: »Warum soll ich dich nicht möglichst ähnlich dem machen, dem du möglichst ähnlich sein willst? das aber ist Odin.«

Wie Wodan in Deutschland, so stürmt Odin im Norden auf seinem schnellen Rosse durch die Luft, in der Hand den Speer. Odin heißt Atrid »der (zum Angriff) Herbeireitende« und Frarid »der hurtige, rasche Reiter«. Sleipni »Läufer, Springer« ist der Name des Rosses.

Der Reiter zu Pferde wird in den Volksrätseln häufig durch die Zahl der summierten Glieder gekennzeichnet; indem dafür Odin und sein achtbeiniges Roß eingesetzt wurde, entstand eine hübsche Pointe mit einem überraschenden Zahlenverhältnis: Odin fragt König Heidrek: »Wer sind die zwei, die zehn Füße haben, drei Augen, doch einen Schwanz?« Aber der König ist um die Deutung nicht verlegen: »Das war damals, als Odin das Roß Sleipni ritt; dieses hatte acht Füße, Odin aber zwei, und sie hatten zusammen drei Augen, Sleipni zwei, Odin aber eines.«

Man dichtete Sleipni doppelt soviel Beine an wie einem gewöhnlichen Pferde, um seine zauberhafte Schnelligkeit zu bezeichnen. Nach natursymbolischer Auslegung ist Sleipni der Wind, auf dem Odin einherstürmt. Der Weltbaum wird »Esche des Rosses Odins« genannt, und Sleipni selbst wird umschrieben mit »Roß des Furchtbaren, des Ygg«. Die acht Beine weisen auf die acht Richtungen der Windrose hin; zwischen den Ästen des äthergewohnten Baumes hat der Gott sein Windroß bei ruhigem Wetter angebunden und läßt es daselbst traben und weiden. Ein seltsames, aber echt nordisches Bild.

Wie in Deutschland der Rodensteiner, wenn ein Krieg bevorsteht, bei grauender Nacht aus seinem Schloß auszieht, mit Roß und Wagen, mit Heer und Hunden, in lustigem Getös und Jagen, hörbar, aber nicht sichtbar, so glaubten die Schweden, Odin lasse sich oft vor dem Beginne großer Kriege sehen. Eine Königssage des 13. Jahrhunderts aus Norwegen erzählt:

Es geschah eines Abends, daß ein Mann zu einem Schmied geritten kam, ihn um Herberge bat und ihn sein Pferd beschlagen hieß. Der Hauswirt sprach, das könne wohl sein; sie standen auf, als es noch lange vor Tag war, und fingen an zu schmieden. Der Wirt fragte: »Wo warst du die vorige Nacht?« »Nördlich in Telemarken«, sagte der Gast. Der Schmied sprach: »Du mußt ein gewaltiger Lügner sein, denn das kann unmöglich wahr sein.« Da begann er und schmiedete, aber die Arbeit gelang ihm nicht, wie er wollte. Er sagte: »Nie ging es mir früher so mit dem Schmieden.« Der Gast sprach: »Schmiede du so, wie es selber werden will«, und es wurden darauf größere Hufeisen, als er vordem gesehen hatte, und da sie dem Pferde paßten, beschlugen sie es. Da sprach der Gast: »Du bist ein unverständiger und unweiser Mann, warum fragst du um Nichts?« Der Schmied sagte: »Was für ein Mann bist du? Woher bist du gekommen? Wohin willst du gehen?« Er antwortete: »Vom Norden bin ich aus dem Lande hergekommen, und hier habe ich mich nun lange in Norwegen aufgehalten, und ich habe jetzt vor, südwärts ins Schwedenreich zu fahren, und lange bin ich jetzt auf Schiffen gewesen, aber nun muß ich mich auf einige Zeit ans Pferd gewöhnen.« Der Schmied sprach:

»Wohin gedenkst du heute abend?« »Weit, weit nach Süden«, sagte er. »Das kann nicht wahr sein«, sagte der Hauswirt, »das kann man kaum in sieben Tagen reiten.« Er stieg da aufs Pferd. Der Wirt fragte: »Wer bist du?« Er entgegnete: »Hast du den Odin nennen hören?« »Ich habe ihn nennen hören.« »Hier kannst du ihn jetzt sehen, und wenn du dem nicht glaubst, was ich dir gesagt habe, da sieh nun, wie ich mit meinem Pferd über den Zaun setze.« Das Pferd hufte da. Er gab ihm die Sporen, und das Pferd setzte über den Zaun und berührte ihn nicht; sieben Ellen hoch war der Zaun, und er sah ihn seitdem nicht mehr. Vier Tage später aber fand eine große Schlacht statt.

Ebenso erscheint Odin, wenn er auch nicht ausdrücklich genannt wird, auf seinem grauen Rosse kurz vor der Ermordung des edlen NJAL am 3. September 1011:

Ein Mann ging in der Nacht ins Freie und hörte ein Gekrach, so stark, daß ihm Himmel und Erde zu beben schienen. Er sah einen feurigen Ring, und im Ringe einen Mann auf grauem Rosse. Dieser Mann ritt kräftig und sauste darum schnell daher. In der Hand führte er einen lodernden Feuerbrand. Der Mann ritt so nahe an den Zuschauer, daß dieser ihn deutlich erkennen konnte und sah, daß er schwarz wie Pech war; auch hörte er ihn folgende Strophe mit kräftiger Stimme sprechen:

Ich reite ein Roß
mit reiffarbiger Mähne
mit nassem Stirnhaar,
ein Böses stiftendes.
Glut ist an den Enden,
Gift ist in der Mitte.

Dann schien es ihm, als ob der Reiter den Brand ostwärts nach den Bergen vor sich hin werfe, und als ob so großes Feuer dagegen emporstiege, daß er gegen das Gebirge hin vor sich nichts sah. Der Mann schien ihm ostwärts unter das Feuer zu reiten und dort zu verschwinden. Darauf ging der

Zuschauer ins Haus zurück zu seinem Lager und verfiel in langandauernde Bewußtlosigkeit. Dieser »Geisterritt« aber deutete auf wichtige Ereignisse.

Wie Baldr einen mit zwei Pferden bespannten Wagen besitzt, wie Frey, Frotho und die Odinssöhne im Wagen fahren, so heißt Odin selbst »Freund der Wagen«. Bei den alten Göttern und den alten Königen kehrt gleichmäßig der Zug wieder, daß sie zu Wagen gereist sind.

Den nächtlichen Gott des Sturmes umbellen Hunde, die Windstöße, und Raben, die unheimlichen Vögel der Nacht, umflattern ihn.

> Schwarz, wie ein Rabenflügelpaar,
> Schlägt wild im Sturm sein nasses Haar. (IBSEN, Brand)

Wohl kennt die Volkssage noch heute die Hunde als seine Begleiter, aber dem kriegerischen Gotte ziemen mehr die Tiere des Walfeldes. Wenn die Schilde ertönen, freut sich der schlanke Wolf im Walde und der wolkendüstere Rabe; denn sie beide wissen, daß ihnen die Kriegerscharen Gefallene in Fülle verschaffen; ihnen fliegt auf feuchten Schwingen der Adler eilend nach, Aas verlangend, und der Schwarzgekleidete, Horngeschnäbelte singt das Schlachtlied. Geri »der Gierige« und Freki »der Gefräßige« heißen Odins Wölfe, die zu seinen Füßen in Walhall kauern; ihnen gibt er die Speise, die auf seiner Tafel steht; denn er selbst bedarf keiner Nahrung; Wein – die nur großen Königen erreichbare Einfuhrware – ist für ihn zugleich Speise und Trank. Diese ganze Angabe ist deutlich nicht Volksmythus, sondern individuelle Dichtererfindung.

Fester wurzeln im Bewußtsein des Volkes die Raben, nach denen Odin »Rabenase«, »Rabengott«, »der die Raben Befragende« heißt; von seinen Schultern fliegen zwei Raben, Hugin zu den Gehängten, Munin zu den Leichen.

HAKON JARL, der mit besonderer Ergebenheit Thorgerd, Irpa und Thor verehrt, der ersteren sogar seinen Sohn opfert, betet doch auch zu Odin. Auf seiner Rückreise von Dänemark im Jahre 974 kam er nach Gautland, um von da weiter über Land zu reisen. Da veranstaltete er ein großes Opfer, um ein günstiges Vorzeichen zu bekommen. Da kamen zwei Raben geflogen und schrieen laut. Das nahm der JARL für ein Zeichen, daß Odin das Opfer angenommen, und es sei für ihn Zeit und Stunde, zu fechten.

Noch im Jahre 1016 führte das dänische Heer in der Schlacht bei Ashington, durch die England unter die Krone KNUD DES GROSSEN kam, das alte Rabenbanner. In der Nacht vor der Schlacht auf Gratahede im Jahre 1157 rät Herzog KNUD seinem Sohne WALDEMAR im Traume, da seine Scharen zu versammeln, wo am andern Morgen die Raben hinflögen.

Die Sprache der Vögel zu verstehen gilt als höchste Weisheit. Sie setzen sich auf die Schultern ihres Lieblings und raunen ihrem Günstling jede Kunde ins Ohr. Daraus schuf die nordische Dichtung, deren abstrakte Namen schon ihren späten Ursprung verraten, die wunderschöne Vorstellung:

Auf Odins Schultern sitzen zwei Raben, die ihm alle Begebenheiten, die sie sehen oder hören, ins Ohr sagen: sie heißen Hugin »der Gedanke« und Munin »das Gedächtnis«. Diese sendet Odin früh am Morgen aus, um durch die Welt zu fliegen, und zur Frühstückszeit kehren sie zurück: auf diese Weise wird der Gott allwissend. So heißt es im Liede:

> Über Midgard müssen
> Munin und Hugin
> fliegen Tag aus, Tag ein;
> ich fürchte, daß Hugin
> heim nicht kehre,
> doch sorg' ich um Munin noch mehr.

Zur altertümlichen Ausrüstung des Gottes gehört sein Speer: es ist der Blitz, den er aus der dunklen Wolke hervorschleudert. Aber frühzeitig ward die Waffe Symbol des Toten- und Schlachtengottes. Er heißt Gungni; heilige Runen sind auf seine Spitze eingeritzt. Ihn schleudert Odin und schießt ihn unter das Volk bei dem ersten Kriege, dem der Asen und Wanen, ihn schwingt er in der Hand, als er beim letzten Kampfe gegen den Wolf losstürmt. Kunstreiche Zwerge haben ihn geschmiedet, und wie die unwiderstehliche Waffe, die im Märchen so oft vorkommt, hält der Speer niemals im Stoß inne.

In vielen Berichten lebt der Speerwurf als Symbol der Ankündigung des Krieges fort. Aus seinem Flug ergab sich ein Anzeichen über den Ausgang der Schlacht. Durch seine Entsendung ward das gesamte feindliche Heer dem Walgotte geweiht. Odin hebt gegen Sigmund den Speer empor, und als der König kräftig haut, trifft das Schwert auf den Speer, zerspringt in zwei Stücke, und der König fällt. Odin tritt Asmund mit seinem Speer entgegen, und der König stirbt mit 3000 Mann.

Der Gerwurf ist die menschliche Nachbildung des vernichtenden Blitzes, den der Gott entsendet. In der Erzählung von König Eirik läßt der Gott sogar dem Wurfe seines Günstlings, der mit der Weihung des feindlichen Heeres als Opfer Odins verbunden war, den Wurf seiner eigenen Waffe, des Blitzes, als Gnaden- und Hilfszeichen folgen. Man opferte auch einzelne Männer Odin, indem man sie mit dem Speere durchbohrte, oder sogar, indem man sie bloß vor ihrem Tode mit der Speerspitze ritzte. Indem der Krieger durchbohrt oder unmittelbar vor seinem Tode mit der Speerspitze geritzt wurde, empfing er das heilige Mal, das den Toten als Odins Opfer bezeichnete, als Opfer dessen, der von den Helden »Herr der Speere« genannt wurde. Besonders war es das Blut der Menschen und Tiere, das der Gott empfing. Die Unterirdischen dürsten nach dem Blute. »Gauts [Odins] Opfer« war deshalb Dichterausdruck für das Blut.

In der heutigen Volkssage Deutschlands und Skandinaviens erscheint der Gott in einer Gestalt, die völlig verschieden ist von der Auffassung der systematisierenden Mythologen des 12. und 13. Jahrhunderts. Aber die Übereinstimmung der Volksüberlieferung in beiden Ländern gibt uns die Gewähr ihrer Echtheit und Ursprünglichkeit. Die Nachtseite Wodans-Odins als Herrn der Unterwelt, der Nacht, des Todes ist mit erstaunlicher Zähigkeit bis auf die Gegenwart erhalten geblieben. Der Sturm- und Nachtgott in dunklem, weitem Mantel und mit tief herabhängendem Schattenhute tobt mit seinem nächtlichen Heere durch die Lüfte, von heulender Meute umtost, und verfolgt oder tötet eine Frau oder Tiere, wie Roß, Rind, Eber, Hirsch. Er ist der Gebieter der dunklen Wolken, den die Winde umheulen, der die Nacht über den Himmel treibt, der die Sonne jagt und zerreißt; aber die Sonnenwesen werden immer wieder lebendig, und immer von neuem beginnt die Nachtjagd. Denn die Sonne stirbt nicht, sie wird jeden Morgen neu geboren, um jeden Abend wieder zu vergehen.

Das Treiben der Herden wie das Erlegen der Tiere ist ein Ausdruck für das Verschwinden der Sonne am Abend: Odin als Nachtjäger vernichtet die Sonne. So wird auch der Mythus von Sährimni erklärt: Odin und die Geister der Abgeschiedenen verspeisen ihn in seinem unterirdischen Reiche zur Nachtzeit, aber immer wächst er wieder – der Sonneneber kommt täglich immer neu herauf.

Eine eigenartige Prägung hat nach einer schönen Vermutung die Tötung der Sonnenfrau im Mythos von Gullweig erfahren. Gullweig »mit des Gottes Kraft begabt« ist die Göttin, deren Tränen Gold sind, die schmuckfrohe Menglöd, die goldige Wanengöttin Freyja selbst. Odin hat sie in seine Halle, d.h. die Unterwelt getrieben und sie mit Gerwürfen und -stichen und dem unterirdischen Feuer scheinbar getötet, aber trotzdem wird sie immer wieder neu geboren. Dieser Mythos von der Verfolgung der Sonnengöttin durch den gerschwingenden Odin ist dann, dichterisch veredelt, in den Mythos vom Wanenkriege verwebt.

Wie hinter der Sonnenfrau, so jagt der nächtliche Gott auch im Sturmgebraus hinter andern weiblichen Wesen her. In Dänemark verfolgt Un (zusammengezogen aus Oden) seine Buhle, die mit langen, großen Brüsten ausgestattet ist, und wenn er sie nicht erreicht, so ist sie erlöst; wenn er sie aber erlegt, hängt er sie, mit ihren langen fliegenden Haaren zusammengeknüpft, quer über sein Roß; bei ihrer Flucht ist sie immer kleiner und kleiner geworden, bis sie zuletzt nur noch auf den Knien läuft. Die langen gelben Haare deuten auf das gelbgewordene, durch den Sturmgott im Herbste von den Bäumen gejagte Blättergrün; bezeichnend heißt der Verfolger auf Moen Grönjette »Vernichter des Grüns«. Das gejagte Weib aber ist die Personifikation der ganzen Vegetation, deren üppige Nahrungskraft und Zeugungsfülle durch die ungeheuren Brüste angedeutet wird, im Herbste wird sie von Tag zu Tag kleiner. König Oden verfolgt als nächtlicher Jäger auch die Waldfrauen.

An einem Jäger, der nachts auf dem Anstand lag, floh eine Waldfrau vorbei mit großen, über die Achseln geschlagenen Brüsten, und das herabfallende Haar flatterte wild hinter ihr im Winde. Die Jagd geht über Wald und Berg, wie Vogelflug oder Sturmeswehen, ihr folgte ein Jäger mit zwei pechschwarzen Hunden. Bald kam Oden von der nächtlichen Fahrt zurück und hatte das Wildbret erlegt. Die Beine des Weibes hatte er über die Schultern geworfen, ihr Haupt und ihre Brüste schleppten auf dem Boden nach und troffen von Blut, das die Hunde begierig aufleckten.

Aber der grimme Gott der Nacht, des Todes und der Unterwelt – Ygg, Yggjung »der Schreckliche« heißt er deswegen – beschützt auch das Gedeihen der erdentsprossenen Pflanzen, der Ernte und der Herden. In Schonen und Blekingen ließen die Schnitter eine Garbe für Odins Pferd auf dem Acker stehen. Auf der Insel Moen warf man, wenn eingeerntet wurde, die letzte gebundene Hafergarbe auf den Acker mit den

Worten: »Das ist für Odin, das soll er haben Julabends für sein Pferd!« Taten das die Leute nicht, so starb ihr Vieh; auch fürchteten sie, daß sonst der erzürnte Gott die Saaten niedertreten würde. Odin läßt in einer Nacht einen Acker hervorwachsen und heißt den seiner Hut empfohlenen Knaben mitten im Getreidefelde eine Ähre und in der Ähre ein Gerstenkorn sein.

Zur Zeit des Königs Domaldi war in Schweden große Hungersnot ausgebrochen, und die Plage wollte gar nicht aufhören. Den ersten Herbst opferten sie in Uppsala Ochsen, als es aber nichts half, den zweiten Herbst Menschen. Im dritten aber wurde auf die Beratung der Häuptlinge der König selbst dem Odin geopfert und mit seinem Blute dessen Altar besprengt. Ebenso erging es dem König OLAF TRETELGJA »Holzaxt«, der die Waldungen hatte ausroden lassen. Auch ihm ward die Schuld beigemessen, als in Wermland eine Hungersnot entstand; denn die Schweden pflegen ihren Königen Fruchtfülle und Fruchtmangel zuzuschreiben. OLAF hatte den Göttern nur wenig geopfert. Das verdroß die Schweden und schien ihnen die Ursache der teuern Zeit. Sie sammelten ein Heer, zogen gegen den König, umringten sein Haus und verbrannten ihn darin. Auf diese Weise gaben sie ihn dem Odin und opferten ihn für sich zu einem guten Jahre.

Weil nach der einfachen, volkstümlichen Auffassung die Seelen der Abgeschiedenen als Luftgeister im Winde daherfahren, wird der Windgott auch »Walvater, Walgott, der die Wal Erkiesende«, nach jüngerer Auffassung »Herr der Gespenster«, und weil Männer dem Odin durch Erhängen geopfert wurden, hieß er »der Gott der Gehenkten«, »Herr der Galgen«. Er ließ seine Raben zu den Gehenkten fliegen oder ging selbst hin zum Galgen und zwang durch Zauber den Gehenkten, mit ihm zu sprechen. Die Strafe des Hängens hatte er selbst geheiligt, indem er, um die Runen zu finden, neun Nächte lang am Baume hing. In der rührenden Totenklage um den ertrunkenen Sohn klagt Egil: »In ihm war keine Anlage zu einem schlechten Manne, wenn es ihm beschieden gewesen wäre, heranzureifen, bis Odins Hände ihn hinwegnahmen; nun aber ist er zu früh ins Luftreich gelangt, um die früher gestorbenen Verwandten zu besuchen.«

Bei Windstille haust der Totengott in seinem unterirdischen Reiche, dem Innern der Berge. Er nennt sich daher »der Mann vom Berge«, »Felsengott« heißt er bei den Skalden. Bei dem Berge, in dem Odin wohnt, werden Eide abgelegt. Onsberg auf der dänischen Insel Samsö und Odensberg in Schonen sind nach Odin benannt: auch die norwegische wilde Jagd, die Aaasgaardsreia hat im Kviteberg (Weissenfels) in Telemarken ihren Aufenthalt, wenn sie nicht umzieht.

Als Totengott verlangt Odin Seele um Seele. Wer sein Leben verlängern wollte, mußte ihm ein anderes Leben dafür opfern:

Der Schwedenkönig Aun war sechzig Jahre alt, als er in Uppsala den Thron bestieg. Er hatte neun Söhne. Er stellte ein großes Opfer an und flehte um ein langes Leben, und gab seinen Sohn an Odin, und der wurde geopfert. Aun erhielt darauf von Odin die Antwort, daß er noch 60 Jahre leben würde, und als er nach Ablauf dieser Frist den zweiten seiner Söhne opferte, gab Odin zur Antwort: er solle so lange leben, wie er jedwedes zehnte Jahr einen seiner Söhne dem Odin opferte; ferner, daß er einen Landstrich seines Reiches nach der Zahl seiner Söhne, die er Odin opfere, benennen sollte. Aber als er seinen siebenten Sohn geopfert hatte, da lebte er zehn Winter, so daß er nicht gehen konnte, da wurde er auf einem Stuhle getragen. Dann opferte er den achten Sohn und lebte wieder zehn Winter, da lag er im Bette. Dann opferte er den neunten seiner Söhne und lebte noch zehn Winter und trank aus dem Horne wie ein kleines Kind.

In dem norwegischen Märchen »der siebente Vater im Hause« gelangt ein Mann zu einem Greise, dessen Vater, Großvater, Urgroßvater, Ururgroßvater, Urururgroßvater,

Urururgroßvater, Ururururgroßvater noch am Leben sind. Der Zweitälteste liegt in einer Wiege, so zusammengesunken, daß er nicht größer ist als ein neugeborenes Kind; der Urahn aber hängt in einem Trinkhorn an der Wand und ist wie ein Aschenhäufchen, das Ähnlichkeit mit einem menschlichen Gesichte hat.

Odin, der als Kriegs-, Sieges- und Zaubergott sich rühmt, durch einen Zaubervers bewirken zu können, daß die Schwerter der Feinde stumpf werden, ihre Waffen nicht schneiden, daß seine Schützlinge zum Treffen gesund, vom Treffen gesund reiten, der in der Schlacht seine Feinde blenden, betäuben und mit Entsetzen schlagen kann, schenkt dem HARALD HILDETAN die Gabe, daß Waffen ihm nichts anhaben; dafür verspricht dieser dem Odin alle Seelen, die er mit seinem Schwerte vom Körper scheide.

Wie bei den Indern, Persern und in anderer Weise auch bei den Kelten entwickelte sich auch bei den Germanen die Vorstellung von einem neuen Leben nach dem Tode, über oder auf der Erde. Schon die Germanen des Ariovist waren im Kampfe deswegen so mutig und verachteten den Tod, weil sie an ein Wiederaufleben glaubten. Natürlich vollzog sich dies neue Leben nicht im Dunkel der Erde, sondern in der Nähe des Gottes, in dessen Dienste sie gefallen waren. Uralte Vorstellung der germanischen Völker war der Glaube, daß Wodan-Odin ein Heer um sich sammle und daß dieses Heer in seiner himmlischen Burg seine Gefolgschaft bilde. Nach alter germanischer Annahme besaß Wodan und Frigg in den hellen Lufträumen einen Saal; von dort aus pflegte er nach der langobardischen Sage des Morgens aus dem Fenster gen Morgen auszublicken, und dieser Platz ist im Grunde wohl identisch mit Odins Hochsitz Hlidskjalf (Türbank). Die Behauptung, daß Wodans unterirdisches Haus, das die Deutschen als Berghöhle sich dachten, im Norden unter dem Einflusse der Wikingerzeit zur kriegsfürstlichen Halle umgedichtet sei, zur

»Totenhalle«, Walhall, darf keineswegs als ein unumstößliches Dogma gelten. Walhall ist die Halle für den Haufen der Erschlagenen, und der erste Teil des Wortes ist gemeingermanisch; ein angelsächsisches Zeugnis aus dem 8. Jahrhundert beweist, daß die Germanen schon lange vor den Wikingerzügen Walküren kannten.

In Walhall wohnt »Odins Geschlecht«, die Helden, die auf Erden die Krone des Nachruhms tragen; daß sie aber zu Göttern, zu Asen erhoben wurden, ist in geschichtlicher Zeit wenigstens nicht nachweisbar. Die »Männerauslese« kommt nach Walhall, ihre bevorzugten Lieblinge, die »ausgezeichneten Kämpfer« (Einherjer), holen die Götter heim. Sprößlinge des alten Königsgeschlechtes, wurden sie Odin schon in der frühesten Jugend geweiht, im Schlachtopfer durch den Gott selbst oder seine Sendboten nach Walhall erhoben, um hier an seinem heitern Leben und an seiner Machtbefugnis teilzunehmen. König Geirröd geht der Huld Odins verlustig und findet einen unrühmlichen Tod. »Viel verlorst du, Fürst, ruft ihm der Gott zu, da dir alle Einherjer und Odin selber Hilfe und Huld versagen; viel hast du damit eingebüßt, daß du nicht zu meiner Gefolgschaft gehörst.« Als HAKON, auf der Walstatt gefallen, von Odins Mädchen heimgeholt wird, verkündet die Walküre: »Jetzt mehrt sich die Gefolgschaft.« Stolz preisen die Dichter die Fülle der Helden, die sich um Odin als Gefolgsherrn schart.

Zwar ist auch Hel wie die Halle eines Königs geschmückt und glänzt von Gold und Waffenschmuck wie Walhall, aber in Walhall wohnen die »Asensöhne«, in Hel hausen die Untiere. Zu Hels ausgedehnten Wohnungsanlagen führt der Helweg über den Totenfluß bis zur Helpforte, wie bei der Walpforte der über einen Fluß führende Pfad mündet, auf dem die Gefallenen nach Walhall ziehen. In Hel waltet trotz allen Prunkes ein unheimliches und beschränktes, in Walhall ein erhöhtes und adelsfreies Leben. Dort ist das Los der Bewohner Lebensbeschränkung, hier verleiht ihnen Odin Lebenserhöhung. Odins Burg liegt im Himmel auf grünender Flur, Utgard unter der Erde in ewigem Winter.

Mit ihrem Vater Odin sind seine »Söhne«, »Wunschsöhne« in den Himmel gekommen, und wie der Fürst auf Erden, sammelt sich der Götterfürst im Himmel eine Gefolgschaft und vereinigt seine Mannschaft in der Halle zum Biertrunke. Wie die Frau und Tochter des Hauses im Kreise irdischer Zecher, reichen Walküren das Horn mit Met gefüllt: »Wunschmädchen walten dort hehr, Wotans Tochter reicht dir traulich den Trank«, ruft Wagners Brünnhild dem Todgeweihten Siegmund zu. Das Leben in Walhall ist ein Abbild des Lebens, wie es sich auf Erden am Hofe des germanischen Königs gestaltet: reichliche Kost am Tische des Herrschers, der beim Mahle selbst den Hochsitz einnimmt, guter und reichlicher Trunk, endlich tägliche Kampfspiele. So konnte SNORRI STURLUSON einen seiner Säle, so konnte ATLI seine Königshalle geradezu mit dem Namen Walhall belegen. Und wie die Königshalle im Beowulf, so hat Walhall als Giebelschmuck ein Hirschgeweih, was späteren Skalden Anlaß zu einer seltsamen Dichtung gab. Wie ein irdischer Häuptling durch die Aufnahme eines geringeren Mannes in sein Dienstgefolge zugleich dessen Tüchtigkeit ehrt und belohnt, sich selber aber den Vorteil seines Dienstes verschafft, so ist die Aufnahme in Odins himmlische Halle eine Belohnung des tapferen Erdenlebens; zugleich aber »wächst durch sie die Schar der Götter«, die ihrer Hilfe für die letzte Schlacht bedürfen; aber eine so große Schar dort auch versammelt ist, beim Kampfe gegen den Fenriswolf erscheint sie doch zu schwach.

Heiliger Gottesfriede herrscht in der irdischen wie in der himmlischen Königshalle: Walhalls Höh ist ein geweihter Tempel. Und wie in der Nähe des Königshofes der Tempel und der heilige Hain liegt, so breitet sich vor Walhalls Toren der Hain Glasi aus (der Glänzende); seine Blätter erglänzen von lauterm Golde, er ist der schönste Wald bei Göttern und Menschen.

Das Alter des Walhallglaubens ist darum so schwer zu bestimmen, weil sich in der nordischen Dichtung zahlreiche Widersprüche über den Aufenthalt der berühmtesten Helden nach ihrem Tode finden. Auch wer nicht gemeingermanische Vorstellung annehmen will, sollte wenigstens zugeben, daß dieser Glaube nicht erst ein Ergebnis der Wikingerzeit sein kann. Das erste nordische Zeugnis für Hel stammt etwa aus dem Anfange des 9. Jahrhunderts, das für Walhall ist nur wenig jünger; fortan ziehen sich die Zeugnisse für beide ziemlich gleichmäßig durch die Literatur. Innerhalb des Nordens sind also beide Vorstellungen von Anfang an bezeugt. Walhalls ideales Kriegerleben kann man sehr gut aus den nordischen Verhältnissen erklären. Ein Leben, das wie das der Nordleute voll war von Leiden, Entbehrungen und Mühsalen, Kriegen und Kämpfen, mußte die Sehnsucht nach einem höheren und besseren Sein hervorrufen, und diese Sehnsucht schafft Ideale und damit zugleich Vorstellungen von einem goldenen Zeitalter der Vergangenheit: so entstand Walhalls Kriegerparadies.

EIRIK BLUTAXT war im Jahre 954 in England im Kampfe gegen Olaf gefallen, und mit ihm fünf andere Könige und eine große Menge geringeren Volkes. Seine Gemahlin GUNNHILD ließ von einem uns unbekannten Dichter auf EIRIKS Tod ein Ehrenlied dichten (Eiriksmǫ̂l):

»Was sind das für Träume, sprach Odin. Ich glaubte vor Tage mich zu erheben, um Walhall zu bereiten für gefallene Krieger; ich weckte die Einherjer, hieß sie aufstehen, die Bänke mit Polstern belegen, die Biergefäße scheuern; den Walküren gebot ich, Wein zu bringen, als ob ein König käme. Ich erwarte aus der Welt einiger berühmter Helden Ankunft: so freudig ist mir das Herz. Was donnert, Bragi, wie wenn sich tausend bewegten oder eine gewaltige Menge?« Bragi sprach: »Es kracht alles Bankgetäfel, wie wenn Baldr wieder kommen wollte, zurück in Odins Saal.« »Töricht redest du, kluger Bragi, obwohl du sonst manches weißt: Für Eirik donnert es, der herein wird kommen, der Herrscher in Odins Saal.« Und sich zu den beiden Helden aus dem Wölsungengeschlechte wendend, fuhr Odin fort: »Sigmund und Sinfjötli, erhebt euch rasch und gehet entgegen dem König! Ladet ihn hier herein, wenn es Eirik ist: seiner ist mir sichere Erwartung.« »Warum erwartest du, sprach Sigmund, den Eirik eher als andere Könige?« »Weil er in manchem Lande, sprach Odin, die Waffen gerötet hat und blutiges Schwert getragen.« »Warum verliehst du ihm nicht den Sieg, wenn er dir tapfer zu sein schien?« warf Sigmund ein. »Weil es ungewiß ist, zu wissen, wann der graue Wolf sich umsieht nach dem Sitze der Götter [d.h. der Fenriswolf lauert schon auf den Augenblick, wo er, frei der Fesseln, zum letzten Kampfe gegen die Götterwelt stürzen wird; darum muß sich diese durch Aufnahme tapferer Helden verstärken].« »Heil dir nun, Eirik, sprach Sigmund, sei hier willkommen und tritt in die Halle, du Tapferer! Das will ich dich fragen: wie viele Könige folgen dir aus dem Schwertgetümmel?« »Fünf Könige sind es«, sagte Eirik, »ich nenne dir die Namen aller: ich selbst bin der Sechste.« Damit bricht das Gedicht ab.

Das Lied auf EIRIK wurde von dem letzten bedeutenden norwegischen Skalden EYWIND SKALDASPILLI (= Skalden-Übertreffer) in seinem Lied auf Hakon kurz nach 960 nachgeahmt (Hákonarmǫ́l). Obwohl HAKON DER GUTE selbst Christ war, bewies er doch seinen heidnischen Untertanen die größte Nachgiebigkeit, er aß mit ihnen vom heidnischen Opferfleisch und trank auch alle Weihebecher, ohne das Kreuz darüber zu schlagen. Seine Neffen, Eiriks Söhne, überfielen ihn, und König HAKON mit den meisten seiner Mannen starb. »Darauf brachten seine Freunde seine Leiche nach Säheim und warfen dort einen großen Hügel auf und legten den König darein mit seiner vollen Bewaffnung und mit seiner besten Kleidung, aber kein anderes Gut. Sie sprachen dann über seinem Grabe die Weihesprüche, wie es die Sitte der Heidenleute mit sich brachte, und wiesen ihn nach Walhall.« Wie der christliche König in heidnischer Weise in den Hügel gelegt, unter heidnischen Gebeten bestattet und ohne weiteres gen Walhall gewiesen wird, so läßt ihn auch der Skald und Streitgenosse des Königs unbedenklich von den Walküren auf Odins Geheiß dahin abholen, von den heidnischen Göttern selbst empfangen und fortan in aller Herrlichkeit mit den Asen des Bieres sich freuen; ja, es blickt sogar an einigen Stellen des tief empfundenen Liedes geradezu der Dank für des Königs Verfahren gegenüber dem alten Götterglauben hervor. Für uns ist das Gedicht noch darum von besonderem Interesse, weil es die Vorlage für Brünnhilds Todkündigung an Siegmund bei RICHARD WAGNER geworden ist.

Die Ladung der Helden nach Walhall erfolgt durch Odin selbst oder durch die Walküren. Sie sendet er in die Schlacht; dort wählen sie die Männer aus, die dem Tod erliegen sollen, und verleihen den Sieg. Drei von ihnen reiten immer, um die auszuwählen, die fallen sollen, und um über den Sieg zu entscheiden. Sie lenken also nach Odins Geheiß die Entscheidung und küren die Gesamtheit der Krieger, die sterben sollen; sie nehmen die dem Walgotte gelobten und gebrachten Menschenopfer in Empfang.

Die Walhall-Walküren (Herjans Mädchen, Herjans göttliche Jungfrauen) sind gewiß die am meisten spezialisierten und am wenigsten volkstümlichen Gestalten, wenn sie auch im Norden das Glanzstück der Skaldendichtung geworden sind. Aber ihre elementare Grundlage wie ihr Name ist urgermanisch. Zudem kennt der gesamte Norden bis nach Island hin sie bereits im Beginne der literarischen Zeit in derselben festen Rolle als Odins besondere Dienerinnen, und diese allgemeine Verbreitung ist bei der Annahme unmöglich, daß die heldenhaften Frauen, die in der Wikingerzeit am Schicksale der Schlachten persönlich teilnahmen, erst im 9.–10. Jahrhundert durch einen »galanten« Zug der Männer in die Dichtung gekommen seien. Allein das angelsächsische Zeugnis des 8. Jahrhunderts »eurynis-walcyrge« bietet eine sichere Gewähr dafür, daß die Germanen schon lange vor der Wikingerzeit Walküren kannten, und wenn die Form nicht als deutsch gelten soll, sondern von Dänemark nach England übertragen ist, so ist mindestens für das 8. Jahrhundert der Walkürenglaube im Norden erwiesen.

Die Walküren walten über Sieg und Tod; in Walhall aber reichen sie den Einherjern das Horn. Sie lehren aber auch Weisheit, wie Brynhild den Sigurd Runen lehrt, und sie rufen zu Heldentaten auf. Von Odin beseelt, wecken sie den schlummernden Heldengeist der Jünglinge, geben ihren Günstlingen Rat und Lehre und umschweben sie schirmend in der Schlacht. Ihr Bestreben ist, nach einem schönen Worte, die dämmernde Jünglingsseele mit geistigem Feuer zu durchflammen. Sigurd hat die aus dem Schlummer geweckte Walküre gebeten, ihn mit Wissen auszurüsten. Unter feierlichem Ritus willfahrt sie seinem Wunsche. Nachdem der Zaubertrank durch Gebet und Bitte um Worte und Weisheit und Heilkraft gesegnet worden ist, trinkt Sigurd den Zaubermet und ist dadurch in den Stand gesetzt, selber in das geheimnisvolle Spiel des naturbeherrschenden Runenzaubers einzugreifen.

Odin ist der Erfinder der »Schnauze des Ebers« (Rani), d. h. der keilförmigen Spitze der nach dem Eberkopfe Swinfylking zubenannten Schlachtordnung, in der schon die Germanen des Ariovist gestritten hatten, und heißt darum selbst Rani. Er lehrt Hadding diese Art, das Heer aufzustellen; dann nimmt er einen Bogen, der zuerst sehr klein erscheint, dann sich aber ausdehnt, und legt zehn Pfeile an die Sehne, die mit einem Mal ebenso viele Feinde verwunden. Für gewöhnlich gilt Ull, Odins Sohn, als bester Bogenschütze. Mit dem anwachsenden Bogen ist der Speer zu vergleichen, der wie ein Rohrstengel aussieht, und mit dem Starkad den Wikar tötet, ferner der Rohrstengel, der sich bei König Eirik als tödlicher Speer erweist, sowie der Mistelzweig, der dünn erscheint, aber in Höds Hand den Baldr tötet. Als Windgott vertreibt Odin durch Sturmgewölk den Regen, den Haddings Feinde durch Zauberlieder heraufbeschwören. Ebenso lehrt er den Harald Hildetan die berühmte Schlachtaufstellung zu Lande und eine neue Art, die Schiffe in der Seeschlacht zu ordnen; Kämpfer, die gegen alle Waffen gefeit sind, lehrt er mit Steinen niederschlagen.

Der Krieger, der im Kampfe fällt, weiß, daß er unmittelbar zu Odin eingeht. Darum mag der Held, der seinen Tod in der Schlacht voraussieht, die Erwartung aussprechen, daß er am Abend in Walhall zu Gast sein werde; darum können beim Beginne des Zweikampfes die Gegner einander gen Walhall weisen. »Odin gegeben« ist gleichbedeutend mit »im Kampf erschlagen«; »zu Odin gehen, Odins Gastfreundschaft empfangen« = »erschlagen sein«.

Mit dem Blut aus selbst gestochenen Wunden erkaufte sich der Germane die Hilfe Odins und die Aufnahme in sein Gefolge. Mit der Speerwunde gaben sie sich dem Kriegsgotte zu eigen und zeichneten sich mit seiner Marke als ihm gehörig. Ohne Rüstung, mit leichten Waffen stürmten sie in das Wetter der Speere. Aus ihrem Blut entsprang ihr Recht, ein Gefolgsmann des großen Gottes fortab zu sein und teilzuhaben an seiner Herrlichkeit.

Zu Sommersanfang, wenn die Jahreszeit für Heerfahrten und Seezüge anbrach, wurde das dritte große Opferfest des Jahres, das Siegopfer, gehalten. »Gabe um den Sieg« hieß auch das Bittopfer vor jeder großen Unternehmung.

Jarl Einar, der sich im 9. Jahrhundert die Orkaden unterwarf und zuerst das Torfstechen lehrte, da es dort an

Brennholz mangelte, läßt dem gefangenen HALFDAN den Blutaar auf den Rücken ritzen: er schneidet mit dem Schwert alle Rippen vom Rückgrate los, so daß die Lunge herausgerissen wird, und weiht ihn so dem Odin für den Sieg.

Als Kriegs- und Siegesgott greift Odin persönlich in das Geschick der Helden ein, pflegt Helden und Heldenstämme, waffnet, begabt sie wunderbar, reizt sie auf und verderbt sie. Er dürstet nach den Seelen der Tapferen, darum sucht er die Häuser der Helden auf, erzieht und rüstet ihre Söhne zur Tapferkeit, stiftet große Kämpfe, darin sie sich bewähren können; er will nur solche, die im Streite gefallen sind oder freiwillig sich mit des Speeres Spitze gezeichnet haben. Seine Günstlinge müssen ihm die Seele ihrer Erschlagenen geloben, ihnen selbst gibt er Heldenruhm und kurzes Leben, oder, wenn sie gealtert sind, erbarmt er sich ihrer und rafft sie selbst gewaltsam dahin. Aber nicht die leere Lust am Tode der Tapfern treibt ihn; er bedarf ihrer, doch eben nur ihrer, der Kampferprobten, und dieser kann ihm nie zuviel werden zu jenem größten ungeheuern Kampfe, der der Welt und den Göttern selbst den Untergang droht.

Heldengeist, Schwung, höhere Belebung, treffliche Waffen, reiche Beute an fahrendem Gut – das sind die Geschenke des Kriegsgottes. Schön erzählt die norwegisch-isländische Hadding-Sage von Odin und seinem Schützlinge. Obwohl sie nur bei SAXO überliefert ist, lassen sich doch ihre Grundzüge erkennen, und ein bedeutender Dichter scheint sie zu einem Widerstreite zwischen Asen und Riesen, d.h. ihren Bekennern, und zu einer großartigen Verherrlichung des Odinglaubens umgestaltet zu haben:

Hadding wird von Riesen erzogen und mit der Fülle geheimer Weisheit ausgestattet. Die Riesentochter Hardgrep, in heißer Liebe zu ihm entbrannt, folgt ihm auf seinen Kriegszügen, um ihn zu beschützen, erregt aber dadurch den Haß ihrer Geschlechtsgenossen und wird von ihnen zerrissen. Nach ihrem Tode kommt Odin zum erstenmal und gewinnt ihm in feierlichem Bundesvertrage einen Wiking zum Genossen. Kurz darauf zeigt er sich ihm zum zweiten Male; er rettet ihn aus der Schlacht, und wie er einst Sigurd zu Grani verholfen, führt er Hadding auf seinem himmlischen Rosse fort, erquickt ihn mit einem süßen Tranke, der dem Körper neue Kraft verleiht, und rät ihm, wie er in Zukunft der Gefangenschaft entgehen könne. Aber noch hat Hadding nicht mit den Riesen gebrochen, die ihn aufgezogen haben; in gefährlichem Kampfe ruft er nach dem Schutze seiner Freunde, der Riesen, und sogleich nahen diese als Streiteshelfer seinen Reihen. Als er aber ein riesisches Meerungeheuer tötet, wird er von einer Riesin verflucht: schiffbrüchig wird er an eine fremde Küste geworfen, seine eigene Heimat wird von den Feinden verheert. Erst dann hört sein Mißgeschick auf, als er für Frey Opfer bringt: nun kann er den Riesen bezwingen, der einer Königstochter nachstellt, und sich mit dieser selbst vermählen. Im Winter, als er bei seiner Braut sitzt, kommt ein überirdisches Weib neben dem Herdfeuer aus dem Boden hervor, Blumen im Kleiderschoße tragend, und führt ihn unter der Erde durch das Totenreich zu einer Mauer, über die sie den Kopf eines Hahnes wirft, und der beginnt zu krähen. Als Hadding später abermals in den Kampf zieht, kommt Odin zu ihm wie zu Sigurd aufs Schiff, lehrt ihn die keilförmige Schlachtaufstellung, folgt ihm zum ersten Male selbst in die Schlacht und gibt ihm den Sieg; zum Schluß verheißt er Hadding, daß er siegen soll, solange er ruhmbringende Kriege in der Ferne (d.h. als Wiking) führt, und daß er nicht durch Feindeshände, sondern eines freiwilligen Todes sterben werde. Noch im 16. Jahrhundert kannte man auf Island ein Lied, in dem der sterbende Hadding Odins Walküren willkommen heißt. Das ist der Schluß der Haddingsage, die wie bei SAXO mit dem freiwilligen Tode des Helden endete.

Die Hadding-Sage ist ein Zeugnis für den Asen-, besonders für den Odinsglauben in seiner letzten Zeit. Alles Rohe und

Unheimliche, selbst der mit Runen geübte Totenzauber, der sonst Odin zugeschrieben wird, ist auf die Riesen übertragen. Demgegenüber offenbart sich die Götterwelt in ihrer ganzen Herrlichkeit. Odin geleitet seinen Schützling über Land und Meer auf seinem Zauberrosse, steht ihm im Kampfe bei, erlegt die Feinde mit seinen Pfeilen, lehrt ihn die Kriegskunst, lehrt ihn, Fesseln zu sprengen und Wind in die Segel zu bringen, verkündet ihm sein Geschick und verschafft ihm einen Einblick in sein göttliches Reich, wie es seinen treuen Dienern beschieden ist: er führt ihn über die Wiese, deren nie verwelkende Blumen Hadding zu der Unterweltsfahrt verlockt haben, nach den Gefilden der Einherjer, bis zu der Mauer, wo der Hahnenschrei die Unsterblichkeit verkündet – das Geheimnis, das selbst der weiseste Riese Wafthrudni niemals hat lösen können. Welche schönere Reihe von Bildern, hat man gesagt, kann vorgeführt werden, um die schwankenden Gemüter für den Glauben der Väter zu gewinnen? Von Riesen, die Helden erziehen, weiß die Sage auch sonst: Friggs Schützling Agnar lebt mit einem Riesenweibe zusammen, Harald wird vom Dovre-Alten erzogen, und wie Hadding in der Not seinen Pflegevater um Hilfe anruft, gelobt Dofri dem Harald, ihm im Kampfe immer nahe zu sein. Harald wie Hadding genießen die Liebe einer Riesin. Beide werden aber auch besonders von Odin geschützt. Aber nur die Hadding-Dichtung stellt das Verhältnis ihres Helden zu Odin in Gegensatz zu seinem Verhältnisse zu den Riesen; nur sie läßt die übernatürlichen Mächte, Riesen wie Götter um ihn kämpfen. Sie ist nicht ein Zeugnis dafür, daß die Riesen, das ältere Göttergeschlecht, von den Asen verdrängt seien, sondern sie ist eine Dichtung über das religiöse Problem: Riesenglauben gegenüber dem Asenglauben, und dieses Problem muß zur Zeit, als die Dichtung entstand, eine brennende Streitfrage gewesen sein, die alle Gemüter beschäftigte. In einer Zeit, wo das Christentum dem alten Glauben mächtig zusetzt, Aberglaube aller

Art emporwuchert und in seinem Gefolge die Verehrung von Riesen aufkommt, will der Dichter zeigen, daß der Hahnenschrei hinter der Mauer des Totenreiches den Sieg des Lebens über den Tod verkündet, daß nur die Verehrung der alten Götter, zumal Odins, über das Diesseits hinaus Unsterblichkeit sichert. –

Hrolf Kraki wird von Odin auf seinem Zuge nach Schweden drei Nächte hintereinander bewirtet, erregt aber den Unwillen des Gottes, als er die ihm angebotenen Waffen ausschlägt. Dadurch zieht er sich den Zorn des Gottes zu; er wagt seitdem nicht mehr, sich in Kämpfe einzulassen, und erkennt zu spät, daß er selbst schuld ist an seinem Unheile: König Hrolf Kraki rüstet sich mit 100 Mann und seinen berühmten zwölf Kämpen, um sein Vatererbe in Uppsala wiederzuerlangen. Sie kommen auf ihrer Fahrt zu einem Bauern namens Rani, der sie alle einlädt, trefflich bewirtet und weise unterhält. Aber der Schlafraum ist so kalt, daß alle Gäste, außer Hrolf und seinen zwölf Kämpen, nicht warm werden können. Am Morgen rät Rani dem Könige, die Hälfte seiner Schar zurückzulassen; größere Fährlichkeiten warteten ihrer in Uppsala als ein kaltes Zimmer, und nicht die Menge gäbe beim Siege den Ausschlag. Am zweiten Abend kommen sie wieder an einen Bauernhof und glauben denselben Bauern zu erkennen, der sie die vorige Nacht beherbergt hat. Diesmal prüft er Hrolf Gefährten durch Durst, die dritte Nacht durch Feuer. Nur der König selbst und seine Kämpen halten die Probe aus, und Hrani empfiehlt ihm deshalb, allein mit diesem die Fahrt fortzusetzen.

Auch in dieser Sage waltet deutlich Odin. Auf Hrolfs Zweifel, ob er sie alle aufnehmen könne, entgegnet er lachend: »Nicht wenigere Männer hab' ich manchmal kommen sehen, da wo ich gewesen bin.« Damit mag auf seinen Heldensaal Walhall angespielt sein. Als kampfwerbender Gott erzieht und kräftigt er Hrolfs Gefährten, und von demselben Geiste zeugt der kühne Rat: erst die Hälfte seiner Schar und dann alle bis auf die zwölf erlesenen Kämpen zurückzuweisen.

Auf der Rückkehr von Schweden kommen die Helden bei Anbruch der Nacht an einen Hof, vor dessen Tür der Bauer Rani steht. Er will Hrolf Schild, Schwert und Brünne geben. Aber der König will sie nicht annehmen. Darüber wird Rani zornig, und es scheint ihm damit große Unehre geschehen zu sein: »nicht bist du immer so weise, wie du dir einbildest«. Da an Nachtherberge bei ihm nicht mehr zu denken ist, reiten sie ohne Abschied in die finstere Nacht weiter. Da hält Bjarki an und meint: »Zu spät besinnen sich Unkluge; mir ahnt, daß wir nicht weislich gehandelt haben, indem wir uns selbst den Sieg versagten.« »Dasselbe ahnt mir, erwidert der König: dieser Mann mag Odin der Alte gewesen sein, und in Wahrheit war er einäugig.« Sie reiten zurück, aber Hof und Bauer ist verschwunden. Bjarki rät Hrolf, daß er von der Zeit an nicht viel in Kampf ziehen sollte; denn fortan werde er nicht mehr so siegreich sein wie zuvor.

König Hrolf hatte eine Stiefschwester Skuld, die sein Vater Helgi mit einer Elfenfrau gezeugt hatte. Sie konnte nicht ertragen, daß ihr Gemahl ihrem Bruder Schatz entrichten sollte. Unter dem Vorwande, dem König den schuldigen Tribut zu bringen, fahren sie mit einem großen Heere nach Hleidr. In der Nacht erhebt sich ein furchtbarer Kampf, und der Boden wird mit Leichen bedeckt. Skuld sitzt auf ihrem Zaubersessel und ruft alle ihre Toten durch Zauberlieder wieder ins Leben zurück. Da spricht einer von Hrolfs Gefährten: »Dünkt es mich gleich, daß ich viel Volk erschlage, vermag ich doch nicht all die Hiebe zu vergelten, die ich empfange; doch will ich mich nicht sträuben, wenn wir heute abend in Walhall sollen zu Gaste sein.« Bjarki sagt: »Hier sind so viele und gewaltige Männer aus allen Ecken der Welt zusammengekommen, daß man den Kampf nicht gegen sie aushalten kann. Aber Odin kann ich nicht unter ihnen erkennen, und doch zweifl' ich nicht, daß er hier unter uns schwebt, der treulose Sohn Herjans; könnte mir ihn jemand zeigen, ich wollte ihn erwürgen wie das elendeste und kleinste Mäuslein!« –

Nach SAXO leistet Odin den Schweden auf seinem weißen Roß und mit weißem Schilde bedeckt, selbst Beistand; doch wird er Bjarki erst sichtbar, als er durch die Beuge des Armes blickt. Aus Bjarkis Drohungen spricht der Trotz der Verzweiflung; der Kampf der Helden gegen die Götter findet sich auch im Epos anderer Völker. Daß Odin selbst in der Schlacht erscheint und denen Verderben bringt, die sonst seine Freunde waren, darf nicht befremden; denn Odin dürstet nach den Seelen der Tapfern, und auf welcher Seite auch die Helden fallen, sie kommen doch bei ihm in Walhall zusammen. Freilich konnte ihm deswegen von kurzsichtigen Menschen, die den tiefern Sinn seiner Handlungsweise nicht verstanden, leicht der Vorwurf der Treulosigkeit und Unbeständigkeit gemacht werden.

Allbeherrschende Kenntnis der Runen kam nur einem zu: Wodan-Odin. Seine Zauberwelt umspannte alle Dinge im Himmel, auf Erden und unter der Erde, sie beherrschte die ganze Natur; ihm allein schrieben die Dichter Kunde von allen himmlischen und irdischen Begebenheiten zu. Dieses unvergleichliche Wissen trug ihm die Namen ein: Göndli, »Träger des Zauberstabes«, Fjölswinn »der Vielerfahrene«, Hwatrad »der Scharfsinnige«, Sann »der Wahre«, Sanngetal »Wahres ahnend«, »Seher«. Glänzend entfaltet sich Odins magisches Wissen in dem Runenwettstreite mit dem Riesen Wafthrudni; durch persönliche Kenntnis hat er, der alte Weise, sein Wissen erworben und ist darum der Runengewaltigste unter den Riesen. Unter den Zwergen ist Alwis der zauber- und runenkundigste, er kennt die magisch wirksamen Zeichen und Namen aller Naturdinge in allen neun Weltregionen. Aber eine Rune ist allein Odin bekannt und sichert ihm den Vorrang über den Riesen und Zwerg: die Worte, die er Baldr ins Ohr flüstert, die Unsterblichkeit, die er Hadding verheißt.

Mit fortschreitender Kultur wird der Gott des Zaubers und des geheimnisvollen Wissens zum Gotte der Weisheit. Odins magisches Wissen und Zauberkunde sind älter als seine Weisheit und Dichtkunst. Gerade die Künste, die die Naturvölker ihren Zauberern zuschrieben, und die auch im Besitze der nordischen Zauberer sind, übt Odin aus. Bei den Deutschen und Engländern ist Wodan als Gott des Zaubers bezeugt; sein Name »furor« weist auf Zustände der Besessenheit hin. Odin übt Zauber, der hilfreich wirkt, der den Menschen Schutz und Rettung spendet: er leiht Heilkraft [Siward, Rind], schirmt gegen feindliche Waffen [Harald Hildetan] und Feuer [Swidri], sprengt die Ketten der Kriegsgefangenen (I. Merseburger Zauberspruch) und die Bande der Gehenkten, macht bösen Zauber wirkungslos, stillt Feindschaft unter den Volksgenossen, Sturm und Brandung, die das Fahrzeug gefährden. Bösen, unfrommen, volksfeindlichen Zauber (Seid) schrieb man ihm erst unter dem Einflusse christlicher und finnischer Anschauungen zu: auf der dänischen Insel Samsö zauberte und trieb er Hexenhandwerk, zog von Haus zu Haus als Hexe; durch Seid verführt er die Rind, übt selbst die unheimlichen Zauberkünste der Finnen, aber zeigt sich auch diesen überlegen.

D.h. Odin erzählt, wie er 9 x 24 Stunden am windigen Baume gehangen habe, vom Speere verwundet, sich selbst geweiht, ohne Trank und Speise. Da blickte er nach unten, hob die Runen zu sich und fiel zu Boden: dann wuchs er und wurde berühmt.

Kaum ein Erklärer stimmt mit dem andern in der Deutung des »wunderbar schönen und erhabenen« Mythos von der Erfindung der Runen durch Odin überein. Christlicher Ursprung dieser Erzählung wird daraus geschlossen, daß der Gott sich selbst opfert, und daß der Galgenbaum, der zu diesem Zwecke benutzt wurde, deshalb ein Sinnbild der Welt wurde; das Kreuz, an dem der von der Lanze des Longinus durchbohrte Christus als Opfer für die Sünden der Welt hing, hätten altchristliche Dichter den alle Welt beschattenden Baum genannt, und diese Vorstellungen seien von den Wikingern auf Odin übertragen.

Als Gott der Dichtkunst erscheint Odin bereits bei den ältesten Skalden: die Poesie heißt »Tau aus Odins Gefäß«, »Odins Bier«, »Odröris Woge«, »Odins Gabe«, »Lohn für das Lager [Beilager] Odins mit Gunnlöd«, »Trank des Fürsten der Feindschaft« [Odins]. Odin gibt Weisheit vielen und gewandte Rede, Dichtkunst dem Sänger. Als Gott des Kampfes und Sieges wie des Gesanges begabt er seinen Günstling und Zögling Starkad nach beiden Seiten hin und gibt ihm Skaldschaft, daß er ebenso fertig im Dichten wie im Sprechen sei. Vor Olaf erscheint er als der mächtige König, der in Leibeskünsten wie in der Dichtkunst erfahrenste. Auch in tiefster Not und größtem Schmerz ist Odin dem Skalden Egil Skallagrimsson der Gott, der ihm zu sagen gab, was er leide: »Mimis Freund [Odin] hat mir Linderung für mein Leid verliehen und ich betrachte es jetzt als einen Segen; er gab mir eine fehlerlose Kunst.« So erhabene Gedanken über die Dichtkunst, ihren Spender und ihre Aufgabe, den Sinn von Kummer und Sorge zu entlasten, zu trösten und zu ermuntern, hat nur Egil ausgesprochen; ihm war die Poesie nicht eine tüchtige Kuh, die ihn mit Butter versorgt, sondern die hohe himmlische Göttin.

Odin ist nicht nur der Gott der Skalden, sondern auch der fahrenden Sänger. Er ist ihr Schutzpatron; er, der Sturmgott, war der gewaltigste Sänger, in ihm, dem Weltwanderer, verkörperte sich das Ideal des fahrenden Mannes, der das gesamte poetische Erbe des Nordens verwaltete. Vom Rednerstuhl aus verkündet der Spielmann, was er an Urds Brunnen aus Odins eigenem Munde gehört haben will. Allgemeine Lebensregeln und Sätze, die auf allgemeine Geltung Anspruch machten, konnten zu jeder Zeit für Satzungen und Aussprüche Odins ausgegeben werden.

Mit Vorliebe erzählt die Dichtung von dem wandernden Gotte, wie er sich aufmacht, neues Wissen zu erwerben, die eigene Weisheit gegen fremde zu erproben.

Odin will Wafthrudni ausforschen, ob ihm der weise Riese an Kenntnis gewachsen sei, und als Frigg ihn in treuer Gattenliebe zurückhalten will, erwidert er: viel sei er umhergefahren, viel habe er versucht; doch wissen müsse er, ob der Riese, der das ganze Wissen seines Geschlechtes, von den Schicksalen der Welt vom Anfange bis zum Ende der Dinge vereinige, ihm überlegen sei. Da der Riese sich mit Odin selbst nie einlassen würde, kommt er in unscheinbarster Gestalt, als armer, fahrender Mann. In der Tat sind der Gott und der Riese einander an Umfang des Wissens ebenbürtig. An Odins Frage aber: »Was sagte Odin Baldr ins Ohr, ehe man ihn auf den Holzstoß hob?« erkennt Wafthrudni seinen Gegner; hier offenbart sich die Überlegenheit der Gottheit. Das tote Wissen besitzt auch der Riese, aber der Geist oder das Leben der schaffenden und regierenden Gottheit fehlt ihm, darum ruft er entsetzt aus:

Nicht einer weiß,
was in der Urzeit Tagen
du dem Sohne sagtest ins Ohr.
Von den alten Geschichten
und dem Ende der Götter
sprach der Thurs mit todgeweihtem Mund.
Mit Odin wagt' ich's
mich an Einsicht zu messen,
das weiseste Wesen bleibst du!

Kein Gedicht aber hat das Denken Odins als des Schöpfers, Erhalters und Regenten der Welt erhabener und ernster dargestellt, als die »Weissagung der Seherin«, der Wölwa (Võluspa).

Ihr wird die Kunde von den Schicksalen der Welt in den

Mund gelegt. Aber sie ist kein irdisches Weib, sondern gehört zu den Riesen, den uralten, mit Weissagung begabten Wesen; Riesen haben sie aufgezogen, von ihnen hat sie ihre Weisheit, sie kennt alle Orte auf der Erde und unter der Erde. Sie wendet sich nicht an den einzelnen Fürsten und Herren vor seinem Gefolge, nicht an wenige Menschen, die ihrer Kunst bedürfen, sondern von Odin selbst aufgefordert, verkündet sie der gesamten Menschheit die Schicksale der Welt und der Götter. Weil sie Zauberkraft und Prophetengabe besaß, womit im Sinne unserer Vorfahren die höchste Weisheit umschlossen war, weil ihr durch die sinnende Betrachtung der Vergangenheit und Gegenwart geschärfter Blick auch in die Zukunft drang, war Odin zu ihr gegangen. Als er sie auf ihre Weisheit prüfte, bewährte sich diese vor ihm, und die Seherin gab ihm zu verstehen, daß sie auch seine innersten Geheimnisse kannte: sie offenbarte sich ihm als Zeugin seines Handels mit Mimi, als Mitwisserin dessen, was keinem sonst kund war. Aber wie Wölwen zu tun pflegen, wollte sie schweigen, wenn sie nicht Gaben erhielte, und darum schenkte ihr Odin Ringe und Kleinode. Ob sie nach Art und Weise der irdischen Wölwen in der Nacht am Kreuzweg saß, als Odin sie besuchte, oder ob sie Odin, als Zaubergott und Totenvater, aus dem Grabe gerufen hat, ist nicht deutlich zu erkennen. Aber Odin sucht eine andere riesische Seherin in der Unterwelt auf und weckt sie aus dem Grabe durch Totenzauber, um von ihr Baldrs Geschick zu erfahren, und wo sonst in der Edda von der Befragung einer Wölwa die Rede ist, wird überall deren Tod vorausgesetzt. Nachdem sie ihre Aufgabe erfüllt hat, versinkt sie wieder, d.h. sie kehrt wieder in ihr Grab zurück.

Mit seinen Brüdern Wili (Wille) und We (Heiligkeit) hat Odin Himmel und Erde aus dem Chaos gehoben und die organische und sittliche Weltordnung eingesetzt. Als Windgott verleiht er den ersten Menschen den Atem, die Grundbedingung des physischen Lebens. Er eröffnet als Kriegsgott die

Fehde zwischen Asen und Wanen, und als der Friede geschlossen ist, erhält er, der König des Götterstaates, seine Weltordnung fort und fort aufrecht. In der Sorge und Voraussicht für das Wohl der Welt trifft er nach der Ermordung des riesischen Baumeisters, womit der endlose Streit mit den Riesen um die Erhaltung der Welt anhebt, zwei Maßregeln. Er läßt erstens Heimdalls Horn bis zu dem Augenblicke, wo alle Wesen zum Kampfe aufzurufen sind, in sichere Verwahrung bringen und unter dem Weltbaume verbergen; denn bis zum Anbruche des jüngsten Tages soll es zu keinem allgemeinen Kampfe mehr kommen. Er geht zweitens, scheinbar unter dem schwersten Opfer am eigenen Leibe, die Verbindung mit Mimi ein; durch sie fließt ihm eine ewige Quelle der Weisheit und dem Weltbaume Kraft und Gedeihen zu. Er ruft die tapfersten Helden zu sich, damit es ihm in der Stunde der Not nicht an Kämpfern gebricht, und Lokis unholde Brut sucht er so lange wie möglich unschädlich zu machen. Er verschafft sich Gewißheit über Baldrs bevorstehenden Tod und die Bestrafung des Mörders, indem er in das grausige Reich der Tiefe reitet. Wo Weisheit bei überirdischen Wesen und Königen zu finden ist, geht er hin, sein Wissen zu bereichern. Und noch im Augenblicke der Entscheidung eilt er zu Mimis Haupt und erfährt, was bevorsteht. Die alte Welt geht aus den Fugen, aber in unermüdlicher Fürsorge sie so lange wie möglich zu erhalten, auch unter den schwersten eigenen Opfern – das ist ihm gelungen.

Als Schöpfer und Ordner im Reiche der Natur und alles höheren Lebens heißt Odin darum seinem Wesen nach Wak (der Wachsame), Thekk (der [den Menschen] Willkommene), seiner Stellung nach Omi (der Höchste); er ist der »Herr oder Gott der Erde«, »Gott der Männer«, »Vater der Menschen oder Zeiten«, der »allmächtige Herr der Zeit«, der »hohe Herrscher«, »Lehrmeister der Götter«, »Gott der Götter«, »Allvater«; er waltet über alles in seinem Reiche, Großes und Kleines. Wie mächtig auch die andern Götter sind, so dienen sie ihm doch alle wie Kinder dem Vater. Thor, Baldr und Höd, Njörd, Widar, Wali und Hermod sind seine Söhne. Die nordischen Fürstenhäuser legen großen Wert darauf, Odins echte Nachkommen zu sein: Sköld, der mythische Stammvater der Dänen, Säming, der Ahnherr des norwegischen Fürstenstammes von Halogaland, Sigi, der Gründer des Wölsungengeschlechtes, führen ihren Ursprung auf Odin zurück.

Der Name »Allvater« klingt christlich, aber schon bei dem ältesten Skalden, Bragi, wird Thor Allvaters Sohn genannt. Nachdem Odin einmal der alles überragende Himmelsgott geworden war und man die Götter in ein verwandtschaftliches System gebracht hatte, konnte sich diese Vorstellung sehr wohl auf nordischem Boden entwickeln. Noch in der Mitte des 11. Jahrhunderts konnte ein christlicher Dichter Odin als Allvater bezeichnen: so fest haftete dieses Beiwort an Odin, daß der Dichter es unbefangen gebrauchte, ohne sich dessen bewußt zu werden, daß für ihn, den Christen, nur der Christengott diesen Namen tragen durfte. Snorri hat natürlich der allmächtige Christengott vorgeschwebt, aber das war nur möglich, weil die Ansätze dazu alle bereits im Heidentume vorgebildet waren. – Viel christlicher sieht die Dreiheit Odin, Wili, We aus: Odin als Allvater scheint Gott den Vater, Wili Christus, den die Kirchenväter als Voluntas oder Velle bezeichnen, We den heiligen Geist meinen. Aber Odin als Wilis Bruder begegnet bereits in den ältesten Skaldenliedern, und die Alliteration mit *Vôđenn zeigt, daß Wili und We spätestens in das 8. Jahrhundert fallen müssen.

Im Mimi-Mythus erscheint Odin deutlich als der Himmels- und Sonnengott, und nur ein anderer Ausdruck für die Auffassung der Sonne als Auge des Himmels ist es, wenn Wodan durch ein Fenster des Morgens gen Osten ausblickt, oder wenn Odin von seinem Hochsitze Hlidskjalf die ganze Welt übersieht und aller Menschen Tun wahrnimmt. Seitdem Odin die Stelle des alten Himmelsgottes eingenommen hat, besitzt er auch den

Ring Draupni (Tropfer), von dem acht ebenso schwere Ringe jede neunte Nacht tropfen. Ihn haben die Zwerge geschmiedet; ihn, das Symbol der Fruchtbarkeit und des Lebens, legt Odin auf Baldrs Scheiterhaufen, als Wahrzeichen seiner künftigen Auferstehung; es ist derselbe Ring, den nach älterem Mythos der Himmelsgott Frey der geliebten Gerd anbietet. Wie die Heckringe jede neunte Nacht ihre Kraft äußern, wie der Märchenheld täglich unter seinem Kissen ein Goldstück findet, so tropfen von Draupni jede neunte Nacht acht gleichschwere Ringe ab. Ob in diesem Mythos die altgermanische neuntägige Woche fortlebt, mag dahingestellt bleiben. – Nach ihm, dem Sonnengotte, ist auf Island die Pflanze »Odins Hahn« benannt (Tringa lobata), und der März heißt »Odins Monat«.

Odins gesamtes Wesen fassen am schönsten die Verse zusammen:

Laßt uns Heervater bitten,
seine Huld zu gewähren,
der gern dem Gefolge
sein Gold spendet;
dem Hermod gab er
Helm und Panzer,
ein schneidiges Schwert
schenkt' er dem Sigmund.
Dem einen gibt Sieg er,
dem andern Schätze,
Weisheit vielen
und gewandte Rede;
dem Seemann Fahrwind,
dem Sänger Dichtkunst,
männliche Tatkraft
manchem Helden.

Und wie PAULUS DACONUS von Wodan sagt: »er wird von allen Stämmen Germaniens als Gott verehrt«, wie der

Christ SNORRI berichtet: »alle Völker meinen, daß sie Odins Namen nach ihrer Sprache umwandeln müssen, um selber zu ihm beten zu können«, so weiß auch SAXO von Odin, den er sonst nicht allzu günstig beurteilt: »Odin erstrahlte über den ganzen Erdkreis in solchem Glanze des Ansehens, daß alle Völker ihn wie ein der Welt geschenktes Licht ansahen, und daß kein Ort auf der Welt war, der sich nicht der Macht seiner Hoheit beugte.«

6. Thor

In einer prächtigen, humorvollen Szene hat ein Dichter die beiden großen Götter Odin und Thor einander gegenübergestellt:

Thor ist auf dem Heimwege von einer Ostfahrt begriffen und kommt an einen Sund, auf dessen anderer Seite Odin steht; er hat das Amt eines Fährmannes auf sich genommen und nennt sich Harbard (Graubart). Thor ruft ihm zu: Fahre mich über den Sund; ich gebe dir dafür gute Kost, die ich in meinem Korbe auf dem Rücken habe, Hafergrütze und Hering. Odin erwidert: Rühme dich nicht, Bauer, deines guten Frühstückes; wenig Grund hast du, so übermütig zu sein – vielleicht ist deine Mutter inzwischen gestorben. Thor antwortet: Traurige Kunde würde das sein, wenn sie wahr wäre. Nein, nicht wie ein Bauer, fährt Harbard fort, siehst du aus, der drei gute Gehöfte hat; barbeinig stehst du da, in Bettlergewand – der richtige Landstreicher! Thor tut, wie wenn er den beißenden Spott nicht hört und fordert ruhigen Tones den Fergen auf, mit seinem Boote herüberzukommen; doch wer ist der Eigner des Bootes? Der Fährmann entgegnet: Er heißt Hildolf (Kampfwolf) und hat mir verboten, Räuber und Roßdiebe überzusetzen; übrigens, wenn du den Sund überschiffen willst, sag mir deinen Namen. Thor ist dazu gern bereit, aber er will den andern einschüchtern und nennt sich darum mit steigender Kraft des Ausdruckes: Ich bin Odins Sohn, ich bin der Stärkste unter den Göttern, kurz, ich bin Thor selbst; aber wie wirst du genannt? Ich heiße Harbard, erschallt es von der andern Seite; einen tapfereren Mann fandest du nicht, seit Hrungni (ein von Thor erschlagener Riesenfürst) tot ist. – Damit beginnt der eigentliche Wortstreit, in dem es darauf ankommt, den andern durch Aufzählung von allerlei Taten zu überbieten. Wenn Thor stolz daran erinnert, daß er Hrungni, den Riesen, mit dem steinernen Haupte, zu Fall gebracht hat und fragt, was Harbard indessen geleistet habe, so erwidert der: Fünf volle Jahre half ich einem König im Kampfe auf der im Laubschmuck prangenden Insel und benutzte die Gelegenheit, dessen Tochter zu verführen; war das nicht ebenso ruhmvoll wie deine Tat? Thor führt weiter seine Fahrten nach den Ostlanden an, erzählt, daß er dort Thursenweiber erschlagen, und fügt, gleichsam entschuldigend, hinzu, daß sonst die Zahl der Riesen zu groß würde. Harbard antwortet damit, daß er von seinen Kämpfen berichtet, wie er Könige zum Streit aufhetzte, sie niemals versöhnte, und erinnert dabei Thor daran, daß er sich aus Angst und Furcht feig in einem Handschuh des Riesen Skrymi verborgen habe. Thor muß dazu schweigen; er weiß, daß der Vorwurf auf einer Tatsache beruht, die er nicht in Abrede stellen kann. Er überhört scheinbar die boshafte Bemerkung und fährt fort, von seinen Zügen nach dem Osten zu erzählen und von seinen Kämpfen mit den dort hausenden Riesen; mit Felsblöcken warfen sie nach ihm, aber sie erlagen ihm doch. Nun kann Harbard sich nicht enthalten, geradezu Thors Worte nachzumachen, indem er nachäffend antwortet: Auch er sei im Osten gewesen, habe dort mit der linnenweißen Maid gekost und die Goldgeschmückte sich zu eigen gemacht – ein vollkommener Gegensatz zu Thors Taten, ein prachtvoller Zug von unwiderstehlicher Wirkung! Weiter rühmt Thor, daß auch er mit Weibern zu tun gehabt habe; aber die Weiber von Berserkern waren es, die die ärgsten Frevel begingen – Eisenkeulen schwangen sie und stürzten sein Schiff um, eher Wölfinnen als Weiber. Harbard stellt wieder seine Teilnahme am Kampfe entgegen: Die Sturmfahne erhob er, rötete den Stahl. – Die ganze Darstellung zeigt, daß Odins Kämpfe weit edlerer Art sind, gleichsam einer höhern Sphäre angehören, obwohl Thors Streit mit den Riesen nützlich, segenbringend und vor allem notwendig ist. – Thor muß sich alle Sticheleien gefallen lassen, ohne sich gegen den schlagfertigen, redegewandten Fergen wehren zu können; hilflos steckt er selbst die höhnische Bemerkung ein, daß sich seine Gattin Sif mit einem Buhlen abgegeben habe (Loki). Weder mit Nachgiebigkeit noch mit Drohungen kann er Harbard dahin bringen, ihn überzusetzen. Ratlos, verzweifelnd bittet er endlich: Weise mir dann den Weg, da du mich nicht über das Wasser fahren willst, und als Harbard ihm diesen spöttisch und mit verblümten Worten beschreibt, hat Thor nur noch die ohnmächtige Erwiderung: Kurz war heute unser Gespräch; daß du mir die Überfahrt abschlugst, lohne ich dir ein andermal!

Das Lied von Harbard ist eins der kecksten, willkürlichsten, aber auch künstlerisch bedeutsamsten Eddalieder. Dem Dichter hat es sichtlich Freude gemacht, die beiden gewaltigsten Götter gegenüberzustellen und ein Wortgefecht vollführen zu lassen, um zu zeigen, wie es geht, wenn Geist und Kraft (und nur Kraft) miteinander streiten. Thor ist als der unermüdliche Haudegen und Riesenbezwinger gezeichnet, der im Ostlande, fern von den Menschen, unglaubliche Krafttaten vollbringt, »kratzig wie ein alter Lederschuh«, armselig wie ein Landstreicher, der sich am Morgen an Habermus und Hering sattgegessen hat, um es den Tag über aushalten zu können. Sein Verstand ist der des Durchschnittsmenschen, der sich Hals über Kopf in Abenteuer stürzt, die körperliche Kräfte verlangen; stößt er aber plötzlich auf ein Hindernis, so steht er ratlos da; er ist leicht aufbrausend und dann wieder grob, aber die Gutmütigkeit überwiegt doch; darum muß auch Thor beschämt davonschleichen. Odin aber ist der Schlachtenlenker, der, von den Fahnen umflattert, die irdischen Könige zum Kampf gegeneinander hetzt, daneben der Weiberverführer, der sich manches galanten Abenteuers rühmen kann. In seinem Auftreten ist er der nie seine Ruhe verlierende Meister der Rede, gewandt, schlagfertig, nie um ein Hohnwort verlegen, das den Gegner zum Rasen bringen kann. Tapfer und stark ist er wie Thor, aber seine Kaltblütigkeit läßt ihn nicht zu zwecklosen Händeln hingerissen werden, Klugheit und Überlegung behalten stets die Oberhand. Nicht das ungestüme, wilde Drauflosschlagen, sondern Kraft, gepaart mit Geist, erringen den Sieg: diese Erfahrung hatten die Nordleute oft genug auf ihren Wikingerzügen und bei den Kämpfen gegen fremde Volksstämme gemacht. Der Dichter bedarf darum zu einer Charakteristik Odins gar nicht der Vorzüge, die sonst als seine höchsten gelten: der Zauberkraft, der Runenkunde, der Dichtkunst. Mag Thor immerhin den Menschen Gedeihen bringen, es ist das rein körperliche Behagen, das zufrieden und glücklich ist, wenn es seinen Acker bestellen kann – höhere, geistige Güter kann er ihnen nicht geben, weil er sie selbst nicht hat. Odin darf aber auch gar nicht alle seine Großtaten aufzählen, sonst würde ihn ja Thor erkennen, und daß er trotzdem als Sieger aus dem Wortstreite hervorgeht, beweist vollends seine geistige Überlegenheit; wenn schließlich Thor damit prahlt, daß er Odins Sohn sei, so gibt der Dichter deutlich zu verstehen, auf wessen Seite er selbst steht. Im ganzen Liede findet sich nicht ein einziges Wort über Thors Verhalten zu den Menschen, nicht ein Ausdruck von einer besonderen Verehrung, die er genießt. Davon, daß die Riesenkämpfe Thors den Schutz der Landwirtschaft symbolisieren sollen, kann für Dichter und Hörer unseres Liedes nicht die Rede sein; die haben sicher nicht an Ackerbau und Viehzucht dabei gedacht, sondern an Heroentaten kriegerischer Art. Thor ist nicht Vertreter der Bauern, Odin nicht Repräsentant der Wikinger. Auch nicht der

Jarlstand, der seine Rechte und Ansprüche auf den Odinkultus gründet, wird dem Bauerntume gegenübergestellt, das besonders Thor verehrt. Dieses Gedicht liefert keinen Beweis dafür, daß Thor der eigentliche Land- und Volksgott des Nordens war.

Aber auch sonst erscheint Thor keineswegs als der besondere Gott der Bauern, der Nichtadligen; alles ruft ihn an bis zum König hinauf. Ebensowenig darf aus dem Übergewicht Odins in der Poesie darauf geschlossen werden, daß Odin der Gott der Jarle war. Die alten Skandinavier haben gar nicht eine ganz ausschließliche Vorliebe für die lockenden Abenteuer und die leichte Beute der Wikingerzeit gehabt. Sie haben keineswegs die ruhigen Beschäftigungen des Friedens verachtet und den Sklaven überlassen, die unwürdig waren, am Waffenspiele teilzunehmen. König Sigurd Sy von Ringerike trifft die Botschaft von Olafs unerwarteter Heimkehr draußen auf dem Felde, wo er »viele Leute hatte, von denen einige das Korn schnitten, andere es in Hocken und Scheunen legten. Der König und zwei Mannen mit ihm gingen bald zum Acker, bald dahin, wo das Korn gespeichert wurde.« Das zeigt, wie die Arbeit in Ehren gehalten wurde. Die Weisheitsregeln, die Odin erteilt, sind für alle ohne Unterschied bestimmt: seine Verehrung wurzelt also ebenso im Volke wie der Dichter selbst und sein Publikum. Der Unterschied zwischen Thor und Odin in den Eddaliedern ist allein ein Unterschied ihrer verschiedenen Tätigkeiten. Um den Donner hervorzubringen, um Riesen und Riesinnen zu zermalmen, mußte Thor den rollenden Wagen, seinen Hammer und natürlich große körperliche Kräfte haben; zu Odins Wirksamkeit als des obersten Leiters des Erdenlebens, Gottes des Krieges und der Küste gehörten vor allem geistige Regsamkeit und Überlegenheit. Von der Körperstärke, die Thor besitzt, teil er seinen Freunden mit. Deshalb ruft man ihn beim Ringkampf um Hilfe an. Als der Isländer Thord, der sonst sehr geübt im Ringkampfe war, sich gegen seinen gewandten Landsmann Gunnlaug Schlangenzunge erproben sollte, rief er die Nacht vorher Thor um Hilfe an. Gunnlaug schlug ihm gleichwohl ein Bein unter und warf ihn zu Boden, aber sein eigener Fuß ging dabei aus dem Gliede, und er stürzte ebenfalls nieder. Odin und Thor waren einander gleichgestellt, jeder hatte ein besonderes Feld, auf dem er tätig war. Vor dem Kampfe opferte man Odin und bat um seine Gunst während der Schlacht, und ebenso opferte der Bonde, wenn er etwas ausführen sollte, wozu besonders leibliche Stärke und Ausdauer nötig war, dem Thor. Ein und derselbe Mann konnte diesmal zu Odin beten, und ein andermal zu Thor, je nachdem er etwas vorhatte. Hakon Jarl hatte in Hladir einen Tempel, in dem Götterbilder von Thorgerd Hölgabrud, Irpa und Thor waren. Aber daß Thor, etwa auf einem Wagen, in der Mitte stand, wird nicht erwähnt, und neben Thor verehrt derselbe Hakon Jarl auch Odin und schließt aus dem Auffliegen zweier Raben, daß der Gott sein Opfer angenommen habe. Swein in Drontheim verehrt am meisten den Thor; aber als sein Sohn Finn die Götter schmäht, sagt er, das würde seinem Glück im Wege stehen, daß er sich so schlecht gegen sie benähme, da doch Thor so viele und preiswerte Taten verrichtet, durch Berge gefahren, Felsen zerbrochen habe, Odin aber über dem Siege der Männer gewaltet habe. Finn selbst bekennt dem Bischof, daß er an Thor, »den Häuptling der Götter«, und an Odin glaube wie andere Norweger, und daß keine Götter so mächtig seien wie diese beiden. Es liegt also kein Grund vor, Thor zum obersten Gott der Norweger und Isländer zu machen. Wäre es Thor vor der Einwanderung des Wanen- und Odinsdienstes gewesen, so wäre es seltsam, daß wir von keinem Zusammenstoße der verschiedenen Bekenner Kunde haben.

Richtig ist allerdings, daß die meisten Männer- und Frauennamen mit Thor zusammengesetzt sind, daß kein einziger Name der Auswanderer nach Island eine Spur von Odin hat.

Aber das beruht erstens auf dem alten Gesetze der Namengebung: der Name, der einmal in einem Geschlechte vorkam, kehrte später immer wieder. Dann sollte man aber auch erwarten, daß die »höheren Klassen«, wo der Odinsdienst besonders blühte, gerade Odins Namen benutzten, wie die »unteren Klassen« den Thor. Beides trifft nicht zu. Zur Verbindung mit Personennamen war Odin dem allgemeinen Volksbewußtsein zu heilig und erhaben, und selbst die Skalden, die doch vor allem Odins Gemeinde gebildet haben sollen, scheuen sich, seinen Namen in Umschreibungen für einen Mann zu gebrauchen. Die Ortsnamen endlich beweisen, daß es an Odins Verehrung keineswegs fehlte und daß ein Übergewicht der Thorverehrung aus ihnen in keiner Weise abgeleitet werden kann. Zwar lautet ein angelsächsisches Zeugnis: Die Dänen liebten am meisten den Thor; aber ein anderes sagt von Odin MERKURIUS: Ihn machten sie zu ihrem herrlichsten Gott und opferten ihm Gaben auf Kreuzwegen und brachten ihm Opfer auf hohen Felsen dar; dieser Gott wurde unter allen Heiden verehrt und er wurde mit einem andern Namen auf dänisch OÞon genannt. Odins Opfer an Kreuzwegen stehen in Verbindung mit dem Glauben an Wölwen und deren »Draußensitzen«, um einen Blick in die Zukunft zu erlangen, und die Stelle zeigt deutlich, wie volkstümlich Odin in Wahrheit gewesen sein muß.

Vor allem soll Thors oberste Stellung daraus hervorgehen, daß der Wochentag, der ihm geheiligt war, vor allem andern zum Thingtage gewählt wurde: der Donnerstag habe bei den meisten Thingversammlungen als Anfangstermin gegolten; in Island habe auch der Sommer immer mit einem Donnerstage begonnen, und um den Sommeranfang absichtlich auf den Donnerstag festzuhalten, soll statt der Vermehrung des Jahres um einen Tag lieber die Einschiebung einer Woche alle sieben Jahre vorgeschlagen sein. Aber die Heilighaltung des Donnerstages bei den heidnischen Germanen ist ein reines

Phantasiegebilde. Die Kirche schrieb ihm vielmehr eine positive Heiligkeit zu zum Andenken an die Einsetzung des Abendmahles und die Himmelfahrt Christ; vor allen Wochentagen waren Dienstag und Donnerstag Fleischtage geworden, und darum pflegte man von jeher diese Tage zur Abhaltung von weltlichen Festlichkeiten wie von Hochzeiten, Märkten und Gerichten zu verwenden; denn das waren Veranlassungen, mit denen Trinkgelage und Schmausereien verbunden waren. Mit Unrecht hat man also den heidnischen Germanen den Donnerstag als Ruhetag und den Dienstag und Donnerstag als Gerichtstage zugeschrieben, und es ist nicht erlaubt, daraus eine besonders hohe Stellung des Donnerers zu erschließen.

Man faßte um 1070 die Wirksamkeit des Gottes in die Angabe zusammen:

Die Schweden haben einen sehr berühmten Tempel, der Uppsala heißt und nicht weit von der Stadt Sigtun liegt. In diesem Tempel, der ganz von Gold gebaut ist, betet das Volk die Bildsäulen dreier Götter an, und zwar so, daß der mächtigste von ihnen, Thor, mitten im Speisesaale seinen Thron hat, rechts und links sitzen Odin und Fricco. Thor, sagen sie, hat den Vorsitz in der Luft, er lenkt Donner und Blitz, gibt Winde und Regen, heiteres Wetter und Fruchtbarkeit. Er scheint mit seinem Hammer den Jupiter vorzustellen; wenn Pest und Hungersnot drohen, wird ihm geopfert.

Zunächst ist auffallend, daß sich hier kein Wort von Thors Riesenkämpfen findet. Aber vom schwedischen Standpunkt aus ist es doch verständlich. Schweden ist ein ganz anderes Land als Norwegen. Diese Verschiedenheit mußte auch einen Unterschied in der Auffassung von Thor und seiner Tätigkeit bewirken. Ein Bergland wie Norwegen schuf die Vorstellung von den schädlichen Riesen und damit auch von Thor als ihrem Bekämpfer. In dem fruchtbaren, ebenen Schweden wurde Thor ungefähr das, was Adam ihm zuschreibt, der Gott des Donners, des Gewitterregens und der Fruchtbarkeit. Es ist darum verständlich, daß Thor bei den Schweden als der mächtigste Gott galt, oder als einer der mächtigsten Götter; denn seine erste Stellung geht weniger aus Adams Worten als aus Thors Platz im Tempel hervor. Wenn Adams Beschreibung richtig ist, so ergibt sie einen wichtigen Unterschied im schwedischen und sonstigen nordischen Kultus, und wie in Deutschland, so ist auch in Skandinavien der Götterglaube keineswegs einheitlich gewesen, sondern verschieden nach der Natur und Kultur eines jeden Landes. Sodann erzählt Adam von Thor ungefähr dasselbe, was sonst von Frey berichtet wird, und vielleicht ließ eben diese Ähnlichkeit der beiden Gottheiten es darum auch bei den Schweden nicht zu einem Kampfe zwischen den Thorverehrern und den eindringenden Wanen kommen.

Der Name des Donnergottes ist gemeingermanisch: althochdeutsch Donar, altnorddeutsch Thunar, altnordisch Thórr; die Grundbedeutung ist »laut tönen«. Seine Mutter ist Fjörgyn; ein männlicher Fjörgynn begegnet als Gatte der Himmelsgöttin Frigg.

Vermutlich ist Fjörgyn als Mutter des Donnergottes, der auf den Bergen haust, die Göttin des Gebirges. Noch heute wohnt nach schwedischem Volksglauben Thor in den Bergen, und die Donnersberge in Deutschland bezeugen dieselbe Vorstellung. Andere Quellen nennen als Thors Mutter die Riesin Jarnsaxa, die ebenfalls nach dem dunkeln Felsengebirge genannt ist, oder schlechthin Jörd »die Erde«, oder Hlodyn. Derselbe Name begegnet auf lateinischen, am Niederrhein und in Friesland gefundenen Votivsteinen als »dea Hludana«; er gehört vielleicht zu hlada aufladen, hlóđ Erdhaufen, Herd, der in ältester Zeit auch nur ein Erdhaufen war, so daß auch hier Thor mit dem fruchtbaren Erdreich in Verbindung gesetzt ist, oder der Beiname bezeichnet die Erdgöttin als die Vielgenannte, Vielnamige.

Thors Gemahlin ist Sif, die schönhaarige Göttin, deren Goldhaar Loki heimlich abschnitt. Thor wollte dafür dem Frevler alle Knochen im Leibe zerschlagen, aber der versprach, Sif von den Zwergen aus Gold neues Haar herstellen zu lassen, das wie natürliches auf ihrem Kopfe anwachsen sollte. Das ist der einzige Mythos, der von ihr erzählt wird, und diese Kläglichkeit der Überlieferung spricht wenig für Thor als den eigentlichen Volks- und Hauptgott des Nordens.

Ihr Name wird als ein Attribut aufgefaßt und neuerdings als »die Erfreuende« gedeutet oder als die persönlich gedachte Sippe; denn Thor, der mit seinem Hammer die Ehe weiht, ist der Schützer der Bande der Blutsverwandtschaft.

Thor und Sifs Tochter ist Thrud. Bei dem ältesten Skalden wird der Schild mit »Fußsohlenblatt des Diebes der Thrud« umschrieben; denn Hrungni hatte beim Zweikampfe mit Thor den Schild unter seine Füße gelegt und sich darauf gestellt, weil er fürchtete, Thor werde in die Erde fahren und ihn von unten angreifen. Nach dieser Andeutung hat der Riese Hrungni Thors Tochter geraubt. Ein Seitenstück zu der Entführung durch den Riesen ist die Verlobung Thruds mit einem Zwerge (Alvíssmǫl):

Thrud ist in Thors Abwesenheit dem vollkommen weisen Zwerge Alwis versprochen. Aber der Vater ist von dieser Abmachung wenig erbaut; ihm behagt es nicht, daß seine junge, schönglänzende, schneeweiße Tochter dem unterirdischen, lichtscheuen, unheimlichen Erdgeiste folgen solle: er haust unter Erd' und Stein, ist blau um die Nase, als hätt' er die Nacht bei Leichen zugebracht, die ja auch in der dunklen Erde liegen und zur Nachtzeit hervorkommen. Scheinbar gibt Thor nach, verlangt aber, daß der Zwerg, der sich der Erfahrenheit in allen neun Welten rühmt, zuvor seine Weisheit dadurch bewähre, daß er angebe, wie die Weltkörper, Erde, Himmel, Sonne, Mond, die Naturerscheinungen, Wolke, Wind, Luft, Meer, Feuer, Wald, Nacht, Saat und Bier bei den

Göttern, Riesen, Zwergen, Menschen und Helbewohnern heiße; wenn der Zwerg ihm die erwünschte Auskunft erteilen kann, will er ihm die Hand der Holden nicht verwehren. Thor muß gestehen, daß er in einer Brust noch nie so viel der alten Weisheit gefunden habe, und doch ist es ihm gelungen, den unbequemen Freier loszuwerden: denn die Sonne scheint in den Saal, und der Zwerg erliegt dem Zauber des Tageslichtes, er erstarrt zu Stein.

Thor, der Feind aller Trolle und Unholde, überlistet auch einen Alp, indem er ihn in ein Redegefecht verwickelt, bis der Tag ihn in Stein verwandelt. Dieses Motiv des Alptraumes ist auf Thor übertragen, und ein Skalde benutzte die Gelegenheit, in dem nach sphingischem Schema abgehaltenen Zwiegespräche seine Weisheit in mythologischen Dingen, zumal in synonymischen Zusammenstellungen auszukramen. Thor spielt in dem Liede eine Rolle wie sonst nirgend, er ist schlau und berechnend, nicht wie sonst leicht auffahrend und zum Dreinschlagen bereit. Aber doch ist seine Klugheit mehr passiv; sie begnügt sich damit, Fragen aufzuwerfen, wozu keine weitere geistige Überlegenheit gehört.

Thors Söhne sind Magni und Modi (Kraft und heftiger Sinn). Dem »Hercules Magusanus« weihten Bataver Inschriften; *magusô gehört zur Wurzel »vermögen, kräftig sein«. Aus der Stärke, die in Deutschland als Donars Eigenschaft erscheint, ist im Norden ein Sohn Magni geworden. Den ungemein starken Gott nannten die Skalden »den Vater der Kraft und Stärke«, wie Odin »den Vater des Sieges«; dadurch verführt, schloß man später auf eine Tochter (Thrud) und einen Sohn (Magni). Magni ist der Sohn Thors und der Jarnsaxa; drei Tage alt, ist er bereits so stark, daß er allein den Fuß Hrungnis von Thors Halse herunterwälzen kann. In der neuen Welt werden Modi und Magni Thors Hammer Mjöllni haben.

Thors Stiefsohn ist Ull, ein Sohn der Sif; sein Vater wird nirgends genannt. Seine Pflegesöhne sind Wingni und Hlora, der Schwinger oder Schleuderer [des Hammers] und die zuckende Flamme, beide Namen sind Personifikationen von Thors Tätigkeit.

Sein Bruder ist Meili; Name und Wesen sind unerklärt. Als Thors Vater erscheint bereits um das Jahr 800 der Himmelsgott Odin, hinter dem, wie so oft, der alte Ty steckt, hier als Gott des bedeckenden Himmels.

Wie Frey zwei Dienstleute Byggwi und Beyla zur Seite stehen, so hat auch Thor ein Dienerpaar Thjalfi und Röskwa, »der Arbeiter und die Rasche«, Personifikationen des Blitzes. Wie er zu seinem Dienstgefolge gekommen ist, berichtet Snorri:

Thor fährt mit Wagen und Böcken aus, mit ihm Loki. Sie nehmen abends Herberge bei einem Bauer Egil. Thor schlachtet seine Böcke, die abgezogen und im Kessel gesotten werden. Er ladet dann den Wirt mit Weib und Kindern zum Essen und heißt sie die Knochen auf die Bocksfelle werfen. Thjalfi, des Bauers Sohn, zerbricht mit seinem Messer das Schenkelbein des einen Bockes, um das Mark herauszuholen. Thor bleibt die Nacht über, am Morgen aber hebt er den Hammer Mjöllni und weiht damit die Felle. Da stehen die Böcke auf, doch der eine hinkt am Hinterfuße. Als Thor bemerkt, daß der Schenkelknochen zerbrochen ist, sagt er, der Bauer oder seine Angehörigen seien mit den Knochen nicht vorsichtig umgegangen. Groß ist des Bauers Erschrecken, als Thor die Brauen über seine Augen hinabsinken läßt; denn obwohl er nur wenig von den Augen sieht, meint er allein vor ihrem Blicke niedersinken zu müssen. Thor preßt auch die Hände so kräftig um den Schaft des Hammers, daß die Knöchel weiß werden. Die Bauersleute rufen ihn flehentlich um Frieden an und bieten ihm alles zur Sühne, was sie haben. Als er ihre Furcht sieht, vergeht ihm der große Zorn, und er nimmt zum Vergleiche die Kinder des Bauers, Thjalfi und Röskwa, die ihm fortan getreulich dienen.

Vielleicht ist Loki schuld an dem Lahmen des Bockes.

Thjalfi, »der schnellste aller Männer«, wird nur von Hugi »dem Gedanken« im Wettlaufe besiegt; er läuft seinem Gebieter voraus nach der Stelle, wo Hrungni ihn zum Zweikampf erwartet, und gibt ihm den Rat, sich auf den Schild zu stellen. Thjalfi oder Thjelwar hat zuerst die Insel Gotland gefunden. Sie war damals so lichtlos, daß sie tags untersank und nachts oben war. Thjelwar aber brachte zuerst Feuer auf das Land, und seitdem sank es nicht wieder. Thjalfi erscheint also ganz wie der Feuerbringer Prometheus, er ist wie Dädalus »der Künstler«, »Arbeiter«; der Blitzdämon ist zugleich Feuerdämon oder Feuergott und als solcher Urheber der Kultur: darum bewirkt Thjalfi, daß das bis dahin untertags immer versinkende Eiland sich festigt und Licht erhält.

Thjalfi ist also nahe verwandt mit dem Blitz- und Feuergotte Loki: es ist bezeichnend, daß das Lahmen des Bockes einmal durch Loki, das andere Mal durch Thjalfi verschuldet wird, und wie Thjalfi in Thors Begleitung erscheint, so gesellt sich auch Loki dem Gott als Begleiter in dem isländischen Sprichworte: »Lange gehen Thor und Loki, das Unwetter läßt nicht nach.«

Der Donner, Thor, ist die stärkste aller Naturkräfte, segensreich, wenn er der Erde den ersehnten Regen spendet, und darum ein Wohltäter des Landmannes, aber verderblich, wenn er mit dem Blitze Bäume und Felsen spaltet und Feuersbrünste entfacht. In alter Zeit sagte man vom Donner nicht »er geht«, sondern »er fährt«: daher mußte man dem Donnergotte einen Wagen geben. In Schweden sagte man früher »der alte Thor oder Gott fährt«, »der gute Alte oder der gute Vater fährt«; schwedisch åska »der Donner« ist gleich *asaekia »Götterfahrt«, oder mundartlich toraka »Thors Fahrt«. Thor heißt darum Gott des Wagens, Walter des Wagens, Wagenmann, Fahr-Thor. Bei seiner Fahrt erzittern die Berge, brechen die Felsen und steht die Erde in Flammen. Den Wagen ziehen

Böcke, und nicht edle Rosse, weil diese besser in den Bergen springen können; die naturmythische Deutung sieht in ihnen ein Bild der hin und her zuckenden Blitze. Die kleinen schwarzen Wetterwolken heißen im Dialekte der Insel Gotland »Thors Böcke«. Die Böcke heißen Tanngnjost »Zahnknisterer« und Tanngrisni »Zahnknirscher«. Selten erscheint Thor zu Fuße. Auf seinem täglichen Wege zum Gerichte am Weltenbaume muß er drei Ströme durchwaten; auf den Stab der Riesin Grid stützt er sich, als er zu Geirröd wandert. In den Bergen wohnen die Riesen, und nicht die Menschen: darum verfolgt und tötet Thor die Riesen und heißt »Zerschmetterer der Felsbewohner, die Furcht der Riesen, der den Thursen Tod Bereitende, Mörder der Riesen, Töter der Thursenweiber«.

Man sah, wie der Blitz die Bäume und Felsen spaltete: das konnte der Donnerer nur mit einer Waffe tun, und deshalb gab man ihm den Hammer; möglich auch, daß nicht der optische Eindruck des Blitzes, sondern der akustische des Donners auf den Hammer führte. Die in der Erde aufgefundenen Steingeräte, deren Zweck und Ursprung man sich nicht mehr erklären konnte, hielt man für »Donnerkeile« (schwedisch åsk-viggar oder thorsviggar) und glaubte, daß sie mit dem Blitze niedergefallen seien. Ein solcher Thorskeil gilt noch heute als sicheres Mittel gegen Blitzschlag und als schützendes Amulett. Man hängt noch heute eine Steinaxt in den Braukessel, um die Trolle zu hindern, das Gebräu zu verderben, benutzt sie als Gewicht an Fischgeräten, weil die Fische eifriger in solche Netze gehen sollen als in andere, zerstößt die Schneide und gibt sie kranken Tieren als Heilmittel ein. Da man diese Steingeräte meist schaftlos fand, glaube man, daß Thors Hammer zu kurz geraten sei; später aber fabelte man mit Benutzung eines alten Elbenmotives, daß Loki die Zwerge bei seiner Herstellung gestört habe, und daß diese deswegen einen Augenblick die Arbeit hätten unterbrechen müssen. Thor kann mit dem Hammer werfen, soweit er will und wonach er will; niemals verfehlt er sein Ziel, und nie fliegt er so weit fort, daß er nicht von selbst in seine Hand zurückkehrt, und wenn er will, kann der Hammer auch so klein werden, daß er ihn unter seinem Rocke tragen kann: ein bekannter Märchenzug. Nach seinem Hammer heißt der Gott Wingthor, »der den Hammer Schwingende« (isländisch vega schwingen). Dieser Hammer Mjöllni wird gewöhnlich als »der Zermalmer« gedeutet, ist aber wohl eine Benennung des glänzenden, blendenden Blitzes (*miollr = weißglänzend).

Nach junger Sage besitzt Thorstein einen von Zwergen stammenden Stahl und Feuerstein in dreieckiger Gestalt, weiß auf der einen, gelb auf der zweiten und rot auf der dritten Seite: nach jedem Wurfe kehrt er in die Hand des Besitzers zurück. Schlägt man auf die weiße Seite, so entsteht solches Hagelwetter, daß niemand dagegen ansehen kann; schlägt man auf die gelbe Stelle, so kommt sogleich heller Sonnenschein, daß aller niedergefallene Schnee schmilzt und angenehmer Wohlgeruch emporsteigt; schlägt man endlich auf die rote Seite, so bricht Donner und Blitz mit fliegenden Funken hervor.

Bei Saxo hat Thor eine Keule, gegen die nichts standhält; schwedisch heißt der Donnerkeil auch Thordönskolf. Merkwürdiger Aberglaube haftet an Thors Hammer auf Island: Will man einen Dieb entdecken und zur Wiedererstattung des Gestohlenen zwingen, so sticht man mit dem Stiele in den Kopf des Hammers und spricht dazu die Zauberformel: »Ich treibe in das Auge des Kampfvaters, ich treibe in das Auge des Totenvaters (beides sind Beinamen Odins), ich treibe in das Auge des Asen-Thors.« Der Dieb bekommt davon eine Augenkrankheit; bringt er das Gestohlene nicht zurück, so wiederholt man den Versuch, und das kostet ihn ein Auge; der dritte Versuch läßt ihn auch das andere Auge verlieren.

Bei dem rauhen Winter des Nordens gehören auch Handschuhe zur vollen Tracht. Bei den Riesen werden sie erwähnt, und ebenso trägt Thor Eisenhandschuhe, wenn er die Blitze schleudert. Es sind Faust- oder Klotzhandschuhe, die keine Fingerlinge, sondern nur einen Däumling haben. In einem solchen Riesenfäustling nächtigt Thor mit Loki und Thjalfi auf der Fahrt zu Utgardaloki; denn sie halten ihn für ein großes Haus ohne Vorderwand. Wie beim Nordländer Schwert und Messer am Hosengürtel hängen, so trägt auch Thor einen Kraftgürtel, durch den sich seine Kraft verdoppelt.

Thor ist mit rotem, hochblondem Haar geschmückt. Als rotbärtiger Mann erscheint er dem schwedischen Helden Styrbjörn in seinem Zelte, als dieser ihn gegen Eirik um Hilfe bittet. Als rotbärtiger Jüngling tritt er vor Olaf Tryggwason und erzählt ihm, wie er vor alters von den Nordmannen angerufen, die Riesen mit seinem Hammer bekriegte. Wenn der Gott in seinen Bart bläst und damit seinen Bartruf, seine Bartstimme erhebt, so verursacht er den seinem Heiligtume nahenden Feinden heftigen Gegenwind. Furchtbar schüttelt er seinen Bart im Asenzorne, Feuer flammt aus den Augen – darum heißt er Atli »der Zornige, Ungestüme«: – der Riese Thrym, der ihn küssen will, in der Meinung, daß er Freya sei, bebt vor seinen flammenden Augen zurück; mit scharfen Augen blickt er die Midgardsschlange an.

Thors Ankunft erfolgt so plötzlich wie das Gewitter; kaum genannt, ist er auch schon gegenwärtig und schlagfertig; dann dröhnen die Berge, wenn »der brüllende Wetterer« (Hlorridi) wie der Sturm dahergefahren kommt. Nach junger Sage gelobt eine Riesin Thor den besten Bock, wenn er ihr im Streite gegen ihre Schwester hülfe, und sogleich erlöst sie der Gott von ihren Nebenbuhlerinnen. Im Kampfe schwillt ihm der Asenzorn und die Asenstärke, und darum heißt er »stark wie der Bär, der Tatkräftige, Hartgesinnte, Kraftgerüstete, der starke Schützer der Götter«. Darum wagt Thor auch den Kampf mit den christlichen Königen und scheut selbst den Zusammenstoß mit Christus nicht.

Raud (der rote) auf Randsey in Norwegen war einer der eifrigsten Verehrer Thors. Gelegentlich eines Zuges nach Halogaland suchte König Olaf Tryggwason auch den Raud auf seiner Insel auf. Diesem hatte sein Abgott Thor die Ankunft des Königs mit vielem Ärger vorausgesagt; umsonst hatte er versucht, durch seinen Bartruf dessen Schiffe zurückzutreiben. Olaf landet und verkündigt den neuen Glauben. Raud antwortet: »Ich habe wenig Lust, den Glauben zu verlassen, den ich gehabt habe, und den mich mein Pflegevater gelehrt hat; man kann auch nicht sagen, daß unser Gott Thor, der hier im Tempel wohnt, wenig vermöge; denn er verkündigt noch ungeschehene Dinge und ist mir in aller Not von erprobter Verlässigkeit, und darum mag ich unsere Freundschaft nicht brechen, solange er mir die Treue hält.« Er fordert den König auf, seine Kraft in einem Kampfe mit Thor zu erproben. Olaf besiegt den Götzen; jetzt aber meint Raud: »Das ist nunmehr erprobt, König, daß du bei eurem Zusammentreffen den Sieg davonträgst, und nie mehr will ich fortan an ihn glauben; aber das ist noch weit hin, daß ich mich taufen lasse.« Raud wird gefangengenommen und mit den ausgesuchtesten Martern getötet; sein Hauptschiff aber, viel größer und schöner als das des Königs, eignet sich dieser an, und als er darauf mit gelindem Winde südwärts das Land entlangsegelt, bittet ihn ein ansehnlicher, rotbärtiger Mann, der auf einer Klippe stand, um Aufnahme; als diese gewährt ist, mißt er sich mit den Königsmannen im Ringen, erklärt jedoch, daß sie nicht würdig seien des schönen Schiffes, das im Besitze Rauds des Starken so viel tüchtiger bemannt gewesen sei: es ist kein anderer wie Thor, einst der Befreier des Landes von gewaltigen Riesenweibern, seitdem der gläubig angerufene Helfer des Volkes, jetzt durch den König Olaf aller seiner Freunde beraubt.

Auch Thors Wohnung heißt Welt oder Land der Stärke (Thrudheim, Thrudwang), und da Thor als Gewittergott »Herr des Blitzes« hieß, »Bilskirnis Herr« (styrandi bilskírnis: Herr des einen Augenblick [bil] Leuchtenden [skírnir]), gab man ihm Bilskirni zur Burg, und wie Walhall 560 Tore hat, so hat Thors Palast 540 Gemächer. Wegen seiner hohen Geltung unter den Asen heißt er »Asenfürst, Asenheld, Asen-Thor«; denn er ist der stärkste der Asen und stärker als alle Götter und Menschen; mit Thors großer Kraft läßt sich nichts im Himmel und auf Erden vergleichen.

Darum ißt und trinkt er auch mehr als andere Wesen. Während Odin nur vom Weine lebt, verzehrt Thor bei Thrym zwei Ochsen und acht Lachse und trinkt drei Tonnen Met aus, bei Hymi ißt er zwei Ochsen allein zum Nachtmahl. Bei Utgardaloki trinkt er aus einem Horne, dessen Spitze im Meere liegt, das halbe Weltmeer aus, und er tut einen so gewaltigen Zug, daß davon die Ebbe entsteht. Als der Riese Hrungni nach Walhall kommt, legt er damit eine gewaltige Probe seiner Kraft ab, daß er die beiden großen Schalen leert, aus denen Thor zu trinken pflegt: das hätte ihm so leicht keiner nachgemacht! Dem Thorsbild im Gudbrandstale wurden darum vier Brote und entsprechende Mengen Fleisch vorgesetzt.

Viele Norweger, die sich dem Königtume HARALDS nicht unterwerfen wollten, retteten sich und ihren Gott nach Island. Auf die Balkenenden der Häuser, die sie auf der Insel zu gründen gedachten, schnitzten sie einen Thorskopf ein. Diese Säulen warfen sie bei der Annäherung an die Küste ins Meer, damit ihnen Thor die Stätte zum Anbau wiese. Dafür galt die Stelle, wo die Balken ans Land trieben. Manche Isländer, die ein Haus bauen wollten, opferten Thor, damit er ihnen unter dem Treibholze Hochsitzsäulen schickte. So gab Hallstein, ein anderer Sohn von Thorolf Mostrarskegg, dem Gott seinen Knaben; darauf kam ein Baum ans Land, 63 Ellen lang und sechs Ellen dick. Hiervon nahm nicht nur Hallstein seine Hochsitzbalken, sondern fast alle Höfe in der Nähe schnitten die ihren davon. Der Priester der Normannen wählte vor dem Auszuge zum Kampfe durch Loswurf die Menschen aus, die dem Thor als Opfer fallen sollten; dann wurden die Häupter der Opfer mit dem Ochsenjoch (einem keulenähnlichen Geräte?) zerschmettert und deren Brust bis in das Herz hinein aufgeschnitten; das Gehirn wurde herausgenommen, und aus dem zuckenden Herzen ergab sich ein Vorzeichen für den Ausgang des Unternehmens; mit dem Opferblute bestrichen die Auswanderer sich und ihren Angehörigen das Haupt, bestiegen die Schiffe und segelten ab: das Meer mit seinen Küsten und Inseln war von nun an ihre Heimat, Seeraub ihr Erwerb.

In den Mühen des Tages, in den Gefahren zu Wasser und zu Lande, in der Sorge vor Unholden und Riesen wandte man sich an Thor, und so war er der Gott, der im praktischen Leben am meisten und häufigsten angerufen wurde. In dieser Beziehung war er der Gott für alle Verhältnisse des menschlichen Lebens von der Wiege bis zum Grabe. Darum wird er als der Bekämpfer der dem Menschen feindlichen Mächte Schützer oder Wohltäter der Menschen; als der Gott, der die Menschen heiligt, weiht er das Haus und dessen Beschäftigungen. Auf drei dänischen Runensteinen finden wir den Wunsch: »Thor weihe diese Runen«, »Thor weihe diese Grabstätte«, d.h. er schütze das Grab vor Unbill und Beschädigung. Auf mehreren schwedischen und zwei dänischen Runensteinen wird dieses Gebet symbolisch durch das Hammerzeichen ausgedrückt, eine Nachbildung von Thors Hammer. Auf dem abgebildeten, bei der Laegorgkirche, Amt Ribe auf Jütland, liegenden Steine ist der Hammer sowohl vor als hinter der Inschrift eingemeißelt.

Mit dem Hammer weiht Thor Baldrs Scheiterhaufen. Kleine Thorshammer, die man als Amulett trug, gab man dem Toten mit ins Grab. Der Hammer war den Germanen das heilige Symbol der Besitzergreifung.

Thor spendet und versagt den Segen der Ehe. Dem Starkad bestimmt er, daß er weder Sohn noch Tochter haben und so sein Geschlecht beschließen solle. Als Schützer des Anbaus, der mit seinem Gewitterstrahl das harte Felsgebirg urbar macht, wird er Verleiher und Erhalter des Grundbesitzes. Dem Starkad versagt er Land und Grundbesitz. Landeigentum ward mit dem Wurfe des heiligen Donnerhammers in Besitz genommen. Bei Besitzergreifung herrenloser Gründe ward das eroberte Land Thor geweiht: Asbjörn heiligt seine »Landnahme« dem Thor und nennt sie »Thorsmark«.

Thor gibt heiteres Wetter und Fruchtbarkeit, er spendet der Saat Gedeihen. Darum sind viele Pflanzen nach ihm genannt: dänisch tordenskreppe Klette, Thorhat, Thorhjalm [Hut, Helm] aconitum lycoctum, Thorbiöll, St. Olavs skjägg osmunda crispa. Nach Thors Beziehung zum Pflanzenwachstume sind Ortsnamen Thorlöf, Thorslund [Hain], Thorsaker, Thorsager, Thorseng [Acker, Wiese] geheißen.

Die Hasel, ursprünglich dem allgebietenden Tius geweiht, wurde auf den Gewittergott übertragen, je mehr Tius zurücktrat. Als die Dänen 851 Dublin eroberten, machten sie es zum Mittelpunkte der nordmännischen Macht. Das dort herrschende Geschlecht hieß Thonars (Tomairs) Geschlecht; ein großer, dem Thor geweihter Wald »Thors Hain« breitete sich weithin vor der Stadt längs der Küste aus. Dieser bestand nach den irischen Quellen aus Haseln. Als der christliche Irenkönig Briam 998 Dublin erstürmte und vernichtete, ließ er den Thorshain niederhauen und verbrennen.

Als der heilige Olaf das Tempelbild Thors in Gudbrandstal zerstören will, fordern die Verehrer des alten Gottes Christus zu einem Wettstreite mit Thor auf. Sie legen ihm auf, einen Tag einen bewölkten Himmel ohne Regen, den folgenden Sonnenschein und heiteres Wetter zu machen: diese Dinge verliehe ihnen Thor. Thor befestigt die leuchtenden Gestirne am Himmel: so wirft er Aurwandils Zehe an den Himmel, so wie als leuchtender Morgenstern strahlt; die Augen des Riesen Thjazi schleudert er zum heitern Himmel hinauf. Der mächtige Norweger Gudbrand meint, die Christen verehrten einen Gott, den niemand sehe, die Helden aber den, der täglich sichtbar werde, und von ihm komme es, daß an dem Tage nasses Wetter sei. Der Blitz spaltet die Wolken, und die himmlischen Wasser strömen zur Erde; der Blitz fährt in den Erdboden, und der Quell springt hervor. Darum ist Thor der Quellenschöpfer: Torsmase (Donnerloch) in einer österlichen Grenzurkunde. Der norwegische Nationalheilige Olaf, auf den viele Züge von Thor übertragen sind, steckt seine Hand in den Hügel, als er mit seinen Leuten kein Wasser gegen ihren Durst findet, und sofort entspringt ein klarer Quell; ein andermal soll er durch das Eindrücken seines Hutes in den Berg eine Quelle erweckt und mit seinem Fuß einen Brunnen aus dem Berge gestampft haben.

Die Waffe des Donnergottes war das Symbol des Blitzes in seiner segnenden und befruchtenden Wirkung, und noch heute wird den Donnerkeilen schützende und heilende Wirkung zugeschrieben, namentlich sollen sie die Geburt erleichtern. Bei der Eheschließung wurde Thors Hammer der Braut in den Schoß gelegt und diese damit geweiht. Der Gewittergott ist auch Herdgott und Schutzherr des Hauses und darum in doppelter Beziehung bei der Gründung eines Hausstandes anzurufen und zu verehren. Bei dem Hochzeitsschmause wird der erste Gedächtnistrank (minni) dem Thor gebracht. Die Volkssage verknüpft Thors Wanderung auf Erden mit zwei Hochzeiten. Alfhilds Hochzeit mit dem Riesen war gegen Thors Willen gewesen; deshalb läßt der Gott seinen Zorn über Starkad ergehen und versagt ihm, als Weiher des Lebens, Nachkommen, Heimat und rühmliche Nachrede. Wenn das neugeborene Kind bei der Wasserbegießung seinen Namen nach dem Gott empfing, wurde natürlich dessen Schutz angerufen und das Kind seinem besonderen Beistande geweiht, der es gegen Gefahren und Mühsal schützen und mit langem glücklichem Leben begaben sollte. Aber keineswegs war das junge Menschenkind dadurch verpflichtet, im späteren Leben Thor vor allen Göttern zu verehren. Thorgrim, der von seinem Vater dem Thor geweiht worden war, wurde Freys Priester. Als Weiher des Lebens wurde Thor in Krankheit, Not und Lebensgefahr angerufen: wenn Krankheit und Hunger droht, sagt Adam von Bremen. Darum wurde der Gott, der die Heimat und das ganze Land beschützte und bewachte, auf dem Hochsitze des Hausherrn, in seinem Tempel wie in seinem Hause, dargestellt. Sein Bild befand sich nicht nur auf den Hochsitzsäulen, sondern auch der Hochsitz selbst war mit einem Bilde Thors geschmückt; bei kleineren Sitzen genügte die Anbringung des Hammerzeichens. Die zauberkundige Grima hatte einen großen Stuhl; auf dessen Rücklehne war Thor mit seinem Hammer eingeschnitzt, und es war dies ein großes Bildnis. Auch der Vordersteven des Schiffes war mit Thors Bild geschmückt.

Bei Festen und festlichen Gelegenheiten ward das Trinkhorn mit dem Hammerzeichen geweiht.

Thor erscheint also durchaus nicht als der Hauptgott des Nordens. Abgesehen von besonderen Verbänden nimmt er auch im Kultus keineswegs die erste Stelle ein. Zu Möri im Drontheimischen stand Thors Bild, als des hier am meisten von allen Göttern verehrten Gottes; es war kunstvoll aus Gold und Silber gearbeitet. OLAF TRYGGWASON hob den Hammer auf, den er in der Hand hatte, und schlug Thor so, daß er vom Gestelle fiel. Daraus, daß Thor nach diesem Zeugnis aus der letzten Hälfte des 12. Jahrhunderts in Möri den Vorrang behauptete, darf nicht geschlossen werden, daß Odin nicht auch dort verehrt worden sei: Olafs Mannen dringen in den Tempel und schlagen alle Götter zu Boden von den Gestellen. Nach einer andern Schilderung saß Thor ebenda auf einem mit zwei aus Holz geschnitzten Böcken bespannten Wagen, unter dessen Füßen Räder angebracht waren; um die Hörner der Böcke war eine silberne Kette geschlungen, an der sie gezogen wurden: das ganze Werk war mit großer Kunst gearbeitet. Im Tempel von Alt-Uppsala war Thor mit dem Hammer abgebildet. In Kjalarnes stand Thor in der Mitte, und die Bilder der andern Gottheiten an beiden Seiten neben ihm. In Hladir befanden sich Thor auf seinem Wagen, Thorgerd Hölgabrud und Irpa; jeder Gottheit raubte ein Schurke einen Goldring; daß Thor in der Mitte zwischen den beiden Wettergöttinnen stand, wird nicht gesagt.

Von Norwegen aus wurde die Verehrung Thors nach Island getragen. Auf der gefährlichen und beschwerlichen Reise wurde sein Beistand angerufen. Während einer solchen Fahrt, die Koll mit mehreren Christen unternahm, erhob sich ein Sturm. Da flehte Koll zu Thor; der Sturm trennte sein Schiff von den Gefährten, und er kam in eine Bucht, wo sein Schiff brach. Der Skald Hallfred gelobt mit der Schiffsmannschaft Gut und drei Eimer Bier dem Thor oder Odin, wenn er von Drontheim glücklich nach Island käme. Wo immer die nordländischen Seefahrer, die »Dänen«, in der Fremde auftraten, in der Normandie wie in England, wußte man nicht anders, als daß Thor der »Dänengott« sei, und ebenso galt in Gardariki (Rußland) Thor als Gott der Nordleute. Selbst zu den Finnen ist Name und Wesen des Gottes mit seinem Hammer gedrungen und hat hier deutliche Spuren hinterlassen. In der Normandie findet sich der Name Turville noch in unseren Tagen zehnmal, Freville zweimal.

Von der tiefen Liebe und dankbaren Anhänglichkeit der Nordmannen zu seinem Gotte gibt die letzte Nachricht von der Erscheinung Thors rührendes Zeugnis – ein wehmütiger Protest gegen den Fortschritt des Christentums, von irgendeinem dem alten Glauben treu gebliebenen Heiden vorwurfsvoll niedergelegt:

Eines Tages segelte König Olaf südwärts die Küste entlang mit gelindem Fahrwasser. Da stand ein Mann auf einem Felsvorsprunge und rief um Aufnahme in das Schiff, die ihm auch gewährt ward. Er war von stattlichem Wuchse, schön von Aussehen und rotbärtig. Mit dem Gefolge des Königs begann er allerlei Kurzweil und scherzhaftes Wettspiel, wobei die andern schlecht gegen ihn bestanden. Sie führten ihn hierauf, als einen vielkundigen Mann, vor Olaf. Dieser hieß ihn irgendeine alte Kunde sagen. Der Mann antwortete: »Damit heb' ich an, Herr, daß dieses Land, an dem wir vorbeisegeln, ehemals von Riesen bewohnt war. Diese kamen jedoch zufällig schnellen Todes um, bis auf zwei Weiber. Hernach begannen Leute aus östlichen Landen sich hier anzubauen, aber jene großen Weiber taten ihnen viel Gewalt und Bedrängnis an, bis die Landbewohner beschlossen, diesen Rotbart um Hilfe anzuflehen. Alsbald ergriff ich meinen Hammer und erschlug die beiden Weiber. Das Volk dieses Landes blieb auch dabei, mich in seinen Nöten um Beistand anzurufen, bis du, o König! fast alle meine Freunde vertilgt hast, was wohl der Rache wert wäre.« Hierbei blickte er bitter lächelnd nach dem Könige zurück, indem er sich so schnell über Bord warf, wie wenn ein Pfeil in das Meer schösse, und niemals sahen sie ihn fortan wieder.

Das ist die letzte Erscheinung Thors auf der Bühne dieser Welt. Es liegt etwas Rührendes, Tragisches, sagt CARLYLE, in dieser letzten Stimme des Heidentums. Thor ist verschwunden, die ganze nordische Welt ist verschwunden und wird nimmermehr zurückkehren. Der neue Glaube hat noch nicht von den Herzen Besitz ergriffen; noch zu fest und tiefbegründet ruht in ihnen die alte Vorstellung, daß Thor es war, der die Herrschaft der riesischen Urbesitzer des Landes gebrochen hatte.

»Übermächtig würden die Riesen, wenn alle lebten: nicht Menschen gäb' es in Midgard mehr«; »wäre nicht Thor, längst hätten die Trolle die Erde öde gelegt« sagt ein norwegisches Sprichwort. Thor ist der Bekämpfer der Riesen, die auf den himmelhohen Felsen wohnen, ihre Gegner, Widersacher, ihr

Feind und Schreck, Brecher der Bergriesen. Ein schwedischer Bauer hatte sich einen Berggreis eingeladen, um ihn sich freundlich zu erhalten; aber der ließ absagen, als er vernahm, daß außer Christus, Maria und Petrus auch Thor erscheinen werde: denn den scheute er. Im heutigen Volksglauben ist der »Donner« der größte Feind der Trolle und Riesen; er hat wohl die ältere Anschauung bewahrt, aus der sich Thors Riesenkämpfe entwickelt haben. Der »Donner« verfolgt die Trolle, sie flüchten beim Gewitter in allerhand Tiergestalt nach Hause, denn »gleich kommt der Donner gefahren«! Umgekehrt wird durch das Gewitter dem Acker und der Saat erhöhte Triebkraft und größeres Wachstum zuteil. Das Wetterleuchten heißt schwedisch »Kornblick«, norwegisch »Kornmutter«, Gewitter mit Blitz und Donner schwedisch »Kornbauer«. Für »es gewittert« sagt man »der Kornbauer geht, fährt«; ein Troll, der den Donner hört, fragt eine Frau, was das sei – sie antwortet: »Das ist der Bauer, er fährt Korn über die Brücke.«

Zwischen die mit ewigem Schnee und Eis bedeckten Berge Norwegens erstrecken sich wenige Täler, wie in den Fels hineingehauen, wie mit gewaltiger Faust zerspalten und zerklüftet; in ihnen herrscht frischer Waldwuchs, üppige Fruchtbarkeit und höhere Wärme. Einst war alles unzugängliche Felsmasse, hier war das Reich der Riesen; der Mensch verzagte, dem unwirtlichen Gestein Leben abtrotzen zu können, erst die gewaltige Kraft Thors mußte ihm den Weg bahnen und ihm auch fürderhin die täglich drohenden Gefahren abwehren. Das ist der einfache Kern von Thors Großtaten, die in den Liedern der Edda und von SNORRI in ausführlicher, wenngleich häufig durch jüngere Ausschmückungen und Allegorien verunstalteten Form erzählt werden. Thor zermalmt die Steinriesen, macht dem Reiche der Sturm- und Eisriesen ein Ende, jeder einzelne Gesang des großen Thorshymnus schließt mit dem Kehrreime, wie der flammende Keil auf das Haupt der Riesen herabfährt. Darum ist er der leutseligste der Götter, der »geliebte« Freund seiner Verehrer, der unverdrossen arbeitet und den tüchtigen Fleiß ermuntert. Seinem herablassenden Wesen kommt auch die ganze Vertraulichkeit des Volkes entgegen: wie er mit diesem das Feld herstellt, dient er ihm auch zu guter Unterhaltung, und wenn es bei munterer Laune ist, zupft es ihn gelegentlich am roten Barte. Das schadet aber der Liebe nicht, man ist ihm nur um so herzlicher zugetan. Dieses trauliche Verhältnis hat auch unleugbar sein Erhabenes; derselbe Thor, der dem Menschen so nahe tritt, ist der Bändiger aller tobenden Elemente, und ein Volk zeigt rüstigen Sinn, das im Donnerhalle die Stimme seines Freundes erkennt.

Lust am Fabulieren also, nicht sinnbildliche Naturanschauung haben die meisten Thorsgeschichten geschaffen; um den naturmythischen Kern haben sich üppig Märchen und Volkssage gerankt. Mit dem ererbten mythischen Schatze schalteten die Dichter frei, verwandten ihn willkürlich zur Ausschmükkung ihrer Gedichte oder fügten je nach eigener dichterischer Veranlagung selbsterfundene Züge hinzu, oder nahmen von einzelnen, im Volke umlaufenden Geschichten auf, was ihnen paßte.

Wild wird Thor, als er beim Erwachen nach seinem Hammer greifen will und ihn nicht findet. In seiner Not wendet er sich an den listenreichen Loki und teilt ihm mit, daß sein Hammer gestohlen sei. Auf dessen Rat begeben sich beide zu Freyja, und Thor fragt sie, ob sie ihr Federgewand leihen wolle, damit das geraubte Kleinod zurückgeholt werden kann. Gern will es die Göttin geben, wenn es auch von Gold oder leuchtendem Silber wäre. Fort fliegt Loki, das Federkleid rauscht, hinter sich läßt er der Götter Gehöfte und erreicht Riesenheim. Dort sitzt auf einem Hügel Thrym [der Lärmer], der Riesenfürst, schmückt seine Hände mit goldenen Bändern und kämmt die Mähnen der Rosse. Er bekennt, daß er den Hammer des brüllenden Wetterers acht Rasten unter der Erde verborgen halte, und will ihn nur hergeben, wenn man ihm Freyja zur Frau gibt. Rauschend fliegt Loki zu den Göttern zurück.

Freyja braust vor Zorn auf, daß ihr leuchtender Halsschmuck bricht; der Saal erbebt, da sie des Riesen Forderung hört: männertoll würde man sie nennen, reiste sie mit ins Riesenland. Da halten die Götter Rat, wie Hilfe zu schaffen sei; denn der Hammer muß zurück, wenn nicht schweres Verderben hereinbrechen soll. Heimdall schlägt vor, den Thor als Freyja bräutlich aufzuputzen und dem Riesen zuzuschicken: er soll Schleier und Schlüssel und wallende Weiberröcke tragen. Vergebens wendet Thor ein: weibisch würde er in solchem Aufzuge den Göttern erscheinen – Loki schlägt alle Bedenken nieder, mit dem Hinweise, daß die Thursen bald in Asgard thronen würden, wenn er nicht seinen Hammer wiederholte. Loki selbst will, als Magd verkleidet, den Donnerer begleiten.

Schnell werden die Böcke an die Deichsel geschirrt, die Berge bersten, es brennt die Erde, als Thor ins Reich der Riesen fährt.

Thrym rüstet sein Haus zur Hochzeit, er freut sich seiner goldgehörnten Rinder und seines Reichtums; Kleinode und Halsgeschmeide hat er in Fülle, Freyja allein fehlt ihm. Am Abend wird das Mahl aufgetragen und Bier zum Trunke geboten. Die Braut ißt einen Ochsen, acht Lachse und alles Würzwerk auch, das für die Weiber bestimmt ist; sie trinkt drei Tonnen Met, daß der Bräutigam sich verwundert. Loki beschwichtigt ihn: Freyja habe aus Sehnsucht nach ihm lange gehungert und gedürstet. Da neigt sich Thrym lüstern unter das Brautlinnen, das Liebchen zu küssen – aber entsetzt springt er in den Saal zurück: solches Feuer flammt aus Freyjas Augen. Doch abermals weiß ihn Loki zu beruhigen: kein Auge schloß Freyja seit acht Tagen, so heiß war ihr Sehnen nach der Heimat der Riesen. Hinein tritt des Thursen betagte Schwester und bittet um Goldringe von Freyjas Händen als Brautgabe, die aus Geld und Schmucksachen bestand. Da verlangt der Bräutigam die Weihe der Ehe, und der Hammer wird gebracht, nach der Sitte den Schoß der Braut zu berühren. Thor aber lacht das Herz in der Brust, als er den Hammer erblickt; er packt ihn und schwingt ihn wetternd über Thrym und sein ganzes Geschlecht. Die Schwester, die das Brautgeschenk erbeten hatte, bekam Schläge statt der Schillinge, Hammerhiebe statt der roten Ringe – so holte sich Thor seinen Hammer wieder.

Auch hier gilt es, den möglichst einfachen Kern herauszuschälen. Wenn es donnert, schleudert Thor seinen Hammer; einen großen Teil des Jahres hindurch aber donnert es nicht, da muß der Hammer geraubt sein; einer seiner Feinde, ein Riese hat ihn gestohlen. Schließlich aber donnert es wieder: der Gott hat also seine Waffe zurückbekommen. Aus der im Mythos begründeten unendlichen Wiederholung wird dem Dichter ein einmaliges Ereignis: einst erwachte Thor und fand seinen Hammer nicht mehr. Von selbst ergaben sich die weiteren Motive: Thrym ist schlau genug, den Hammer heimlich zu stehlen, aber zu dumm, um ihn für immer zu behalten; lüstern wie die Riesen sind, verlangt er die schönste Göttin als Lösegeld; diese aber weigert sich; man muß zur List greifen, einer der Götter, der klüger ist als Thor, findet den Ausweg; Thor kommt in Weiberkleidern nach Riesenheim, erhält den Hammer zurück und wirft die Maske ab. Weitere dichterische Erfindung ist die Einfügung Heimdalls und der Riesenschwester. So vollständig ist der einfache mythische Grundgedanke vergessen, daß die Fahrt zu Thrym als die Schilderung eines Gewitters im Gebirge dargestellt wird, während doch, bevor Thor seinen Hammer nicht wiedererlangt hat, von einem Gewitter nicht eigentlich die Rede sein kann. Vielleicht hat ein dem Dichter vorliegendes Lied den Ritus der Hammerweihe erklären wollen, vielleicht auch steckt hinter Loki, der als

Magd den bräutlichen Thor begleitet, die altgermanische Brautfrau oder Ehrenmutter, da Loki ganz ihr Amt versieht, für die Braut antwortet und sie entschuldigt, wenn es nötig ist.

Der Grundton des Gedichtes ist durchaus humoristisch. Thor in Frauenkleidern – ein köstlicher Spaß! –, und doch geschieht dem starken Gotte kein Abbruch an seiner Ehre. Er ist der gewaltige, aber ratlose Gott, wenn er seine Kraft nicht anwenden kann. Er ist nicht imstande, einen listigen Anschlag auszusinnen; in seiner Einfalt ist er ohne weiteres bereit, Freyja preiszugeben, in dem Glauben, daß sein Hammer wichtiger sei als die Göttin der Liebe und Fruchtbarkeit. Sein Mangel an Klugheit und seine Unfähigkeit, sich zu verstellen, geht aus seiner wenig brautgemäßen Haltung in der Halle des Riesen hervor. Wie überzeugend ist seine naive Furcht, die Götter möchten ihn verspotten, weil er sich als Frau verkleidet! Aber wie anders tritt er auf, als er seinen Hammer wiederhat! Da fühlt man, daß mit ihm nicht zu spaßen ist, da merkt man seine ganze Asenstärke, man vergißt die Brautkleider und die klirrenden Schlüssel, man fühlt, daß der Scherz blutig ausgehen muß. –

Als junger Bursch begab sich Thor fort, die Midgardsschlange aufzusuchen, und kam zu dem Riesen Hymi [der Dämmerer? der Wolkenbedecker?]. Dieser schickte sich am Morgen an, zum Fischfang auszufahren, und Thor bat, mitrudern zu dürfen. Der Riese aber meinte, daß er von einem so kleinen, jungen Burschen wenig Hilfe haben würde: es würde ihn frieren, wenn er weit hinaus ins Meer fahre und dort so lange verweile, wie er gewohnt sei. Dieser höhnische Bescheid reizte Thor so, daß er ihn fast seinen Hammer hätte fühlen lassen. Doch unterließ er es, weil er seine Kunst anderwärts zu versuchen gedachte. Als der Riese ihm sagte, er solle selbst für einen Köder sorgen, riß er einem Stier aus Hymis Herde den Kopf ab und nahm ihn mit sich in das Boot. Dort setzte er sich am Boden nieder und fing gewaltig zu rudern an. Bald sagte der Riese, sie wären bei den Fischgründen angelangt, wo er gewohnt sei, zu halten; weiter hinaus wagte er sich nicht. Thor aber zwang ihn, weiter zu fahren, und hörte erst da auf, wo vermutlich die Midgardsschlange lag. Er machte die Angelschnur zurecht und steckte den Stierkopf an den Haken, der sofort zu Boden sank. Die Midgardsschlange fuhr sogleich schnappend auf die Angel los, und der Haken blieb ihr im Gaumen stecken. Als das Ungeheuer das merkte, zerrte es so wild an der Leine, daß Thors beide Fäuste auf den Bord des Bootes aufschlugen. Da rüstete sich Thor mit seiner ganzen Stärke; so gewaltig stemmte er sich dagegen, daß er mit beiden Füßen den Boden des Schiffes durchbrach und auf den Meeresboden zu stehen kam: so zog er die Schlange herauf an Bord. Kein furchtbarerer Anblick ist denkbar als der, wie Thor seine blitzenden Augen auf das Ungeheuer richtete und dieses ihm von unten herauf entgegenstarrte und Gift schnaubte. Der Riese wechselte die Farbe, als er die Schlange erblickte und die See in das Boot stürzte. In dem Augenblicke, als Thor die Hand nach dem Hammer ausstreckte, stürzte Hymi mit dem Messer hinzu und schnitt die Angelschnur entzwei, daß die Schlange ins Meer zurücksank. Thor schleuderte den Hammer ihr nach, und einige Dichter sagen, er habe ihr auf dem Meeresboden das Haupt abgeschlagen; doch die Wahrheit ist, daß sie noch lebt und in der See liegt. Aber den Riesen hieb Thor ans Ohr, daß er über Bord stürzte, dann watete er ans Land.

Man merkt der schlichten Erzählung an, daß man alten Volksglauben vor sich hat. SNORRIS dichterische Vorlage hat Thors Kampf mit dem Midgardswurme besungen; Hymis Fischerkünste sind dazu erfunden, Thor die Gelegenheit zum Kampfe zu verschaffen. Die beiden geborenen Feinde, die beim Weltuntergang einander vernichten, sind sich schon einmal begegnet; Thor hätte seine größte Heldentat verrichtet und sich in Wahrheit als den stärksten der Götter erwiesen, wenn nicht der tückische Riese dazwischen gesprungen wäre. Ein ganz anderer Ton wird angeschlagen wie in den meisten Thorsgeschichten. Der übermütige Humor ist verstummt, furchtbarer Ernst lagert über der Handlung, und von fern klingt dumpf mahnend das Motiv vom letzten Kampf an.

Thors Abenteuer mit dem gräßlichen Ungeheuer des Meeres ist im 9. und 10. Jahrhundert ein beliebtes Thema der Skalden gewesen. SNORRI weist am Ende seiner Erzählung selbst darauf hin und spielt vielleicht auf das eddische Lied von Hymi an:

Die Götter sitzen mit dem Meeresgott Ægi beim Mahle, da kommt Thor der Gedanke, diesen in Verlegenheit zu bringen, und er fordert ihn auf, den Asen ein Gelage auszurichten. Aber er fängt sich in eigener Schlinge. Ægi ist bereit, wenn Thor ihm einen Kessel verschafft, worin er ihnen allen brauen kann. Die Götter wissen keinen solchen zu erlangen, bis Ty den Rat erteilt: ganz im Osten, am Rande des Himmels, wohne der Riese Hymi, sein Vater; der habe einen geräumigen, eine Meile tiefen Kessel. Rasch fahren die beiden den ganzen Tag hindurch, bis sie zu des Riesen Wohnung kommen. Die Böcke werden bei dem Bauern Egil, dem Vater des Thjalfi und der Röskwa, eingestellt, und die Götter begeben sich in Hymis Halle. Ty findet hier seine Ahne, Hymis Mutter, die ihm arg verhaßt war, mit 900 Häuptern. Tys Mutter aber, Hymis Frau, glänzend in Gold, weißbrauig, bringt dem Sohne Bier zum Willkomm, warnt ihn vor dem grimmgesinnten Riesen und versteckt die Götter unter Kesseln. Spät erst kommt Hymi vom Waidwerk heim; die Eiszapfen an seinem Barte klirren, als er in den Saal tritt, so stark ist sein Backenwald gefroren. Begütigend redet die brauenweiße Mutter Tys auf den Riesen ein: von weiten Wegen sei der Sohn gekommen, begleitet von Thor, dem Wohltäter der Menschen. Beide Götter bergen sich hinter einer Säule. Aber sie zerspringt vor dem Blicke des Riesen, in Stücke bricht der starke Balken, die Kessel kollern vom Brett herab und zerschellen, die Gäste treten hervor. Fest faßt der greise Riese den Feind seines Geschlechtes ins Auge; nichts Gutes ahnt ihm, als er Thor erblickt. Er will den Kessel nur hergeben, wenn Thor durch Proben seine Kräfte ausweist. Zum Abendschmause läßt er drei Stiere sieden, Thor allein verzehrt zwei davon. Der geizige Riese findet es darum nötig, für die Mahlzeit des nächsten Tages durch Fischfang zu sorgen, und Thor ist bereit, ihn zu begleiten, wenn der Riese ihm Köder gebe. Hymi heißt ihn, sich solchen aus seiner Herde zu verschaffen. Thor besteht die erste Kraftprobe zu des Riesen steigendem Ärger, indem er in den Wald eilt und einem schwarzen Stiere den hornbewehrten Kopf abreißt. Er fordert den Riesen auf, immer weiter hinauszurudern, wozu dieser aber wenig Lust verspürt. Thor besteht auch beim Wettangeln die zweite Kraftprobe. Der gewaltige Riese zieht zwei Walfische auf einen Ruck an der Angel empor, Thor aber hat vorher die Leine am Steuer befestigt, steckt das Stierhaupt an die Angel, und die länderumgürtende Midgardsschlange schnappt gierig danach. Mit kräftiger Hand zieht er den Giftwurm zum Schiffsrand empor und haut mit dem Hammer auf ihr häßliches Haupt. Die Berge dröhnen, die uralte Erde erbebt, in die See sinkt die Schlange zurück. Auf der Rückfahrt ist der Riese mürrisch und redet kein Wort, am Lande heißt er seinen Gefährten die Walfische heimtragen oder das Boot am Strande befestigen. Thor hebt das Boot mit dem Bodenwasser und Schiffsgerät am Vordersteven auf und trägt es nach Hymis Hofe. Aber trotz der dritten ruhmvoll bestandenen Kampfprobe will der Riese immer noch nicht Thors Stärke anerkennen, wenn er nicht seinen Trinkbecher zu zerbrechen vermöge. Thor nimmt ihn in die Hand und schlägt sitzend damit den steinernen Pfeiler und die Säulen entzwei – doch der Kelch bleibt heil. Da gibt ihm die Buhle des Riesen den Rat, den Becher auf dessen harten Kopf zu schlagen. Thor erhebt sich halb von seinem Platze und setzt beim Wurf alle Asenkraft ein: unversehrt bleibt der Riesenschädel, der Becher aber ist zerborsten. Als fünfte und letzte Stärkeprobe legt ihnen Hymi auf, den Kessel aus dem Saale zu bringen. Ty versucht zweimal vergeblich, ihn von der Stelle zu rücken; Thor aber packt an den Rand, tritt den Estrich des Saales durch und hebt sich den Kessel auf den Kopf; hell an den Fersen klirren die Henkel des Kessels. Sie sind noch nicht weit gewandert, da blickt Thor zurück und sieht aus den Höhlen der Berge mit Hymi dessen vielköpfige Genossen ihm nachsetzen. Er hebt sich den Kessel von den Schultern, schwingt den mordgierigen Mjöllni und erschlägt Hymis ganze Sippe. Auf dem weiteren Wege stürzt einer von Thors Böcken. Zuletzt aber bringt er den Kessel, den Hymi besaß, glücklich heim. Alle Jahre sollen von jetzt ab die Götter tüchtig bei Ægi trinken, ein Gelage, das er zu seinem eigenen Kummer verheißen.

7. Baldr

Baldr und Wali sind Brüder, Söhne Odins, d.h. ursprünglich des Himmelsgottes Tius. Ihre Namen zeigen auf das lichte Element, dem sie entstammen: Baldr ist »der Leuchtende, Licht Verbreitende«, und da indogermanisch bhaltos sowohl glänzend wie schnell, kühn bedeutet, sind beide Bedeutungen vielleicht auch für Baldr anzunehmen, der in den ältern Quellen durchaus als kriegerisch erscheint. Die Bedeutung »König, Herr« scheitert an Baldrs Beinamen Bäldäg »lichter Tag«. Wali ist »der Glänzende« und schon der Namenbildung nach der jüngere Bruder. Bei SAXO sind die Brüder durch die Alliteration eng verbunden: Balderus und Bui-Bous »Glanz und Kraft«.

Nach volkstümlicher mündlicher Überlieferung entwirft Snorri folgendes Bild von Baldr:

Von ihm ist nur Gutes zu berichten; er ist der Beste, und alle loben ihn. Er ist so schön von Ansehen und so schmuck, daß ein Glanz von ihm ausgeht; auch gibt es eine Grasblume, die so weiß ist, daß sie mit Baldrs Wimpern verglichen wurde: es ist aller Gräser weißestes, und danach kann man sich seine Schönheit an Haar und Körper vorstellen. Er ist der weiseste der Asen, versteht am schönsten zu reden und ist der wohltätigste. Er wohnt in Walhall in Breidablik (Weitglanz), und an jener Stätte darf nichts Unreines sich finden.

Als Skadi sich einen von den Göttern zum Gemahl auswählen soll, doch so, daß sie nur die Füße des Auszuwählenden sehen darf, bemerkt sie, daß einer von den Göttern sehr schöne Füße hat, und spricht: »Diesen wähle ich, denn an Baldr wird nichts häßlich sein« – es war jedoch Njörd. An Baldr wird also eine eigentümliche Schönheit der Füße vorausgesetzt. Die Pflanzen, die im Norden Baldersbrå (Baldrs Augenwimper) heißen, gleichen einander darin, daß sie Kompositen (Vereinsblütler) mit gelber Scheibe und weißen Strahlen sind: der Name zeigt, daß man sich Baldr schön vorstellte, licht und glänzend, mit weißer durchsichtiger Hautfarbe, mit weißen Wimpern und goldgelbem Haare.

Man mag immerhin zugeben, daß auf dieses Lichtbild des edlen, unschuldigen, milden, strahlenden Gottes und seiner himmlischen Wohnung die Auffassung der Christen vom »weißen Christus« nicht ohne Einwirkung geblieben ist, und SNORRI war ein Christ; ihm drängte sich die Ähnlichkeit zwischen Baldr und Christus in ihrem Tode auf, und deswegen machte er ihn zum Besten der Götter, den alle loben und in dessen Nähe keine Sünde zu finden ist. Aber der Kern seiner Angaben widerstreitet durchaus nicht der Vorstellung von dem kriegerischen Wesen des Gottes. Auch in der Heldensage bei Siegfried sind Kampflust und Reinheit und Unschuld des Charakters gesellt. Baldr und Frey vertreten im Götterreiche den sonnigen, arglosen Heldentypus der altgermanischen Dichtung eines Siegfried, Wolfdietrich, Beowulf, der beiden Helgi. Derselbe Dichter, der das unschuldvolle Leben in der neuen Welt schildern und Baldr und Höd als Vertreter des ewigen Friedens hinstellen will, bezeichnet doch in der nämlichen Strophe die wiedervereinigten Brüder als Schlachtgötter, als Repräsentanten des Krieges, die Odins siegreiche Gehöfte bewohnen. Von Baldrs kriegerischem Wesen weisen gerade die ältesten Gedichte unzweifelhafte Spuren auf. Als Loki bei Ægis' Gastmahl Frigg schmäht, klagt sie, daß Baldr nicht mehr lebe, der sie nicht ungerächt lassen würde; damit wird deutlich ausgesprochen, daß Baldr von allen anwesenden Asensöhnen der mutigste, stärkste und kriegerischste war, denn von ihm wird das erwartet, das später nur dem stärksten aller Asen, Thor, gelingt. – König IWAR WIDFADMI läßt sich seinen Erzieher Hörd holen, um sich von ihm seinen Traum deuten zu lassen, und fragt ihn: »Wer war Halfdan der Mutige unter den Asen?« HÖRD antwortet: »Es war Baldr unter den Asen, den alle Götter beweinten.« Baldr war also hervorragend tapfer und kriegerisch wie der heldenkühne Halfdan, der auf Heerfahrten in fremden Landen umherzog und sich einen Teil von England unterwarf. Auch SAXOS Darstellung der Kämpfe zwischen Balderus und Hötherus um Nanna läßt auf Sagen schließen, die Baldrs kriegerischen Sinn hervorhoben.

Wiederholt wird Baldr als kühner Reiter bezeichnet. Loki hat es verschuldet (durch seine Weigerung zu weinen), daß Frigg nicht mehr reiten sieht Baldr zu der Götter Säle. Als einem Lichtgotte kommt ihm das Roß zu; es wird mit dem gesamten Sattelzeug zu dem toten Herrn auf den Holzstoß gelegt. Er öffnet seinen vor Durst schmachtenden Kriegern die Erde, und an der herausströmenden Quelle labt sich das gesamte Heer; Baldersbrönd (Baldersbrunn), ein Dorf mit starker Quelle, eine Meile von Roeskilde an der Straße nach Kopenhagen gelegen, hält das Andenken daran fest. Dort lebt noch die Sage, König Balders Roß habe das Wasser mit seinem Huf aus der Erde geschlagen; den Huf soll man vor Zeiten dort ausgegraben haben. Nach einer verworrenen Bemerkung fährt Baldr auf einem mit zwei Rossen bespannten Wagen. Wie ein nordischer Wiking besitzt Baldr auch ein stattliches Schiff, das beste der Schiffe; es wird auch für Baldrs Scheiterhaufen verwendet.

Schon der Vergleich der Charakteristik Baldrs bei den Dichtern, die vor SNORRI gelebt haben, und diesem selbst zeigt, daß die älteren Quellen ein ganz anderes Bild ergeben wie das, das SNORRI entworfen hat. SNORRIS Aufzeichnung kann unmöglich schon mehrere Jahrhunderte vor seiner Zeit in dieser Gestalt bekannt gewesen sein; von vornherein ist daher Vorsicht geboten. Höds Blindheit wird nicht vorausgesetzt, Loki hat noch keinen Anteil an Baldrs Ermordung, Baldrs und Höds kriegerische Seite wird nachdrücklich hervorgehoben. Nur eine Übereinstimmung zwischen der ältesten Überlieferung und SNORRI scheint zu bestehen: die Tötung Baldrs durch einen Mistelzweig.

Dem Eddaliede »Baldrs Träume« liegt ein älteres Wegtamslied zugrunde (ca. 900), von dem der Anfang in den fünf einleitenden Strophen erhalten ist:

Die Götter und Göttinnen versammeln sich zum Rat, warum böse Träume den Baldr plagen. Odin erhebt sich, sattelt sein Roß Sleipni und reitet niederwärts in die Wohnung der Todesgöttin Hel. Böse Vorzeichen künden an, daß seine Reise keinen guten Erfolg haben werde. Der Höllenhund Garm mit blutbefleckter Brust begegnet ihm, wütend bellt er den Fremdling an, doch vor dem Vater des Zaubers weicht er scheu zurück. Odin reitet weiter und gelangt zum hohen Hause der Hel. Östlich davon ist das Grab einer verstorbenen Wölwa. Da singt Odin den Leichenzauber, bis sich widerwillig das Weib aus seinem Hügel erhebt und fragt: »Wer ist der mir unbekannte Mann, der mich aus meiner Ruhe aufscheucht? Schnee beschneite mich, Regen schlug mich, Tau beträufelte mich – tot war ich lang.« Weil Odin fürchtet, daß ihm die Seherin nicht die Wahrheit sagt, wenn sie seinen wirklichen Namen kennt, nennt er sich Wegtam (Weggewohnt), Sohn des Waltam (Kampfgewohnt) und legt ihr die Frage vor: »Für wen sind Hels Bänke mit blitzenden Ringen, die glänzenden Dielen mit Gold belegt?« Die Seherin gibt die fürchterliche Antwort, daß Baldr bei Hel erwartet werde, daß für ihn ein festlicher Empfang bereitet werde, und daß darob die Asensöhne in Verzweiflung seien. Auf die weitere Frage, wer denn Baldrs Mörder wäre, antwortet die Wölwa: »Höd wird hierher in die Unterwelt den herrlichen Ruhmeshalden befördern, er wird Baldrs Blut vergießen und Odins Sohn das Leben rauben.« Odin forscht weiter, wer die ruchlose Tat rächen und Baldrs Mörder auf den Holzstoß legen werde. Die Seherin erwidert:

Rind gebiert Wali
im westlichen Saal,
einnächtig kämpfen
wird Odins Sohn;
das Haupt nicht kämmt er,
noch die Hände wäscht er,
ehe Baldrs Feind
auf dem Holzstoß liegt.

Odin: Wer sind die Mädchen, die um Baldrs Tod weinen?« Die Wölwa: »Ægis Töchter sind es, die um den toten Gott klagen.«

Das Heulen und Brausen der erregten Wellen ist das Klagelied, das um den Toten angestimmt wird; die brandenden Meereswogen sind die strömenden, salzigen Tränen der Meermädchen. Aber diese Frage »Wer wird Baldr beweinen?« wird von Odin nicht mehr wie die vorausgehenden Fragen direkt gestellt, sondern in ein Rätsel verkleidet; an der geheimnisvollen Unlösbarkeit erkennt die Wölwa den Gott und fordert ihn auf, heimzureiten. Mit Recht hat man bemerkt, daß das Kenntlichwerden Odins vor der Seherin weit besser als durch diese Rätselzeilen begründet werde durch Odins Abschiedsworte an Baldr:

> Was sagte Odin
> ins Ohr dem Baldr,
> ehe man ihn auf den Holzstoß hebt?

Die Wölwa weiß zwar über alle Einzelheiten von Baldrs Tod genaueren Bescheid als Odin; an der Art aber, wie der Gott an das kaum gehörte Unvermeidliche sofort höhere, göttliche Maßnahmen knüpft, die kein Wesen sonst erraten kann, muß sie die Überlegenheit des Gottes erkennen. Es ist dieselbe Frage, die weder Wafthrudni noch Heidrek beantworten können. »Odins Worte an den toten Baldr« waren dem ausgehenden Heidentum ein Lieblingsthema; daß es ihm selbst als unlösbar galt, daß auch das Heidentum glaubte, diese geheimste aller Runen wäre nur ihm und nicht auch den Menschen bekannt, ist kaum anzunehmen. Die Haddingsage preist den Unsterblichkeitsgedanken als Vorrecht des Asenglaubens, und der Ring Draupni, der mit dem jungen Odinssohne verbrannt wird, soll nach der Absicht des Dichters dem Toten ein tröstliches sinnbildliches Zeichen sein: der Ring, ein Symbol der Fruchtbarkeit und des Lebens, der sich selbst durch Abtropfen jede neunte Nacht achtfach erneuert, soll auf die Wiederkehr Baldrs deuten.

Von dem Tode Baldrs durch Loki oder den Mistelzweig wissen die bisher angeführten Quellen nichts. Lokis Teilnahme am Mord und der Mistelzweig begegnen zum ersten Male in der Weissagung der Seherin, deren Prophetenkunst einst Odin selbst geprüft und bewährt gefunden hatte:

Für Baldr, den blutigen Asen, den Sohn Odins, sah sie das Schicksal bestimmt; hoch über dem Boden stand gewachsen schlank und sehr glänzend ein Mistelzweig (Mistiltein). Es ward von dem Baume, der schmächtig aussah, ein gefährlicher Schmerzenspfeil. Höd schoß damit; aber Frigg beweinte in ihrem Palaste das Unglück von Walhall. Wali, Baldrs Bruder, ward frühgeboren; eine Nacht alt begann er zu kämpfen, das Haar nicht kämmte er, die Hände nicht wusch er, bis er den Mörder des Baldr auf den Scheiterhaufen gelegt hatte. Gefesselt sah die Seherin unter dem Sprudelwalde die heimtückische Gestalt des Loki, dort saß Sigyn, versunken in Schmerz über ihren Gatten ... Aber wenn der Weltbrand vorüber ist, die Äcker unbesäte Früchte tragen, alles Böse gut werden wird, dann werden Baldr und Höd aus der Unterwelt nach Walhall zurückkehren.

Wenn Surts Lohen verlöschen, bewohnen Widar und Wali der Götter Behausung; sie sind zusammengestellt, weil der eine seinen Vater Odin, der andere seinen Bruder Baldr gerächt hat.

Merkwürdig ist, daß die schmächtige Mistel als »Baum« bezeichnet wird. Der Dichter kennt offenbar aus eigener Anschauung diese Pflanze nicht; das wäre unbegreiflich, wenn sie als tödliche Waffe alter Mythenbestand wäre. Die Worte »Schlankheit und Glanz« passen entschieden besser für die Todeswaffe, die sonst vorausgesetzt wird, für das Schwert, das denselben Namen trägt, Mistiltein. Abgesehen von der ungeschickten Art, wie die Mistel erwähnt wird, sprechen für ein Mißverständnis ähnliche Züge: Das Schwert Mistiltein, das nur schwächlich zu sein schien, war tatsächlich eine todbringende Waffe; so ist schon Odins Bogen zuerst sehr klein, dann aber dehnt er sich aus; so wird Odins harmloser Rohrstengel zum Speer, der König Wikar tötet.

Davon ist noch nicht die Rede, daß die Mistel die einzige Pflanze ist, die Frigg nicht verteidigt. Unmöglich hätte diese Vorstellung in Norwegen entstehen können, wo die Mistel bis zum 59. Grad nördlicher Breite vorkommt. Sie, die mitten im Winter, wo die ganze Natur erstorben ist, grünt und Blüten und Früchte trägt, war hier ein Symbol des grünenden Lebens. Als gefährliches, todbringendes Zauberkraut konnte sie nur Leuten erscheinen, die sie nicht kannten, d.h. den Isländern. Denn auf Island kommt die Mistel überhaupt nicht vor; das wunderbare Gewächs des Mutterlandes erschien hier als unheimliche Todespflanze. Für Norwegen war eine schädliche Wirkung von ihr von vornherein ausgeschlossen; es hätte nichts verschlagen, wenn Frigg bei der Verteidigung aller Wesen diese heilbringende Pflanze übersehen hätte. Nachdem aber einmal das Mißverständnis sich festgesetzt hatte, das Schwert Mistiltein zu einer Pflanze Mistiltein geworden und das Motiv der Verteidigung aller Wesen bis auf ein übersehenes Ding aufgenommen war, war das zweite Mißverständnis fast unausbleiblich, und der Isländer SNORRI baute auf diesem trügerischen Fundamente seine Darstellung von Baldrs Tod auf.

Diese Veränderung kann demnach nur aus Island stammen und ist eine selbständige isländische Weiterbildung. Eine Umarbeitung, die ebenfalls nur für Islands vulkanische Ausbrüche verständlich ist, muß auch die Strophe sein, die Lokis Fesselung unter dem Sprudelwalde beschreibt; die norwegische Grundlage hat dafür: »Die Seherin sah Kriegsbande drehen, gar sehr wurden sie hart gemacht, Fesseln aus Walis Därmen.«

Aller Nachdruck ist auf Höds Rache durch Wali gelegt, Höd hat Baldr umgebracht – natürlich mit dem Schwerte Mistiltein. Eine gewisse Teilnahme an Baldrs Verhängnis wird aber Loki schon zugeschrieben; die Strafe trifft ihn für seine Weigerung, zu weinen; durch sie hat er die Wiederkehr Baldrs nach Walhall vereitelt. Damit ist ein neuer Zug in die Baldrsage gekommen. Der Fall des jugendlich schönen Gottes ruft die Klage aller Götter hervor; erst weint nur Frigg, dann die Meerestöchter und zuletzt alle Wesen, selbst die leblose Natur, nur der schadenfrohe, boshafte Loki nicht; er ist somit der mittelbare, aber noch nicht der intellektuelle Urheber von Baldrs Tod. In ganz merkwürdiger Weise ist bei dieser Erweiterung der alte mythische Glaube verwertet, daß die Tränen der Hinterbliebenen dem Toten keine Ruhe lassen, sondern ihn aus der Unterwelt wieder aufscheuchen.

Die nächsten Zeugnisse bringen keine neuen Züge von Bedeutung. Das Preislied auf König Eirik weiß zwar, daß Baldr zurück in Odins Behausung kommen werde, kennt also seinen Tod und seine Widerkehr, erwähnt aber nichts von der Ursache seines Todes. Hermod, der für Baldr in die Unterwelt reitet, und Bragi werden von Odin beauftragt, König Hakon entgegenzugehen. Wertvoller ist das Gedicht, das ULF, Sohn des UGGI, bei einer Hochzeit um das Jahr 975 vortrug. An den getäfelten Wänden und Dachbrettern des Festhauses waren bunt gemalte Schnitzereien zu sehen, die mythologische Szenen darstellten, den Kampf Heimdalls mit Loki, Thors Fischzug bei Hymi und die Leichenfeier Baldrs.

Die Leichenverbrennung Baldrs erfolgt genau so, wie sie der Araber IBN FADHLAN im Jahre 921 beschreibt, nur daß der Brauch eine dichterische Steigerung und Weihung erfahren hat.

Die Feuerriesin stemmt sich gegen das Totenschiff und treibt es über die hölzernen Rollen; durch diese gewaltige Reibung wird wie beim Entzünden des Notfeuers das Feuer gelockt, daß es hoch aufschlägt. Thor weiht darauf die Flammen und schützt die heilige Leiche gegen die unheimlichen Dämonen. SNORRI aber verstand das so, daß Hyrrokkin selbst ein solcher Dämon war; er läßt daher die Riesin fast von Thor erschlagen werden, und zum Ersatze dafür ihn wenigstens einen Zwerg ins Feuer schleudern. Auch das andere dichterische Bild hat er nicht verstanden: der von den Einherjern nicht zu bändigende Wolf meint den Sturm, der das Feuer entfacht. Snorri macht daraus einen richtigen Wolf, mit Giftschlangen statt der Zügel, wie die Wölwen und Hexen aufzutreten pflegen, und läßt Odin vier Berserker herbeirufen, die das Tier festhalten sollen.

Um Baldr weinten alle Götter. Aus dem Ende des 12. Jahrhunderts stammen die Strophen: »Alles weinte – das habe ich – so wunderbar es erschien, vernommen – um Baldr aus der Unterwelt zu erlösen.« »Als ein großer Schade wurde es angesehen, daß Baldr, der Sohn der Frigg, starb; er galt für hochgeboren. Hermod wollte verlängern sein Leben, doch die Unterwelt hatte Baldr verschlungen. Alle weinten um ihn, groß war der Kummer. Allbekannt ist die Geschichte von ihm; wozu soll ich viele Worte davon machen?«

Auf einer Vereinigung der wichtigsten dieser Zeugnisse beruht SNORRIS zusammenfassende Darstellung. Er hat außerdem zwei Lieder des 11./12. Jahrhunderts benutzt, die wir nicht mehr kennen; das erste behandelte Baldrs Tod, das zweite Hermods Höllenfahrt; aus jedem führt er eine Strophe an:

Baldr, der Gute, wurde durch gefahrdrohende Träume geängstigt und meldete dies den Asen. Da beratschlagten sie miteinander und beschlossen, Baldr vor aller Gefahr zu sichern. Frigg forderte von allen Dingen die eidliche Versicherung, daß sie Baldr nicht schaden würden, von Feuer, Eisen und Wasser, vom Erze und von den Steinen, von Bäumen und Krankheiten und Tieren, Vögeln und giftigen Schlangen. Als das geschehen war, diente es Baldr und den Asen als Spiel, daß er sich auf dem Thingplatz aufstellte und alle andern auf ihn schossen oder gegen ihn hieben und ihn mit Steinen warfen: was auch geschah, nichts schadete ihm. Es dünkte dies alle ein großer Vorzug.

Aber als Loki dies sah, gefiel es ihm übel. Er nahm die Gestalt eines Weibes an, begab sich zu Frigg und fragte, ob sie nicht wisse, was die Götter auf dem Thingplatze vernähmen? Sie erwiderte, daß alle nach Baldr schössen, daß er aber nicht dadurch verletzt werden könnte:

> Nicht Waffen noch Bäume Baldr schaden,
> alle hab' ich in Eid genommen.
> Westlich von Walhall ein Baumschößling wächst
> (der Mistiltein heißt),
> zu jung schien er mir, ihm den Eid abzunehmen.

Da entfernte sich das Weib; Loki aber ging hin, faßte den Mistiltein, riß ihn mit den Wurzeln heraus und begab sich nach dem Thingplatze. Höd stand ganz hinten im Kreise der Männer, denn er war blind. Da sprach Loki zu ihm: »Weshalb schießest du nicht nach Baldr?« Er antwortete: »Weil ich nicht sehe, wo Baldr steht, und überdies, weil ich ohne Waffe bin.« Loki sprach: »Tue doch wie die andern Männer und gib einen Schuß auf ihn ab, ich werde dir die Richtung angeben; schieß mit diesem Zweige.« Höd nahm den Mistiltein und schoß nach Baldr unter Leitung des Loki; der Pfeil durchbohrte Baldr, und er stürzte tot zur Erde, und es war dies der unglückseligste Schuß unter Göttern und Menschen. Einer schaute den andern an, und es erfaßte sie Grimm wider den, der das veranlaßt hatte, doch konnten sie an der Friedensstätte nicht Rache nehmen. Als sie zu sprechen versuchten, brachen zuerst die Tränen hervor, so daß keiner dem andern mit Worten seinen Schmerz kundtun konnte; Odin aber litt am meisten unter dem Unglück, da er am besten Bescheid darüber wußte, welch großer Abbruch und Verlust den Asen mit dem Tode Baldrs widerfahren war.

Als die Götter wieder zu sich kamen, fragte Frigg, wer von den Asen sich dadurch ihre Huld erwerben wollte, daß er nach Hels Reich hinunterritte, um Baldr auszulösen. Der tapfere Hermod, ein Sohn Odins, war zu der Fahrt bereit. Man holte Slejpni, Odins Roß; Hermod setzte sich darauf und ritt weg.

Inzwischen war Baldrs Leiche auf sein Schiff gelegt, denn dieses gedachten die Götter mit dem aufgerichteten Scheiterhaufen dem Meere zu übergeben; dies glückte jedoch nicht eher, als bis Hyrrokkin hinzukam. Diese ritt auf einem Wolfe, und Schlangen dienten ihr zu Zäumen; das Tier vermochten die von Odin herbeigerufenen vier Berserker nicht vermittels der Zäume zu halten, bis sie es niederwarfen. Da wollte Thor sie erschlagen, aber die Götter verhinderten es. Nun ward Baldrs Leiche auf den Scheiterhaufen gebracht, und als Nanna dies sah, brach ihr vor Kummer das Herz. Thor weihte den Scheiterhaufen mit seinem Hammer und stieß den Zwerg Lit mit dem

Fuße ins Feuer. Und diesem Leichenbrande wohnten vielerlei Gäste bei: zuerst ist Odin zu nennen, und mit ihm fuhr Frigg und die Walküren und Odins Raben; Frey saß auf einem Wagen, dem sein goldborstiger Eber vorgespannt war; Heimdall ritt auf seinem Rosse Goldbüschel herbei, und Freyja kam mit ihren Katzen angefahren. Auch kam eine große Menge Reifriesen und Bergriesen. Odin ließ auch den Ring Draupni und Baldrs Roß mit dem gesamten Sattelzeug auf den Holzstoß legen.

Von Hermod ist nun zu berichten, daß er neun Nächte lang durch finstere, tiefe Täler ritt und nichts sah, bis er zum Höllenflusse Gjöll und zu einer mit Gold belegten Brücke kam. Modgud bewachte die Brücke; sie fragte ihn nach Namen und Herkunft und sprach: »Gestern ritt Baldr hinüber mit 500 Mannen, aber nicht weniger dröhnt die Brücke unter dir allein; abwärts und nordwärts führt der Weg zur Unterwelt.« Nun ritt Hermod, bis er an die Unterweltspforte gelangte; hier stieg er ab, zog dem Pferde den Gurt fest, stieg wieder auf und gab ihm die Sporen; das Pferd aber sprang so hoch über die Pforte, daß es diese nirgends streifte. Jetzt ritt Hermod heran zur Halle und stieg ab, trat in die Halle ein und sah hier seinen Bruder Baldr im Hochsitze sitzen und blieb die Nacht über. Am nächsten Morgen brachte er sein Anliegen vor, daß Baldr mit ihm zurückreiten sollte; aber das war die Bedingung für seine Rückkehr, daß mit den Asen alle Dinge, lebende und tote, um ihn weinen sollten: sonst verbliebe er in der Unterwelt. Da stand Hermod auf, Baldr geleitete ihn aus der Halle und übergab ihm den Ring Draupni, um ihn dem Odin als Andenken zu bringen, aber Nanna schickte der Frigg ein Kopftuch, der Fulla einen goldenen Ring.

Die Asen forderten alle Dinge auf, den Baldr aus Hels Reiche loszuweinen. Menschen und Tiere, Erde und Gestein, das Holz und alles Metall beweinten Baldr, wie du gesehen haben wirst, daß diese Wesen alle weinen, wenn sie aus der Kälte in die Hitze kommen. In einer Höhle trafen die Götter die

Riesin Thökk. Auch diese forderten sie, wie alles andere, auf, Baldr aus der Unterwelt loszuweinen. Sie gab zur Antwort:

Mit trocknen Tränen
wird Thökk beweinen,
daß Baldr den Holzstoß bestieg;
im Leben nicht bracht er
noch als Leiche mir Nutzen:
behalte Hel, was sie hat.

Dieses Weib aber war Loki. Als er merkte, wie sehr die Götter wider ihn aufgebracht waren, versteckte er sich, doch es gelang ihnen, ihn einzufangen.

SNORRIS Darstellung der Baldrsage ist wohl die schönste Erzählung in seinem ganzen Buche; sie ist ausgezeichnet durch scharfe Komposition, reich an ethischen Gedanken, glänzend und doch einfach und ergreifend in der Darstellung, schlicht wie ein Märchen. Baldrs Schicksal greift mehr als das irgendeiner andern einzelnen Gottheit in den Gang der gesamten Weltentwickelung ein; in dramatischer Anschaulichkeit ist es stark hervorgehoben, ja zu einem Wendepunkt in der Weltentwickelung geworden. Die zerstreuten Züge, die ältesten wie die jüngsten, sind zu einem einheitlichen Gebilde kunstvoll zusammengesetzt, unbrauchbare Motive sind ausgemerzt und neue hinzugefügt. Mit höchster psychologischer Kunst ist das Elternpaar Odin und Frigg in die Dichtung verwebt. Odin fühlt den größten Schmerz, da er am besten weiß, welchen Verlust die Götter erlitten haben. Frigg – »das ganze Weib ein brechend Mutterherz!« Fortgelassen ist Odins Besorgnis um Baldrs Schicksal, die Erzeugung des Rächers, Odins Vorausverkündigung von Baldrs Wiedergeburt, obwohl sie Snorri bekannt sein mußte. An Stelle der Rache Walis ist die Bestrafung Lokis getreten, Höd ist in den Schatten, Loki in den Vordergrund gerückt, die Feindschaft zwischen Baldr und Höd ist gänzlich beseitigt, die Handlung spielt zwischen dem guten Baldr und dem bösen Loki, der den blinden Höd als unschuldiges Werkzeug benutzt. Auf den moralischen Gegensatz zwischen dem guten, sittlich reinen Baldr und dem teuflischen Loki hat der christliche Gegensatz von dem guten Engel und dem Teufel eingewirkt. Dieser Einfluß des mittelalterlichen Teufelsglaubens ist nicht abzuleugnen, aber er ist SNORRIS Werk. So gewiß er die einzelnen Charakterzüge der mythischen Tradition entnommen hat, so gewiß haben ihm die Engels- und Teufelsvorstellungen der christlichen Mythologie vorgeschwebt. Durch das Mißverständnis, das sich an den Schwertnamen Mistiltein knüpft, ist der Mistelzweig als Todeswerkzeug in den Mittelpunkt des Dramas gerückt. Die Vereidigung aller Wesen bis auf die Mistel entspricht dem Weinen der gesamten Natur außer Loki; auch im Märchen wird die übersehene Spindel Dornröschen zum Verderben, für die sonst alles unschädlich gemacht wird. Das Spiel, das die Götter mit Baldr treiben, nachdem sie erfahren haben, daß ihm nichts schaden könne, erinnert an die Einherjer, die sich auch jeden Tag töten, weil sie wieder aufleben; eine isländische Volkssage erzählt von Höhlenbewohnern, die, im Besitz einer neues Leben verschaffenden Salbe, sich fortwährend totschlagen und wieder beleben. Weitab liegt ein Vergleich mit der Mißhandlung Jesu durch die Kriegsknechte.

Die Episode von Hermod, der auf Odins Roß in die Unterwelt geschickt wird, wurzelt nicht tief im Mythos, sondern hat ihr Vorbild in Odin, der sich auf Sleipnis Rücken zur toten Wölwa begibt. Hermods Ritt wird von den Skalden schon vor SNORRI vorausgesetzt, und überall tritt Hermod im engsten Verhältnisse zu Odin auf. Er wird der mutigste Ase genannt und mit Helgi verglichen, »dem Kühnen«. Er geht mit Bragi dem gefallenen König entgegen; denn er ist der mutigste der Odinsöhne, der auch sonst die Aufträge der Götter vollzieht. Ihm hat der Göttervater Helm und Brünne geschenkt, vermutlich wegen seines kühnen Wagnisses. Hermod, »der im

Streite Mutige«, ist ursprünglich ein Beiname Odins, seine Hypostase.

Der Baldrmythus ist einst über den ganzen Norden verbreitet gewesen, aber verschieden in Dänemark, Norwegen und Island ausgeprägt. Alle nordischen Völker von Jütland, Schonen, dem südlichen Schweden an bis Drontheim, den Färöer und Island hinauf kennen die »Baldersbraue« (Baldrsbrá die Hundskamille, Anthemis cotula). Mit dem Sonnenauge des Tages oder mit dessen Strahlenwimpern wurde die gelbe Blumenscheibe samt dem sie umsäumenden Kranze spitzer Blütenblättchen zunächst verglichen. Der schwedische Name für die Kamille »Weißauge«, der englische für das Gänseblümchen daisy (»Auge des Tages«) zeigt, daß man Baldrsbrá nicht als »Fürstenkragen« auffassen darf. In der Bedeutung »Kragen« ist brá nie belegt, baldr war nur ein poetisches, nie der Umgangssprache angehöriges Wort für »Fürst«, und schließlich wissen wir nichts davon, daß die altnordischen Fürsten weiße Halskrausen trugen. Man hat also zu früh gejubelt, daß damit ein weiteres angebliches Zeugnis für die einstige Volkstümlichkeit des Gottes Baldr aus der Welt geschaffen sei.

Kultstätten, an die Baldrs Verehrung sich knüpft, sind Baldersbrönd, Baldrshöj auf Seeland, Balderslöf, heute Boldersleben, in Nordschleswig; Baldersnes, heute Balsnes im Drontheimer Fjord, Baldersholl und Basberg in Norwegen. Im Kirchspiele Lekanger am Sognefjord begrüßen den Touristen Baldersgrov, Baldersvold und Baldershaig (hagi – ein Stück Grasland).

8. Loki

Loki ist eine der interessantesten Gestalten der nordischen Mythologie, wenn nicht geradezu die interessanteste. Als der Geist, der stets verneint, treibt er innerhalb der Götterwelt sein Wesen, aber seine Nachkommenschaft ist riesisch; er ist bald Ratgeber und Helfer der Götter, bald ihr Possenreißer und Spaßmacher, schließlich aber ihr erbittertster, furchtbarster Feind, der den Weltbrand heraufbeschwört; er ist schön und anmutig von Aussehen, aber böse von Gemütsart und höchst unbeständigen Wesens: – wo er aber auch auftritt, überall zeigt sich seine Schlauheit und List. Seine Doppelnatur wird anschaulich durch seine Doppelzugehörigkeit zu Göttern und Riesen erläutert. Die Frage ist berechtigt, ob eine Gestalt mit dieser Mischung von guten und bösen Eigenschaften Anspruch auf hohes Alter hat.

Bei den Skandinaviern finden sich, auch abgesehen von dem Feuerriesen Surt, deutlich Spuren einer Feuergottheit und eines Feuerkultes.

Die alles verzehrende Flamme ist in Logi personifiziert, dessen Name zu »Lohe« gehört.

Loki hat sich bei Utgarda-Loki gerühmt, daß niemand schneller zu essen vermöge als er. Aber Logi, der zum Personale der Burg gehört, also selbst ein Riese ist, erklärt sich zum Wettessen bereit. Ein großer Trog, mit Fleisch gefüllt, wird hereingebracht, und beide beginnen, jeder von einem andern Ende des Troges anfangend, zu essen. Beide essen so schnell sie können und kommen in der Mitte des Troges zusammen: Loki hat alles Fleisch verzehrt außer den Knochen, Logi aber mit dem Fleisch auch die Knochen und den Trog dazu, er hat somit die Wette gewonnen. Loki erfährt später, daß er unterliegen mußte, weil sein Gegner Logi das Wild- oder Flugfeuer gewesen war.

Der Kampf, der ausgefochten wird, ist durch die elementare Verwandtschaft der Kämpfenden und zugleich durch die Ähnlichkeit ihrer Namen bedingt. Das Feuer ist das eine Mal als rohe, ungebändigte Naturkraft, d.h. als Riese, das andere Mal als die den Menschen nützliche und wohltätige Kraft, d.h. als Gott dargestellt.

Isländisch loki »Lohe, Feuer« ist nahe verwandt mit dem Synonymum logi. Von diesem Appellativum loki ist der Göttername Loki ausgegangen, und es findet sich in der Tat in der ältern Gestaltung Lokis kein Zug, der sich nicht aus seiner Feuernatur verstehen ließe. So erklärt sich auch seine Doppelnatur: wie das Feuer für den Menschen ein wohltätiges, aber auch ein verheerendes Element ist, so zeigt sich auch Loki bald als wohlwollender Gott, bald als böser Dämon.

Wohltätig ist des Feuers Macht,
Wenn sie der Mensch bezähmt, bewacht ...
Doch furchtbar wird die Himmelskraft,
Wenn sie der Fessel sich entrafft.

Lokis Eltern heißen Farbauti (der gefährliche Schläger = Blitz) und Nol oder Laufey (die Nadel [des Nadelbaumes] und das Laubblatt). Wenn der zündende Funke zwischen die trockenen Nadeln oder das dürre Laub fällt, so wird das Feuer geboren, d.h. die Nadel oder das Blatt wird die Mutter Lokis. Derjenige aber, der vor andern gefährlich schlägt, ist der Gewittergott selbst. Daher sind auch Thor und Loki stets Gefährten, wie Donner und Blitz stets zusammen sind. »Lange gehen Loki und Thor (d.h. Blitz und Donner), das Unwetter läßt nicht nach« ist eine isländische Bezeichnung für ein anhaltendes Gewitter. Wenn Lokis Gattin Sigyn, die in rührender Treue bei dem gefesselten Missetäter aushält, nicht dichterische Erfindung ist, ein Gegenstück zu der vergöttlichten Treue Nannas, so mag sie wohl die gewitterschwangere Regenwolke bezeichnen (norwegisch siga »sickern«). Durch die gemeinschaftliche Wirksamkeit des Blitzes und Gewitterregens werden frische und kühle Winde erzeugt; darum heißen Lokis und Sigyns Söhne Nari »der kühle« Wind und Wali »die steife Kälte«. Lokis Brüder sind Byleipt, der Donnerblitz (norwegisch bynja lärmen, donnern) und Belblindi »finster wie die Unterwelt«. Diese Auffassung von Loki als Gott des Feuers, der Hitze und des Blitzes wird noch durch seinen andern Namen Lopt »lustige, in die Luft fahrende Flamme« bestätigt; wie Loki bei den Skalden Odins Begleiter und Gefährte ist, so heißt Odin auch Lopts Freund. Daher eignen Loki auch die Schuhe, mit denen er durch Luft und Wasser schreiten kann, ein Wolkensymbol.

Eine Reihe sprichwörtlicher oder bildlicher Redensarten sowohl in der ältern als in der neuern Zeit bestätigen Lokis Zugehörigkeit zum Feuer. Auf Island heißt noch jetzt der feurige, Schwefel dunstende Irrwisch »Lokis Dunst«, der Hundsstern »Lokis Brand«, die Späne zum Feueranzünden »Lokis Späne«. In Telemarken sagt man: »Loki gibt seinen Kindern Schläge«, wenn es im brennenden Holze stark knistert. Ein isländisches Sprichwort lautet: »Alle Dinge weinen den Baldur aus der Hölle, außer der Kohle«; da Loki sich weigert, um Baldr Tränen zu vergießen, scheint »Kohle« auf Loki als Gott des Feuers hinzudeuten. »Loki fährt über die Äcker« sagte man, wenn auf Island ein Brand die Wiesen verheerte. In Småland pflegen Kinder, die einen Zahn verlieren, ihn ins Feuer zu werfen und dabei zu rufen. »Locke, Locke, gib mir 'nen Knochenzahn! hier hast du 'nen Goldzahn!« oder »Locke, Locke, Ran, gib mir 'nen Knochenzahn für 'nen Goldzahn!«: der Beiname Ran »Prahlhans« paßt gut zu dem prahlerischen Spötter. In Telemarken wirft man den »Pelz« von der abgekochten, süßen Milch ins Feuer, damit Lockje diese Haut bekomme. Freilich läßt sich nicht immer entscheiden, ob in diesen und den folgenden, aus späterer Zeit stammenden Ausdrücken mit Locke, Lockje der Gott Loki oder dessen Ausgangspunkt, das Appellativum »Lohe« gemeint ist. Weniger unmittelbar auf das Feuer als Lokis elementare Grundlage weisen hin: »Loki sät heute Hafer«, »Loki treibt heute seine Geißen aus« (Jütland), wenn Dünste in der Sommerhitze auf der Erde schweben und diese sich in einer wogenden Bewegung über der Erde halten, wie Dämpfe über einem kochenden Kessel oder stark brennendem Feuer. Zwei Pflanzen, »Rhinanthus crista galli« und »Bartsia alpina« heißen isländisch »Beutel des Loki« und »Bruder des Beutels Lokis«. Dänisch »Loki trinkt Wasser« ist gleich

»die Sonne zieht Wasser«; bei Verwirrung des Garnes sagt man: »da bekam Loki etwas, um seine Hose mit auszubessern«, und »unter Lokis Egge gehen« meint den Federverlust der Vögel während der Mauserzeit. Daß die sittliche Umwandlung Lokis zum Lügner und Bösewicht auch im Volke vor sich gegangen ist, bezeugen: »auf Lokis Märchen hören« – Lügen glauben, und »Lokis Lüge« bedeutet einfach Lüge.

Unter den Künsten, die das germanische Altertum kannte, steht die Schmiedekunst obenan, die ohne das Feuer undenkbar ist. Auch Loki ist ursprünglich Schmied gewesen:

Als Thor erfuhr, daß Loki aus Bosheit der Sif alles Haar abgeschnitten hatte, würde er ihn zermalmt haben, wenn nicht Loki geschworen hätte, mit der Hilfe der Schwarzelben der Sif aus Gold neues Haar anzufertigen. Diese schufen das Haar, das Schiff Skidbladni und Odins Speer Gungni. Darauf wettete Loki mit einem Zwergenbrüderpaare, daß sie nicht drei ebenso kunstvolle Gegenstände darstellen könnten. Der eine Zwerg legte eine Schweinshaut in die Esse, und der andere sollte unaufhörlich blasen. Vergebens versuchte Loki als Fliege ihn daran zu hindern: Freys goldborstiger Eber verließ unbeschädigt die Esse. Darauf legte der Zwerg Gold ins Feuer, und abermals peinigte Loki als Fliege den am Blasebalg Beschäftigten: der Goldring Draupni wurde unversehrt aus der Esse gezogen. Zum dritten Male machten sich die Brüder an die Arbeit, und zum dritten Male quälte die Fliege den Bläser und stach ihn so heftig zwischen die Augen, daß er schnell mit der Hand zugriff, um die Fliege zu verscheuchen, dabei aber mit Blasen aufhörte: Thors Hammer war fertig, aber sein Handgriff war zu kurz geraten. Die Götter entschieden die Wette zwischen Loki und den Zwergen dahin, daß sie gewonnen hätten. Loki wollte sein Haupt lösen; da aber die Gegner nicht darauf eingingen, machte er sich mit seinen Schuhen schnell davon. Thor jedoch ergriff ihn wieder, und die Zwerge nähten Lokis Lippen zusammen, Loki aber riß den Faden aus dem Saume heraus.

Snorris Erzählung ist reich mit Märchenzügen durchwoben. Wie Loki die Zwerge bei der Arbeit in Gestalt einer Fliege stört, so sticht die Hornisse den Fuchs in den Schwanz, den er bei dem Kriege zwischen Vögeln und Tieren in die Höhe halten will, und veranlaßt dadurch die Flucht der Tiere. Mythisch aber ist, daß sich Loki zur Herstellung der Kunstwerke der Zwerge bedient, was er nur als ihr Herr getan haben kann: er ist das personifizierte Feuer der Schmiedekunst.

Auffällig ist Loki, der Feuergott, als Lachs im Wasser. Auch seine Verwandlung in eine Robbe und sein Beiname »Vertrauter des Walfisches« weisen auf die Vorstellung von der Fischgestalt des Gottes und seinem Weilen im Wasser. Aber er hört dadurch nicht auf, ein Glutengott zu sein, sowenig wie der Meergott Ægi aus seinem Wassergebiete heraustritt, weil ihm die Diener Feuer und Funkenfang gehören – Nachbilder des leuchtenden Meeres, des über dem Meere lagernden Nordlichtes. Wie sich Loki sonst in eine Fliege und Stute, in einen Falken und Floh, eine Riesin und eine Magd verwandelt, so mochte er sich auf Island mit seinen lachsreichen Seen auch in das silberne Schuppenkleid des Lachses stecken; spielt doch auch bei den Färingern, bei denen die Flunder stark vertreten ist, dieser Fisch im Mythus eine Rolle. Ein Tiermärchen, das erklären soll, warum der Lachs hinten so schmal ist, ward mit dem Göttermythus verknüpft.

Odin schilt Loki, acht Winter im Innern der Erde verweilt und in Magdgestalt Kühe gemolken und Kinder geboren zu haben. Wenn diese arge Beschuldigung im Kerne natursymbolische Bedeutung hat, so mag Loki wohl die hervorbringende Vegetationsmacht sein, die während der acht nordischen Wintermonate als Weib unter die Erde geflüchtet ist, und, wenn diese vorüber sind, mit den unterdessen dort geborenen Kindern auf die Erde zurückkehrt; die Kühe, die Loki im Erdinnern melkt, werden als die warmen Quellen verstanden, die er von dort auch im Winter emporstrudeln läßt: so erscheint Loki als unterirdischer Erzeuger der Vegetation und des vulkanischen Feuers. Die isländische Volkssage kennt einen Mann, der in Gestalt eines Bullen oder einer Kuh mit fürchterlichem Schreien ein Kalb zur Welt brachte; man hörte ihn mit dumpfer Stimme brüllen, und es schien, wie wenn er sich drunten in der Erde unter den Füßen der Menschen vernehmen lasse.

Um eine Personifizierung der inneren Erdwärme, des vulkanischen Erdfeuers, handelt es sich deutlich in dem mythischen Kerne von Lokis Gefangennahme und Fesselung: »Gebunden liegt Loki unter dem Haine der Springquellen oder Springfluten«, d. h. unter dem Geysir auf Island. Die Isländer sahen in den Vulkanen natürlich ein unheimliches, gefahrdrohendes Element und übertrugen die neuen Eindrücke auf ihren bisherigen Feuergott Loki. Aus der unablässigen Tätigkeit der mit Erdbeben verbundenen vulkanischen Ausbrüche, die doch ohne allgemeine Katastrophe blieben, entstand die Vorstellung eines gefesselten Feuergottes, dessen Macht nur von Zeit zu Zeit, wenn er sich gegen seine Fesseln sträubte, fühlbar wurde. Naturgemäß wurde diese Fesselung als Strafe aufgefaßt; der Bestrafte mußte irgendeine besonders schwere Schuld begangen haben, und die Rächer konnten nur Wesen sein, die stärker waren als er. So trat Loki in die Baldrsage ein. Seine Weigerung, um Baldr zu weinen, sein trotziges Brüsten Frigg gegenüber: »Ich bin schuld daran, daß du Baldr nicht mehr reiten siehst zu der Götter Sälen« galt ursprünglich als wirklicher Grund für seine Bestrafung; aber es ist noch keine Andeutung wahrzunehmen, daß Loki an Baldrs Tötung schuld gewesen sei; der intellektuelle Urheber des Mordes ist Loki in der Dichtung erst um das Jahr 1000.

Nachdem Loki vor den ergrimmten Göttern aus Ægis Saal entflohen war (nachdem die Götter erfahren hatten, daß Loki allein von allen Wesen, in Gestalt des Riesenweibes Thökk sich gesträubt hatte, Baldr aus Hel loszuweinen), versteckte er sich in Lachsgestalt in einem Wasserfalle. Mit dem Netze, das er selbst gefertigt, wurde er gefangen; Thor packte ihn mit beiden Fäusten, und obwohl Loki durch diese hindurchzugleiten versuchte, blieb er doch mit dem Schwanze hängen: infolgedessen ist der Lachs hinten so schmal. Den Gefangenen führten die Götter in eine Höhle, richteten drei große Steine in die Höhe und schlugen in jeden eine Vertiefung. Sie ergriffen Lokis Söhne, verwandelten den einen in einen Wolf, der alsbald seinen Bruder zerriß, nahmen dessen Därme und banden damit Loki auf den scharfen Kanten der drei Steine fest; die Fesseln aber wurden zu Eisen. Skadi nahm eine giftige Schlange und befestigte sie über Lokis Antlitz, so daß das Gift auf dieses hinabtropfte. Doch Sigyn, Lokis Frau, saß neben ihm und hielt eine Schale, um das Gift aufzufangen. Sobald die Schale voll war, trug sie das Gift hinaus; inzwischen aber tropfte es auf Lokis Antlitz. Dann zerrte er so heftig an seinen Fesseln und wand sich so gewaltsam, daß die ganze Erde davon erbebte: das nennt man jetzt Erdbeben.

Anstoßerregend wegen ihrer widerwärtigen Greulichkeit ist die Angabe, der eine Sohn Lokis sei in einen Wolf verwandelt, der den andern Sohn zerrissen habe, und mit dessen Gedärmen sei Loki gefesselt worden. Es widerspricht auch der altgermanischen Rechtsanschauung, daß für das Vergehen des Vaters die Söhne mit Leib und Leben sollten zu büßen haben. Hier liegen offenbar Mißverständnisse vor. Der aus der bewohnten Welt verstoßene und verbannte Loki muß im wilden Walde friedlos ein Wolfsleben führen. Spätere Zeit, die am Grausigen Gefallen fand, verstand den Rechtsausdruck »Wolf« für den Geächteten nicht mehr und kam so zu dieser seltsamen Vorstellung. Die harmlosen Bande werden zu festen, unzerreißbaren Ketten, wie das seidene Band, mit dem der Fenriswolf unschädlich gemacht wird; so wird auch der dünn aussehende Mistelzweig zum gefährlichen Schmerzenspfeile für Baldr.

So ward Loki aus Asgard nach Utga verbannt und wie ein

Missetäter in wildem Wald und in einsamer Öde gefesselt gelegt, bis er sich losreißen und alles Leben verschlingen wird. Der von der bewohnten Welt verstoßene Loki heißt seitdem »außerweltlich«, Utgarda-Loki, Ugarthilocus, der Gott der Unterwelt. In der Unterwelt, bei den Trollen und Riesen, findet Thorkil, der von König Gorm ausgeschickt ist, um von ihm aus dem unzugänglichen Wald ein Orakel zu holen, den Ugarthilocus: dessen Hände und Füße sind mit ungeheuern, schweren Ketten belastet, und seine stinkenden Haare sind so lang und straff, daß sie Speerschäften gleichen. Weder von Baldr noch von Sigyn ist dabei die Rede, kaum auch von Skadis Schlange; denn die Schlangen, die den Besuchern ständig um die Füße gleiten und sich nachher giftspeiend auf sie stürzen, sind die gewöhnlichen Untiere der Unterwelt. Saxos einfacherer Bericht bestätigt also, daß die älteste Vorstellung nur von einer Unschädlichmachung des gefährlichen Dämons weiß und daß die Einfügung Lokis in den Baldrmythus späte Sagenerweiterung ist. Diese erreicht ihren Abschluß damit, daß Loki unmittelbar mit der Ermordung Baldrs in Verbindung gebracht wird; er ist es, der dem blinden Höd den Wurf des unglücklichen Geschosses lenkt, und darum wird er jetzt gefesselt.

Auf dem angelsächsischen Gosforthkreuze ist Loki unmittelbar unter der Fesselung des Fenriswolfes mit Händen und Füßen auf Steine festgebunden abgebildet. Über ihm speit eine Schlange ihr Gift, während eine Frauengestalt, Sigyn, das treue Weib des Übeltäters, die Schale unter das Schlangenhaupt hält, um die Gifttropfen aufzufangen. Es scheint so, wie wenn Ty, der in den Rachen des Wolfes seinen Speer oder Stab gestoßen hat, mit der andern Hand Loki in den Abgrund geschleudert hat.

Es kann daher kaum einem Zweifel unterliegen, daß Loki ursprünglich ein Dämon oder Gott des Feuers gewesen ist, und zwar in seiner letzten Ausprägung lediglich eine isländische Gestalt.

Je mehr Loki aber von der Dichtung nach seiner geistig-sittlichen Seite hin entwickelt wurde, um so mehr entfernte er sich von seiner natürlichen, mythischen Grundlage. Während Loki einfach das verzehrende Element ist und seine Personifikation nur eben angedeutet ist, erscheint Surt bereits als das dämonische, die Welt schließlich vernichtende Wesen. Loki aber ist die ethisch bestimmte, fast diabolische Persönlichkeit. Sein Anteil an den übrigen Schicksalen der Götter darf daher nicht vom mythologischen Standpunkt aus beurteilt werden.

In dem färoischen Volksliede spielt Loki durchaus die Rolle eines wohltätigen, menschenfreundlichen Gottes, wenn auch seine Schlauheit gebührend hervortritt. Seine Verbindung mit Odin – Wind und Feuer – oder mit Thor – Blitz und Donner – mag allenfalls noch durch seine elementare Natur erleichtert sein, aber in den Dichtungen tritt diese in keiner Weise hervor. Nicht als Personifikation des warmen Frühlingswindes, sondern als der Kluge, Schlaue, der überall Rat weiß, begleitet er Thor zu Thrym. Aber der Übergang zum Bösen läßt sich schon hier erkennen, da Thor ihm mißtraut und ihn als Lügner kennzeichnet, obwohl er ihm dort die besten Dienste leistet. Er ist die Veranlassung zu Thors Fahrt nach Geirröds Wohnung. Wenn er, um sein Leben zu retten, Idun preisgibt, so bringt er sie auch wieder zurück und veranlaßt dabei den Tod Thjazis. Auch in der Sage vom riesischen Baumeister ist Loki rein ethisch aufgefaßt. Die Götter bedürfen, da Thor gerade abwesend ist, der List; der Hengst aber kann kaum witziger und besser von seiner Arbeit abgelenkt werden, als durch eine verliebte Stute. Es ist charakteristisch für Lokis Verschlagenheit, daß er auf dieses Mittel verfällt, und man kann sich das wiehernde Gelächter der Nordleute bei diesem derben Schwanke vorstellen. Seine Verderblichkeit tritt in der Sage von Sifs Haarraub hervor, wie auch der Dichter Ludwig Jacobowski in seinem Götterromane Loki betont;

so will er auch Idun und Freyja den Riesen ausliefern. Wie er Geirröd verspricht, Thor machtlos in seine Gehöfte zu bringen, so ist er auch schuld daran, daß der eine von Thors Böcken lahmt und zu Boden fällt. So spielt Loki, schadenfroh, auf Schaden sinnend und hinterlistig, den Göttern einen tückischen Streich nach dem andern, die alle darauf abzielen, die Götter für den bevorstehenden Weltkampf zu schwächen und sie wehrlos in die Hand ihrer Gegner zu liefern, bis er endlich zum verderblichsten Streich ausholt und den unschuldigen Baldr tötet.

Loki, der den Göttern einen Possen spielt, wird selbst zum Possenreißer. Bei der Buße, die die Götter Skadi für ihren erschlagenen Vater leisten, bringt er die Götter durch einen derben Witz zum Lachen und stimmt sie sogar zur Versöhnung. Als Gaukler tritt er in der Erzählung von Utgarda-Loki auf. Er ist der Hofnarr von Asgard, der König Odin durch Klatschereien und Possen unterhält, der Böses anstiftet, wo er kann, und über dessen Verlegenheiten, in denen er heult und weint, sich alle freuen. So zeichnet ihn die jüngste Sage, die von ihm handelt: Odin sagte dem Loki alles, was er angriffe, und legte ihm oft große Aufgaben vor, die er alle löste. Loki horchte auf alles, was geschah, und sagte es Odin wieder. Da hörte er, Freyja habe von den Zwergen gegen ihre Gunst einen Halsschmuck bekommen, und er sagte es Odin. Der befahl ihm, den Schmuck zu stehlen, und wie sehr er auch vorstellte, daß das unmöglich sei, es half nichts, und Odin sagte, er dürfe nicht eher wieder kommen, als bis er den Schmuck brächte. Da ging Loki heulend fort, und alle Götter freuten sich, daß es ihm schlecht ging. Lokis Possenhaftigkeit und Schlauheit, aber auch seine physische und sittliche Verderbtheit, bilden die Grundlage des Liedes »Lokis Wettstreit«. Aber viel tiefer hat der Dichter Lokis Charakter aufgefaßt, er hat ihn zum Vertreter seiner eigenen ungläubigen, spottsüchtigen Zeit gemacht, die nichts Heiliges mehr kennt.

Auf Loki, den Dämon der Zerstörung und Widersacher der lichten Götter, wurde auch der gemeingermanische Mythos vom Kampfe zwischen Licht und Finsternis übertragen und Loki so zum Gotte der Finsternis umgebildet. Loki stiehlt Freyja das Halsband. Schon in der zweiten Hälfte des 9. Jahrhunderts heißt Loki »Dieb des Brisingamen«, und um 975 besang Ulf, Sohn des Uggi, diesen Mythos:

»Der berühmte, ratgewandte Wächter des Götterpfades (des Regenbogens – Heimdall) kämpft am Alpensteine gegen Farbautis wunderschlauen Sohn (Loki). Der mutige Sohn von acht Müttern und einer ist schon im Besitze der strahlenden Meerniere (des Halsbandes).« Hinter einer Meeresklippe, fern im Westen, hat Loki das gestohlene Halsband versteckt; aber Heimdall, der alle Zeit am Rande des Himmels wachende Hüter des Zuganges zum Reiche der Götter, verhalf Freyja zu ihrem Schmucke zurück; in Robbengestalt schlich er sich hinzu und kämpfte es Loki, der sich gleichfalls in eine Robbe verwandelt hatte, wieder ab.

Das Halsband ist ein Symbol der Sonne; der Morgenfrühe tritt das Dunkel des Abends gegenüber. Mit der anbrechenden Finsternis hat Loki der am Morgen erschienenen Göttin das Halsband gestohlen und es an der Klippe des westlichen Meeres verborgen, aber der Gott der Frühe bringt es der Göttin zurück. Dieser Zweikampf ist nur ein Vorspiel, er wiederholt sich beim Weltuntergang und findet dort seinen Abschluß. Am jüngsten Tage werden Loki und Heimdall miteinander kämpfen und einer des andern Tod sein.

So war Loki sein Platz im nordischen Weltuntergangsmythos zugewiesen, und da nach germanischem Glauben Feuer einmal die Welt vernichten soll und der Feuergott an Stelle des uns unbekannten Gottes der Finsternis getreten war, den der Himmelsgott Tius-Odin bekämpfte, so entstand am Ausgange des nordischen Heidentums die Gegnerschaft zwischen Odin, dem erhaltenden Oberhaupte der Welt, und Loki, dem

Zerstörer und Widersacher der bestehenden Weltordnung. In der Ökonomie des Götterdramas wird Loki so zum ersten Gegenspieler, Höd sinkt zu seinem bloßen Werkzeuge herab. Wenn aber die höllischen Mächte losbrechen, wird auch Loki seiner Bande ledig. Er selbst steuert das Schiff, das die Leute der Hel an Bord hat, und bei seinem Losbrechen tost Dampf und Flamme, schlägt die hohe Lohe gegen den Himmel selbst, und das Wasser wälzt ungeheuren Wogenschwall über Midgard. Dieses zerstörende Zusammenwirken der entfesselten Gewalten des Feuers und des Wassers stammt gewiß aus der Beobachtung eines vulkanischen Ausbruches mit seinen Begleiterscheinungen und hat die Einfügung des Feuergottes in diesen Mythus erleichtert.

Nachdem einmal der scharfe Gegensatz zwischen Loki und den Göttern ausgeprägt war und Loki die Führerstelle der Umsturzpartei eingenommen hatte, wurde er auch in noch engere Beziehung zu dieser gestellt. Darum stammt seine Gemahlin Angrboda, die Schadenbotin, jetzt aus dem Riesengeschlechte, und mit ihr zeugt Loki drei Kinder: den Fenriswolf, die Midgardsschlange und Hel. Er, der »Schandfleck aller Götter und Menschen« mußte auch für die übrigen Ungeheuer verantwortlich sein, er ward ihr Vater. »Vater des Wolfes«, »Vater der Hel« heißt Loki schon bei den Skalden gegen Ende des 9. Jahrhunderts.

In einer bitteren Satire hat ein Dichter die ganze Schlechtigkeit und Ungläubigkeit seiner Zeit gegeißelt und zu ihrem Vertreter den alten Götterfeind und Spötter Loki gemacht. Im tiefsten Innern hofft er freilich, daß der Unglaube seiner Tage vor der Wahrheit des alten Glaubens weichen werde: die Götter werden untergehen, aber mit ihrem Untergang ein neues goldenes Zeitalter heraufführen, und diesen Glauben hält er für ebenso gut und schön wie die christliche Lehre von der Ewigkeit. So fordert er, trotz aller scheinbaren Lästerung, die er mit feiner, künstlerischer Erwägung lediglich dem

Spötter Loki in den Mund legt, seine Zeitgenossen auf, dem hereinbrechenden Unglauben mit aller Macht entgegenzuarbeiten. Man darf daher die Gedanken des Gedichtes keineswegs verallgemeinern, man muß sie als wertvolle Äußerungen eines einzelnen Mannes auffassen; man darf nicht hinter jeder Schmähung einen mythologischen Kern suchen wollen, sondern man muß das ganze Gedicht als ein Zeugnis für die Art und Weise betrachten, mit der hervorragende Geister des sterbenden Heldentums ihre gute Sache zu retten und zu verteidigen suchten. Fast dramatisch mutet uns der Aufbau des Gedichtes an: wie scharfe Pfeile schleudert Loki seine Schmähungen gegen Götter und Göttinnen; dramatisch ist die Steigerung, die durch Lokis wachsenden Übermut hervorgerufen wird, bis er endlich der rohen Gewalt weicht. Aber eine »Götterkomödie in einem Akt« ist es darum noch nicht. Sicher und fest ist Loki gezeichnet, beredt, lügnerisch und feig. Selbst der harmloseste Umstand kann von einem Lügner und Ehrabschneider so dargestellt werden, daß er wie ein Unrecht, ja wie ein Verbrechen aussieht. Loki verspottet Ty, daß er seine rechte Hand eingebüßt habe; aber er verschweigt die aufopfernde Heldentat, durch die es geschehen ist. Ebenso grundlos, ebenso halbwahr oder unwahr und nur auf Verdrehung und Übertreibung beruhend sind die anderen Schmähungen, wenn wir auch nicht immer mehr ihre Grundlage erkennen können (Lokasenna):

Ægi hat die Götter eingeladen; nur Thor ist nicht erschienen, da er sich auf einer Ostfahrt befindet. Die Bewirtung ist ausgezeichnet, und die Stimmung der Gäste darum vortrefflich. Da erscheint Loki in der Vorhalle; vergebens verlegte ihm Eldi, Ægis Diener, am Eingange den Weg und warnte ihn vor der drohenden Rache der Götter; niemand unter den geladenen Göttern und Elben sei gut auf ihn zu sprechen. Aber das reizte gerade Lokis Trotz, höhnisch erwidert er: er werde den Asen Ärger und Unlust bringen und ihnen gründlich die

Freude am goldenen Mete verderben. Er verschmäht es, sich mit einem Diener in weitern Wortwechsel einzulassen, und wendet sich dem Gelage zu. Als die Götter ihn an der Tür erblicken, verstummt ihr frohes Gespräch; frostiges Schweigen zeigt, wie wenig willkommen ihnen der ungebetene Gast ist. Mit bescheidenen Worten führt sich der Heuchler ein; seine Absicht, die Götter zu schmähen, läßt er nicht merken; er bezeichnet sich als durstigen Wanderer, der, nur um einen Labetrunk bittend, die jedem Fremdlinge gern gewährte Gastfreundschaft in Anspruch nimmt. Das weitere, verletzende Schweigen der Götter reizt seinen verhaltenen Grimm, wenn er sich auch noch immer Mäßigung auferlegt: entweder solle man ihm einen Sitz anweisen oder ihn mit deutlichen Worten fortschicken. Die Götter wollen es vermeiden, die selbst dem Todfeinde gewährte Gastfreundschaft zu verletzen, nur Bragi, der wohl, wie er König Hakon in Walhall begrüßt hat, das Amt hat, die Gäste willkommen zu heißen, schlägt ihm rundweg seine Bitte um einen Platz an der Tafel ab. Da wendet sich Loki, immer noch die Formen des Anstandes wahrend, unmittelbar an Odin und erinnert ihn an die uralte Brüderschaft und an jene Zeiten, da der Göttervater geschworen, nur mit ihm gemeinschaftlich die Freuden des Gelages genießen zu wollen. Diese Berufung ist nicht vergebens. Odin befiehlt Widar aufzustehen und Loki den Platz einzuräumen; denn von dem starken, aber schweigsamen Sohn erwartet er mit Recht stille Nachgiebigkeit. Widar erhebt sich und schenkt Loki ein. Bevor er aber trinkt, stattet er, scheinbar freundlich, den Göttern und Göttinnen seinen Dank für den ihm gewährten Sitz ab, indem er ihnen zutrinkt; dann aber entsendet er seinen ersten Pfeil, indem er ausdrücklich betont, daß dieser Gruß nicht Bragi gelte. Bragi fürchtet Lokis boshaften Charakter und bietet freiwillig, aber eines Recken wenig würdig, Buße für seine Worte. Aber hat er vorher den händelsüchtigen Loki durch seine Schroffheit gereizt, so fordert er ihn durch seine unzeitige Nachgiebigkeit nur noch mehr heraus: ein so unkriegerischer, feiger Mann, wirft ihm Loki vor, wie Bragi werde schwerlich Überfluß an Roß und Waffen haben; während andere kämpfen, ziere er die Bänke. Da legte sich Idun, Bragis Gattin, ins Mittel und beschwört ihn, sich nicht mit Loki in ein Gezänk einzulassen. Nichts wirkt auf den Streitenden verletzender, als wenn seinem Gegner zugerufen wird: laß dich nicht mit dem ein! In der Tat kommt jetzt Lokis Grimm zu voller Entladung. Aus bloßer Schmähsucht wirft er den Göttern die schandbarsten Ereignisse ihrer Vergangenheit vor, mit unfehlbarer Sicherheit weiß er bei jedem den wunden Punkt zu treffen. Die Göttinnen Idun, Gefjon, Frigg, Freyja, Skadi und Sif beschuldigt er der Buhlerei und rühmt sich bei Tys Gattin, Skadi und Sif selbst ihre Gunst genossen zu haben. Mit zynischer Offenheit prahlt er vor Skadi, sich bei dem Tod ihres Vaters besonders hervorgetan zu haben, und in dramatischer Steigerung gesteht er Frigg, daß er es gewesen sei, der Baldrs Rückkehr von Hel hintertrieben habe. Keiner von den Göttern kann sich mit Loki im Wettstreite messen; er übertrifft an Witz und Schlagfertigkeit alle, selbst Odin, den Gott der Redegewandtheit und Klugheit.

Den Höhepunkt erreicht die Handlung, als Sif, Thors keusche Gattin, Loki einen Becher Met zu trinken bietet und ihn bittet, wenigstens sie mit seinen spitzen Reden zu verschonen. Aber trotz dieses freundlichen Entgegenkommens wird sie beschuldigt, mit ihm selbst dem Gatten die Treue gebrochen zu haben. Kaum aber hat Loki den Namen des Donnerers ausgesprochen, da setzt die Peripetie ein, und jäh folgt die Katastrophe. Die Berge dröhnen, der Donnergott ist auf seinem Wagen heimgekehrt und stürmt in den Saal, um den Schändlichen endlich zum Schweigen zu bringen. Daß Thor die Lage beherrscht, zeigt sich sofort, indem er Loki »schweig', elender Wicht!« zudonnert und droht, ihm mit seinem Hammer den Mund zu schließen und die Knochen zu zerschlagen.

Zwar kann Loki auch gegen ihn sich nicht der verkleinernden Spottreden enthalten, aber er hat doch offenbar Angst und Achtung vor ihm, und vor ihm allein tritt er den Rückzug an: er weiß, daß Thor auch wirklich zuhauen wird. Er verläßt Ægis Halle, doch nicht, ohne dem Gastgeber alles Unheil zu wünschen: niemals wieder solle er ein Fest veranstalten, all seine Habe solle in Flammen auflodern. Mit dieser Hindeutung auf seine eigene verderbte Natur und den Weltbrand verschwindet er.

9. Ull

Ull ist der Sohn der Sif, Thors Stiefsohn. Er ist im Bogenschießen und im Schneeschuhlaufen so tüchtig, daß niemand darin mit ihm wetteifern kann. Schön ist er von Ansehen und besitzt alle Vorzüge eines Kriegsmannes; darum ist es auch gut, ihn in Zweikämpfen anzurufen. Von Eibenholz wurden die Bogen gefertigt, im Eibental hat sich Ull in der Vorzeit die hohe Halle gebaut. Er ist der Bogen-Ase, mit dieser Waffe zieht er als Jagd-Ase auf die Schneefelder und Schneeberge zur Jagd aus.

Wie die Göttin Skadi eine treffliche Bogenschützin und Schlittschuhläuferin ist, so schnallt sich Ull in Norwegen zur Winterszeit die Schneeschuhe unter oder bedient sich in Dänemark primitiver Schlittschuhe aus Rentierknochen. Die Sage berichtet, daß er ein so geschickter Zauberer gewesen ist, daß er sich zur Überschreitung der Meere eines Knochens, auf den er Zaubersprüche eingegraben, wie eines Schiffes bediente und mit ihm ebenso rasch wie mit dem Ruder die hemmende Wasserflut vor ihm überwand. Unglaublich ist die Vorstellung, daß er auch seinen Schild als Fahrzeug benutzt habe. Ull wird als der Schild-Ase bezeichnet, der Schild heißt auch Ulls Schiff. Man sollte erwarten, daß Schneeschuhe oder Schlittschuhe Ulls Fahrzeug genannt würden. Nun aber bedeutet das gebräuchlichste nordische Wort für Schneeschuh zugleich auch »Brett, Schild«. Die Annahme ist sehr wahrscheinlich, daß die dichterische Bezeichnung »Ulls Schneeschuh« in einer Gegend, wo Schneeschuhe nicht gebräuchlich waren, irrtümlich als Schild aufgefaßt, und daß dafür das gangbarere Wort für Schild eingesetzt wurde. Auch die Benennung Schild-Ase meint eigentlich den Schlittschuhgott.

Obwohl die Edda nur diese wenigen Züge von Ull zu berichten weiß, muß er immerhin ein hoher Gott gewesen sein. Als Odin von Geirröd zwischen zwei Feuern gemartert wird, verspricht er dem Ulls Huld und die aller Götter, der zuerst ihn aus seiner qualvollen Lage befreit. Gudrun verflucht Atli bei Odins Berg und bei Ulls Ringe. Auffallend groß ist die Zahl der nach Ull benannten Ortsnamen z. B. in Schweden Ullevi (Uppland und Vestmanland); in Norwegen begegnet sein Name mindestens 13mal; zwei Gehöfte am Sognefjord heißen Ydal (Eibental).

Was SAXO von Ollerus berichtet, entspricht durchaus der hohen Stellung, die Ull im Norden eingenommen haben muß. Schon der Name läßt keinen Zweifel, daß Ollerus der mythische Ull ist; noch deutlicher spricht dafür Saxos Erzählung von den Schlittschuhen aus Knochen, auf denen Ollerus über das Meer fährt.

Nachdem Odin die Rinda überwältigt hatte, wurde er von den Göttern verstoßen, weil er den erhabenen Glanz seiner Göttlichkeit befleckt hatte. Sie nahmen ihm auch jede gewohnte Ehre und jedes Opfer und wiesen ihn ins Elend. An seiner Statt wählten sie den Ollerus, nicht allein zur Nachfolge in der Herrschaft, sondern auch in der Göttlichkeit; sie gaben ihm auch den Namen Odin. Ungefähr zehn Jahre lang führte Ollerus die Leitung der Götter. Da schien endlich Odin den Göttern, die die Härte seiner Verbannung bemitleideten, genug der schweren Strafe getragen zu haben. Odin vertauschte nun wieder seine häßliche Erniedrigung mit der früheren glanzvollen Stellung. Ollerus aber ward vertrieben, er ging nach Schweden, um dort seine Verehrung weiter auszubreiten, wurde jedoch von den Dänen erschlagen.

Von einem anderen Zauberer, der ebenfalls einen an Odin erinnernden Namen, Mitothin, trägt, und von einer zweiten Verbannung Odins weiß abermals SAXO zu erzählen:

Frigg hatte von der goldenen Bildsäule ihres Gemahls Gold entwendet und war ihm untreu geworden. So zweimal von der Gattin mit Unbill behandelt, ging Odin freiwillig in die Verbannung. Während seiner Abwesenheit machte sich ein gewisser Mitothin, angesehen durch seine Zaubereien, zum Gott. Als aber Odin zu Reich und Gemahlin zurückkehrte, war es für ihn mit seiner Zauberei zu Ende. Er entfloh nach Finnland und wurde getötet. Odin aber erlangte seinen früheren Ruhm fleckenlos wieder und zerstreute die Zauberer wie eine dunkle Wolke durch den Glanz seiner göttlichen Majestät.

Miothin ist kein Eigenname, sondern ist mitođinn – isländisch mjõtuđr der Richter, die Entscheidung bestimmende, also eine Bezeichnung für einen Gott, höchstwahrscheinlich für Ull.

Die Geschichte von Odins zeitweiliger Verdrängung durch Ollerus-Ull oder Mitothin wird gewöhnlich als ein Jahreszeitenmythus erklärt. Der Winter ist der Tod des Naturlebens. Odin der Todesgott ist auch Wintergott. In Ull, der Odins Sohn genannt wird, ist diese Eigenschaft zum selbständigen Gotte entwickelt worden. Sein Name wird als der Herrliche, Majestätische gedeutet. Weil man sich den Wintergott im hohen Norden heimisch dachte, da wo die Finnen oder Lappen hausten, tritt Ull wie Skade ganz in der äußern Erscheinung von Finnen auf. Schon Tacitus berichtet von den Finnen, daß ihre einzige Hoffnung auf den Pfeilen beruht, die sie aus Mangel an Eisen mit Knochen spitzen, und daß die Jagd Männer wie Weiber ernährt. Darum übt Ull das Waidwerk und ist wie Skadi in der Kunst des Bogenschießens und Schneeschuhlaufens ausgezeichnet, die wir als speziell finnische Fertigkeiten seit altersher kennen. Von der Anwendung der Schritt- oder Schneeschuhe haben die Skridifinnen allein ihren Namen, und ohne die Erfindung dieses Gerätes, das über den Schnee des langen Winters hinweg den Finnen zu ihrer Nahrung verhalf, scheint eine Existenz für sie in ihren Regionen kaum möglich. Von ihnen lernten die Nordleute die Benützung des Skis kennen, dessen sie sich bei der Jagd bedienten. Die Finnen galten aber auch für außerordentlich zauberkundig. Auch Mitothin ist ein Zauberer, wie sein Verehrer »Zauberer« (= Sitones) genannt wurde, und er mußte nach Finnland fliehen, wo alles Zauberwesen heimisch war. Ebenso ist Ollerus in der Zauberkunst erfahren und fährt auf einem Knochen, über den er Zauberformeln spricht, wie in einem Schiffe über das Meer.

10. Widar

Widar nennt man den schweigsamen Asen. Er besitzt einen dicken Schuh und ist beinah so stark wie Thor. In allen Gefahren setzen die Götter großes Vertrauen auf ihn. Die Skalden bezeichnen ihn als den schweigsamen Asen, Besitzer des Eisenschuhs, Feind und Töter des Fenriswolfes, Rächer der Götter, Bewohner und Erben der väterlichen Wohnungen, Odins Sohn, der Asen Bruder. Seine Mutter ist die Riesin Grid. Bei ihr kehrt Thor auf dem Wege zu Geirröd ein, und diese leiht ihm ihren Gürtel, ihre Eisenhandschuhe und ihren Stab.

Die Alliteration mit Vóđenn zeigt, daß die Verbindung zwischen beiden Göttern spätestens ins 8. Jahrhundert fallen muß. Bei Ægis Gastmahl befiehlt Odin dem Widar aufzustehen und Loki den Platz einzuräumen. Er allein wird von Loki nicht gelästert. All sein Sinnen beherrscht nur der eine Gedanke, den Vater zu rächen; darum ist er der schweigsame Ase. Die Volkssage verweilt gern bei der Schilderung der übergroßen Blödigkeit, in der die Helden ihre Jugendjahre verlebten; oft verunstaltet ein Fehler die Kindheit und erste Jugend, aber aus dem Dunkel tritt dann plötzlich die leuchtende Erscheinung, gleichsam die zurückgehaltene Kraft hervor. Untätig und verachtet lebt der Heldenjüngling am Küchenherd oder im Stalle, aus dessen Schmutz er hernach bei dem rechten Anlasse hervortritt. Im stillen Gehölz, in der schweigsamen Heide Widi, unberührt vom Leben der Menschen, tummelt er jugendlich frisch sein Roß, bis die große Stunde ihn zur Vaterrache ruft. Dann eilt der gewaltige Held herbei, wenn Odin von Fenri verschlungen ist; er stößt die Klinge dem riesischen Ungeheuer ins Herz und rächt so den Vater. Ausführlicher erzählt Snorri den Hergang:

Wenn der Wolf Odin verschlungen hat, eilt Widar herbei und tritt mit einem Fuße dem Wolfe in den Unterkiefer. Er besitzt nämlich den Schuh, zu dem das Leder allezeit zuvor gesammelt ist, und zwar aus den Flicken, die die Menschen vor den Zehen und an der Ferse aus ihren Schuhen schneiden, und darum soll ein jeder, der gewillt ist, den Asen zu Hilfe zu kommen, diese Flicken fortwerfen. Mit der einen Hand nun faßt Widar den Oberkiefer des Wolfes und reißt ihm den Rachen entzwei, und dadurch findet der Wolf seinen Tod.

Das Rechtsbewußtsein der Nordleute forderte, daß die Ermordung des Unschuldigen gerächt würde. Darum herrscht auch Widar mit Wali zusammen im Wohnsitze der Götter, wenn Surts Lohen erlöschen: der Rächer Odins mit dem Rächer Baldrs. Sein Name würde als »der Krieger aus Widi, dem Waldlande, der mit Buschwerk und hohem Gras bewachsenen Heide« guten Sinn geben, wenn nicht das Versmaß langes i verlangte. Althochdeutsch Wîtheri ist der weithin Heerende, einer, der weithin Heerfahrten unternimmt oder auch der gewaltige Held, der Weitherrschende. Widar, Witheri ist ein altes Beiwort Wodans, denn es ist durch den Stabreim mit ihm gebunden, für eine bestimmte Eigenschaft des Gottes (vgl. etwa Odins Namen Widförul, der

Weitumherschweifende), aus der dann im Norden eine besondere Gottheit erwuchs, die rein dichterisch gestaltet und ausgeschmückt wurde.

In den Liedern findet sich keine Erwähnung von Widars Schuh; nur Snorri kennt ihn als dicken, eisernen oder von den Abgängen menschlichen Schuhwerkes gefertigten Schuh. Die Bemerkung, es sei verdienstlich, diese Lederflecke beiseite zu werfen, da sie für Widars Schuh verbraucht würden, ist ein sehr junger, unmythischer Einfall. Fenri hatte Tys Hand, die ihm dieser in den Rachen gesteckt hatte, abgebissen. Ließ man Widar seinen Fuß in den Rachen des Untieres setzen, so mußte natürlich sein Fuß geschützt werden. Die Überlieferung selbst tut dies mit verschiedenen Mitteln, bald mit Eisen, bald mit dick übereinander genähten Lederstreifen.

Auf der Ostseite des Gosforthkreuzes sieht man ein Ungetüm mit Schlangenleib und je einem Wolfskopfe zu beiden Enden des Schlangenleibes. Vor dem Tiere steht ein Mann, der in der rechten Hand einen Speer hält, während die linke den Oberkiefer des Wolfes emporzieht. Der linke Fuß des Mannes steht auf dem Unterkiefer des Wolfrachens. Das ist deutlich Widars Kampf mit dem Fenriswolfe.

Der den Weltuntergang überlebende Gott, der in der neuen und besseren Welt das Regiment führt, ist ein passendes Symbol für den allmächtigen Herrn, der Sünde und Tod überwand und nun als Herrscher neben dem Vater thront.

11. Bragi

Odin hat den Dichtermet erworben und teilt davon denen mit, die dichten können. Die Skaldschaft heißt Odins Fund und Gabe, Odin gibt dem Sänger Dichtkunst. Aber neben ihm erscheint in der Reihe der Asen noch ein anderer, Bragi.

Er ist ausgezeichnet durch Weisheit, besonders aber durch

Redeklugheit und Sprachgewandtheit. Aber am meisten jedoch ist er in der Dichtkunst erfahren, und daher wird die Dichtkunst nach ihm »bragr« genannt, und nach seinem Namen ist »bragr« der Männer oder »bragr« der Frauen genannt, wer von den Männern oder Frauen sich vor andern durch dichterische Begabung hervortut. Bragi ist der erste Liederschmied und der Skalden Bester. Runen sind auf seine Zunge geritzt, d.h. er zeichnet sich durch Liederweisheit aus. Er ist Iduns Gemahl und ist der Alte, der langbärtige Ase, Odins, des Langbarts Sohn.

Mit der Greisengestalt Bragis hängt sichtlich zusammen, daß ihm als Gattin Idun zugesellt wird; bei ihrem Verschwinden werden die Götter alt und grau, bis sie zurückgebracht ist. Bragi, der Sängerahn mit langem Bart und dem Rohrstab, durfte dieses verjährten Aussehens auch in seiner höheren Stellung nicht entkleidet werden, aber die Verbindung mit Idun wahrte seinem Alter Kraft und Jugendfrische.

Das erste Kapitel der Skáldskaparmál, die sogenannten Erzählungen Bragis, ist ein Dialog zwischen Bragi und Ægi.

Odin hat den Meergott zu einem Gastmahle eingeladen; am Abend, als das Trinken beginnen sollte, ließ er Schwerter in die Halle tragen, die waren so glänzend, daß ein Schein davon ausging und es keiner andern Beleuchtung bedurfte. Die Wände waren mit schönen Schilden bedeckt. Die Götter setzten sich auf ihre Hochsitze. Bragi war Ægis Nachbar, und während sie tranken, tauschten sie Gespräche. Bragi erzählte dem Herrscher des Meeres verschiedene Begebenheiten, die sich vordem bei den Göttern zugetragen hatten, von Iduns Raub, dem Ursprunge der Skaldenkunst, von Odin und Gunnlöd.

Man könnte annehmen, dadurch, daß Snorri Bragi selbst den Bericht von Idun und Loki in den Mund legt, sei dessen Anteil an dem Mythus geschwunden, aber dieser ist fremden Ursprunges und von den Nordleuten ausgebildet, ohne daß Bragi dabei eine Rolle zugedacht ist.

Als Dichter und Sprecher der Götter tritt Bragi auch in den Skaldenliedern des 10. Jahrhunderts auf, die den Empfang gefallener norwegischer Könige in Walhall feiern. Er hat dort neben Odin seinen Raum und führt mit ihm ein Gespräch über die Herankunft des Heldenkönigs, vor dem es kracht und tost, wie wenn Baldr zurückkäme. Mit Hermod geht er in Odins Auftrage Hakon dem Guten in Walhall entgegen und spricht als Wortführer den feierlichen Willkomm aus: Aller Einherjer Frieden sollst du haben, empfange du Bier bei den Asen.

Etwas später als die beiden Ehrenlieder auf den Schlachttod norwegischer Fürsten ist das Zeugnis Egils: der Dichtermet wird als der mit Freuden begrüßte Fund der Asen bezeichnet, der in uralter Zeit aus der Riesenwelt getragen wurde, als der fehllose Bragi im Bette lebendig wurde. Die Erzeugung Bragis wird also, wenn die Übersetzung richtig ist, mit der Erlangung des Dichtermetes in Verbindung gesetzt; der Dichtergott wird der Sohn Odins und der den Dichtermet hütenden Gunnlöd genannt; bei ihr, im Riesenreiche ruhte Odin, als er den Met erlangte.

Die feierlichen Becher, die sich an das Erbbier anschlossen oder am Julabende für das neue Jahr geleert wurden, hießen bragarfull »Becher des Fürsten«, nicht Bragafull »Bragibecher«, haben also mit dem Dichtergotte nichts zu tun.

Bragi ist eine der jüngsten Gestalten des nordischen Götterhimmels. Er ist weder ein altgermanischer noch ein volkstümlicher nordischer Dichtergott, er ist von den nordischen Dichtern der Wikingerzeit zuerst gebildet. Sein Name scheint eine Ableitung von altnordisch bragr »Dichtung, Dichtkunst« (= altindisch bráma Zauberkunst) zu sein, nicht von bragr »Bester, Vornehmster«. Er ist vielleicht sogar lediglich ein verkörperter Mensch, ein zu den Göttern versetzter Dichterheros. Bragi, der Dichter der Götter und in deren Dienste, geht Odin wie ein Hofskalde einem irdischen Fürsten zur

Seite. Mit gutem Grunde hat man daher in ihm den zum Range des Gottes der Skaldenpoesie erhobenen norwegischen Dichter Bragi den Alten, Sohn des Boddi, gesehen. Der zufällige Gleichklang des ersten, schwachen Ansatzes der vergöttlichten Poesie mit dem ältesten geschichtlich bezeugten norwegischen Skalden mag die Veranlassung gewesen sein, dem schattenhaften Umrisse Fleisch und Blut zu verleihen. Zwar ist die Echtheit der unter dem Namen des Skalden Bragi Boddason überlieferten Lieder angefochten, aber unbefangene Beurteilung kann an der Existenz dieses Mannes keinen Zweifel hegen: er wirkte in der ersten Hälfte des 9. Jahrhunderts. Es ist geschichtliche Tatsache, daß er, um dem Zorne des Schwedenkönigs zu entgehen, ein Preislied auf diesen dichtete und dadurch sein Haupt rettete, und der dem Gotte Bragi von Loki gemachte Vorwurf der Feigheit wird dadurch verständlich. Obwohl Bragi ausdrücklich zu den Asen gerechnet wird, hat er es doch nicht weiter als zum Hofskalden beim Götterschmause und Begrüßer der Gäste gebracht. Er ist ein Vorbild des Skaldentums an den nordischen Höfen, aber kein Skalde leitet seine Begabung und Begeisterung von ihm her; in der reichen Fülle skaldischer Benennungen und Umschreibungen der Dichtkunst wird Bragi mit keinem Worte berührt, sondern immer ist Odin unmittelbar der Urheber und Geber. Aber der geschichtlich beurkundete Skald Bragi ist schon früh in Sage und Dichtung verwoben, und der Übergang des Menschen zum Gotte mag in folgender Sage angedeutet sein:

Als Bragi, der Alte, spätabends durch einen Wald zu Wagen zog, redete ihn ein Trollweib an und fragte, wer da führe. Bragi antwortete mit einem rätselartigen Verse, der sechs dichterische Bezeichnungen für einen Skalden enthält, darunter vier, die auf Odin als den Urquell alles dichterischen Geistes und Vermögens zurückgehen. Schließlich gibt Bragi selbst die Lösung, indem er sagt: Was ist das sonst, wenn nicht ein Skald?

Die Göttinnen

1. Frigg

Alle germanischen Stämme haben eine weibliche Göttin Frija verehrt, d.h. die Geliebte oder die Gemahlin des höchsten Gottes, des leuchtenden Himmelsherrn Tius. Es ist früher gezeigt worden, daß dieser uralte Germanengott als Ty im Norden nicht nur Kriegsgott gewesen ist, sondern auch Thinggott und Herrscher des lichten Tages und Himmels, der an der Spitze des Götterstaates stand, bevor ihn Wodan-Odin verdrängte. Die Gemahlin des Tius als Gottes des alles überwölbenden und bedeckenden Himmels war die Erde, als Gottes des lichten Tages die Sonne. Wenn nun der Norden keine Gattin des Ty mehr kennt, so liegt auch hier der Schluß nahe, daß er diese an Odin hat abtreten müssen.

Nur unter dieser Voraussetzung wird der Vorwurf der Buhlerei verständlich, der ihr wiederholt gemacht wird. Auch von ihr wie von Freyja wird der Halsband-Mythus erzählt. Sie bemächtigte sich durch einige Schmiede des Goldes, mit dem eine dem Odin geweihte Bildsäule über und über geschmückt war, und als Odin die Schmiede hatte aufhängen und die Statue wieder künstlich aufrichten lassen, gab sie sich einem Diener hin, um durch List nach Zerstörung der Bildsäule zu dem Golde zu gelangen und sich mit ihm zu schmücken. Auch hier wird wie bei Freyja das Gold auf die Sonne zu deuten sein; die Schmiede entsprechen den Zwergen, die das Goldhalsband Brisingamen verfertigt haben und es Freyja erst überlassen, nachdem sie jedem von ihnen eine Nacht gewährt hat.

Als Frigg bei Ægis Gelage zwischen Odin und Loki vermitteln will, herrscht sie Loki an: »Schweige du, Frigg, Fjörgyns Geliebte!« Fjörgynn ist aber einer der Beinamen des uralten großen Volksgottes und bedeutet vermutlich den auf den Bergen thronenden Donnergott. Ihre Verbindung mit Odin, der sie dem ersten Gatten entrissen hatte, konnte wohl als ein zweideutiges Verhältnis von dem alles entstellenden und verdrehenden Loki hingestellt werden und es dem Lästerer gestatten, es mit ihrer Männersucht in Verbindung zu bringen. »Du Metze, schilt Loki sie weiter, warst immer männertoll: den Wili und We hast Du in der Urzeit beide in den Arm genommen.« Der damit berührte Mythus wird durch Snorris Bericht bestätigt: Odins Brüder Wile und We, die während seiner Abwesenheit sein Reich verwalteten, hätten einmal, als er zu lange ausblieb und auf seine Rückkehr nicht mehr zu rechnen war, sein ganzes Erbe unter sich geteilt, die Frigg aber gemeinschaftlich zur Frau behalten, bis er kurz darauf sich wieder eingestellt und sie selbst wieder als Frau angenommen habe. Hier ist von der Gewinnung des Schmuckes nicht die Rede.

Als Mutter des Lichtgottes Baldr muß Frigg selbst eine Lichtgöttin sein. Sie beweint das Unglück, das die Bewohner von Walhall durch Baldrs Tod getroffen hat, sie nimmt allen Wesen den Eid ab, daß sie Baldr nicht schaden sollen, sie entsendet den Hermod zu Hel, sie bittet die tote Natur, um Baldr zu weinen, ihr schickt Nanna ein Kopftuch, das Abzeichen der Hausfrau, aus der Unterwelt. In der ergreifenden Schilderung der klagenden und zur Klage auffordernden Göttermutter hat der Norden selbständig ein würdiges Gegenstück zu den Wehklagen der Thetis und ihrer Nymphen um den toten Achilleus oder der Maria um den gekreuzigten Heiland geschaffen.

Als Sonnengöttin wohnt sie in Fensalir (den Meersälen); in der Tiefe des Meeres geht die Sonne am Abend zur Ruhe, wie der Wanderer in seinem Hause. Mit der vielkundigen Erzählerin Saga-Frigg, der im Wasser widerscheinenden Sonne, trinkt Odin täglich aus goldenen Geschirren in Sökkwabek. Als Sonne, die segnend und befruchtend auf das Erden- und Menschenleben wirkt, ist Frigg die Göttin der Liebe und Ehe. Wie Odin der Erreger jeden Geistes und des kriegerischen insbesondere, so ist Frigg die Spenderin des Ehesegens und die Schutzgöttin der Liebe überhaupt. Wie Odin Schöpfer und Erhalter des Weltganzen ist, so erscheint Frigg »die Herrscherin der Asen und Asinnen« als die umsichtige Götter- und Weltenmutter, die an Odins Seite für den großen Haushalt des Alls sorgt. Sie sitzt neben Odin auf der Hausbank und schaut auf die Welt herab, gleich der Hausfrau, die das Treiben im Hofe beobachtet, und kommt mit ihm zum Göttermahle. Mit Schleiertuch und Spinnrocken erscheint sie selbst als Hausfrau. Sie ist der künftigen Dinge kundig, obwohl sie keine Weissagungen ausspricht, darum berät sich Odin mit ihr, als er sich mit Wafthrudni im Weisheitskampfe messen will. Mit weiblicher Schlauheit siegt sie über Odin, indem sie seinem Lieblinge Geirröd schadet, ihrem eigenen, Agnar, hilft. König Reri, einer der Ahnherren des Wölsungengeschlechtes, und seine Frau bitten die Götter um Nachkommenschaft. Frigg erhört ihre Bitten und ebenso Odin, um was sie baten. Er sendet seine Walküre, Frigg gibt ihr den fruchtbar machenden Apfel in die Hand und heißt sie den dem Könige bringen. In Gestalt einer Krähe fliegt Odins Maid zu dem Hügel, worauf der König sitzt, und läßt den Apfel in seinen Schoß fallen, den er seiner Gemahlin nach Hause bringt und zu essen gibt. Die Königin aber gebiert den Wölsung. Wie Freyja hilft sie Müttern in schwerer Stunde, einmal wird ihr auch Freyjas Falkenkleid beigelegt. Für Friggs Wesen und die Äußerungen ihrer Macht sind die Personifikationen von Bedeutung, die Frigg als göttliche Dienerinnen beigegeben sind:

Fulla, die Göttin der Fülle, des Reichtums, die in Deutschland ihr als Schwester beigegeben war (Zweiter Merseburger Zauberspruch), erscheint belebter und selbständiger als die übrigen. Sie, die noch Jungfrau ist mit losem Haar und goldenem Kopfbande, dem Schmucke des Mädchenstandes, ist Friggs Vertraute und in die heimlichen Pläne der Herrin eingeweiht. Ein Skaldenvers umschreibt, auf ihr goldenes Haarband anspielend, das Gold als Sonne von Fullas Stirne. Frigg sendet sie zu Geirröd und läßt ihm sagen, er möchte sich vor den Hexenkünsten eines Zauberers in acht nehmen; darum wird Odin, als er unter dem Namen Grimni zu dem Könige kommt, grausam gefoltert. Wenn ihr Nanna aus der Unterwelt den goldenen Fingerring zuschickt, so deutet das vielleicht an, worauf sich Friggs vertrauliche Beratung mit ihr bezieht. Sie trägt außerdem Friggs Truhe und bewahrt ihr Schuhzeug. Der Schuh wurde im Norden bei Adoptionen und Legitimationen angewandt. Das Rechtssymbol würde für die Gemahlin des großen Gottes, der über das Recht waltet, gut passen.

Die Pflanze Orchis maculata, die zum Liebeszauber dient, heißt noch heute auf Island »Gras der Frigg«, in Norwegen aber Mariengras. Umgekehrt heißt das Sternbild Orionsgürtel, »Marienrocken«, »Rocken«, »Spindel« der Frigg. Frigg erscheint also als Liebesgöttin und als eine spinnende und webende Göttin; sie führt wahrscheinlich ebenso die Aufsicht über den Fleiß der spinnenden Frauen, wie Holda und Berchta in Deutschland. Wie Fulla Friggs Schmuckkästchen verwahrt, so hat Maria in Schweden eine »Schlüsselmagd« bei sich; auch der Marienkäfer (Coccinella) hat von ihr diesen Namen »Jungfrau Marias Schlüsselmagd«. In der Nacht vom Donnerstage zum Freitage muß in Schweden jedes Spinnrad ruhen, denn dann spinnen der Gott Thor und Frigge. Aber darunter sind vielleicht nicht der Asen-Thor und Odins Gemahlin, sondern der Person gewordene Donnerstag und Freitag (Thors-Fredag) zu verstehen, wie in Oberdeutschland der Donnerstag (Pfinztag) zu einem mythischen Wesen, die Pfinze, geworden ist.

2. Hel

Die Unterwelts- und Totengöttin Hel, »die Verhehlende, Verhüllende«, ist die Personifikation des Grabes, die persönlich aufgefaßte Hölle. Gemeingermanisch ist die Vorstellung einer

Schattenwelt, halja, deutsch Hölle, der alle Gestorbenen zukamen. Im Norden entwickelte sich aus der örtlichen hel die persönliche Hel, und weil der Tod der Vernichter des Lebens ist, ward Hel zur bösen Sippe Lokis gerechnet, die von Odin in die finstere, kalte Nebelwelt geschleudert wurde. Noch vereinzelte Angaben wissen, daß ihr ursprünglich alle Toten eigen waren. Als aber später die Waffentoten in Walhalls Wonnen eingingen, die Ertrunkenen bei Ran gastliche Aufnahme fanden, mußte sich Hel mit denen begnügen, die an Krankheit oder Alter starben. Christlich ist die Vorstellung, daß die Bösen zur Hel kommen und von dort nach Niflheim, unten in der neunten Welt, sowie daß Hel unter einer Wurzel der Yggdrasilesche wohnt; denn in christlichen Darstellungen des Mittelalters reicht die Wurzel des Kreuzes und des Lebensbaumes in das Totenreich in der Unterwelt hinab.

Wie jung Hel als Göttin ist, geht daraus hervor, daß kein Mythos von ihr zu erzählen weiß. Was von ihr berichtet wird, ganz besonders die allegorische Ausstattung ihres Hofes, ist jung und sucht unter christlicher Beeinflussung die finsteren Züge der Göttin, ihre Unersättlichkeit und Gier nach neuen Opfern zu erklären:

In Niflheim hat Hel eine große Wohnstätte, und die Wälle sind überaus hoch und die Tore weit. Eljudni (Mühe und Plage) heißt ihr Saal, Hunger ihr Tisch, Mangel ihr Messer, Faulenzer ihr Knecht, Trägheit ihre Magd, fallendes Unheil ihr Tor, Geduldermüder die Schwelle, die hineinführt, Krankheit ihr Bett, bleiches Unglück das Bettuch oder der Vorhang. Sie ist zur Hälfte schwarz, zur Hälfte fleischfarben, so daß sie leicht zu erkennen ist: mit ihrem herabhängenden Kopfe sieht sie recht grimmig aus.

Mädchen der Hel erscheinen den Sterbenden, wie Hel dem Baldr vor seinem Tode verkündet, daß sie des nächsten Tages in seinen Armen ruhen werde; von einem dem Tode Verfallenen wird gesagt: Hel wird als deine Hausfrau dich an ihren

Busen legen. »Ich allein wußte, heißt es in einem späten christlichen Liede, um 1200, wie allerwegen mir die Krankheiten schwollen, als mich heimwärts wanken hießen jeden Abend die Mädchen der Hel. Harte, kalte Fesseln legten sie mir an; während ich die Sonne, das Tagesgestirn, sich verbergen sehe, höre ich schon, wie die Pforte der Hel furchtbar erdröhnt, wenn sie hinter dem Eintretenden sich schließt, ihm auf die Fersen fallend. Zu meiner Linken rauschen und tosen die Ströme der Hel, mit Blut gemischt; die höllischen Raben sehe ich, die den Lügnern die Augen aushacken.« – Die Vorstellungen vom Reiche der Hel sind auf die christliche Hölle übertragen. Denn wenn auch das Gedicht selbst rein christlich ist, so haben sich doch volkstümliche Vorstellungen darin erhalten, die ihre Wurzel im alten heidnischen Glauben haben. Hels dienende Mädchen scheinen die Verkörperung von Krankheiten zu sein, weibliche Krankheitsdämonen. In einem angelsächsischen Spruche gegen Hexenschuß erscheinen die krankheitsendenden Dämonen als mächtige Frauen, die gewappnet durch die Lüfte reiten, ganz nach Art der Walküren. Vielleicht identisch oder doch ähnlichen Charakters sind die Frauen mit furchtbar drohendem Angesichte, die ihren Männern, d.h. den ihnen zur Qual zugeteilten Männern, Erde als Speise mahlen.

Aus dem christlichen Mittelalter stammen die Äpfel der Hel, die einmal erwähnt werden. Die Früchte vom Baume der Erkenntnis, die den Tod unter die Menschen brachten, wurden als Äpfel des Todes bezeichnet, im Gegensatze zu den Früchten vom Baume des Lebens. Thorbjörn hat Gesichte gehabt, die seine Frau ihm als Vorzeichen seines bevorstehenden Todes deutet, er sagt: »Die Frau gönnt mir Hels (des Todes) Äpfel.« Der Genuß von Speisen läßt den Menschen unrettbar der Unterwelt, den Elben, verfallen; Proserpina, die vom Granatapfel genossen, bleibt so gewiß der trauernden Ceres entrissen, wie die Welle des dunklen Stromes der Unterwelt niemals von Aurorens Farben glüht, wie niemals mitten durch die Hölle Iris ihren Bogen zieht.

Bei der Auflösung der Welt verlangt auch Hel ihr großes Opfer. Demgemäß wird ihr Baldr zuteil, und sie entsendet, als das Schiff Naglfar flott wird, auf ihm ihre gespenstischen Scharen zum Kampfe gegen die Götter; ihre Brüder aber, der Fenriswolf und die Midgardsschlange, vernichten Odin und Thor, ihr Vater Loki und Heimdall töten einander.

Weil Hel unaufhörlich nach Beute verlangte und den nicht wieder losließ, den sie einmal hatte, konnte auch wohl eine kriegerische Waffe nach ihr benannt werden: Olaf der Heilige legte seiner Streitaxt den Namen der Hel bei.

3. Skadi

Skadi, »die schimmernde Götterbraut«, erscheint unter den Göttinnen als die Vertreterin der jagdlustigen Frauen, sie wird als rüstige Jägerin und Schneeschuhläuferin gerühmt. Nach dem altgermanischen Brauche, daß der Tochter oder Witwe eines Erschlagenen voller Ersatz für den Vater oder Gatten durch Verheiratung mit dem Todschläger geleistet werde, bieten die Asen Skadi, der Tochter des von ihnen erschlagenen Riesen Thjazi, Buße für den Vater durch Verheiratung mit einem von ihnen: Skade wünschte Baldr zum Gemahle, ward aber die Gattin des Njörd. Ihre andere Sühnebedingung war, daß man ihr ein Lachen ablockte. In Märchen und Schwänken kehrt das Lachmotiv oft wieder, und die erregenden Mittel sind meist recht grob. Lachen war beim »Scherzspiel«, das zur gesellschaftlichen Unterhaltung in den ältesten Zeiten aufgeführt wurde, die Hauptsache; Reizungen zum Lachen waren ungeschickte Leibesbewegungen, wilde Tänze, Prügelei oder Verletzungen, die den Getroffenen zu grimmigen Äußerungen des Schmerzes zwingen, allerlei Mummerei. Aber aus Sehnsucht nach den Bergen hält sie es bei dem als Handels- und

Schiffahrtsgott am Strande wohnenden Wanengotte nicht aus. Bei Lokis Fesselung hängt sie eine ewig geifernde Schlange über dem Haupte des Missetäters auf, von dessen Zucken die Erde bebt. Man faßt sie als Göttin des über die Firnfelder dahinjagenden Schnees auf, oder als Göttin des Gebirges, das die gewaltigsten Wasserfälle entsendet, oder als das Sickerwasser der Schneefelder und ihrer Gletscher.

Eine alte Göttin ist sie schwerlich; denn die Kunst des Schneeschuhlaufens ist den Norwegern wie den Schweden von den Lappen oder Finnen her zugekommen, denen sie, wie allen Polarvölkern der alten Welt, seit unvordenklichen Zeiten bekannt gewesen war, und es scheint fast, daß der Schneeschuhlauf in Norwegen erst nach der Zeit, in der Island besiedelt wurde, allgemeinere Verbreitung gefunden habe.

Nachdem sich Skadi von Njörd getrennt hatte, vermählte sich Odin mit ihr. Sie hatten viele Söhne; einer von ihnen hieß Säming. Von Säming leitete Hakon Jarl sein Geschlecht her. Ob sich der Vorwurf der Unkeuschheit, den Loki gegen sie erhebt, auf Skadis Wiederverheiratung bezieht, ist nicht zu entscheiden; ein ehebrecherisches Verhältnis Lokis zu ihr ist sonst nicht bekannt.

Sämig ist der Ahnherr der Herrscher von Halogaland, der nördlichsten, von Norwegern und von Finnen (Lappen) bewohnten Landschaft unter dem Polarkreise; er wird durch diese Abkunft wie durch seinen Namen als der Sohn eines germanischen Vaters und einer lappischen Mutter gekennzeichnet. Denn altnordisch sámr »schwärzlich« ist lappisch sabme, im Plural Samek, wie die Lappen sich selbst nennen. Auch Bogen und Schneeschuhe, deren Handhabung speziell finnische Künste sind, weisen auf finnischen Einfluß hin. Selbst ihre Aufnahme unter die Asen zeugt wohl dafür, daß man sie später nicht mehr zu den eigentlichen Gottheiten der germanischen Skandinavier gezählt hat, und der Sinn dieses historischen Mythos wäre, daß die älteste Bevölkerung des Landes, die Lappen oder Finnen, durch die Nordmannen zurückgedrängt wurden, die im Dienste der Asen und Wanen standen. Es ist möglich, daß der Mythos in diesem Sinne zurecht gemacht wurde. Skadis Namen selbst läßt sich aus dem germanischen Sprachschatze erklären (»Schädiger, Feind« – das schadende Unwetter? oder verwandt mit gotisch skadus, Schatten?); ihre äußere Erscheinung, die der der Finnen angelehnt ist, verdankt sie ihrem Wohnsitze im hohen Norden: dort, wo die Finnen auf Schneeschuhen im Gebirge hausen, treibt auch die wirbelnde Schneejungfrau ihr Wesen.

Wie die maskulinische Form des Namens zeigt, ist Skadi wohl als ein Mannweib gedacht. Im Eingange der Wölsungensage wird ein männlicher Skadi genannt, von dem nicht viel mehr berichtet wird, als daß er der Schöpfer eines Namens für große Schneehaufen gewesen sei. Er hatte einen Knecht Bredi, einen außerordentlich geschickten und glücklichen Jäger. Als der bei einer Jagd mehr Beute erlegt hatte als der Odinssohn Sigi, wurde er von diesem erschlagen und seine Leiche in einer Schneewehe begraben. Skadi aber suchte seinen Knecht und fand ihn unter den im Gebirge lagernden Schneemassen; seitdem nennt man jede große Schneemasse »Bredis Schneewehe«. Sigi aber konnte nicht länger in Norwegen bleiben und entfloh mit Odins Hilfe nach Deutschland.

Aus der Göttin Skadi scheint wegen der männlichen Endung ein Mann geworden zu sein. Die fränkische Siegfriedssage war nach Norwegen gedrungen, der Stammvater des Geschlechtes wurde hierhin verpflanzt und mit einer norwegischen für sich bestehenden Lokalsage verknüpft, um den ersten Ahnen des berühmten Heldengeschlechtes aus Norwegen herzuleiten. Da Odin außer Sämig, dem ersten Könige von Norwegen, noch viele Söhne mit der Skadi erzeugte, mag vielleicht auch Sigi einmal für einen Sohn des Sieg spendenden

Gottes und der Göttin gegolten haben, der erst wegen seines frevelhaften Eingriffes in den Betrieb der Mutter deren Land räumen mußte.

4. Idun

Nichts deutet darauf hin, daß Idun zu irgendeiner Zeit oder an irgendeinem Ort eine Volksgöttin gewesen oder daß ihr ein Kult geweiht gewesen wäre. Sie ist wie ihr Gemahl, der Dichtergott Bragi, eine Schöpfung der Skalden, und nur in ihrer Dichtung hat ihr Bild gelebt und sich entwickelt. In den Eddaliedern wird sie nur einmal erwähnt: sie beschwichtigt ihren auffahrenden Gatten, Loki nicht zu lästern. Zum Danke wirft ihr Loki vor, daß sie von allen Weibern am meisten nach Männern jage, daß sie sich selbst dem Mörder ihres Bruders hingegeben habe.

Sie bewahrt in ihrer Truhe die Äpfel, die die Götter genießen müssen, wenn sie anfangen, zu altern: davon werden sie wieder jung. Die Skalden bezeichnen sie als Bragis Gemahlin, der Äpfel Hüterin, die das Heilmittel gegen das Altern der Asen sind, als Raub des Riesen Thjazi, der sie den Göttern entführte. Einmal aber wäre es beinahe übel abgelaufen, daß die Götter ein Kleinod, durch das sie ihre ewige Jugend bewahren, der Hut und Sorgfalt Iduns anvertraut hatten.

Der Skald Thjodolf von Hwin beschreibt einen Schild, den er zum Geschenk erhalten hat. Auf ihn war einmal Thors Reise und Kampf mit dem Riesen Hrungni dargestellt, dann aber auch Iduns Raub.

Dieses Gedicht ist als Quelle für folgende prosaische Darstellung benutzt:

Die Götter Odin, Loki und Höni sieden auf einer Wanderung einen Ochsen, aber das Fleisch will nicht gar werden. Thjazi, der als Adler über ihnen im Baume sitzt, hindert es, bis sie ihm ein Stück zur Sättigung versprechen. Doch greift er so unbescheiden zu – er nimmt als ersten Bissen eine Lende des Ochsen sowie die beiden Vorderblätter –, daß Loki im

Zorn eine Stange nach seinem Leibe stößt. Der Vogel fliegt auf, und weil die Stange fest in ihm steckt und Loki auch noch festhält, muß der Gott mit. Der Adler aber fliegt so nah am Boden, daß Loki mit den Füßen Gestein und Gehölz streift, die Arme aber, glaubt er, müßten aus den Achseln reißen. Flehentlich ruft er den Adler um Frieden an, doch dieser will ihn nicht loslassen, er schwöre denn, Idun mit ihren Äpfeln ihm auszuliefern. Als Loki das zusagt, wird er los und kommt wieder zu seinen Genossen.

Zur verabredeten Zeit lockt Loki Idun in einen Wald, indem er vorgibt, er habe dort wunderschöne Äpfel gefunden, und er bittet sie, ihre Äpfel zum Vergleichen mitzunehmen. Da kommt der Riese Thjazi in Adlergestalt und fliegt mit ihr fort. Den Göttern aber ergeht es nach Iduns Verschwinden schlecht, sie werden schnell grauhaarig und alt und forschen ängstlich nach dem Anstifter. Loki wird entdeckt und soll bei Todesstrafe Idun zurückschaffen. Erschreckt verspricht er es, wenn Freyja ihm ihr Falkenkleid borgen wolle. Der Riese ist auf die See gerudert, Idun allein daheim. Loki verwandelt sie in eine Nuß, die er in seinen Klauen hält, und fliegt davon. Thjazi vermißt bei der Heimkehr bald die Göttin, nimmt sein Adlergewand und verfolgt Loki. Als die Götter den Falken herankommen sehen, tragen sie einen Haufen Hobelspäne zusammen. Kaum hat sich der Falke innerhalb der Burgmauern niedergelassen, da werfen sie Feuer in die Späne; der Adler aber vermag seinen Flug nicht schnell genug zu hemmen, das Feuer schlägt ihm ins Gefieder, die Götter eilen herbei und töten ihn (Thor erschlägt ihn). Zum Andenken daran versetzt Thor Thjazis Augen als Stern an den Himmel.

Die letzte seltsame Szene ist durch ein Mißverständnis der Worte »die Götter brannten« hervorgerufen.

Idun ist also erstens die Gattin Bragis und dann die Hüterin der Äpfel. Die Vorstellung, daß die Genossin des Dichtergottes die Äpfel der Verjüngung trägt, ist als die Macht der Poesie gedeutet, dem hinschwindenden Leben in ihren Gesängen ewige Jugend zu erhalten. Aber diese geistvolle Erklärung kann unmöglich den ursprünglichen Sinn treffen, wenn man auch zugeben kann, daß die Skalden Iduns Wesen und Walten als Sinnbild des nie alternden Geisteslebens der Götter auffaßten, verwandt jener geistigen Jugend, die ewig im Gesange blüht. Aber gerade in Iduns Hauptmythus, dem Raube der Äpfel, tritt Bragi gar nicht als beteiligt hervor.

Wenn Idun überhaupt von Anfang an eine Göttin gewesen ist, liegt es nahe, sie aus Frija entstanden zu denken und in ihr eine jüngere dichterische Gestaltung der Idee des wiedererwachenden Lebens der Natur zu sehen, das durch die winterlichen Mächte (Thjazi) nur vorübergehend geraubt werden kann. Dazu könnte der Name Idun = »die Erneuernde« passen, und der Vorwurf der Unkeuschheit wäre allenfalls verständlich. Die dichterische Ausschmückung zeigt bekannte Märchenmotive. Die Eingangssituation kehrt im »Gelernten Jäger« wieder. Der junge Bursche findet drei Riesen um ein gewaltiges Feuer sitzen, die einen Ochsen am Spieße braten. Der eine reißt ein Stück ab, um es in den Mund zu stecken, aber der Jäger schießt es ihm aus der Hand; so geht es ein zweites und drittes Mal. Da fordern die Riesen den Scharfschützen auf, sich zu ihnen ans Feuer zu setzen und mitzuschmausen. Wie Loki an der Stange festsitzt, so kann der Tod vom Apfelbaum oder der Teufel vom Stuhle nicht wieder loskommen, und an der goldenen Gans blieben sieben Menschen kleben: Die Prinzessin, die so ernsthaft ist, daß niemand sie zum Lachen bringen kann – man denke an die Kunneware des Parzival –, fängt bei dem wunderlichen Anblick überlaut zu lachen an; so verlangt im Fortgange der Erzählung Skadi, die Tochter des erschlagenen Thjazi, als Sühne, daß die Götter sie zum Lachen bringen sollen; Loki, der Possenreißer und Hofnarr von Asgard, bindet sich das eine Ende einer Schnur um sein Glied, das andere um den Bart einer Ziege; beide ziehen und beide schreien vor Schmerz laut auf; dann läßt sich Loki in Skadis Schoß fallen, und nun lacht diese, und damit war die Sühne beendet. Im isländischen Märchen wird der Speer, mit dem der junge König in der Wut nach einem Rindsmagen sticht, in der Weise verzaubert, daß der Speer am Rindsmagen und der König am Speer hängenbleibt und nun unbarmherzig über steinige Felder und Sümpfe geschleppt wird.

Die verjüngenden Äpfel wie das Wasser des Lebens, als Symbole der Unsterblichkeit, sind uns aus deutschen und nordischen Märchen wohlvertraut, natürlich ohne daß Idun etwas damit zu tun hat. Die Nordleute kannten am Ende der heidnischen Zeit nur die wilden Äpfel, und es ist kaum glaublich, daß deren bitterer, scharfer Geschmack die Vorstellung von der wundertätigen Kraft der Äpfel hervorgerufen habe. Genesis und Apokalypse kennen einen Apfelbaum im Lande der Glückseligkeit, der an einer leuchtenden Quelle wächst (der Baum des Lebens mit den verbotenen Früchten – scientes bonum et »malum« – ist früh als ein Apfelbaum aufgefaßt); beide erhalten das Leben in Ewigkeit, d.h. verjüngen. Von diesen Früchten des Baumes des Lebens stammen die Äpfel des Märchens. – Das andere Motiv, daß die Göttin diese Äpfel hütet und mit ihnen geraubt wird, stammt nicht aus der jüdisch-christlichen Welt, sondern aus dem griechisch-römischen Sagenschatze. Hera hat bei ihrer Vermählung goldene Äpfel (d.h. die goldgelben, duftenden Quitten) geschenkt bekommen; sie werden bei den seligen Hyperboräern von den Hesperiden, den Töchtern des Atlas, und einem Drachen bewacht. Herakles holt von hier für Eurystheus drei der kostbaren Früchte, und Athene bringt sie dann wieder nach dem Garten der Hesperiden zurück. Die Hesperiden-Äpfel wurden in Irland als Hisbernas-Äpfel bekannt. Eine irische Sage erzählt:

Drei Brüder in Habichtsgestalt haben die Äpfel Hisbernas geraubt und fliegen mit ihrer Beute fort; zwei von ihnen haben je einen Apfel, der dritte zwei; einen hält er in seinen

Klauen, einen im Schnabel. Sie werden von der Tochter eines fremden Königs in Greifengestalt verfolgt. Als die Habichte dem Greif zu entkommen drohen, sendet dieser aus Augen und Schnabel Feuer, das ihr Gefieder versengt, so daß sie die Hitze nicht länger ertragen können. Sie verwandeln sich in Schwäne und lassen sich in einem See nieder. Da gibt der Greif die Verfolgung auf, und die Habichte mit den Äpfeln Hisbernas sind gerettet.

Die Handlung der irischen Sage stimmt mit der isländischen Erzählung so auffallend überein, daß ein historischer Zusammenhang bestehen muß, auch wenn man auf die Verwandlung Lokis in einen Habicht und Thjazis in einen Adler weniger Wert zu legen braucht. Denn das Motiv von zwei einander verfolgenden Gegnern, die allerhand Tiergestalt annehmen, ist weit verbreitet; in diesem Zusammenhange sei nur an das färoische Volkslied erinnert, wo der Bauernknabe zum Schutze gegen den Riesen in eine Ähre, einen Schwan, einen Fisch verwandelt wird. So findet der Raub Iduns aus der Gewalt Thjazis durch Loki und die Bedrohung des Verfolgers mit oder durch Feuer durch die irische Sage und weiter zurück durch Herakles und die Hesperiden-Äpfel ihre Erklärung; auch der griechische Heros holt wie Loki nur gezwungen die Äpfel. Dieser Mythos ist also einer der wenigen Fälle, wo die Ansicht als überzeugend bewiesen gelten darf, daß die Nordleute durch den Verkehr mit Christen auf den britischen Inseln nicht nur jüdisch-christliche Vorstellungen, sondern auch griechisch-römische Mythen und Sagen kennenlernten.

IV DER GÖTTERDIENST

Die Stellung der Nordleute zu den Göttern entspricht etwa dem Verhältnis, in dem auf Erden der getreue Anhänger eines mächtigen Häuptlings zu seinem Herrn steht. Von der hohen christlichen Auffassung, daß die Kreatur vor dem ewigen, mächtigen Herrn aller Dinge demutsvoll in den Staub zu sinken hat, ist das nordische Heidentum weit entfernt. Durch Opfer, Gebet und Anrufen ihrer Gnade und ihres Beistandes beweisen die Menschen ihren Glauben, nehmen aber dabei an, daß die Götter eine Verpflichtung anerkennen, das empfangene Geschenk lohnend zu vergüten.

Von einer Einwirkung dieses Glaubens auf die Ethik und Moral ihrer Anbeter ist kaum die Rede. »Besser ist nicht gebetet, als zuviel geopfert: immer sieht die Gabe auf Vergeltung« heißt es mit dürren, klaren Worten im ›Havamal‹.

Und doch hat sich ein vielfältiges kultisches Leben mit Opfergang, Gebet und Gottesdienst zu den verschiedensten Anlässen herausgebildet.

Zu berichten ist im folgenden von den Gepflogenheiten des Gebets, von der uns Heutigen nur schwer begreiflich erscheinenden Prozession des Menschenopfers sowie den im Verlaufe des Jahres im Wirtschaftsverbande zu Ehren der Götter begangenen Feste.

Der Bittsteller, der vor seinem Häuptling auf die Knie fällt, ihm ein Geschenk zu Füßen legt und dann seine demütige Bitte vorträgt, gewährt ein klares Bild von der anthropomorphischen Gestaltung des Opfers wie des Gebets. Das Gebet ist eine Bitte, die man an die Gottheit wie an einen Menschen richtet, und das Opfer ist ein Geschenk, das man der Gottheit darbringt, wie wenn sie ein Mensch wäre.

Das altnordische Wort für »beten« bedeutet »durch Bitten überreden«; altnordisch bón meint ursprünglich »Zaubersprüche hersagen«, weist also auf den Ursprung des Gebetes aus dem Seelenglauben zurück. Das Opfer ist naturgemäß vom Gebet begleitet und für wiederkehrende heilige Handlungen bestimmt formuliert: es feiert die Taten, Macht und Herrlichkeit des jedesmal verehrten Gottes, ladet ihn zum Feste ein und befiehlt ihm die Wünsche des Opferers. Daneben gab es auch freie Gebete, wie sie die Not oder der Wunsch des Augenblickes eingab, ohne Opfer. »Heil euch, Asen! Euch Asinnen, Heil! seht auf uns mit segnenden Augen und gebt uns Sieg!« ruft die erwachte Brynhild. Das ausführlichere Gebet des Jarls Hakon lautet:

»Hierher, o Thorgerd, wende deine Ohren, die offenen, und blicke auf den, der dir so viele Opfer darbrachte, der so viele nie vergebliche Bitten an dich tat, der dich allen andern Göttern immer vorzog, den du schon so oft aus drohendem Unglücke – und je größer es war, desto lieber – rettetest, auf diesen Mann blicke nun mit freundlichen Augen, laß ihn seinen Wunsch erreichen und hilf ihm in der äußersten Not durch Gewährung des Sieges an die Unsern. Du, die du alles, was ob der Erde lebt, und was darunter ist, unter deinem ewigen Befehle hältst, die Winde erregst und wieder beruhigst, Stürme, Hagel, ungeheure Regengüsse sendest, zeige nun deine Gewalt, damit alle deine Herrschaft erkennen und fürchten. Für überglücklich, und mit Recht, gelten die, die du so hervorragender und hoher Gaben für wert hältst, und denen du deine Gunst schenkst, und für die Unglücklichsten gelten jene, von denen du dich abkehrst. Denn die fürchterlichsten Strafen erkennst du ihnen zu, die deinen Zorn erregen. Und wenn du meine Bitten nicht erfüllst und dich mir ungnädig erweist, muß ich verzweifelnd glauben, daß du mir zürnst, ohne daß ich weiß, warum. Komm also meiner Torheit mit deiner trefflichen Weisheit zuvor und beglücke den, der dich in Demut immer ehrte und deinen Befehlen immer gewissenhaft folgte, mit dem Siege! Darum bitte ich dich.«

Bei diesem Gebete hatte sich Hakon auf beide Knie niedergeworfen, sich nach Norden gewandt und die Formeln gebraucht, wie sie ihm am schönsten schienen. Das Verbum duga »taugen« wird für die Hilfe gebraucht, um die man die Götter angeht. Als Hakon Jarl die Thorgerd für Sigmund günstig stimmen will, warf er sich vor ihrem Bilde nieder und blieb da lange Zeit liegen. Man hielt auch beim Beten die Hände vor die Augen, gleichsam vom Glanze der Gottheit geblendet, oder man richtete umgekehrt den Blick gen Himmel, sie dort aufzusuchen: Thorhall wirft sich, als auf einer Entdeckungsreise nach Nordamerika schwerer Notstand eintritt, zu Boden, schaut in die Luft hinauf, sperrt Mund und Nase auf und murmelt ein Gebet an seinen Beschützer Thor – während der Christgott die Seinen verläßt, schickt ihm der rotbärtige Donnerer einen mächtigen Wal.

Menschenopfer galten unter den öffentlichen Opfern als die feierlichsten. Sie werden als blutige Huldigungsopfer nicht nur den hohen Göttern, wie Tius, Frey, Odin, Thor, Thorgerd dargebracht, wenn es sich um das Schicksal eines ganzen Gemeinwesens handelte, sondern in alter Zeit auch den niedern Naturgottheiten, besonders den Wassergottheiten. In die älteste Zeit reichen auch die Bauopfer zurück. Überall finden wir den Glauben, daß ein Bau Festigkeit durch ein Bauopfer, besonders durch ein Menschenopfer erlangt. Durch Einmauern von lebendigen Tieren und Menschen wollte man das Einstürzen oder die anderweitige Zerstörung von Bauwerken verhindern. Offenbar handelt es sich, ursprünglich wenigstens, nicht darum, ein überirdisches Wesen durch den Genuß von Menschenfleisch und Menschenblut zu erfreuen, sondern darum, dem Bau Festigkeit zu verleihen, indem man eine menschliche Seele hineinbannte. Es ist also eigentlich ein mit der Tötung eines Menschen getriebener Zauber, aber nicht ein Menschenopfer im eigentlichen Sinne – aber der Zauber hat im Laufe der Zeit die Formen eines Opfers angenommen.

Nicht nur die Gesamtheit brachte im Norden Menschenopfer dar, sondern in ungewöhnlichen Fällen auch der einzelne. Der Isländer Hallstein opferte seinen Sohn, auf daß ein Baumstamm herangeschwemmt werde.

Das gewöhnlichste Menschenopfer ist ein Sühneopfer, und eine Abart davon ist das Strafopfer; ein rechtskräftig verurteilter Verbrecher wird der Gottheit dargebracht, weil er sich gegen die Gemeinschaft des Stammes und ihre Schutzgeister oder Schutzgötter vergangen hat. So entstand die Auffassung, daß der Tod des Verbrechers den Zorn der Unsterblichen besänftige; jede Hinrichtung war also ein Opfer. Bei den Germanen trafen auf die großen Feste auch die großen Gerichte und Volksversammlungen, und wer altes Recht verbrochen, gegen die Natur und allgemein anerkannte sittliche Grundsätze, wie Heiligkeit der Person und des Eigentums gefrevelt hatte, fiel den Göttern zur Sühne. Auf Island opferte man die Verbrecher dem Thor, indem man sie von einem Felsen ins Wasser stürzte. Da jeder Kampf ein Gottesgericht ist, das den Unterliegenden verurteilt, trat zu der Opferung von Verbrechern auch die von Kriegsgefangenen.

Vor allem fielen Menschenopfer von der Gemeinde oder dem Staate in außerordentlichen Lagen, wenn man sich besonders vom Zorne der Götter betroffen oder verfolgt glaubte, bei Hungersnot, Mißwachs, Seuche, nachdem die mit dem Notfeuer verbundenen Sühnopfer nicht genützt hatten. Dann griff man zu Knechten, Kindern und Jungfrauen, und stieg die Not am höchsten, so schonte man selbst die geheiligte Person des Königs nicht. Bei den großen Landessühnopfern zu Hleidr und Uppsala, die nur alle neun Jahre gefeiert wurden, fielen 99 und neun Menschen – wohl eine Massenhinrichtung von Verbrechern und Landesfeinden, die allerdings unter Beobachtung eines feierlichen Opferritus stattfand.

Zahlreiche Volkssagen erzählen, daß eine Gegend durch ein schreckliches Unwetter so lange verheert wurde, bis eine bestimmte Person dem Tode preisgegeben wurde. Meist gehört die Person, die vom Himmel als Opfer verlangt wird, den höheren Ständen an. Besondere Wirkung schrieb man auch dem Kinderopfer zu; denn die erzürnte Gottheit konnte am besten durch die Darbringung eines völlig reinen Geschöpfes versöhnt werden.

In Jütland war eine Hungersnot ausgebrochen, die das Land zu entvölkern drohte. Lose wurden geworfen, und die Wahrsager erklärten, nicht früher werde wieder Fruchtbarkeit herrschen, bevor der edelste Jüngling geopfert wäre. Heidrek sagte, daß König Haralds Sohn Halfdan der vornehmste sei, König Harald aber bezeichnete den Sohn seines Schwiegersohnes Heidrek Anganty als den vornehmsten. Auf den Rat seines Vaters, der als der beste Richter weit und breit galt, teilte Heidrek in einer Volksversammlung mit, daß sein Sohn Anganty der edelste im Lande und zum Opfer auserkoren wäre. Er wolle ihn jedoch nur unter der Bedingung zum Opfer hergeben, wenn ihm jeder zweite Mann Haralds Treue und Gefolgschaft schwöre. Das geschah sofort, und nun rief Heidrek aus: »Angenehmer wird es Odin sein, wenn ich ihm statt des Knaben den König Harald und seinen Sohn und all sein Volk weihe!« – Die Feldzeichen werden aufgebunden, die Kriegshörner erschallen, und die beiden Haufen stürzen gegeneinander. Der Kampf ist hart. Heidreks herrliches Schwert Tyrfing gewinnt den Sieg, Harald und sein Sohn fallen. Da läßt Heidrek die Altäre mit dem Blute Haralds und Halfdans besprengen und weiht alle Gefallenen dem Odin, auf daß bessere Ernte komme. So ward Heidrek der Mörder seiner Schwäger, und es war dies das zweite mit dem Schwerte Tyrfing nach der Voraussage des Zwerges vollbrachte Neidingswerk. Als seine Frau den Tod ihres Vaters erfuhr, hängte sie sich auf. Die Sage ist darum bedeutsam, daß eine Opferschlacht dargestellt ist. Bei dem Rate von Heidreks Vater scheint wie bei Wikars Opferung durch Starkad eine Art Opferlist mit im Spiele gewesen zu sein: die ganze königliche Familie wird vernichtet und fällt Odin zum Sühnopfer. Vor der Schlacht gelobt Heidrek, den König und sein Heer dem Kriegsgotte zu opfern, nach der Schlacht folgt dem Gelübde die Ausführung.

Auch die Aufopferung der Greise und die Aussetzung der Kinder bei einer Hungersnot scheint eine gottesdienstliche Handlung gewesen zu sein. Als auf Island 975 oder 976 ein strenger Winter herrschte, beschloß die Bevölkerung, zur Besserung des Wetters Gelübde zu tun. Der Tempelgode aber verlangte, daß man Gaben für den Tempel, die Aussetzung der Kinder und die Tötung der alten Leute geloben sollte. Auch die Verbannung eines Teiles des Volkes bei Mißwachs und Unfruchtbarkeit wird im Auftrage der Gottheit geschehen sein: der Gott, dem diese Schar geweiht war, nahm sich des Weihefrühlings, des »Ver sacrum« an und führte sie zum Ziele. Dieser Brauch ist eine entschiedene Milderung gegenüber der Sitte, bei Hungersnot die Greise und erwerbsunfähigen Menschen zu töten oder verhungern zu lassen. Es ist aber ein schöner Zug des nordischen Heidentums, daß sich bereits einzelne Männer gegen diesen grausamen Brauch auflehnten und sich von innen heraus zu einer geläuterten Gottesverehrung erhoben.

Die Art und Weise, wie die Menschenopfer dargebracht wurden, war verschieden. Bei König Wikars Opferung sind Blut- und Hangopfer vereint. Prokop erzählt, daß die zu Opfern verwendeten Menschen nicht mit dem Messer geschlachtet, sondern aufgehängt oder sonst qualvoll getötet wurden. Auch in Hleidr und Uppsala hingen die Leiber an Bäumen. Der Altarstein des Thor auf Island, auf dem den geopferten Menschen das Rückgrat gebrochen wurde, trug deutliche Blutspuren. Das Genickbrechen am Opfersteine ist vielleicht nur eine verblaßte Erinnerung für das Herabstürzen von Bergen oder Felsen. Über das Schneiden des Blutaars, das Zerschmettern des Hauptes, die Rollenrötung wird später gehandelt werden. Olaf Tretlgja wird verbrannt. Zuweilen wurden die Opfer lebendig in einen Sumpf versenkt, der darum »Opfersumpf« hieß, oder Verbrecher wurden im Bereiche der Flut begraben, da wo die See sich berührt mit dem grünen Wasen.

Aufs engste verknüpft mit der Zeitteilung eines Volkes sind die religiösen Feste, die es feiert. Da die Götter die ins Große gefaßten Verkörperungen der Erscheinungen des Naturlebens sind, war der Gottesdienst der Germanen im wesentlichen ein Naturdienst; durch den Wechsel des Jahres zogen sich die Naturfeste. So fiel das natürliche Jahr mit dem religiösen zusammen, und der bürgerliche Kalender war zugleich der gottesdienstliche. In ältester Zeit unterschied man nur Winter und Sommer; der Winter ward vorangestellt, wie die Nacht dem Tage, nach der uralten allgemeinen Ansicht, daß aus dem Dunkel und der Kälte das Licht und die zeugende Wärme geboren würden. Man zählt also nach Nächten und nach Wintern. Winter und Sommer zerfielen durch die Sonnenwenden im Mittwinter und im Hochsommer in zwei gleiche Hälften: dort ist der längste Tag, hier die längste Nacht, dort beginnt die Abnahme, hier die Zunahme der Tage. Die Wende im Winter erhielt ihre Bedeutung namentlich dadurch, daß von hier das Aufwachen des erstorbenen Naturlebens beginnt: zu dieser Zeit brachten die Nordgermanen die großen Opfer für die Fruchtbarkeit dar. Winter- und Sommeranfang lagen an den Tag- und Nachtgleichen. Das germanische Jahr begann also Ende September oder Anfang Oktober, und der Sommer hub Ende März oder Anfang April an. Diese vier Festzeiten beruhen demnach auf der Beobachtung der Solstitien und Äquinoktien.

Statt dieser Vierteilung des Jahres wird vielfach eine Dreiteilung angenommen: im Norden habe die Winterjahreszeit am 11. Oktober begonnen, der Beginn des Frühsommers am 10. Februar, wenn die Tage sichtlich zunehmen, das dritte Fest fiel auf den 9. Juni; erst 940 habe König HAKON DER GUTE das Frühlingsfest vom 10. Februar auf den Tag des Jesusgeburtsfestes verlegt. Zur Begründung der Annahme einer ursprünglichen Dreiteilung zieht man folgende Angaben heran: Es war Sitte, ein Opfer darzubringen gegen den Wintersanfang für ein gutes Jahr; Mitte Winters ein zweites zur Erzielung von Fruchtbarkeit; ein drittes mit Sommerbeginn, das war das Opferfest zum Zwecke des Sieges. Die Drontheimer Bauern hielten um Wintersanfang stark besuchte Gastmähler und große Trinkgelage zur Besserung des Jahrgangs, zu Mittwinter opferten sie für den Frieden und guten Verlauf des Winters: ihre Sitte war, ein Opfer im Herbst zu haben, um den Winter zu begrüßen, ein anderes zu Mittwinter, ein drittes am Sommersanfange, da begrüßen sie den Sommer. Der vornehme Norweger SIGURD hatte die Gewohnheit, drei Opferfeste jedes Jahr zu halten, eins bei Wintersanfang, das zweite um Mittwinter, das dritte gegen den Sommerbeginn; nachdem aber das Christentum allmählich üblich geworden war, behielt er die alte Gewohnheit wegen der Gastmähler: da hatte er im Herbste ein Freundesmahl, ein Julgelage im Winter, ein drittes Mahl hielt er auf Ostern.

Von einer heidnischen Feier des Festes der Sommersonnenwende ist also nichts ausdrücklich überliefert, und man erklärt die scheinbare Festlosigkeit des Sommers damit, daß der Nordmann um diese Zeit mit dem Felde und der Weide genug zu tun hatte oder daß die Männer dann auf dem Meere umherschweiften. Das letztere mag für die Wikingerzeit passen. Aber der Sonnenwendtag, die hochheilige Zeit der blühenden und reifenden Natur, ist im Johannistage erhalten: die Feuer deuten noch auf die alte Heiligkeit des Tages, am Johannistage haben die Wassergeister besondere schädliche Macht und verlangen ein Menschenopfer, an ihm sind die Quellen besonders heilkräftig, darum finden an ihm die Brunnenwallfahrten statt. Die Unsicherheit wird vollends dadurch gesteigert, daß von vielen Forschern dem Julfeste jeder Zusammenhang mit der Wintersonnenwende abgesprochen wird.

PROCOP erzählt von den nördlichsten Bewohnern der skandinavischen Halbinsel, daß sie, nachdem sie 35 Tage ohne Sonnenlicht gewesen waren, Boten auf die höchsten Spitzen der Berge schickten, um auszuschauen, ob die Sonne nicht bald wiederkäme. Ward dann gemeldet, daß nach fünf Tagen das neue Licht die Tiefen der Täler erhellen werde, wurde unermeßlicher Jubel erhoben, alles feierte das Fest der frohen Botschaft: das war das größte Fest der Thuliten. Den Göttern und höheren Mächten der Luft, des Himmels, der Erde schlachteten sie unaufhörlich Opfer; denn sie fürchteten, daß ihnen einmal die Sonne ganz ausbleiben würde. Das Fest der Nerthus, wie der entsprechende Umzug des Frey in Schweden, fand im Frühjahre statt, das große Opferfest in Hleidr auf Seeland war schon im Januar, die Festfeier von Uppsala aber um die Frühlingsnachtgleiche oder im Februar: da wurde geopfert um Jahr und Frieden und um den König. Im Frühjahre mit Sommersbeginn wurde ein großes Opferfest veranstaltet »dem Sommer entgegen«. Das Frühlingsfest der Gemeinde läßt sich ungefähr noch aus den heutigen nordischen Frühlingsgebräuchen erkennen:

Es wurde schwerlich vor dem ersten Mai gefeiert. Denn erst dann verkündeten Luft und Keime, daß der Sommer nahte. Aber je nach der Lage, näher der Ostsee oder dem Nordkap, wurde das Fest auch verschoben. Wenn in Dänemark der Kuckuck sich bereits hatte hören lassen und die Buchen ihre grünen Blätter zeigten, war der Siljansee in Dalarne noch eisbedeckt, und um Drontheim lag noch Schnee und Eis. Das dänische Frühlingsfest am ersten Mai leuchtete weiter bis Pfingsten hinein und glitt selbst in das Mittsommerfest über. Am Abend vorher wurden Höhenfeuer angezündet, Walburgisfeuer: man glaubte, daß sie verscheuchend auf alle bösen Geister wirkten, die in dieser Nacht ihr Unwesen trieben, und besonders auf die Hexen, deren Festzeit diese Nacht war. Diese Feuer, wie alle andern, die an hohen Festen gen Himmel brannten, durften nicht mit gewöhnlichen, sondern mußten mit »wildem« Feuer angezündet werden. Ein solches ließ sich nur auf die uralte Weise schaffen, die im Gebrauche gewesen war, bevor man das Eisen kennenlernte, nämlich durch Reibung zweier Hölzer gegeneinander.

Dieses Feuer wurde in allen germanischen Ländern mit einem verwandten Namen bezeichnet, dessen Bedeutung am klarsten aus dem Schwedischen erhellt: gnideld = Reibefeuer (dänisch/norwegisch nodild, deutsch Notfeuer; althochdeutsch niuwan, nûan reiben). Diese Notfeuer mögen einstmals nur gelodert haben, um die Luft zu reinigen und dadurch die Krankheiten zu vertreiben, also bei Seuchen. Im Laufe der Zeit aber zündete der für das Wohl seiner Herde besorgte Landmann sie jährlich an, um von vornherein den Viehseuchen vorzubeugen, und schließlich flammten sie bei allen großen Festen der Gemeinde zu Ehren der großen Götter auf.

Von allen Bergen und Hügeln leuchten noch heute im Norden die Walburgisfeuer, und die Jugend schlingt um sie einen oft zweifachen, dreifachen Ring zu fröhlichem Reigentanze und opfert die ersten Frühlingsblumen. Schlagen Flammen und Rauch nach Norden, so erwartet man in Schweden einen kalten, ziehen sie nach Süden, einen warmen Frühling. In Dalarne ist es noch heute Sitte, durch das Walburgisfeuer zu springen, zu dem Äste von neun verschiedenen Bäumen oder Sträuchern genommen sind. In Norwegen heilte man Herden, die von einem wütenden Wolfe gebissen waren, um die Verpflanzung der Seuche auf die übrigen Schafe zu verhindern, mit Hilfe des Notfeuers in der Weise, daß man zwei bis drei Scheiterhaufen anzündete und die Schafe mitten durchtrieb, so daß der Rauch um sie aufschlug. Dann mußten 9 x 9 Verheiratete, immer neun auf einmal, zwei Balken aneinanderreiben, und mit dem so erzeugten Feuer wurde wieder das erste Herdfeuer in Brand gesteckt. Noch heute werden Weissagungen über kommende Witterung und Ernte, über Liebe und Tod bei den heiligen Feuern angestellt. In Telemarken verbrennt man neun verschiedene Arten von Holz, um den Schornstein Ostern von den Hexen zu säubern; dann beobachtet man, wohin der Rauch treibt: geschieht es in der Richtung des Weges zur Kirche, so stirbt bald jemand im Hause.

Während die Gemeinde zu den Frühlingsfeuern hinströmte, war es in den Wohnungen eigentümlich unheimlich, nur die allernotwendigsten Personen blieben zurück. Draußen bei den Feuern aber herrschte Leben und Lustigkeit. Doch blieben nicht alle beisammen. Die jungen Burschen und Mädchen zogen in den Wald, um Blumen zu pflücken und grüne Zweige abzubrechen, mit denen in der Frühe des nächsten Morgens die Wohnungen »gemait« werden sollten. Zuweilen auch grub man in der Walburgisnacht zugleich den Maibaum aus, oder man schmückte ihn, so daß er am Morgen schon fertig dastand.

Das Maifest bestand in Dänemark vor allem darin, »den Sommer in die Stadt zu führen«. In Schweden dagegen war der Kampf des Sommers mit dem Winter, der anderwärts im

Fasching stattfindet, auf den 1. Mai verlegt. Junge Gesellen teilen sich in zwei Scharen, die eine unter der Führung des mit Pelzen und gefütterten Kleidern angetanen Winters, die andere unter dem »Blumengrafen«, der mit grünem Gezweige, Laub und Blumen geschmückt ist; dann wird ein regelrechtes Treffen geliefert und der Winter vom Sommer zu Boden gerannt. Das winterliche Gefolge wirft mit Asche und Funken um sich, das sommerliche wehrt sich mit Birkenmaien und ausgeschlagenen Lindenruten; endlich wird dem Sommer von dem umstehenden Volke der Sieg zugesprochen. Auch der Maibaum spielt in Schweden erst Johanni eine Rolle, verdient also eher den Namen Mittsommerbaum. Altschwedische, norwegische und dänische Chroniken, Stadtordnungen und Urkunden gedenken öfters der Maispiele.

Bereits am frühen Morgen wählte sich die waffenfähige, berittene Jugend draußen im Walde den Maigrafen, oder auch zwei; in Lund z.B., Bergen und Kopenhagen zwei, in Malmö einen. Als Zeichen seiner Würde erhielt der Maigraf einen Kranz, darauf wählte er sich eine Maigräfin und die übrigen Teilnehmer des Zuges jeder eine Maibraut: den Maibräuten wurden kleine Blumenkränze überreicht, und mit solchen war der ganze Zug versehen; die Weiber hatten sie in der Nacht vorher geflochten. Sodann gab der Maigraf den Befehl, sich zum Heimritte fertig zu machen. Nun ging es über den Wald her, alle brachen sich blühende Zweige von den Bäumen und trugen sie in den Händen. Unter Gesang und Jubel sowie Musik von Pfeifen und Trommeln wurde der Einzug gehalten: es schien, wie wenn der grünende Wald selbst nach der Stadt wanderte. Dieser Heimzug bildete den Mittelpunkt des Festes und hieß »den Sommer in die Stadt reiten« oder »führen«, »den Mai in die Stadt tragen«, »den grünen Mai einführen«. Noch älter ist der Brauch, einen Baum, den Maibaum, mit seinen Wurzeln auszureißen und mit nach Hause zu bringen. Dort wurde er aufgerichtet, und alles tanzte singend um ihn herum. In Dalarna, wo die Hochzeiten gern im Sommer geschlossen werden, laufen die jungen Burschen in der ersten Hochzeitsnacht in den Wald hinaus, fällen den höchsten Laubbaum und schaffen ihn nach dem Festhause: hier bereiten sie sich aus dem Stroh der Stube Sitze in dessen Ästen und trinken und lärmen um ihn herum. Heute ist der Maibaum meist ein glatter, von der Rinde befreiter, mit zwei bis drei vom Wipfel herabhängenden großen Ringen und von oben bis unten mit Blumenketten und Schmuck besetzter Stamm. Von Stockholm bis Gellivara in der Lappmark sieht man überall vom 25. Juni an solche Maistangen sich erheben, und wem es beschieden gewesen ist, das Mittsommerfest auf der Schanze zu Stockholm oder am Siljansee mitzufeiern, mit seinen lodernden Flammen, den altertümlichen Gesängen und Tänzen und Volksbelustigungen, der seltsamen Begleitung der Schlüsselharfe, der wird sich dann um mehr als ein Jahrtausend zurückversetzt wähnen: in den Hauptzügen wurde von den heidnischen Vorfahren der Nordleute das Frühlings- und Sommerfest ebenso gefeiert. Noch heute, wie vor vielen, vielen Jahren versammelt sich in Dänemark und Schweden die Jugend um den Maibaum zu Spiel und Tanz. In Bergen wurde 1594 ein Mann bestraft, der zur Nachtzeit den Maibaum niedergerissen hatte, der am Strande aufgestellt war. – Sobald der Zug in die Stadt oder in das Dorf eingerückt war, gab es Jubel und Freude. Diese Lustbarkeit währte bis spät in die Nacht hinein; Tanz, Gesang, ein großer »Maigrafenschmaus« und ein tüchtiges Gelage bildeten den Abschluß. Noch 1586 mußte der Maigraf in Lund mit seinen Brüdern fünf Tonnen Bier auslegen, aber er bekam das Maigrafenbier auf sein Begehren akzisefrei von Rechts wegen.

Der Einzug in Waffen ist eine Erinnerung an die Zeit, wo die gesamte waffenfähige Mannschaft bei der Ankunft des Frühlings zusammenkam, um die während des Winters nicht geübten Fertigkeiten bei Kampfspielen zu erneuern und die

Kriegszüge des Sommers zu beschließen. In Uppsala dauerte unter dem Namen Disenthing »Fest der Göttinnen« ein großer Frühjahrsmarkt fort, der ursprünglich aus dem Frühlingsopferfeste entstanden war. Im Sommer fand nach alter Überlieferung das dritte Opferfest statt, das Siegsopfer. Der Kern aber aller dieser Frühlingsbräuche ist die Vertreibung der letzten Nachzügler des Winters und der Einzug der Frühjahrs- und Sommergottheiten, wie beim Nerthusfeste auf Seeland und beim Umzuge Freys in Schweden.

Die Sonne ist auf die höchste Stelle gekommen, von wo sie sich langsam zum Abstiege wendet. Der längste Tag glänzt über die Erde, aber stechende, tödliche Hitze brütet über der Erde; Hochgewitter und Hagelschauer drohen Feld und Wiesen zu verderben, Seuchen das Vieh zu vernichten. Nach dänischem Aberglauben kommen in der Johannisnacht alle Giftkräuter aus der Erde hervor, und die bösen Dämonen haben in dieser Nacht besondere Kraft. Wenn man in der Johannisnacht auf einem Kreuzwege mit neunerlei Laubholz ein Feuer anzündet, so kann man die Hexen sehen, die sich in jener Nacht dort versammeln und durch das Feuer sichtbar werden. Man schießt auch, um die Unterirdischen von Stellen zu vertreiben, wo man von ihnen Böses befürchtet, vor allem über die Viehställe. Die einzelnen Gebräuche am Mittsommertage waren in der Hauptsache dieselben wie beim Frühlingsfeste: Umzüge, Opfer, Feuer, Spiele, Schmaus und Gelage. Zumal das Wasser hat am Feste Johannis des Täufers ganz besondere Kräfte. Dann wurden in Norwegen die heiligen Quellen vorzüglich besucht, weil sie am kräftigsten waren; dann fanden die Brunnenfahrten der Gemeinde statt, um von den über das Wasser waltenden Gottheiten Fruchtbarkeit für die bevorstehende Ernte zu erhalten. Schweigend begab man sich zum heiligen, bekränzten Quell, schöpfte schweigend von seinem wundertätigen Naß, opferte Blumen, Geld und selbst blutige Opfer oder ließ ein Kleidungsstück oder wenigstens einen Lappen an der Quelle zurück. König KNUT LAMBERT verbietet seinen dänischen und angelsächsischen Untertanen, mit Opfern und Fackeln Heidentum zu treiben an Flüssen und Wasserquellen; vermutlich wurden Lichter an den Quellen angezündet, die zu Orakeln dienten. Zum Schluß nahm jeder von den Teilnehmern, nachdem er den Born dreimal umschritten, etwas von dem durch das Opfer und die Heiligkeit des Tages geweihten Quellwasser mit nach Hause, wo es als Heiligtum mannigfache Verwendung fand. Auch manche sehnsüchtige, unter bedeutungsvollem Gebrauche getane Frage nach der künftigen Ehehälfte vernahm die geheimnisvolle Johannisnacht. In Schweden ist der Sommersonnwendtag heute das volkstümlichste Fest; kein anderer Tag haftet so tief im Herzen des Volkes; selbst im Auslande wohnende Schweden kehrten dazu, wenn irgend möglich, in die Heimat zurück.

Das große Herbstopfer wurde in Dänemark und Bornholm im Oktober oder November dargebracht, in Schweden und Norwegen im Oktober; denn diese Monate heißen schwedisch slagtmånad, Blótmônad, altnordisch Gormánadr (gur »Inhalt der beim Schlachten ausgeweideten Gedärme« = Schlachtmonat). Zur richtigen Begehung des Erntedankfestes der Gemeinde war also vor allem das Schlachten von Vieh erforderlich, d.h. der Schwerpunkt bei der Feier wurde auf die Darbringung von blutigen Opfern gelegt. Das Gemeindeerntedankopfer wurde natürlich je nach den klimatischen Verhältnissen und dem höheren oder niederen Stande der Landwirtschaft hier früher, dort später begangen; in Süddeutschland und Niedersachsen wurde das Fest gegen Ende September oder Anfang Oktober, bei den Angelsachsen im Oktober gefeiert. Noch heute gilt dem nordischen Bauer der 14. Oktober als Anfangstag des Winters. Dieses »Herbstopfer« oder »Opfer zu Wintersanfang« geschah zu Ehren der Gottheiten, die über den Himmel, die Erde und das Wetter walten.

Das Wintersonnenwendeopfer oder Julfest war ein Bittopfer an die chthonischen Mächte um Fruchtbarkeit. Nicht nur der Ackerbauer, sondern in gleichem Maße auch der Hirt, also das ganze Volk, waren bei ihm interessiert. Darum war es ein großes, wichtiges Opferfest: neben dem Danke für die alten Gaben wurden die Götter um Gedeihen des neuen Jahres gebeten. Das Mittwinteropfer wird ausdrücklich als das größte Opfer der Drontheimer bezeichnet; es ist von Menschenopfern die Rede, die dabei für Fruchtbarkeit und Frieden gebracht wurden, oder es wurde geopfert für Frieden und guten Verlauf des Winters. König Halfdan der Alte veranstaltete zu Mittwinter ein großes Opfer, daß er 300 Jahre leben möchte. Zu dieser höchsten und heiligsten Zeit scharte man sich zusammen, um die Lust gemeinsam zu genießen; da fuhren die Männer auf allen Straßen, und an den Küsten segelten die Schiffe nordwärts und südwärts dorthin, wo die Zusammenkünfte gesetzt waren. Die Bonden entboten ihre Freunde und Gemeindegenossen zu mehrtägigen Trinkgelagen; Bekannte wechselten mit der Einladung untereinander ab; das eine Jahr waren sie die Gäste, das andere Wirte. Ein Hauptzeichen des traurigen Lebens auf Grönland war, daß die nordgermanischen Ansiedler höchst selten einen Jultrunk halten konnten; setzte einmal ein Wirt die Möglichkeit eines Gastgebotes durch, so erntete er den höchsten Ruhm.

Fruchtbarkeit oder Unfruchtbarkeit des Jahres, seine Witterung, Ausfall der Ernte, Glück oder Unglück im Erwerb und Handel, bei den unverheirateten Mädchen selbstverständlich die Aussicht auf Verheiratung, Stand und Aussehen des künftigen Freiers bilden den unerschöpflichen Gegenstand der Fragen, die in dieser Nacht noch heute durch alle möglichen Veranstaltungen an die Zukunft gerichtet werden. Vom Beginn des Julfastens an zogen Jünglinge in Tierhäute gehüllt und mit geschwärzten Gesichtern überall durch Norwegen. Weihnachten und Neujahr galten als die Ziehtage der Alfen, die dann ihren Wohnsitz wechselten und im Sturme durch die Lüfte zogen. Gewöhnlich aber setzte man ihnen einen gedeckten Tisch mit Speise hin und brachte ihnen ein Opfer oder Engelbier dar.

In jedem Winkel des Hauses brannte Licht, alles war gereinigt und gekehrt, die Türen standen offen für etwa einkehrende Elfen, die Speise ward nicht vom Tische genommen, und ein Krug Bier durfte nicht fehlen. OLAF DER HEILIGE schickte den Dichter SIGHWAT zu Beginn des Winters nach Gotland. Die Erlebnisse dieser beschwerlichen Reise beschreibt der Skald in seinen Liedern. Er kam eines Abends an ein Gehöft; da stand die Hausfrau in der Tür und bat ihn, nicht hereinzukommen, denn sie feierten das Elbenopfer »heidnisch sind wir und fürchten Odins Unfreundschaft – so jagte das Weib mich vom Hofe, wie wenn ich ein Wolf gewesen wäre«. Die Elfen sind die Seelen der Verstorbenen; der Glaube an den Geisterspuk zur Weihnachtszeit ist eine Folge der in dieser Zeit stattfindenden Geisteraustreibungen. Darum sind auch die Weihnachtsmasken, die, Geschenke bringend oder Gaben einsammelnd, umherziehen, überall mit irgendeinem lärmenden Instrumente versehen. Das Hinausjagen der bösen Dämonen ist auch der ursprüngliche Sinn des Anklopfens, des in Dänemark und Schweden üblichen »Julklapps«. In allerhand Masken und Verkleidungen begibt man sich am Christabend zu den Häusern der Bekannten, die man mit einer Christbescherung überraschen will, und sucht das möglichst unkenntlich gemachte Geschenk in die Wohnung des Empfängers hineinzubringen, indem man zugleich laut an die Tür anpocht oder »Julklapp« ruft und sich dann rasch aus dem Staube macht.

Am Christabend wird ein mächtiges Holzscheit, Julblock, unter feierlichen Gebräuchen in Brand gesetzt, und es wird ängstlich aufgepaßt, daß er nicht vor der Zeit verlösche; denn das wäre für das Glück des Hauses ein unheilverkündendes Vorzeichen. Der Julblock, der nur angekohlt und im Felde ausgetan wird, soll die mit Mittwinter beginnende, langsam Blätter, Blüten und Früchte hervortreibende Sonnenkraft nachbilden; er ist das auf das Hausinnere beschränkte Sonnenwendfeuer. Der Festblock hat das Festfeuer gänzlich verdrängt. Die um Weihnacht herrschende Kälte und der tiefe Schneefall nötigten, das Fest von dem freien Felde in das Wohnhaus zu verlegen, und so finden wir in Schweden, wo das Abhalten eines nächtlichen Opferschmauses mit Opferfeuern im Freien unmöglich sein würde, das Julfeuer stets in der Mitte des Hauses entzündet. Sobald der Holzstoß unter Beobachtung uralter Gebräuche in Brand gesetzt war, ergriff ein jeder von den Teilnehmern ein brennendes Scheit, entzündete eine Strohfackel, und der Fackellauf über die Felder begann, um die dem Wachstume schädlichen Dämonen und Hexen zu vertreiben und das Ackerland der Segnungen des heiligen Feuers teilhaftig zu machen.

Es war für den Norweger religiöse Pflicht, Weihnachten mit einem Bierfeste zu begehen. Bei besonders vornehmen Personen trat an die Stelle des »gemeinsamen Bieres« eine große Gasterei. Diese Feiern zu Ehren Christi und der Jungfrau Maria für »gutes Jahr und Frieden« haben zweifellos ursprünglich heidnischen Göttern gegolten. Die Christen feierten am Julfeste die Herabkunft Jesu Christi, die Heiden aber hielten ihre Zusammenkünfte Odin zur Ehre und zum Ruhme. Häufig werden Julgeschenke erwähnt, teils solche, die fürstliche Personen einander zuschicken, besonders aber solche, womit die Fürsten die Dienste ihrer Gefolgsmänner belohnen; aber auch Befreundete beschenken sich. HAKON JARL versammelt immer um Jul seine Vasallen um sich und nimmt am Jul neue Gefolgsleute in seinen Dienst. Auch festliche Spiele fanden statt.

Das Julfest traf ungefähr, aber nicht genau, mit dem christlichen Weihnachtsfeste zusammen. Als HAKON DER GUTE den Thron Norwegens bestieg, erließ er die gesetzliche Bestimmung, das Julfest solle fortan zu derselben Zeit gefeiert werden, in der die Christen es hielten, und jeder norwegische Familienvater solle auf das Fest 40 Kannen Bier brauen, und das Fest sollte solange dauern, wie dieser Biervorrat vorhielte. Vorher war das Fest in der Mittwinternacht begonnen worden und hatte drei Tage lang gedauert. Beruht nun wirklich die nordische Tradition von einem heidnischen Julfest auf einer unberechtigten Zurückversetzung eines christlichen Brauches in heidnische Vorzeit? Man hat zwar bewiesen, daß die nordischen Weihnachtsbräuche (z. B. Geschenke, Neujahrszauber und Weihnachtsheiltum, Weissagen, Lichter und Baumgrün, Maskenumzüge, Geisterspuk und Geisteraustreibung) nicht urnordisch-heidnisch, sondern vom Christentum entlehnt sind: Hakon der Gute, der in England als Christ auferzogen wurde, kann verschiedene der Julbräuche mit nach Norwegen gebracht haben. Aber nicht nur ist Jul ein gemeingermanisches Wort, sondern es muß auch ein heidnisches Mittwinterfest gewesen sein. Darüber belehren uns die isländischen Sagas ziemlich genau, vor allem Snorris Geschichtswerk. Es liegt kein Grund zu der Annahme vor, daß Snorris Bericht von den heidnischen Festen erfunden sei, sondern er beruht auf alten Quellen, die er benutzt und abgeschrieben hat. Ein Sonnenfest oder Fest des neuerwachten Himmels- oder Sonnengottes ist das Julfest allerdings kaum gewesen; aber als sicher darf doch wohl gelten, daß es den unterirdischen Gottheiten geweiht war, den Mächten der Erde, der Finsternis und des Todes. Es ist schwerlich zufällig, daß der Toten- und Nachtgott Odin ausdrücklich mit ihm in Verbindung gebracht wird. Die Etymologie des Wortes Jul ist freilich noch dunkel. Forscher, die es als Fest der wiederkehrenden Sonne oder Wiedergeburt des Lichtgottes auffassen, bringen es mit altnordisch hvel »das

Rad«, »Sonnenrad« oder mit *jiuls »neu, jung, neugeboren« zusammen; andere deuten es als das fröhliche, lustige oder das Schlachtfest. Nach der jüngsten Erklärung ist Julzeit soviel wie »dunkle Zeit«, der Gegensatz zu »Ostern«, der »hellen oder aufleuchtenden Zeit«.

V VORSTELLUNGEN VOM ANFANG UND ENDE DER WELT

1. Die Schöpfung der Welt

Die nordische Kosmogonie steht vollständig auf dem Standpunkte mythischer Naturanschauung, entbehrt aber dabei keineswegs spekulativen Wertes. Zunächst galt es, Raum für die Welt zu schaffen. Da dieser nur einen Teil des ganzen Weltraumes einnimmt, war es möglich, alles aus ihm wegzudenken und selbst Licht und Finsternis in andere Räume zu verlegen. Dieser absolut leere Raum heißt im Norden Ginnunga gap (großer Schlund).

Land und Wasser war noch nicht getrennt, Erde gab es nicht, noch Himmel oben, nur gähnende Kluft war, aber Gras nirgends. So sah es in der Urzeit aus, und in diesem leeren, für unsere Welt bestimmten Raume wohnte nur Ymi, der Urriese [der Brausende, Tosende]. Aber dann hoben Bors Söhne, die Götter Odin, Wili und We, aus den Fluten [= Ymi] die Erdscheibe empor, schufen den schönen Midgard [den in der Mitte der Welt gelegenen Wohnsitz der Menschen], und der nackte, nur mit Steinen bedeckte Meeresgrund ward sichtbar. Als dann die Sonne darauf schien, sproßten grüne Kräuter aus dem Boden empor. Auf die Schöpfung der Riesen und Götter folgt in aufsteigender Reihenfolge weiter die der Zwerge, der »menschenähnlichen Gebilde«, und dann der Menschen selbst: nur zwei Zwerge und zwei Menschen wurden geschaffen, und von diesen Ahnherren stammt das ganze Geschlecht der Zwerge und Menschen ab. Mit der Entstehung des ersten Menschenpaares ist die Urzeit und Schöpfung zu Ende. Die

Götter versammeln sich auf dem Idafelde [»Arbeitsfeld«], legen Essen an, schmieden das Gold, stellen Zangen und andere Werkzeuge her, bauen Altäre und errichten Tempel. Von ihnen lernen die Menschen den Gebrauch der einfachsten Künste und die Art und Weise, ihre gütigen Lehrmeister zu verehren. Nun geben sich die Götter sorglos dem Brettspiele hin und sind fröhlich: alles, was sie in den Händen haben, ist aus Gold; sie haben ihr goldenes Zeitalter – bis aus dem Riesenlande drei übermächtige Mädchen erscheinen, die Nornen. Ihr Auftreten bedeutet das Ende des ersten glücklichen Lebens der Götter und den Anfang eines schwereren, mühevolleren Daseins, voll von Kampf und Not: der erste Krieg in der Welt bricht aus.

Ginnunga gap ist also der Raum, der übrigbleibt, wenn man Himmel und Erde, überhaupt die Welt hinwegdenkt, und bezeichnet jenen Teil des unendlichen Raumes, der für unsere Welt bestimmt ist. Wenn sich der Blick des Menschen in die Höhe richtete, vom Gipfel des Berges in die Ferne oder Tiefe, so konnte die Ansicht entstehen, daß einst nichts war als der Raum und darin unentwirrter, weil ununterscheidbarer Urstoff. Aus dem unendlichen Raum in Höhe und Tiefe entstanden dann die Vorstellungen, nach denen die Welt dem unendlichen Raume wie dem begrenzten Teile des Raumes, dem Abgrunde, durch Entwicklung und Entwirrung des Urstoffes entstammt. Dieser für die Welt bestimmte leere Raum war angefüllt von Ymi; wo seine Glieder sich ausbreiteten, war Ginnunga gap ausgefüllt; aber wo die Grenzen des Meeres und der Erde anstießen, mußte man unmittelbar auf den großen Schlund geraten. Das Meer, das die Nordleute im Westen und Norden umgab, mußte irgendwo in weiter Ferne aufhören, und da die Erde als eine flache, rings vom Meere umgebene Scheibe galt, konnte man leicht in die gähnende Kluft stürzen, wenn man zu weit nach Norden segelte. Der nach Norden gelegene Teil war mit Eis und Reif angefüllt, im südlichen brannte Feuer. Diese Vorstellung entspricht genau den klimatischen Verhältnissen des Nordens (Kälte im Norden, Wärme im Süden), und Ginnunga gap mußte darum außerhalb ihres Meeres gelegen sein, anfangs nördlich von Norwegen, für die spätere Zeit, die ihre Entdeckungsfahrten nach Westen ausdehnte, im 14. Jahrhundert zwischen Winland (Neu-Schottland) und Grönland, oder zwischen Winland und Markland (Neu-Fundland), oder endlich im 17. Jahrhundert zwischen Grönland und Helluland (Labrador); damals erhielt auch »Ginnungegap fretum« seinen Platz auf der Karte. König Harald der Harte versuchte im Eismeere nördlich von Norwegen bis an das Ende der Welt vorzudringen, entrann aber, als vor seinen Augen die Grenzen der schwindenden Welt düster dalagen, »dem ungeheueren Schlunde des Abgrundes« kaum mit rückwärts gerichteten Schritten wohlbehalten.

Aber in der oben dargelegten Reihenfolge: Urraum, Ymi, Götter, Land, Midgard, Pflanzenwuchs als Wirkung der Sonne fehlt die Entstehung der Sonne mit dem Himmel. Darum wurde später ein anderes Stück eines alten Liedes von der ersten Welteinrichtung zwischen die Entstehung der Erde und die Schilderung des goldenen Zeitalters eingeschoben:

»Die Sonne, die Gefährtin des Mondes, schlang von Süden kommend ihre rechte Hand um den Himmelsrand. Nicht wußte die Sonne, wo Säle sie hätte [nicht wußten die Sterne, wo Stätten sie hätten], nicht wußte der Mond, wieviel Macht er hätte. Da gingen die ratmächtigen, hochheiligen Götter alle auf die Ratstühle und berieten dies. Der Nacht und den Mondzeiten gaben sie Namen, Morgen und Mittag setzten sie ein, Nachmittag und Abend zur Jahresberechnung.«

D. h. die Sonne, von Süden kommend, wo sie mittags steht, gelangt beständig nach Norden und Westen sinkend bis an den Himmelsrand, aber sie geht nicht unter, denn sie weiß noch nicht, wo ihre Säle sind, sie klammert sich mit dem rechten Arme an den Himmelsrand. Im ersten Liede übt die

Sonne bereits als Himmelskörper ihre segnende Wirkung aus, im zweiten ist sie personifiziert gedacht, und sie, die die Aufgabe hat, bei Tage zu leuchten, soll gleichzeitig mit dem Monde erscheinen, aber wieder als dessen Gefährtin unstet durch den Himmelsraum irren. Eine merkwürdige, scheinbar unerklärliche Vorstellung! Aber sie wird für den verständlich, dem es beschieden gewesen ist, das wunderbar stimmungsvolle Bild, die Farbenpracht und den Strahlenglanz der Mitternachtssonne auf sein empfängliches Gemüt einwirken zu lassen. Er sieht voll Staunen, daß die Sonne nicht in gewohnter Weise untergeht, sondern daß sie sich bald wieder erhebt und ihren Lauf von neuem beginnt. Ein tiefempfindender Sänger vereinigte mit sicherer Hand die einzelnen Züge der erhabensten Naturerscheinung im hohen Norden zu einem Gesamtbilde von knapper Form, aber mächtiger Wirkung. Er versuchte sich nach seiner Weise die Erscheinung klar zu legen: die Sonne wollte sich wie sonst zu ihren Wohnungen unter dem Horizonte begeben, um dort der Ruhe zu pflegen, aber sie findet diesmal nicht den Weg und klammert sich deshalb mit der rechten Hand an den Himmelsrand fest; sie geht also gar nicht zur Ruhe, sondern rollt am Horizont entlang eine Strecke von links nach rechts und hebt sich dann wieder; sie durchmißt also mit dem Monde zugleich den Himmelsraum, aber des Mondes Glanz erbleicht neben der mächtigen Gefährtin. Die Sonne »torkelt«, sagt man in Schweden sehr bezeichnend. So mochte es in der Urzeit ausgesehen haben, als die Weltordnung noch nicht befestigt war und die Himmelskörper noch nicht ihre geregelten Bahnen hatten. Aber in der Erscheinungen Flucht erkannte der Dichter den ruhenden Pol: jeden Sommer gehen im höchsten Norden die Götter auf die Ratstühle, machen dem ruhelosen Treiben ein Ende, regeln der Sonne Bahn und des Mondes Lauf, den Menschen zur Jahresberechnung, und setzen die Tageszeiten fest.

Über die Entstehung Ymis und seine Bedeutung als kosmogonisches Wesen sowie über sein Verhältnis zu den weltbildenden Göttern und deren Abstammung gibt das zuerst besprochene Lied keinen Aufschluß. Zur Ergänzung dienen zwei andere eddische Gedichte und vor allem der ausführliche Bericht SNORRIS. Da dieser die betreffenden Stellen der Eddalieder anführt, soll seine Darstellung zunächst wiedergegeben und besprochen werden. Sie enthält neben dem für die Welt bestimmten Raume die weiteren Vorbedingungen zu ihrer Entstehung: die belebende Wärme des südlichen Feuers und das den Weltbildungsstoff abgebende Eis des Nordens. Der Gegensatz von Kälte und Wärme und das damit zusammenhängende zeitweilige Aufleben und Absterben der Natur, das im hohen Norden viel schärfer hervortritt als im Süden, spiegelt sich in der Kosmogonie des Nordens wider; wie die eddische Kosmogonie im ganzen, so trägt auch ihr spekulativer Gehalt durchaus nordischen Charakter.

In der Urzeit Tagen war eitel nichts; da war nicht Kies noch Meer, noch kalte Woge, nicht Erde gab es, noch den Himmel droben, nur gähnende Kluft, doch Gras nirgends. Viele Jahre vor der Erschaffung der Erde war Niflheim entstanden; mitten darin liegt ein Brunnen, Hwergelmi, der rauschende Kessel. Daraus entsprangen zwölf Ströme, die Eliwagar [die von Regenschauern gepeitschten Flüsse]. Vorher, also noch vor Niflheim, war im Süden eine Welt, Muspellsheim geheißen: diese ist hell und heiß und kann von niemand betreten werden, der dort nicht zu Hause ist. Als die Eliwagar so weit von ihrem Ursprunge fortgekommen waren, daß die giftige, kalte Flüssigkeit, die sie fortwälzten, wie Sinter erstarrte, ward sie in Eis verwandelt. Und da dieses Eis stille stand und stockte, fiel der Dunst darüber, der aus dem Giftstrome [Eisstrome] kam, und gefror zu Eis. Dieser Eisstrom floß bis in die gähnende Kluft hinein [Ginnunga gap] und häufte hier Massen von Schnee und Eis an, die Sprühregen und Winde hervorbrachten, die die nördliche Seite der Kluft kalt und stürmisch machten; die südliche Seite aber war durch die von Muspellsheim kommende Wärme mild, licht und warm. Die Wärme des Südens aber drang immer weiter nach Norden vor, und als sie die Eismassen erreichte, begannen diese zu schmelzen. Die eiskalten, abschmelzenden Tropfen vereinigten sich und wuchsen nach und nach zum Körper eines Riesen an, der anfangs tot war, jedoch durch die Kraft der südlichen Wärme belebt wurde: dieser aus dem Eis entstandene Riese hieß Ymi, von ihm stammen alle Riesen ab.

Der Anfang des Berichtes ist absichtlich von dem christlichen Erzähler aus der Vorlage geändert, um die heidnische Überlieferung mit der Genesis und dem Hebräerbrief in Einklang zu bringen. Auf der ersten kosmogonischen Stufe stehen also nur die Urzeit und Ginnunga gap. Das zuerst Entstandene ist der Muspellsheim, die lichte Welt des Feuers und der Wärme im Süden: die wohltätig belebende Wärme des Feuers ist bei der Entstehung, und die verzehrende Wirkung des Feuers ist beim Untergange der Welt die wirkende Kraft. Aus der Gletscherbildung des Nordens ist die Vorstellung von den urweltlichen Reifmassen entstanden, die sich von Niflheim, dem kalten, finstren Nebelheim, nach Ginnunga gap vorschieben. Auftauend und in schmelzende Bewegung gesetzt, ballen sie sich sodann zu Massen zusammen, und somit wird die Kälte Mitursache der Weltbildung. Ganz deutlich liegt nicht müßige Träumerei oder fremder Einfluß, sondern wirkliche Beobachtung diesen Vorstellungen zugrunde. Die nordischen Seehelden, deren Drachenschiffe im Kampfe mit dem treibenden Eise und den Stürmen des Nordmeeres bis Island, Grönland, ja Amerika vordrangen, kannten Niflheim mit seinen Nebeln, seiner todbringenden Kälte und seinen riesigen, langsam wachsenden Gletschern nur zu gut, und sie haben seine Schrecken nicht übertrieben. Noch heute wird dem, der in die von einem unbestimmten Grauen umgebene Welt des höchsten Nordens einzudringen versucht, ein reiches Maß von den Schauern offenbar, mit denen die Natur jene Gegenden umschanzt hat. Die Kämpfe und Leiden vollends von Expeditionen wie FRANKLINS, KANES, GREELYS rechtfertigen die grausigen Phantasien zur Genüge.

Drei ursprüngliche Räume werden also vorausgesetzt: Ginnunga gap, Muspellsheim, Niflheim. Sie unterscheiden sich der Zeit nach, materiell, räumlich und endlich der räumlichen Lage nach, indem Niflheim nördlich, Muspellsheim südlich von Ginnunga gap liegt, und die Aufstellung dieser drei ursprünglichen kosmogonischen Welträume steht in voller Übereinstimmung mit der Anschauung, die sich die Nordleute von dem Bau des Weltganzen gebildet hatten: die dem eigenen Lande entnommenen Anschauungen wurden zu kosmogonischen Vorstellungen erweitert. Ymi ist das tosende Urwasser, und auch seine Abstammung – das rauschende Becken in Niflheim, die daraus entspringenden Eisströme, deren Schmelzen unter dem Einflusse der von Süden kommenden Wärme, Entstehung eines Riesenleibes (d.h. einer großen Wassermasse) aus dem abschmelzenden Wasser, dessen Belebung durch die belebende Kraft der Wärme – entspricht vollständig der nordischen Natur. Denn im Herbste dringt vom nördlichen Eismeere her die Kälte immer tiefer ins Land. Die aus den Gletscherströmen herabstürzenden Flüsse verwandeln sich in Eis, Schnee breitet sich Lage auf Lage darüber und hüllt das ganze Land ein. Im Frühjahr aber dringt die südliche Wärme immer weiter gen Norden vor, schmilzt das Eis der Flüsse und die Schneemassen, das abschmelzende Wasser fließt ab und läßt die Erde wieder zum Vorscheine kommen, gleichwie aus Ymis Leibe die Erde entsteht. Die materielle Welt wird also auf das Urwasser zurückgeführt; dieses ist aber von Anfang an räumlich beschränkt und in Bewegung begriffen; denn es befand sich ja ursprünglich nicht in dem Raum, in dem die Welt entsteht, sondern ist erst aus dem Niflheim in Ginnunga gap hineingeflossen.

Als das Eis auftaute, also zu derselben Zeit, wo Ymi ward, entstand auch die Kuh Audumla. Vier Milchströme rannen aus ihren Zitzen, und damit nährte sie den Ymi; die Kuh aber fristete dadurch ihr Leben, daß sie die salzigen Reifsteine beleckte. Das bittere, belebende Salz war dem Nordmann wichtiger als der süße Honig, und wenn die Urkuh aus einem Salzsteine den Ahnen der Götter leckt, so gibt sich darin das Bewußtsein von der Wichtigkeit des Salzes kund. Am ersten Tage, als sie leckte, kam eines Mannes Haar zum Vorscheine, am zweiten Tage der Kopf und am dritten der ganze Mann. Vermutlich hat eine Beobachtung aus dem Leben, das Belecken und damit gleichsam Gestalten des soeben geborenen Jungen durch das Muttertier, den Anlaß zu dieser merkwürdigen Vorstellung gegeben, die übrigens nur eine mythische Parallelbildung zu Ymi zu sein scheint. Der Name dieses Mannes war Buri, »der Gebärer«; er war zweigeschlechtig, Mann und Weib zugleich: so ist auch Tuisto, der Stammvater der Deutschen, der Doppelte, Zwiefältige, und wie er der erdgeborene Gott genannt wird, so wird auch Buri aus den Steinen geleckt. Buri war schön von Angesicht, groß und stark und gewann einen Sohn, der Bor hieß (der Geborene, der Sohn). Dieser vermählte sich mit Bestla (die Bastbinderin? oder die Ehefrau, Gattin? altfriesisch bôst Ehe), der Tochter des »bösen Riesen« Bölthorn, und wie bei Tacitus von Mannus, dem Sohne des Tuisto, die drei Eponymi der Ingwäonen, Istwäonen, Erminonen abstammen, d.h. der uralte germanische Volksgott *Tius in seinen verschiedenen Bezeichnungen als Ingwaz, Istwaz, Ermnaz, so sind die Söhne des Götterpaares Bor-Bestla Odin, Wili, We, die Herrscher von Welt und Erde. Denn auch Ymi ist zweigeschlechtig; als er schlief, geriet er in Schweiß, da wuchs ihm in der Achselhöhle, wie in einem Neste, Mann und Weib, und sein einer Fuß zeugte mit dem anderen einen sechsköpfigen Sohn. Der Schlaf ist nur ein Symbol der Geistesabwesenheit und soll die Teilnahmslosigkeit des Riesen ausdrücken. Neben der Geburt vom Manne – man vergleiche die Schenkelgeburt des Dionysos und Evas Geburt aus Adams Rippe – tritt eine andere uralte auf: die Entstehung aus einem urweltlichen Zwillingspaare. Der Erzähler hat also zwei oder drei völlig einander entsprechende, parallele Berichte in einen verarbeitet, freilich ungeschickt genug; beide bestätigen, trotz ihrer entschieden nordischen Färbung, die Richtigkeit der Taciteischen Überlieferung.

Die Götter stehen also nicht am Anfange der Schöpfung, sie sind vielmehr aus der Materie erzeugt, leiten aber die Geschichte ein und schaffen die Kultur. Der Stoff, aus dem und in dem die Götter schaffen, ist ohne ihr Zutun bereits geworden. Aber ihre Wirksamkeit besteht darum doch nicht im bloßen Scheiden, Ordnen und Umgestalten der Masse: sie ist in dem Sinne wahrhaft schöpferisch, daß sie ihren Bildungen eine neue Triebkraft, ein neues Gesetz des Daseins einpflanzt. Erst aus der Beratung der Götter kommt in die Stellung und Bewegung der Gestirne der leitende Gedanke; wieder im Rate der Götter wird die Erschaffung der Zwerge beschlossen, vor allem erweisen sie sich nicht bloß als Urheber und Ausspender weltbildender Gedanken, sondern auch als Geber vollen, selbständigen Geisteslebens, indem sie dieses den Menschen einhauchen. Sie sind also die Vermittler zwischen dem ungestalteten Urstoff und der gestalteten Materie, sie zerlegen Ymi in die Bestandteile, die er von vornherein enthält. Die Zerstücklung Ymis ist nur das grobmaterielle Bild einer Entwicklung.

Während bisher die Entwicklung der Welt nach Naturgesetzen erfolgte, ohne die Einwirkung einer höhern Macht, übernehmen jetzt die drei Götter die Rolle des Weltbildners:

Sie erschlagen Ymi, und aus seinem Körper läuft so viel Blut, daß sie darin das ganze Geschlecht der Reifriesen ertränken. Nur einer entkommt mit seinen Angehörigen, und von ihm stammen die (jüngeren) Geschlechter der Reifriesen; in einem Boote ward der erfahrene Riese geborgen. Die Götter aber schleppten Ymi in die Mitte der gähnenden Kluft und schufen aus Ymis Fleisch die Erde, aus dem Blute das brausende Meer, die Berge aus dem Gebein, die Bäume aus den Haaren, das schimmernde Himmelsdach aus dem Schädel. Aus Ymis Wimpern schufen sie für die Menschen Midgard und aus dem Hirne die hartgesinnten Wetterwolken. Der prosaische Bericht fügt hinzu: Aus den Zähnen und den zerbrochenen Gebeinen schufen die Götter das Gestein und benutzten zur Errichtung eines Burgwalles gegen die feindlich gesinnten Riesen Ymis Wimpern. Seinen Schädel setzten sie über die Erde als Himmelsgewölbe auf vier vorstehenden Spitzen, und unter jede Spitze setzten sie nach den vier Himmelsrichtungen einen Zwerg. Dann nahmen sie die Funken aus Muspellsheim und setzten sie mitten in Ginnunga gap oben und unten an den Himmel, um die Erde zu erleuchten. Allen Lichtern gaben sie ihre Stellen; danach werden Tage und Jahre gezählt.

In denselben Vorstellungskreis gehören die Mythen, daß Odin oder Thor die Augen des erschlagenen Riesen Thjazi als Gestirne an den Himmel wirft oder daß Thor die erfrorene Zehe des Aurwandil gleichfalls als Sternbild an den Himmel setzt.

Sintflutsagen begegnen wir bei den verschiedensten Völkern; ihre Grundlage ist das dunkle Andenken an eine furchtbare Verheerung größerer Landstriche durch Wasser; in den ältesten Zeiten, als die Wasserläufe durch Natur oder durch Menschenhand noch wenig geregelt waren, mußten solche Überschwemmungen nur um so gewaltiger sein. So entstanden unabhängig von der babylonisch-alttestamentlichen Flutsage solche bei den Ariern, und selbst bei den Mexikanern, Peruanern, Kubanern finden sie sich. Daß die nordische Sintflut durch die Erzählung von Noah beeinflußt sei, läßt sich nicht im geringsten erweisen. Die Nordleute können ebensogut wie andere Völker durch eigene Erfahrung zur Gestaltung dieser Sage gekommen sein. Viel mehr Beachtung verdient die Annahme, daß geschichtliche Ereignisse von großen Fluten mit den Erzählungen von dem göttlichen Lichtknäblein verknüpft wurden, das übers Meer kommt und an dem Berge des Lichtes landet; das Aufsteigen des neugeborenen Lichtes wurde mit einer Flutwelle verglichen, die den Sonnenball wie mit einem Ruck emporzuheben scheint. In der Truhe wird der junge Himmelsgott von der Flut auf den Berg getragen, und durch sein Erscheinen auf der Höhe wird er Beginner und Vater der Menschenwelt. Dieser Zusammenhang zwischen Flut- und Lichtmythen erhellt deutlich aus der Sage von Deukalion, dem »Zeusknäblein«, das auf dem Lykoreus, dem »Lichtberge«, landet und Stammvater der Griechen wird. Wie Noah und Moses die Begründer des Menschengeschlechtes und des selbständigen Judentums sind, wie Romulus und Kyros Stifter des römischen und persischen Reiches sind, so stammt auch das jüngere Riesengeschlecht von dem einen überlebenden und ausgesetzten Reifriesen ab. Auch er scheint damals noch sehr jung gewesen und in einer Lade oder Wiege schwimmend der Sintflut entronnen zu sein.

Die Vorstellung, nach der der menschliche Leib auf eine sinnreiche Weise mit dem Ganzen der Welt verglichen wird und ebenso als eine Welt für sich erscheint oder als Mikrokosmos dem Makrokosmos gegenübergestellt wird, findet sich bei mehreren Völkern. Außer an die indische und cochinesische Überlieferung sei an den pantheistischen griechischen Hymnus erinnert, der den Himmel Zeus Haupt, sein Augenpaar Sonne und Mond, die Luft seine Brust, die Erde seinen Bauch und das Meer seinen Gürtel nennt. Wie es naheliegt, die mütterlich sorgende Erde als einen menschenähnlichen Organismus, und zwar als ein Weib aufzufassen, so konnte der schon auf einer höheren Stufe der Entwicklung als das ungeformte

Urwasser stehende Weltbildungsstoff als ungeheurer Mann, als Riese gedacht werden. Mit der Vorstellung der Erde als eines menschlichen Wesens war eine Vergleichung der Teile von vornherein gegeben. Knochen und Fleisch bildeten das natürliche Gegenbild zu Berg und Erde; Sonne und Mond als Augen des Himmels sind noch uns geläufige Metaphern. Die Zusammenstellung von Haar und Pflanzen findet sich schon in der ältesten Poesie. Uralt ist die Vorstellung des Himmels als eines Schädels; beide wurden mit demselben Worte bezeichnet, weil für beide der Begriff der Wölbung charakteristisch erschien (caelum = altnordisch heili Gehirn, friesisch heila Kopf). Ebenso alt ist der Vergleich der See mit dem menschlichen Blute; Blut ist die rinnende, sprudelnde Flüssigkeit. Der Begriff der beweglichen Flüssigkeit ist hier, wie der des gewölbten Hohlraumes dort, der Ausgangspunkt der Vergleichung. Aus diesem einfachen, volkstümlichen Kerne läßt sich der ganze nordische Mythus von Ymi zwanglos erklären. Einer Herleitung aus Stellen der Kirchenväter bedarf es nicht.

2. *Die Schöpfung der Zwerge und Menschen*

Ein Vergleich der beiden Kosmogonien ergibt, daß in der dichterischen Überlieferung keine Grundvorstellungen vorkommen, die bei SNORRI ganz fehlen, und daß sich andererseits jene Vorstellungen, durch die SNORRIS Kosmogonie über die der älteren hinaus erweitert ist, den Grundgedanken der letzteren widerspruchslos einfügen, bis auf geringe Unterschiede in Einzelheiten. Es sind also nicht zwei grundverschiedene, sondern dem Kerne nach zwei derselben Vorstellung entspringende Kosmogonien. Das wird auch durch den Bericht über die Schöpfung der Zwerge und Menschen bestätigt.

Auf die Erbauung der Götterburg und die Schilderung der

Zeit des sorglosen Lebens der Götter folgen in dem dichterischen Berichte einige eingeschobene Verse, die von der Erschaffung der Zwerge handeln: Die Götter beratschlagen, wer als Zwergenfürst erschaffen werden soll, und zwar schaffen sie aus den in Fäulnis übergegangenen Gliedmaßen Ymis zwei Zwergenfürsten. Da es keine weiblichen Zwerge gibt, pflanzt sich das Geschlecht der Zwerge nicht durch Zeugung fort, sondern die beiden Zwergenfürsten machen mit der den Zwergen eigenen Kunstfertigkeit aus der Erde menschenähnliche Gebilde, d.h. die anderen Zwerge. Ihrem Ursprunge gemäß sind es nicht die Elbe überhaupt, nicht die Wasser- oder Luftelbe, sondern vornehmlich die in Erde, Fels und Gestein hausenden Wichte. Ein Teil von ihnen zieht von den steinigen Hochplateaus durch schuttbedeckte Ebenen nach den niedriger gelegenen sandigen Feldern.

Dichterischen oder spekulativen Wert wird niemand der Erschaffung der Zwerge beilegen, sie ist nur eine weitere, gelehrte Zutat zu der Aufteilung des Urriesen Ymi. Noch viel gröber aber ist die prosaische Darstellung:

Die Götter setzten sich auf ihre Sitze und begannen ihres Amtes zu walten. Sie erinnerten sich daran, wie die Zwerge im Erdboden tief unter der Oberfläche entstanden waren, wie Maden im Fleisch. Sie hatten nämlich zuerst sich gebildet und Leben gewonnen in Ymis Fleisch und waren bis dahin Maden. Nach der Bestimmung der Götter erhielten sie aber jetzt menschlichen Verstand und menschliche Gestalt; doch lebten sie wie vorher in der Erde und im Gestein.

Durchaus abzulehnen ist die Ansicht, daß die beiden Zwergenfürsten in der Erde eine vorläufige Menschenschöpfung vorgenommen und zwei Baumwesen geschaffen hätten, die erst die höchsten Götter beseelt hätten. Fast überall tritt die Anschauung auf, daß den Göttern auch der Ursprung der Menschheit zu verdanken ist. Von Heimdall stammen die Menschen und ihre Stände ab. Derselbe Dichter aber, der das ganze Zwergengeschlecht von zwei Ahnherren ableitet, erzählt auch, daß die Götter nur zwei Menschen erschufen:

Drei mächtige und liebevolle Götter, Odin, Höni und Lodur fanden am Lande, wenig vermögend, Ask und Embla bestimmungslos; denn sie waren noch keine Menschen. Sie hatten nicht Atem, sie hatten nicht Seele, nicht Wärme, Gebärde noch blühende Farbe. Der Windgott gab ihnen den Atem, die Grundbedingung des physischen Lebens, Höni die Seele, die Grundbedingung des geistigen Lebens. Aber lebenswert wird erst das Dasein, wenn der Mensch fühlt, wie die Wärme der Gesundheit seine Glieder durchströmt, wenn er sich nach Gutdünken frei bewegen kann und wenn blühende Farbe seine Wangen rötet, und diese Gaben spendet Lodur, der freundliche Gott der sommerlichen Wärme.

Die prosaische Umschreibung lautet: Als Bors Söhne, Odin, Wili und We, am Meeresstrande wandelten, fanden sie zwei Bäume und schufen aus ihnen Menschen: der erste gab ihnen die Seele, der zweite das Leben, der dritte Gehör und Gesicht. Sie gaben ihnen auch Kleider und Namen, und es hieß der Mann Ask und die Frau Embla. Von ihnen stammt das Menschengeschlecht, dem unter Midgard die Wohnstätte eingeräumt ward.

Durch die Verschmelzung von Mensch und Baum in der Phantasie, die magische Wechselwirkung zwischen beiden, ist in dem angeführten Epigramm aus dem Baum ein freibewegliches, koboldartiges Wesen geworden. Von hilfreichen Zwergen, Hausgeistern und Kobolden kommt vielfach die Sage vor, daß man zum Lohn ihrer Dienste und aus Mitleid mit ihrer Nacktheit ihnen Kleider schenkt; sobald sie das sehen, dünken sie sich zu vornehm zu arbeiten und verschwinden. Diese nordischen Baummänner sind also aus der Baumseele hervorgegangen. So wird auch der Mythus die Urahnen des Menschengeschlechtes nicht aus toten Hölzern, starren Holzpfählen, sondern aus lebendigen, aus der Erde aufsprießenden

Bäumen haben hervorgehen lassen. Aber dieses Stückchen Volksweisheit ist im Munde der Dichter mehrfach umgewandelt und umgestaltet. Um die freie Beweglichkeit des Menschen zu begründen, wird die Begabung der noch Leb- und Schicksalslosen mit Atem, Seele und Wärme auf die gütigen Götter zurückgeführt. Sind also nach dem uralten, weitverbreiteten Glauben, daß der Mensch einem Baume gleiche und daß Menschen aus Bäumen entstanden seien, Ask und Embla aus Bäumen belebt worden, so muß dieser gleichartige Ursprung auch in den Namen anschaulich werden, und wie der des Mannes von der Esche (askr; vielleicht der Weltesche?) genommen ist, so wird auch die Frau nach einem Baume benannt sein, Elmja (Fem. zu almr Ulmbaum), woraus später Emla – Embla, »die Arbeitsame«, geworden ist. Aus dem Liede allein kann die Entstehung der Menschen aus Bäumen nicht geschlossen werden; man hat daher angenommen, daß Ask und Embla eigentlich Hofnamen sind. Aber dann wird die prosaische Umschreibung unverständlich. Ihre Umformung, daß die Menschen aus toten Bäumen entstanden sind, die die Götter am Meeresstrande fanden, ist wohl durch eine charakteristische Erscheinung der isländischen Küste erfolgt, die Anschwemmung des Treibholzes.

3. Die Einrichtung der Welt

Die Inder, Perser, Griechen und Germanen kennen die Dreiteilung der Welt. Die von den Menschen bewohnte Erde Midgard ist nach urgermanischer Vorstellung in der Mitte der Welt gelegen. Die Nordleute dachten sich die Erde kreisrund, rings umflossen vom tiefen Meere, das sich wie eine ungeheure Schlange um sie wand. Wald war den Germanen die natürliche Grenze und Umgebung ihrer Niederlassungen und Gebiete, darum war auch der Rand der Erdscheibe von einem gewaltigen, furchtbaren Waldgürtel umsäumt. Auf der Fahrt zu Utgarda-Loki kommt Thor mit Loki und Thjalfi, nachdem er das Meer durchschwommen hat, zu einem großen Walde; es ist nicht ganz klar, ob man sich diesen »Eisenwald« (deutsch = Iserlohn) hier bei Riesen oder diesseits am Rande Midgards zu denken hat. Die Nordleute kannten alle vier Himmelsrichtungen, sie selbst glaubten im äußersten Westen zu wohnen; denn vor 787 wurde die ihnen bekannte Welt hier durch das unfahrbare Meer begrenzt. Darum liegen alle mythischen Orte der ältesten Zeit im Norden und Osten, einzelne im Süden von den Menschen (d. h. den Nordgermanen), aber keine Tat der Götter wird nach dem Westen verlegt.

Über der Erde wölbt sich der Himmel. Das ist die zweite Welt, das Reich der Götter, Asgard. Wie bei den Alt- und Angelsachsen das Himmelreich als die grüne Gottesaue bezeichnet wird, die Himmelsaue, die grünen Wohnsitze, so werden auch im Norden die grünen Heime der Götter erwähnt. Westlich von der Himmelsbrücke Bifröst liegt Walhall und das Reich der Wanen; nach Osten unternimmt Thor seine Riesenfahrten. Die Eliwagar trennen die Götter von den Riesen. Einen vollen Tag gebraucht Thor in scharfer Fahrt, bis er von Asgard mit seinen Böcken dahin gelangt. Über feuchtes Gestein sprengt Skirni von Asgard aus ins Riesenland. Zwischen Himmel und Erde schlugen die Götter die Brücke Bifröst (der schwankende Weg? der Weg mit den vielen Farben? den Regenbogen). Jeder der Götter hat in Asgard sein Gehöft und seine Halle. Einige von diesen zwölf Wohnstätten weisen noch auf den weiten glänzenden Himmel zurück (Bilskirni, Breidablik, Glitni), aber die meisten schildern in freier Poesie die äußere Pracht und Herrlichkeit der Götterburgen. Bezeichnend ist, daß viele von diesen Wohnungen mit den Namen ihrer Besitzer alliterieren.

Die dritte Welt war unterhalb der Erde gedacht, die Totenwelt (Niflheim oder Niflhel). Nicht nur verstorbene Menschen, sondern auch Götter (Baldr, Nanna, Höd, Loki), Riesen, Elben und Zwerge kommen in die Hölle. Das Leben in ihr ist nach dem Muster des irdischen eingerichtet. Ja, ein Dichter konnte sich wohl die Einrichtung der Unterwelt als genau der Oberwelt entsprechend mit den vier Weltgegenden vorstellen.

Von Osten nach Westen rauscht der Fluß Slid »die Fürchterliche«; der Norden ist ebenso unwirtlich wie der oberirdische; nordwärts von der Slid erhebt sich der Saal für das Geschlecht der Zwerge, und in der Mitte zwischen dem Zwergensaal im Norden und dem Riesensaal Okolni (Unkühlheim, d. h. die heiße Region) im Süden liegt, niemals von der Sonne beschienen, der Saal der Hel. Der Riese Brimi, dessen Biersaal zur Aufnahme der toten Riesen dient, ist ein unterirdischer Surt, Nidafjöll (Finsterfelde), wo der goldene Saal für die Zwerge und Elben gerüstet ist, erscheint wie ein unterirdischer Niflheim, Okolni wie ein unterirdischer Muspellsheim.

Man stellte sich die Hölle als einen kalten, feuchten, neblichten Ort vor. Darauf weisen die Nähe der Totenwelt an der alten Frost- und Nebelwelt sowie die zahlreichen aus dieser in jene strömenden Flüsse hin. Mit Schnee und Reif ist die riesische Seherin bedeckt, die Odin in der Unterwelt aus dem Todesschlafe wach singt, Reif bedeckt Helgis Haar, von Leichentau trieft Helgis Leib, der im Grabe geruht und ihm entritten ist. Wie die Braut von Korinth »gierig mit blassem Munde den dunkel blutgefärbten Wein schlürft«, so labt sich der tote Helgi am edlen Weine, und nach derselben uralten Vorstellung ist auch dem Baldr in der Unterwelt der Metbecher bereitet.

Niederwärts und nordwärts, Niflhel zu, geht der Weg zur kalten Nebelhölle durch tiefe, dunkle Täler und feuchte Gebirge: neun Tage und Nächte reitet man, um vom Himmel dahin zu gelangen. Hin und wieder scheint auch der Glaube zu herrschen, daß der Sterbende mit einem schwarzen Rosse nach der Hel abgeholt werde, und in den neueren dänischen Volkssagen spielt das dreibeinige, graue Totenpferd (Helhesten) noch eine bedeutsame Rolle: vor welchem Hause es stehenbleibt und wo es hineinschaut, da muß ein Mensch sterben. Gewöhnlich aber wird der Weg von den Verstorbenen zu Fuß zurückgelegt.

Der unterirdische Grenzfluß Slid ergießt sich von Osten durch giftige Täler und wälzt Schwerter und Messer in seinen schäumenden Strudeln. Diese Vorstellung entstammt norwegischer Naturanschauung. Auch wir reden noch von einem schneidigen Nordost, von grimmiger, schneidender, bitterer und selbst giftiger Kälte, und die Gifttäler sind gewiß auf die beißende Kälte zu beziehen. Auch Geirwimul »die von Speeren wimmelnde« oder Gjöll »die Brausende« wird der Fluß genannt.

Über den Fluß führt eine Brücke. Hier sitzt als Hüterin die Riesin Modgud; nordwärts von ihr führt der Weg zur hochumgitterten Burg der Hel. Über die goldbelegte Brücke gehen oder reiten die Seelen, aber so leise, daß das Getrappel von 500 Rossen der Abgeschiedenen nicht lauter tönt, als der Ritt eines einzigen lebenden Mannes. Zu der weiten Wanderung, oder auch, um den eiskalten Strom mit seinen winterlichen Eisschneiden und -spitzen durchwaten zu können, bedurfte man guter und festgebundener Schuhe.

Am Eingange zu Hels Reich lauert in der »Felshöhle« Gnipahellir der Höllenhund Garm. Weil Garm wie ein treuer, wachsamer Hofhund in der Unterwelt allein die ihr Verfallenen und Angehörigen eingehen und keinen wieder herausläßt, heißt er der beste der Hunde. Es ist vielleicht derselbe Hund, der mit blutiger Brust Odin auf dem Wege zum Hause der Hel entgegenkommt. Beim Weltuntergange werden sich Ty und Garm gegenseitig töten. Daß der Name des Hundes aus Cerberus entstanden sei, ist unwahrscheinlich; viel natürlicher ist, ihn als den »Brüller« (norwegisch garma) oder den »Grimmigen« zu erklären. Neben dem Hofhunde darf der Haushahn nicht fehlen. Aber während der Hahn bei den Göttern einen goldenen Kamm trägt (Gullinkambi), ist das Gefieder des Höllenhahnes rußbraun. Wenn am jüngsten Tage die Hähne bei den Göttern und Riesen die Streiter zum letzten Kampfe wecken, dann kräht auch der Hahn in der Erde Tiefen und ruft die Leute der Hel wach. Dänische Balladen haben den bezeichnenden Zug, daß sich nach dem Schrei des schwarzen Hahns die Tore des Himmels auftun. Ein Gitter oder eine Mauer endlich mit einer Pforte schließt die Totenwelt ab. Schwer erdröhnt die Pforte in ihren Angeln, wenn sie den Toten einläßt.

Hier erheben sich Hels hohe Säle; zwei von ihnen werden mit Namen genannt Eljudni und der Saal, der auf Naströnd steht.

Keine Sonne leuchtet hier, die Tür der schrecklichen Behausung ist dem unwirtlichen Norden zugekehrt, während die Tür des isländischen Wohnhauses in der Regel gegen Westen geht. Statt des Flechtwerkes aus Rohr und Zweigen sind die Wände von Schlangenleibern umwunden; durch das Rauchloch im Dache, durch das sonst das Licht hineinfällt, strömt giftiger Regen. In der Nähe durchwaten meineidige Männer und Mordgesellen und solche, die anderer Ehefrauen verführten, wilde Ströme, oder der Drache Nidhögg und ein Wolf saugen die Leichen verstorbener Bösewichte aus und zerfleischen sie. Dieselbe harte Strafe ist für den bestimmt, der den anderen aus Arglist belügt; auch er muß lange in einem Strafflusse waten; wer mit unwahren Worten den anderen belügt, leidet übergroße Strafe dafür. Der von Sigurd erweckten Brynhild wird der Rat in den Mund gelegt: Halte die Eide, die deine Lippe gelobte; den Becher des Schwurs trifft böses Geschick, man weicht wie dem Wolfe ihm aus.

Daß das Reich der Hel wie die christliche Hölle ein Strafort gewesen sei, darf unmöglich aus den angeführten Stellen geschlossen werden, sondern nur, daß die Bösewichte dort ein härteres Los erwarte. Auch findet die Scheidung zwischen guten und bösen Menschen ganz ohne Zutun des obersten Richters statt. Das Durchwaten schwerer Ströme ist ferner eine rein heidnische Höllenstrafe; ihm waren im wasserreichen Germanien überall, wo es keine Brücken oder Fähren gab, die Menschen ausgesetzt, und sie werden es sehr wohl als eine Höllenqual bei der schneidenden Kälte des Wassers empfunden haben. Mord und Meineid galten als die schwersten Verbrechen. Die Mordwölfe, die andere »um Geldes oder Gutes willen und mit wohlbedachtem Mute« heimlich umbringen, bedrohte das öffentliche Recht allgemein mit den höchsten Strafen, das isländische setzte sogar einen großen Preis auf ihren Kopf. Unmittelbar hinter diesem Verbrechen, vor dem Diebstahle, steht der Meineid, sowohl der wissentlich falsche Schwur wie der Bruch der beschworenen Treue. Aber gerade diese Verbrechen können nur selten mit vollen Beweisen zur Abbüßung oder vor menschliches Gericht zur Strafe gezogen werden. Ein Volksbewußtsein, das sonst so gründlich den Zurückfall der bösen Tat auf den Urheber wollte, kann ihn für diese schwersten Rechtsbrüche, selbst im Falle der Bußabfindung mit den Menschen, noch schwerer erwartet und die endliche Ahndung der Verbrechen über das Leben hinaus noch im Jenseits angenommen haben. Ein Qualort für die bösesten der Übeltäter entspricht durchaus dem stark ausgebildeten Rechtssinne der Germanen; von einer besonderen Belohnung der Guten nach dem Tode ist bezeichnenderweise keine Rede.

Die Schilderung der Strafstätte bei SAXO stimmt in den Hauptzügen überein. Wilde Hunde liegen, den Zugang hütend, vor den Toren Wache. Das Haus ist gänzlich verwahrlost und mit ekelhaftem Dampf angefüllt, die Türen sind von langjährigem Rauche geschwärzt, die Wand mit Unflat überzogen, das Dach aus Spießen gefügt, der Estrich mit Schlangen bedeckt und mit allerlei Schmutz bespritzt.

Unter der zweiten Wurzel der Weltesche liegt das Reich der Riesen, Jötunheim. An den Küsten des die Erde umschlingenden Meeres wiesen die Götter den Riesen ihre Wohnsitze an. Ihr Land ist voll gefährlichen Wassers, feuchter Felsen, finstrer Schluchten und Höhlen. Ein Fluß oder eine Mauer trennt es von den lieblichen Wiesen des Elbenreiches. Wie Heimdall bei den Göttern und Surt bei den Bewohnern der Feuerwelt Muspellsheim, so versieht Eggther (»Schwertknecht«) bei den Riesen das Amt des Wächters. Fröhlich die Harfe schlagend, sitzt er auf einem Hügel unter dem schönen paradiesischen Haine »Vogelsang«, und die Vögel auf den Bäumen umher stimmen bald mit ein; mit gezogenem Schwerte hütet der Grenzwart wie Eckewart im Nibelungenliede seiner Mark. Dahinter liegt das Reich der Unholdin, deren Hirte er ist. Wie Asgard ist auch das Riesenreich mit verschiedenen Wohnsitzen ausgestattet. Man dachte es sich im Norden oder Osten gelegen, jenseits der bewohnten Erde, und nannte es deshalb auch Utgard (Außenwelt).

Zur Zeit des TACITUS verlegte man ihr Reich nach Lappland und Finnland, und noch bei SAXO ist EGTHERUS ein Finne, oder nach jüngerer Vorstellung ein König von Biarmien, Permien am weißen Meere. Seitdem man um 880 das Nordkap und Lappland umsegelt hatte und zu den Biarmiern gekommen war, wurde Jötunheim noch weiter nach Norden verlegt, über Norwegen hinaus, von diesem durch ein großes Meer getrennt. Schon um 1040 wird diese Vorstellung bei Adam Br. angedeutet: ungeheure Einöden, sehr tiefer Schnee und Herden menschlicher Ungeheuer verwehren jenseits der Skritefinnen den Zutritt; hier hausen die Amazonen, die Hundsköpfe, die den Kopf auf der Brust tragen und ihre Worte mit Bellen kundgeben, die Cyklopen (Riesen) und Menschenfresser; einige Friesen sind in das »Chaos« des nördlichen Eismeeres vorgedrungen und landen an einer felsigen Insel, wo sie mit Not Menschen von wunderbarer Größe, den Zyklopen, entrinnen. Mit den Amazonen ist ein Zweig der karelischen Finnen gemeint, der sich selbst Kainulaiset »Nieder- oder Flachländer« nannte; die Germanen machten daraus Kvänir, und da germanisch *qeno, *qeniz »Weib« bedeutet, entstand daraus die Fabel von einem Weibervolke oder -reiche. Die bis auf das Gesicht tief in Pelze und Tierfelle eingehüllten Bewohner aber wurden zu den Schreckbildern hundsköpfiger Popanze und Blutsauger. Noch weiter entwickelt ist dieser Glaube bei SAXO: nördlich von Norwegen, durch ein großes, zwischenflutendes Meer getrennt, liegt ein unbekanntes Land, ohne menschliche Kultur, nur die Trolle hausen hier. Ungefähr gleichzeitig mit SAXO wird von einem Lande zwischen Biarmien und Grönland erzählt: Seefahrer, die von Island nach Norwegen zurück wollten, landeten hier und fanden Menschen von wunderbarer Größe; das Land war voll von Eis, und große Eisberge trieben von ihm in das Meer hinaus zu großer Gefahr für die Seeleute, die von Norwegen nach Grönland wollten. Mythische Vorstellungen haben sich mit tatsächlichen Erscheinungen dieser Gegenden vermischt; um 1194 ward Spitzbergen entdeckt. Später hieß das Polarmeer zwischen Grönland und Biarmien Trollebotnar »Trollengründe«, und diese Bezeichnung verdrängte die anderen »Ginnunga gap« für das nördliche Eismeer. Hierhin fährt Thorkillus. Verwünschungen wie »jemand den Trollen übergeben«, »fahr' hin in der Trolle Gewalt«, »die Riesen sollen ihn haben« sind gleichbedeutend mit »nach Utgard schicken«, »zu Odin fahren«, »nach Walhall weisen«, »der Ran überliefern«, »das Land der Götter aufsuchen«, »nach Undensakre (= Elben – Totenreich) gehen«, »in die Hölle, zu Tode schlagen, schicken, bringen«: sie alle bedeuten »töten und sterben«.

Während man ursprünglich nur drei Welten unterschieden hatte, schuf man wie für die Toten und Riesen, so auch für die

Wanen, Elben, und zwar Licht- und Dunkelelben, und die Feuerwelt noch besondere Räume. Wer den Inbegriff aller Weisheit besitzt, der hat alle Welten durchwandert, die neun Welten bis zu Niflheims Tiefe, wie Wafthrudni sich vor Odin rühmt. Ebenso rühmt sich der Zwerg Alwis, alle neun Welten durchmessen zu haben und von allen Wesen Bescheid zu wissen. Neun Welten und neun Weltbäume oder Stützen der Welt kennt die Seherin, deren Gedächtnis zu den Ahnherrn der Riesen, also bis in die Urzeit reicht. In den deutschen Quellen findet sich von diesen neun Welten der Nordgermanen nichts, nirgendwo werden sie im Norden aufgezählt, und die Versuche der neueren Forscher, sie zusammenzustellen und systematisch zu verteilen, sind als verfehlt anzusehen. Aus den neun Engelchören oder neun Engelhimmeln sind sie aber nicht abzuleiten, sie sind aus den drei Welten von selbst durch Dreifachung hervorgegangen. Drei Himmel scheint der Volksglaube angenommen zu haben: Luft, Licht und Himmel. Im weitblauen Himmel liegt Lichtelbenheim, schöner als die Sonne, nach deutscher Überlieferung Engelland, das Land der Engel, die in christlicher Zeit häufig aus den Elben oder Seelen des heidnischen Volksglaubens entstanden sind. Neun dichterische Bezeichnungen für den Himmel, ohne mythischen Gehalt, zählt spätere Skaldenweisheit auf. Jedes Viertel Islands zerfiel in drei Gerichtsbezirke, jeder Gerichtsbezirk in drei Tempelbezirke: jedes Landviertel besaß also neun Tempelbezirke. Dem in neun Heime geteilten Weltgebäude vergleicht sich, wie man mit Recht betont hat, vor allem entscheidend das in neun Fache zerlegte Menschenhaus der Friesen.

4. Der Weltenbaum

Die Weltesche Yggdrasil ist kein kosmogonischer, sondern ein kosmologischer Begriff, sie ist nicht die Ursache der Welt, sondern ein Bild des fertigen Weltganzen. Das ganze Weltgebäude wird unter dem Bilde eines gewaltigen immergrünen Baumes vorgestellt, der vom Himmel bis in die Tiefen der Unterwelt reicht. Jede der neun Welten besitzt einen solchen Weltbaum, ein Gegenbild ihrer selbst. Zu diesem Kerne wurden später allerlei spekulative Bezüge hinzugedichtet und allegorisch ausgeschmückt. Aus heimischen mythischen und märchenhaften, vielleicht auch aus fremden und gelehrten Elementen schufen grüblerische Dichter endlich mit kühner Phantasie und kräftiger Eigenart das großartige und allumfassende, die Einheit des gesamten Universums, wie es sich in Raum und Zeit darstellt, vergegenwärtigende Bild des Weltbaums Yggdrasil, der von der Wurzel bis zum Wipfel vom regsten Leben erfüllt ist, und mit dem das Geschick der Welt von Anfang an verknüpft ist.

Auf einem Grabsteine von Rök in Ostergötland findet sich eine altschwedische Runeninschrift, die in den Anfang des zehnten Jahrhunderts gesetzt wird: »Feinde ringsum unter der Erde Haselbaum«. Dazu stimmen die Worte des isländischen Skalden HALLWARD HAREKSBLESI um 1030 »Kein Fürst ist Gott näher als du, König Knut von Dänemark, unter der Haselstange der Erde«. Die Hasel wird also als Weltbaum bezeichnet anstelle der gewohnten Esche.

Da die Esche im Norden einer der höchsten Bäume war, in Island sogar außer der Zwergbirke nur die Eberesche fortkam, wurde der heilige Weltbaum zu einer Esche. Ihre Früchte soll man ins Feuer werfen, wenn ein Weib in Wehen sich krümmt: dann werden Kindbetterinnen ihrer Bürde ledig; solche Macht hat für Menschen der Baum. Dieser realistische Zug setzt einen Brauch des täglichen Lebens voraus, nämlich den, mit den Früchten eines Baumes bei Entbindungen zu räuchern. Seine Zweige breitet der Weltenbaum über alle Lande, niemand kennt seine Wurzeln, kein Feuer noch Eisen schädigt ihn. Eine Esche weiß die Seherin stehen, die ist übergossen mit dem weißen Naß, wurzelt tief im Inneren der Erde und heißt Yggdrasil. Daher kommt der Tau, der die Täler befeuchtet: immergrün steht der hohe Baum an der Quelle der Norne Urd, zwei Schwäne wiegen sich in ihrem Wasser. An der Wurzel des äthergewohnten Baumes liegt neben dem Nornenbrunnen oder auch an dessen Stelle ursprünglich Mimis Born, in den alles Naß auf Erden und unter dem Himmel zusammenfließt; jeden Tag begießt Mimi den Weltbaum, damit er auch ferner gedeihe und blühe: er heißt darum auch »Baum des Mimi«. Schimmernde Weiße, Heiligkeit, Reinheit und reinigende Kraft schrieb man dem Wasser zu, mit dem die Esche übergossen ward. Das Volk meinte, daß alle Gegenstände, die in die Quelle kämen, so weiß würden wie die Haut, die inwendig in der Eierschale liegt. Wie die Germanen im Schatten laubreicher Bäume, an deren Fuße wohl oft eine heilige Quelle lag, wo die Opfer stattfanden, Gericht zu halten pflegten, so halten die Götter jeden Tag Thing und Gericht an der Weltesche. Wenn aber das Weltende hereinbricht, erbebt ihr Stamm und ächzt. Aber er geht nicht zugrunde, sondern grünt auch in der wiedergeborenen Welt noch weiter. In seinem Holze verbirgt sich das Menschenpaar, von dem die Gletscher der neuen künftigen Welt abstammen.

Aus dieser an sich einfachen und verständlichen Vorstellung schuf die erweiternde Spekulation ein Bild, das das Leben in seiner Vergänglichkeit und moralischen Verderbtheit und die Zeit in ihren drei Stufen zu symbolisieren sucht, und an spekulativer Tiefe seines Gleichen nicht hat.

Drei Brunnen liegen bei den drei Wurzeln Yggdrasils, die in die drei Welten reichen: Urds Brunnen, wo die Nornen wohnen, Mimis Quelle und Hwergelmi, das rauschende Seebekken in Niflheim, aus dem die urweltlichen Wasserfluten entsprangen. Die dritte Wurzel benagt die Schlange Nidhögg (die grimmig beißende, schadengierig hauende). In diesem Bilde veranschaulichten sich die Nordleute die zerstörende und vernichtende Kraft, die auf die innersten Fibern des Natur- und Menschenlebens wirkt, und die durch das in die Welt eingedrungene Böse bedingt ist. Und um die unablässige Vernichtungsarbeit noch mehr hervorzuheben, wurde die eine Schlange später zu den vielen, die immer nagen werden an den Zweigen des Baumes, oder gar zu so vielen Schlangen, daß keine Zunge sie zählen kann. Die Weltesche ist damit zum Bilde des Weltlebens geworden, dessen Kraft von der moralischen Verderbnis untergraben wird.

Noch mehrere andere Tiere, die mit der Esche in Verbindung stehen, geben dieser Vorstellung eine größere Anschaulichkeit und einen reicheren Inhalt.

Im Wipfel der Esche wiegt sich ein Adler, wie im Norden die Adler gewöhnlich auf hohen Eschenzweigen sitzen. Ganz grotesk klingt der Bericht, daß zwischen den Augen des Adlers ein Habicht sitze: mit seinem scharfen Gesicht späht er wie Heimdall von dem hohen Sitze aus und unterrichtet den Adler von allen drohenden Gefahren. Ein Eichhörnchen aber, Ratatosk, läuft an der Esche auf und ab und trägt Nidhögg, dem Symbol des Bösen in der Welt, und dem vielwissenden Adler im Wipfel des Weltbaumes alle die gehässigen Worte zu, die beide übereinander äußern.

Yggdrasil duldet mehr Beschwer, als man weiß: während Nidhögg unten nagt, beißt der Hirsch oben, und an der Seite fault der Baum.

Dieser Zug wird sonst nicht weiter erwähnt, paßt auch nicht dazu, daß der Baum den Weltuntergang übersteht. Aber der Dichter hat auch hier das Zerstörungswerk, das sich in der verfaulenden Seite der Esche zeigt, mit der moralischen Verderbtheit in der Welt in Verbindung gebracht. Ebenso wird dem Hirsche, der oben in ihren Zweigen weidet und die Sprossen der Esche abißt, die Bedeutung einer zerstörenden Macht beigelegt.

Aber wie aus der einen Schlange Nidhögg zahllose Schlangen geworden sind, so sind aus dem einen Hirsche vier geworden, die mit zurückgebogenem Halse an den Knospen des Baumes weiden, dessen Laubkrone sich über ihnen wölbt.

Die Namen zweier der vièr Hirsche (Tod und Betäubung) zeigen deutlich, daß sie nichts anderes als allegorische Gestalten sind: der Tod nagt die frischen Knospen des Menschenlebens ab und vernichtet die zarten Schößlinge an dem als Pflanze gedachten Menschenleben. Aber demselben Mythenbilde wird auch noch eine andere Bedeutung beigelegt.

Ein Hirsch Eikthyrni, dessen dorniges Geweih sich wie eine Eiche verästet, steht auf dem Dache von Walhall und beißt die grünen Blätter vom Baume Lärad ab, in dessen Nähe die Götterhalle errichtet ist; von seinem Geweihe triefen alle Wasser. Lärad (Schutzspender) ist nur ein anderer Name für die Welesche oder ihren Wipfel, der bei Walhall emporragt; sie ist hier als ein Baum aufgefaßt, der in sich gleichsam alle Säfte, alle Feuchtigkeit aufnimmt; in das Seebecken Hwergelmi, dem einst der Urstoff entquoll, strömt auch das Wasser von dem Geweihe des Hirsches zurück. Von Lärads Laube zehrt auch die Ziege Heidrun; sie füllt die Gefäße mit klarem Met, nimmer versiegt dieses Naß. Der immerdar strömende Reichtum an Säften, den der Baum enthält, dient mittelbar den Bewohnern von Walhall als Getränk.

Wie wenn noch nicht genug Tiere an der Esche beschäftigt sind, heißt es endlich, daß in dem Baum ein Hahn sitzt, luftglänzend, ganz strahlend von Golde. Ängstlich fürchtet Surt die Wachsamkeit des im Wetterglanze auf Mimis Baume stehenden Hahnes: denn wenn dieser das Nahen der götterfeindlichen Mächte zu früh gewahrt, ist ihr Angriff vereitelt. Auf dem schwedischen Johannisbaume, auf dem vaterländischen Schicksals- oder Lebensbaume, den der Bräutigam erhält, wenn er das elterliche Haus verläßt, als Wahrzeichen, daß der aus dem heimatlichen Boden verpflanzte Baum auch künftig grünen, wachsen und Früchte bringen könne, sitzen Hähne, ein leicht verständliches Symbol der Zeugungsfülle. Auch der Hahn des Weltenbaumes entstammt diesem Brauche und ist erst später zum Wächter umgedeutet.

Dieser mythische ewiggrüne Weltbaum hat seine irdischen Abbilder im Kultus.

In der Mitte des 15. Jahrhunderts stand auf Gotland eine Esche, die Sommer und Winter grünte, an der Stelle eines großen Heiligtums. Bis in die neueste Zeit stand in Småland fast bei jedem Hofe ein heiliger Baum, eine Linde, Esche oder Ulme, der Vård-träd (Schutzbaum). Solche Bäume durften nicht beschädigt werden, ja es durfte nicht einmal Laub von ihnen gepflückt werden.

Der Yggdrasilmythos hat verschiedenen Anschauungskreisen entstammende Elemente, gleichsam lose ineinandergefügt, in sich aufgenommen. Die Vorstellung des Weltalls als eines mächtigen Baumes kann von einem Wolkengebilde ausgegangen sein, dessen Zweige den ganzen Himmel überdecken, oder von dem Sonnenlichte mit seinen Strahlen, wie es sich mit der Morgenröte in den Wolken zu verzweigen beginnt: die Quelle ist der Wolkenbrunnen, der Wolkenhimmel mit seinem befruchtenden, lebengebenden Tau, dem Regen, und mit dem goldenen Auge darin, der goldenen Sonne.

Daß solche Naturerscheinungen am Himmel oder in der Luft von der Volksphantasie unter dem Bilde eines Baumes zur Veranschaulichung gebracht werden können, wird allgemein zugestanden. In Norddeutschland werden leichte Wolkenbildungen, Windstreifen, vom Landvolke Wetterbaum genannt; sturmdrohendes Wettergewölk heißt Windwurzel. Ungekünstelte mythische Auffassung der Strahlen der Sonne als einer Pflanze, deren Zweige sich zwischen Himmel und Erde ausdehnen, liegt in einem lettischen Liede: »Am Meeresstrande ist eine schöne Rose gepflanzt. Sie wächst zum Himmel empor, ihre Zweige reichen in die Wolken hinauf, und auf den Stengeln der Rose steigt der Mensch zum Himmel empor.«

Wie neben dem Tempel in Uppsala der Riesenbaum, neben Walhall Lärad, so stand in nächster Nähe bei dem Familienhause der Vårdträd, der Baum, der die Fürsorge ausübt oder vielmehr, der die Fürsorge persönlich ist. Wie man von der Frucht des Mimisbaumes ins Feuer werfen soll, um Frauen von Kindsnöten zu lösen, so schlingen Schwangere die Arme um den Vårdträd, um leichte Entbindung zu erlangen, und der Holunderbaum neben dem Hause hilft den Kreißenden. Der einzelne, die Familie, die Dorfschaft suchte in einem Baume ein Gegenbild und Symbol des eigenen Lebens, ihren Schutzgeist. Der Uppsala-Baum wird der Vårdträd des schwedischen Volkes gewesen sein. Wenn jede Gemeinschaft einen (wirklichen) Schutzbaum hat, dessen Leben mit dem Geschicke der Gemeinschaft verknüpft ist, so muß auch Walhall mit einem eigenen himmlischen Vårdträd ausgestattet sein, der, wie neben dem Privathause, so auch neben dem Götterhause stand. Als sich die philosophische Betrachtung über die Grenze von Familie und Stamm erhob und das ganze Menschengeschlecht in Betrachtung nahm, als sich die Vorstellung der Welt bildete als einer Gemeinschaft, die alle Wesen, menschliche, göttliche und geisterhafte, umfaßte, mußte auch diese Gemeinschaft mit ihrem Schutzbaum versehen und dessen Leben mit dem Schicksale der Welt verknüpft werden. Dem Weltbaum in seiner ältesten Gestalt liegt demnach nichts anderes wie eine ins Große malende Anwendung der Vorstellung vom Vårdträd auf das allgemeine Menschenheim zugrunde. Mit dem Weltbaum ward das Geschick der Welt von Anfang an verknüpft, der Genius des Baumes oder die in oder unter ihm wohnenden Genien waren zugleich schützende und schicksalsbestimmende Mächte der Menschheit, in fortgeschrittener Zeit der Schicksalsgöttinnen und der Götter überhaupt. Der menschliche Schutzbaum ist also das ursprüngliche und einfache Urbild des Weltbaumes und konnte um so leichter zu seiner himmlischen Höhe erhoben werden, als man in der Urzeit einen wunderbaren Baum kannte, der in einer mythischen Betrachtung von Erscheinungen des Himmels seinen Ursprung hatte. Sein alter, allgemeiner Name war wohl Meßbaum, Baum der abgemessenen, wohleingerichteten Welt.

Besondere Bezeichnungen des Weltbaumes waren später »Mimis Baum« und »Esche Yggdrasils«. Der erste Name ist ohne weiteres verständlich: der Baum, unter dem Mimi wohnt, oder den Mimi begießt. Schwieriger ist die Erklärung von Yggdrasil. Sicher bedeutet Yggdrasil nicht das von Odin gerittene Roß, d.h. Odins Galgen, und ebensowenig ist der Galgenbaum, an dem Odin sich selbst opferte, deshalb zu einem Sinnbilde der Welt geworden. Viel wahrscheinlicher ist die Erklärung »Esche des Pferdes des Ygg«; Ygg »der Schrekker« ist Odin, sein Roß ist Sleipni, Esche Yggdrasils also Esche des Wind- oder Wolkenrosses Sleipni: zwischen den Ästen des Wind- und Wolkenbaumes trabt das Roß des Wind- und Wolkengottes und weidet in den luftigen Ästen. Mehr noch als diese ausschließlich naturmythische Deutung wird eine solche befriedigen, die auch wirklichen Verhältnissen des irdischen Lebens neben volkstümlich mythischer Anschauung gerecht wird. Yggdrasil kann auch schreckliches Pferd oder Schreckenspferd meinen, d.h. den Galgen, an dem man Odins Opfer reiten ließ. Zwar gibt es keine bestimmte Angabe dafür, daß Odins Opfer an dem Vårdträd aufgehängt wurden, aber die Vorstellung an sich ist keineswegs unwahrscheinlich. ADAM sagt in seinem Berichte über den Baum von Uppsala: »Die Opfer werden in dem Haine aufgehängt, der zunächst am Tempel liegt. Dieser Hain ist nämlich den Heiden so heilig, daß jeder einzelne Baum durch den Tod oder die Verwesung der geopferten Menschen für heilig erachtet wird.« Der Riesenbaum, der Schutzbaum der schwedischen Nation, wird doch aller Wahrscheinlichkeit nach in diesem Haine gestanden haben, und der irdische Vårdträd kann sehr wohl Yggdrasil »Schreckensroß« genannt sein. So erklärt sich die Erhöhung des irdischen Schutz- und Opferbaumes zu seinem himmlischen Abbilde ganz natürlich, zumal wenn das natursymbolische Bild des Wind-, Wolken- oder Sonnenbaumes mit hinein gespielt hat.

Die unermeßliche Höhe des Weltenbaumes, sein immergrünes Laub, sein Standort über einem Wasser, die Spende des irdischen Taues und überhaupt aller Gewässer, seine Benutzung als Gerichtsstätte lassen sich also durchaus aus einheimischen Vorstellungen erklären. Es war ferner nur eine natürliche, schöne und sinnreiche Annahme, daß die übermenschlichen Frauen, die das Schicksal aller Wesen bestimmten, ihren Wohnsitz an der Yggdrasilsesche hätten, und daß sie aus der Quelle an deren Fuß über sie Wasser gossen, das sie frisch erhielt.

Andererseits ist nicht ausgeschlossen, daß bei dem mythischen Weltenbaume Säfte aus fremden Quellen sich mit denen vereinigt haben, die aus dem heimischen Boden aufstiegen: erst diese Vereinigung hat die volle Entwicklung des Baumes ermöglicht, wie er von den Dichtern, nicht von dem gesamten Volke, geschildert wird. Daß freilich der Baum überhaupt mit Tieren, und zwar dem Norden bekannten wie Adler, Habicht und Hirsch, bevölkert wurde, wäre an sich verständlich. Beachtenswert ist vielleicht ein ungarisches Märchen, in dem 77 Krähen auf dem Wipfel einer Eiche hocken, an deren unterem Ende 77 Wasserratten nagen.

Der faulende Baum ist dem verdorrenden Baume der Erkenntnis nachgebildet, der nach der Legende ohne Rinde und Blätter nach dem Sündenfalle steht. In England, besonders in Northumberland, fanden die heidnischen Nordleute hohe prächtige Kreuze (Denkmäler mit Kreuzen oder in Kreuzform) mit bildlichen Darstellungen. An der Seite des Kreuzes hinauf, an dem der weiße Christ hing, sahen sie die Zweige eines Baumes geschlungen, auf dem zuoberst Eichhörnchen, darunter Vögel (wie Adler aussehend) und Drachen saßen und von den Früchten des Baumes fraßen. Einzelne Züge von dem hier mit leiblichen Augen Gesehenen übertrugen sie auf das einheimische Bild von dem himmelanstrebenden Baume. Der Pfeiler von Bewcastle und das Ruthwellkreuz sind bereits früher besprochen, und die Möglichkeit christlichen Einflusses auf heidnische Vorstellungen ist eingeräumt worden. Umgekehrt hat sich die christliche Kunst auf dem Grabstein in St. Pierre, Monmouth Shire heidnischer Motive bemächtigt.

5. Untergang und Erneuerung der Welt

Man hat gewiß mit Recht angenommen, daß der Glaube an den künftigen Weltuntergang durch Feuer seine Ausbreitung über die germanische Welt nur in der Form einer Verkündigung und Prophezeiung gefunden hat. Dieses letzte Schicksal der Götter, ihren Untergang und damit das Weltende bezeichneten die Nordleute als die Ragnarök (das Göttergeschick, Götterende), späteres Mißverständnis sagte dafür irrtümlich Ragnarökkr (die Götterdämmerung), d.h. die nächtliche Dämmerung, die über die Götter hereinbricht. Den bevorstehenden Untergang der alten Götterwelt, wie er im tieferen religiösen Glauben von früher her ausgebildet oder doch vorbereitet war, schildert von allen Eddaliedern und Skaldenliedern am ergreifendsten das Gedicht »der Seherin Weissagung«.

Bei aller Bewunderung der meisterhaften Gruppierung und der dramatischen Steigerung des Stoffes, der tiefsinnigen Verknüpfung der einzelnen Begebenheiten, der sittlichen Hoheit der Anschauung und der erschütternden Sehnsucht nach Frieden darf man nicht übersehen, daß es die erhabenen Gedanken eines einzelnen, gottbegnadeten Dichters sind, nicht die des gesamten Volkes. Blutenden Herzens sieht er den Verfall der alten Götterherrlichkeit und den unwiderstehlichen Siegeseinzug der neuen Lehre. Da will er noch einmal den alten heiligen Glauben rein und unverfälscht den Zeitgenossen vorführen, zusammenfassen und erklären, was er an tiefen und erhabenen Gedanken enthält; er will den Bekehrern zeigen, daß der heidnische Glaube keinen Vergleich mit dem eindringenden fremden zu scheuen braucht: einen jüngsten Tag, eine Wiedergeburt, eine Auferstehung von den Toten lehrt auch seine Religion – wozu also das bewährte Alte aufgeben?

Mit dem Erscheinen der Nornen ist das Schicksal und dadurch das Unheil in die Welt gekommen. Nicht nur die Menschen sind ihm unterworfen, sondern auch die Götter; sie haben mannigfache Einbußen erfahren und Konflikte heraufbeschworen, die ihnen verhängnisvoll werden sollen. Das Auftreten der Nornen vor der Tötung der Hexe Gullweig und dem Wanenkriege deutet Mord und Unheil an, wie das der streitgerüsteten Walküren. Das goldene Zeitalter ist vergangen, der erste Totschlag ist verübt, der erste Krieg entbrannt, und seine Folge ist der erste Eidbruch, begangen an dem riesischen Baumeister. Beim Weltende rächt sich das an dem Riesen verübte Unrecht, denn dann stehen die Riesen in den Reihen der Gegner der Götter. Der Weltenbaum ist von feindlichen Gewalten gefährdet. Verhängnisvoll wird den Göttern auch der Handel, den Odin mit Mimi geschlossen hat, die Verpfändung seines Auges. Verhängnisvoll für Frey ist der Verlust seines goldenen Schwertes und für Ty die Preisgabe der rechten Hand. Aber die verhängnisvollste Einbuße für die Götter ist der Tod Baldrs. Mit der Fesselung Lokis haben sich die Götter einen neuen grimmigen Feind gemacht: mit den Hel-Dämonen wird Loki am jüngsten Tage gegen die Götter heranziehen – so weist auch dieser Konflikt auf das Weltenende hin. Da trifft der Göttervater seine Gegenmaßregeln: er macht den Fenriswolf, die Midgardsschlange und die Hel unschädlich, er nimmt tapfere Helden nach ihrem Tode bei sich in Walhall auf, er sucht Weisheit und Wissen zu erwerben, selbst unter den größten Gefahren und Opfern. Abwehren kann er das Verhängnis nicht, aber aufhalten: in Bereitschaft sein ist alles.

So bringt der Dichter die Schicksale der Götter aus der Vergangenheit in geschichtlichen Zusammenhang. Baldrs Tod und Lokis Fesselung freilich reichen bereits in die Gegenwart hinein und gehören zu den Vorzeichen des bevorstehenden Weltunterganges.

Die Wölfe werden geboren, von denen einer das Himmelslicht verfolgt und den Sitz der Götter mit Blut rötet; Sonnenfinsternisse treten ein, und alle Wetter werden übel gesinnt. Die Götter und ihre Gegner sind ängstlich auf der Hut. Wo das Reich der Riesen den Wohnsitz der Menschen berührt, hält der Grenzwart Eggther Ausschau nach Süden zu den Menschen und nach oben zu den Göttern. An der Grenze von Muspellsheim, dem Lande der Feuerriesen, sitzt Surt, das glühende Schwert in der Hand. An dem Höllenflusse hält der furchtbare Hund Garm die Wache, um die von ihm Behüteten zur Abwehr aufzurufen. Bei den Göttern aber ist Heimdall der Wächter und sitzt am Rande des Himmels, und wenn er auch weniger Schlaf bedarf als ein Vogel, und Tag und Nacht gleich gut sieht, so wird sich doch Loki seines Schwertes bemächtigen oder einen Waffentausch mit ihm bewirken, und wenn er auch das Gras und die Wolle auf den Schafen wachsen hört, so wird er doch erst ins Horn stoßen, wenn das Riesenland bereits im vollen Aufruhr ist. Ein weiteres und immer drohenderes Vorzeichen ist das Krähen der Hähne in den drei Reichen, der Riesen, Götter und der Hel: über dem riesischen Wächter, der sich übermütig ein Lied zur Harfe singt, läßt der schönrote Hahn seinen gellenden Ruf erschallen; ob den Göttern kräht Gullinkambi, die Helden in Heervaters Halle zu wecken; in den Räumen der Hel kräht der Hahn mit rußbraunem Gefieder. Zum erstenmal ertönt das laute Bellen des Höllenhundes Garm: es ist die letzte, eindringlichste, schauerliche Mahnung zur Wachsamkeit. Wehe, wenn der Fenriswolf die Fesseln zerreißt, mit denen ihn die Götter gebunden haben!

Wohl mag der Dichter aus der zeitgenössischen Geschichte die traurige Gewißheit entnehmen, daß die Schrecken des Weltendes nicht mehr fern sind, daß er vor der Katastrophe steht. Die Söhne König Haralds des Haarschönen kämpfen um die Macht, Eirik Blutaxt hat mehrere (fünf oder sechs) von seinen eigenen Brüdern aus dem Wege geräumt, teils im Kampfe, teils auf andere Weise; den Brudermörder nennt darum das entrüstete Volk »Blutaxt«. Unauslöschlichen Eindruck mußten diese blutigen Brüderfehden gerade der Königsfamilie auf die Zeitgenossen machen. Voll Schmerz und Zorn ruft der Dichter aus: Brüder befehden sich und fällen einander, die Bande der Sippe achten Schwesterkinder nicht mehr. Zucht und Sitte verfallen, der Weltuntergang muß nahe sein. Arg ist es in der Welt, viel Ehebruch gibt es; nicht einer der Menschen wird den anderen noch schonen. Noch im 12. Jahrhundert wird der Eintritt des Weltunterganges an die Auflösung der ersten Grundlagen der sittlichen Welt angeknüpft: sehr schlimm geht es in der Welt zu; der Sohn kennt seinen Vater nicht, und so machen die Söhne ihre Väter zu Hahnrein: die Menschen kennen ihre Verwandten nicht. Denn die sittliche Ordnung des öffentlichen wie des besonderen Lebens des einzelnen ruhte bei den Germanen ganz und gar auf dem Grunde der Familie. Wenn die Familie zerrüttet ist, fehlt auch dem öffentlichen Leben aller Halt: jeder spricht und tut, was er will, keiner schont des anderen. Hart, gewaltsam, wild und schrecklich ist die Zeit; Schwertzeit, Beilzeit heißt sie darum. Der sittlichen Verwilderung entspricht die Verwilderung der Natur. Ein Schneesturm ist wohl die grauenvollste Naturerscheinung des nordischen Winters. Eisige Winde tosen über das Land – das ist die Windzeit, Sonne und Mond werden verfinstert – das ist die Wolfszeit. So kündet sich der letzte große Winter an. Aus allen Himmelsrichtungen stellt sich Schneegestöber ein, scharfer Frost und Sturm, und die Sonne versagt ihr Schein. Aus drei aufeinanderfolgenden Wintern besteht der lange Winter, und kein Sommer trennt sie.

Allgemeiner Aufruhr, Ratlosigkeit und Unsicherheit herrscht vor der Katastrophe.

Mimis Söhne, die Riesen (oder die Gewässer?) geraten in unruhige Bewegung, und sobald sie übermütig werden, stößt Heimdall, der die Götterbrücke gegen sie bewacht, schmetternd in sein Horn. Das Ende bricht an, die Entscheidung tritt ein. Noch einmal redet Odin mit Mimis Haupte, um sich Rat zu holen, und erfährt, was unabwendbar bevorsteht. An seiner Fessel reißt und zerrt der Fenriswolf; seine furchtbaren Anstrengungen, von den Banden loszukommen, lassen die Erde erbeben und den Weltenbaum rauschen. Entsetzt sind die Helleute über das Wüten des Tieres, und die Wut des Ungetüms und das Entsetzen seiner Umgebung, der Helbewohner, legt sich erst, als die Fessel ausgedehnt ist. Vor den Ritzen, die in die Berge führen, stöhnen die Zwerge: sie können die Eingänge jetzt nicht mehr finden, obwohl sie sonst kundig der Felswände sind.

Zum zweitenmal heult der Höllenhund laut auf, um zum Vorgehn der höllischen Mächte aufzumuntern, aber auch vor wilder Freude über das Loskommen des Wolfes. Denn das ist das Hauptmerkmal dafür, daß die Zeit der Ragnarök gekommen ist; sein Losbrechen ist die Vorbedingung zum allgemeinen Aufbruche der Weltmächte und zum Umsturze dieser Welt. Nach anderen Auffassungen bricht der jüngste Tag mit dem Freiwerden Lokis an.

Eingeleitet wird die eigentliche Katastrophe mit dem Anmarsche der Feinde.

Ihre Führer sind Hrym »der Kraftlose«, Loki mit dem Fenriswolfe und Surt, der Herrscher der Feuerwelt. Hrym kommt von Osten, d.h. dem Hauptgebiete der den Göttern feindlichen Riesen; er führt die Riesen zum Kampfe gegen die Götter; mit vorgehaltenem Schilde, zum Kampfe bereit, steht er mutig da, mit der Rechten lenkt er das Steuer des Leichenschiffes. Die Riesenschlange windet sich ihm zur Seite und schlägt die Wogen im Riesenzorne, die Brandung peitschend mit dem Schweife, und dadurch entsteht eine große Flut. Durch diesen hohen Wogengang ist das Totenschiff Naglfar flott geworden. Darüber krächzt der riesische Windadler Hräswelg; die Leichen zerreißt der Schnabelfahle. Ein anderes Schiff schießt von Norden daher, Muspells Söhne (der Fenriswolf und die Heldämonen) kommen übers Meer gesegelt; der Fenriswolf führt das Schiff, und Loki steuert es. Aus seinen Kiefern hat Fenri das Schwert gespien, das Ty, seinen Arm dabei opfernd, ihn bändigend als Keil in den Rachen gezwängt hat: Feuer glüht ihm aus Augen und Nüstern, mit klaffendem, bluttriefendem Rachen fährt er einher, daß sein Oberkiefer den Himmel, der Unterkiefer die Erde streift – und wenn noch mehr Raum vorhanden wäre, er sperrte noch weiter den Rachen auf. Von Süden aber kommt Surt mit dem Feuer einher, hell leuchtet der Glanz seines Schwertes, aus den Erdspalten brechen Feuerflammen hervor. Bei seinem Erscheinen schlagen die Steinfelsen zusammen, und die Bergriesinnen verlieren das Gleichgewicht und kommen zu Falle. Hel schlingt die Menschen, großes Sterben tritt ein. Da birst des Himmels eherne Wölbung entzwei, geschmolzen von Glut oder gesprengt von dem dröhnenden Lärme, und als die Feuersöhne über die Regenbogenbrücke reiten, gerät sie in Brand und zerbricht.

Nach altgermanischem Brauche ist Ort und Zeit des Kampfes zwischen den Göttern und ihren Widersachern vorher vereinbart.

Wigrid (Feld des Kampfes) heißt das Feld vor Walhall, das zur Walstatt bestimmt ist; hier treffen sich zum Kampfe die seligen Götter und Surt; hundert Meilen mißt es im Geviert. Kampfgerüstet eilen die Götter und Einherjer dahin. Der Götterkönig, den goldnen Helm auf dem Haupte mit den gewaltigen, vorgesträubten Adlerflügeln, den Speer Gungni in der Hand, fliegt sausend wie ein Windstoß voran, ihm folgen die anderen, aus ihren Hallen und Wohnungen stürmend. Auch die Göttinnen scheuen den Flug der Speere nicht, die Walküren brausen auf lichten Rossen einher; schier zahllos ist die Schar der Einherjer, die aus Walhalls Toren ausziehen. Den Heerführern der Riesen treten die Hauptkämpfer der Götter im Einzelkampfe gegenüber. Odin stürzt geradenweges auf den Fenriswolf los, aber des Ungeheuers Schlund verschlingt den Göttervater. Frigg, die noch immer um den Tod des guten Baldr trauert, erlebt den zweiten und größten Schmerz. Zur Rache eilt Widar herbei; mit seinem unzerstörbaren Schuh drückt er den Unterkiefer des Wolfes nieder, daß ihm die furchtbaren Zähne nichts anhaben können; mit der linken Hand reißt er den Oberkiefer des Untiers hoch, daß es nicht zuschnappen kann: so stößt er die Klinge dem Wolfe durch den Rachen ins Herz. Der Sonnengott Frey und der Führer der Feuerriesen, Surt, kämpfen miteinander; aber Freys gutes Schwert, das sich von selbst schwingt, ist in der Hand des Gegners, und so findet der Gott den Tod. Die Midgardsschlange, der Thor schon einmal gegenübergestanden, und die sich, schwer verwundet, in den ungründlichen Tiefen des Weltmeeres verborgen gehalten hatte, wälzt sich gegen den Donnerer heran und speit Gift, daß Meer und Luft sich verpesten. Vergebens zertrümmert ihr Thor den scheußlichen Schädel mit seinem Hammer, neun Schritt nur kann er machen, dann fällt er tot nieder: allzuviel Gifthauch hat er eingeatmet. Heimdall trifft Loki. Heiß loht in ihren Herzen der alte Haß auf. Der Streit, den sie beide einst in Robbengestalt auf der Meeresklippe fern im Westen um das goldene Halsband Brisingamen geführt haben, muß zum Austrag gebracht werden. Ungleich ist der Kampf, durch das eigene Schwert kommt Heimdall um, aber auch Loki erliegt. Ty, der lichte Himmelsgott, sucht vergebens den Wolf der Finsternis, den

Widar bereits erlegt hat. Aber ein dumpfer Ton, das schaurige Heulen des Höllenhundes Garm, weist ihm als Ersatz den nicht minder grauenvollen Gegner. Doch nur mit der linken Hand kann er das Schwert führen; trotzdem gelingt es ihm, das Scheusal zu erschlagen, er selbst freilich fällt ebenfalls. Die Folge davon, daß Thor, der Wächter der menschlichen Wohnungen, den Tod erlitten hat, ist, daß alle Menschen die Heimstatt verlassen müssen; das Menschengeschlecht verschwindet völlig von der Erde. Jene Wölfe aber, die Sonne und Mond von jeher verfolgen, seit diese am Himmel ziehen, holen sie jetzt ein und verschlingen sie. Da fallen vom Himmel die heitern Sterne wie wandermüde Schwalben in das Meer. Und nun schleudert Surt Feuer über die ganze Welt, und alles verbrennt in flammender Lohe. Aus dem Innern der Erde bricht Feuer hervor, ein Feuermeer überflutet sie. Es sprüht der Dampf, und das Feuer, das sonst der Spender des Lebens ist, vernichtet alles Wachstum. Nur der Erdboden bleibt, aber durch die entsetzliche Hitze zerklüftet und zerspaltet er sich wie die Himmelsdecke. Das ist Muspilli, die »Erdspaltung«.

Und nun treten die Ströme und Meere über ihre Ufer und über Küsten und Deiche. Von allen Seiten wogt es und wallt es, und Flut auf Flut sich ohn' Ende drängt; immer weiter und tiefer ins Land hinein wälzen sich die rollenden Wogen, alles mit ihrem brodelnden Wasserschwall einreißend und bedeckend; die von den Flammen geborstene Erde sinkt ins Meer, verschwunden ist die ungeheure Brandstätte der Weltschlacht.

Auch über die Ereignisse nach der Katastrophe sucht der Blick in die Ferne nach einem festen Ziele und gewahrt in dämmernden Umrissen ein neues und besseres Sein.

Die Erde steigt wieder langsam aus den Fluten empor. In Sturzbächen braust das Wasser von den Gebirgen hernieder; der Adler fliegt darüber und stößt nach Fischen an Berges

Wand – ein der Natur Norwegens entnommenes Bild. Und nun die Gewässer nicht mehr die Berge und Hügel und die Erde selbst bedecken, belenzt sich der Grund mit grünem Lauche, auf unbesätem Acker wachsen Ähren. Auf dem Idafelde, dort, wo sie sich in der Vorzeit, im goldenen Zeitalter versammelt hatten, finden sich die Asen wieder zusammen, die an dem wildbewegten, kriegerischen Leben der Götter der alten Welt keinen Anteil genommen haben und deshalb im Weltbrand nicht umgekommen sind; doch nicht wie ehemals zu fröhlicher Tätigkeit vereinen sie sich, sondern zu schwermütig-ernstem Gespräche. Alles, was sie erfahren und mit angesehen, zieht noch einmal im Bilde an ihrem Auge vorüber. Bei der erdumgürtenden Weltschlange, deren Greuel ihnen als die jüngste wichtigste Begebenheit erscheinen, verweilt ihr Gespräch zunächst; von den großen Ereignissen der Ragnarök reden sie dann und von Odins geheimen Kenntnissen der Urzeit. Selbst die wundersamen goldenen Tafeln, mit denen sie ehedem in kindlicher Unschuld das Brettspiel übten, finden sich im Grase wieder, und mit den Tafeln wird sich auch ihr verlorenes Glück wieder einstellen. Die Sonne hat, bevor sie der Wolf verschlungen, eine Tochter geboren: glänzender als die Mutter wird nun die Maid auf den Wegen der Welt fahren. Das größte Unglück, das die alte Welt betroffen hatte, der Tod Baldrs, wird jetzt aufgehoben: Baldr und Höd, Odins Söhne, die beide zu früh aus der Gemeinschaft der Götter ausgeschieden waren, kehren wieder und bewohnen jetzt Odins siegreiche Gehöfte, die ehemaligen Behausungen der Schlachtengötter. Die Gegensätze sind versöhnt und nicht mehr vorhanden, und wo der höchste Kriegsgott hauste, wohnen jetzt die Vertreter des ewigen Friedens, als Kampfgötter aber bereit, ihn auch mit der Waffe zu schirmen. Der Göttervater selbst, Odin, ist tot und kehrt nimmer zurück, aber die Söhne seiner Brüder Wili und We, die ihm einstmals bei der Schöpfung halfen, bewohnen das weite Windheim, den Himmel. Neben Odins Söhnen erscheinen auch Odins Brüder, Höni und Lodur, als lebendige Zeugen von der fernen Vorzeit der Urgeheimnisse; Lodur wird Gesundheit und Gedeihen um sich verbreiten, Höni wählt sich zum Wahrsagen den Loszweig, um Segen und Glück einem neuen Geschlechte zu künden. Zu ihnen gesellen sich zwei andere Götterpaare: Widar und Wali, die Söhne Odins, und Modi und Magni, die Söhne Thors.

In ihnen als ihren Nachkommen verjüngen sich gleichsam die alten mächtigen Götter, sie sind es aber auch, die ehedem für den besiegten Blutsverwandten rächend eingetreten waren. Stumm und abgeschieden hatte Widar in der Einöde gelebt, bis er den Tod des Vaters an dem Wolfe zu rächen hatte; Wali hatte, eine Nacht erst alt, Baldrs Mörder auf den Scheiterhaufen gelegt, und Magni hatte nach dem Sturze seines Vaters im Kampfe mit Hrungni Thor von dem auf ihn lastenden Riesenleibe erlöst. Das Rechtsgefühl der heidnischen Germanen forderte, daß die Götter, die nur der heiligen Pflicht der Blutrache gelebt hatten, auch das Weltende überdauerten. Der Hammer des Vaters, die kostbare, nie versagende Waffe, ist auf Modi und Magni übergegangen, für den Fall, daß die neue Welt der Verteidigung gegen Angriffe von außen bedarf. Die Wiederkehr dieser Götter ist also ganz im Geiste des heidnischen Altertums.

So wenig wie alle Götter, sind alle Menschen zugrunde gegangen.

Im Holze des Weltenbaumes, der trotz der züngelnden Lohe unversehrt geblieben ist, haben sich die Stammeltern des neuen Menschengeschlechtes in die künftige Welt hinübergerettet. Morgentau war all ihr Mahl, schuldlose Speise: von ihnen stammt ein neu Geschlecht.

Welche Macht wird über die Geschicke des neuen Menschengeschlechtes walten? Es ist erklärlich, daß sich ein Dichter auch diese Frage vorlegte.

Die Nornen sind vergangen, und so müssen auch an die Stelle dieser Wesen andere treten. Es geschieht durch drei Scharen von Mädchen, die, durch die Lüfte reitend, die Stätten besuchen, wo Menschen zusammenwohnen: sie verleihen den Ehen Fruchtbarkeit und leisten gebärenden Frauen Hilfe. Aber obwohl sie ihren Ursprung noch von den Riesen haben, den alten Feinden der Götter und Menschen, werden sie den Erdbewohnern doch nur Glück bescheren. In der neuen Welt hat das Übel auch bei den Menschen keine Statt mehr, und sogar aus dem Riesengeschlechte müssen heilbringende Frauen hervorgehen, um die keineswegs nur heilbringenden Nornen zu ersetzen. Dieses neue Menschengeschlecht, das Lüge nicht, noch Sorge kennt, wird in steter Treue und ewiger Freude im goldenen Saale auf Gimle wohnen (Edelsteindach oder -hügel).

Wie Walhall mit vergoldeten Schilden statt Schindeln geschmückt war, so sind zu der Ausschmückung der neuen Wohnung Edelsteine verwendet, die selbst die Sonne noch überstrahlen. Aber während in Walhall das wilde, kriegerische Leben der Einherjer herrschte, wohnen in der neuen fürstlichen Haus- und Hofhaltung die neuen Menschen, zwar auch tapfer und kampfesmutig, aber gut wie die Götter der neuen Welt.

Nur eine Erinnerung an die erste, schlechtere Welt ist noch da: überall liegen verstreut die Leichen der bei dem großen Weltbrande zugrunde gegangenen Menschen, Riesen und Götter. Da steigt Nidhögg aus dunkler Tiefe empor, der arge Drache, der an der Wurzel des Weltenbaumes nagte und in Hels Behausung Leichen verzehrte. In unheimlichem Glanze schimmert sein Schuppenpanzer, von dem sich die dunklen Flügel seltsam abheben. In seinen Fittichen trägt er die Leichen der in den Ragnarök getöteten Wesen und räumt so die letzten Reste der ersten Welt hinweg.

Breit ist das Reich der neuen Einherjer – wer wird ihr Oberhaupt sein? Zusammen sind die Personen, die den neuen Götterstaat bilden sollen – aber auch ihnen fehlt das neue Oberhaupt. Wer wird das sein?

> Von oben kommt der allgewalt'ge
> hehre Herrscher zum höchsten Gericht.
> Zwietracht schlichtend, Zwist entscheidend
> Ordnet er ewige Satzungen an.

Diese letzten vier Verse gehören sicherlich echter nordischer Überlieferung nicht an. Sie sind Nachahmung eines gelehrten Isländers aus der Zeit von 1150–1200, als man begann, sich für das klassische Altertum, seine Mythen, Dichtungen und Kultur zu interessieren, und das Christentum bereits angenommen hatte. Der Gott, der größer ist und mächtiger als alle, ist der Gott der Christen.

Ist auch mit dem neuen Herrscher des neuen Götterstaates, der von oben kommt, allem gebietend, um Recht wie keiner zu pflegen, der Urteile spricht und Streitsachen beilegt, der heilige Ordnungen festsetzt, die bleiben sollen – ist auch mit ihm schon der mächtige, siegreiche Christengott gemeint? Ist wirklich der große, unbekannte Gott, dem die heidnischen Athener einen Altar errichtet, bereits in das Bewußtsein der heidnischen Nordleute getreten, ist sein Weltregiment bereits in diesen Versen angekündigt? Auffallend ist immerhin, daß diese wichtigen Worte in der Haupt-Liederhandschrift nicht enthalten sind, und es läßt sich in der Tat schwer begreifen, warum gerade diese Strophe übersehen sein sollte. Hat der christliche Schreiber sie wissentlich verschwiegen und absichtlich weggelassen, weil er in ihr einen unpassenden Hinweis auf seinen Gott sah, den er aber erst hineintrug? Oder hat er die Strophe unterdrückt, damit nicht von den Heiden gesagt werden könnte: wozu sollen wir euren Christengott annehmen? wir haben ja einen, der ebenso mächtig ist wie er! Ist die Verkündigung des neuen Herrn das

Schlußwort eines christlichen Überlieferers, der der Glaubenslehre des Heidentums die heiligen Ordnungen entgegensetzt, die bleiben sollen? Ist aber die Strophe christliche Zutat, so kann sie nur von einem ganz späten Urheber, einem Schreiber des 13. Jahrhunderts stammen, der die unvereinbaren Gegensätze, Christus und die Asen, wenigstens auf dem Pergamente glaubte versöhnen zu können. Aber sie enthält gar nicht die christliche Vorstellung von einem großen Gerichte und gewaltigen Richter am Ende der Welt. Von einer Scheidung der Gerechten und Ungerechten und von einer Belohnung der Guten und Bestrafung der Bösen kann nicht die Rede sein. Denn es wird künftig auf Erden nur gute, redliche Menschen geben. Sodann wird der ganze Zustand der Vollkommenheit, des Gedeihens und des Glückes, der Gerechtigkeit und des Friedens im Himmel und auf Erden durch den Mächtigen von oben keineswegs erst herbeigeführt, sondern nur durch ihn in gleichmäßiger, ewiger Dauer erhalten. Germanische Lebensauffassung hielt die Zeit für vollkommen, wo die Rechtsordnung in dauerndem, unverletzlichem Bestande erhalten bliebe. Das Böse ist Rechtsverletzung. Solange die gegenwärtigen Zeitläufe bestehen, so lange wird Unrecht auf Erden wie im Himmel verübt werden. Aber der Herrscher der künftigen Welt ist der Schirmherr der unverletzlichen Rechtsordnung: die alte Schuld ist gesühnt, er wird dafür sorgen, daß nicht wieder das Recht gebrochen wird. Endlich ist der neue Oberherrscher, wenn er auch ein Friedensfürst sein mag und will, keineswegs Christus, der demütig litt und duldete, um am Ende der Zeiten in Herrlichkeit wiederzukehren, sondern sein Wesen ist Kraft vom Anbeginne an; die Götter, über denen er thront, sind Kampfgötter, und die Menschen, deren Schicksale er entscheidet, sind die Einherjer, trotz aller Friedfertigkeit kriegerische Mannen. Vor allem aber gibt es in der neuen Welt nicht etwa, dem christlichen Monotheismus entsprechend, nur einen

Gott, sondern mindestens zehn. Daß diese Vorstellung von dem künftigen Herrscher durch das Christentum hervorgerufen sei, muß also entschieden geleugnet werden. Eine indirekte Beeinflussung hingegen ist vielleicht nicht ausgeschlossen. Die Lehren der christlichen Religion sind dem Dichter nicht mehr fremd – wie hätte er ihnen sonst wirksam gegenübertreten können? Unwillkürlich und unbewußt zittert ein von christlichen Glaubensboten vernommener Ton in die heidnische Grundstimmung hinein.

Der goldgedeckte Saal auf Gimle, wo die treuen Kriegsmannen wohnen, ist gewiß nicht eine Nachbildung des himmlischen Jerusalem, dessen Grundmauern aus Edelsteinen, dessen Tore aus Perlen, dessen Straßen aus lauterm Golde sind und dessen Einwohner weder Tod noch Geschrei noch Schmerzen kennen, sondern das Gegenstück zu dem Aufenthalt in der Hölle. Daß die Treuen ihr verdientes Glück genießen, versteht sich für das Neue Testament wie für den heidnischen Norden von selbst. Goldne Säle kennt der Norden auch sonst (Walhall, Glitni, Breidablik, der goldene Saal der schatzsammelnden Zwerge, der Landestempel zu Uppsala), und schließlich ist im neuen Jerusalem die Straße, in der nordischen Götterwohnung aber das Dach von Golde. Selbst wenn zu seiner Ausschmückung Edelsteine verwendet sind, so braucht man deswegen noch nicht an den apokalyptischen Jaspisstein zu denken, der wie Kristall leuchtet.

Der Dichter der »Weissagung der Seherin« hat die Mythen, die im Volke lebendig waren, in ihrer tiefsten Bedeutung philosophisch aufgefaßt und in einen großen geschichtlichen Zusammenhang gebracht. Die Vorstellung, daß die anfängliche glückliche Unschuld- und Friedenszeit durch den »Sündenfall« der Götter gestört und daß durch die verführerische Macht des Goldes auch die Menschenwelt in Verwirrung gebracht wurde, gehört dem Dichter und vielleicht einigen wenigen allein, die über das Heidentum schon hinausgekommen waren, aber nicht dem Volke an. Die Auffassung des Götterlebens nicht als eines unveränderlichen Daseins, sondern geradezu als eines geschichtlichen Verlaufes mußte der nordischen Mythologie einen nicht bloß epischen, sondern dramatischen Charakter verleihen, mußte aber mit den religiösen Bedürfnissen in Konflikt geraten und in ihrer letzten Konsequenz zum Untergange des ganzen Glaubens an die alten Götter führen. Die Sehnsucht nach einem reineren, besseren Leben wird in manchen tieferen Gemütern mehr als einmal rege gewesen sein, und diese Weltansicht bezeichnet den äußersten Höhepunkt, bis zu dem die innere geistige Entwicklung des nordischen Heidentums gelangen konnte. Christlich ist sie nicht, weder durch das Christentum beeinflußt, noch dadurch hervorgerufen. Aber vorbereitet war damit dem Christentum der Boden. Denn ein neues, lebenskräftiges Heidentum konnte aus diesen Ruinen nicht erblühen. Mögen diese Gedanken auch anfangs der Menge gleichgültig gewesen sein und nur wenige überzeugungsvolle Anhänger gewonnen haben, mag auch die Idee des Untergangs der Welt nicht von Anfang an in den Göttersagen gelegen haben, weil sie der Kindlichkeit der frühesten Zeit widerstreitet und erst das Ergebnis eines vielfach bewegten kampfesreichen Lebens sein kann – auf die Dauer konnten diese revolutionären Anschauungen dem Volke nicht verborgen bleiben und mußten zersetzend auf Glaube, Sitte und Staatsleben wirken. Es war wahrlich ein tiefer Gedanke, den Göttern offen und geradezu Sündhaftigkeit zuzuschreiben, statt ihnen nur verzeihliche, liebenswürdige Schwächen beizulegen; und daß der starrsinnige Idealismus in unerbittlicher Folgerichtigkeit sich vor dem Zugeständnisse nicht scheute, daß die Gerechtigkeit sich an den Göttern selbst erfüllen müßte, daß erst mit dem Untergange der Schuldigen die Schuld gesühnt sei, ist großartig, bewundernswert und vielleicht einzig dastehend, aber an den Widersprüchen dieser

Konsequenz mit den religiösen Bedürfnissen mußte sich das Heidentum verbluten. Denn kein Volk kann ernsthaft noch an Götter glauben, auf die es selbst jenes Schicksal als ein verdientes übertrug. Daher erwidern die kühnen Seekönige und andere Helden des Nordens auf die Frage nach ihren religiösen Anschauungen mit Antworten des Unglaubens, des trotzigen Vertrauens lediglich auf die eigene Persönlichkeit und ihre erprobte Kraft. Man darf daher diese Mythen, wenigstens in ihrer späteren Ausbildung, nicht mehr als Ausfluß oder Ausdruck des alten Glaubens selbst auffassen, sondern als Zeichen des Übergangs zu einer neuen Weltansicht. So ist auch dieses großartige Gedicht in der wilden Gärungszeit entstanden, wo das Alte in voller Auflösung begriffen, das Neue noch nicht ganz zum Siege gedrungen war. Aber trotz dieses negativen Charakters sind diese Mythen, wie man mit Recht hervorgehoben hat, ein Zeugnis hohen Sinnes für die Wahrhaftigkeit und sittliche Kraft, womit die Nordgermanen jene letzten Konsequenzen ungescheut und rücksichtslos gezogen haben, und das allein schon, dieses formale Verdienst, abgesehen von dem materiellen Gehalte mancher anderer Vorstellungen, läßt sie als würdig und reif zur Annahme des Christentums erscheinen.

Die in größeren Zwischenräumen wiederkehrenden Sonnenfinsternisse haben auf die Ausgestaltung des Ragnarökmythos unfraglich eingewirkt: »Fenri rötet den Sitz der Götter mit Blut, schwarz wird der Sonne Schein, in den Sommern darauf wird wüstes Wetter; vom Himmel stürzen die heitern Sterne.« Das »Verschwinden« oder »Dunkelwerden« der Gestirne ist nur der jüngere verblaßte Ausdruck für das mythische Bild »Der Fenriswolf stürzt sich entfesselt auf die Wohnungen der Menschen«. Daneben sind folgende Bestandteile des Ragnarökglaubens unzweifelhaft heidnisch: der Fimbulwinter, das Versinken der Erde ins Meer, die Schlange im Weltmeere, der Weltbrand, der Götterkampf, der Tod des

Götterkönigs und die Rache, das überwinternde Menschenpaar, das neue Göttergeschlecht.

Gewiß ist der Seelenglaube der ältesten Zeit von dem spätern Unsterblichkeitsglauben zu trennen; aber die Vorstellung, daß die Seelen zu bestimmten Zeiten den Lebenden näher treten als sonst, ließ ein Wiedererscheinen nach dem Ende der Welt erwarten. Wenn böse Menschen nach dem Tode bestraft werden und wenn Högni die Brynhild verwünscht: »Verwehrt sei ihr ewig die Wiedergeburt, die geboren nur ward, um Böses zu stiften«, so muß angenommen werden, daß die bösen Menschen nicht wiedergeboren werden, sondern Qualen in der Unterwelt erleiden; die guten aber werden wieder geboren. So werden auch außer Baldr und Höd, die von Hel zurückkehren, vor allem die Söhne der Götter, Odins Söhne Widar und Wali, Thors Söhne Modi und Magni, für die neue Welt erwartet: sie sind also als die wiedergeborenen Götter gedacht. Auch die nach den Ragnarök lebenden Menschen heißen »wackere Scharen«. Damit wird nicht eine persönliche Unsterblichkeit gelehrt, aber doch die Unsterblichkeit der Seele, indem die Seele beständig auf neue Menschen übergeht. So bricht auch hier eine alte, durchaus heidnische, religiöse Vorstellung in dem Glauben an den endlichen Sieg des Guten hervor.

Neben der Ansicht einer Weltzerstörung durch Feuer begegnet auch die durch strenge Kälte (Fimbulwinter) oder durch Wasser. Die dauernde Verfinsterung der Sonne läßt alles Leben erstarren, der Hunger tritt ebenso mörderisch auf wie die Kälte. Diese der Natur des Nordens entnommene Vorstellung vereinigte sich mit der des Weltbrandes und wurde später als eine Art Vorspiel aufgefaßt.

Daneben erscheint die Vernichtung der Welt durch das Meer:

Es steigt das Meer im Sturme zum Himmel, die Länder verschlingt es. Auch nach der skaldischen Dichtung versinkt die

Erde in das rings umbrausende Meer: Die helle Sonne wird schwarz, die Erde sinkt in das finstre Meer, der Himmel birst, die ganze See tost auf den Felsen; Steine schwimmen rasch wie Saatkörner auf dem Wasser, die Erde versinkt, die mächtigen, herrlichen Berge stürzen ins tiefe Meer.

Die Vorstellung dagegen, daß Feuer und Flamme dereinst die Welt zerstören werden, ist die eigentlich herrschende, und vielleicht ist sie sogar gemeingermanisch. Das Wort Muspell freilich ist noch nicht sicher gedeutet; es klingt wenig nordisch und ist wahrscheinlich von Niederdeutschland nach Skandinavien gedrungen.

Mit gerechtem Stolze kann sich der Norden dieser kostbaren Schätze rühmen, und neidlos wird der Deutsche, dem eine gleich günstige Entwicklung des Glaubens seiner Altvorderen nicht zuteil geworden ist, sich über diesen Reichtum mitfreuen. Er wird nicht scheel auf den glücklicheren Bruder sehen, nicht für sich beanspruchen, was auf der fernen meerumbrausten Insel ungestört weiter gedeihen konnte; sondern mit um so größerer Liebe und herzlicherem Eifer wird er den Spaten in den heimischen Boden setzen und mit beharrlichem Eifer zu retten suchen, was in Trümmern zerstreut und zersprengt umherliegt. Im Sternglanz der Vergangenheit wird er seinen Sinn jung und rein baden und einsehen, daß auch die Kenntnis unserer Vorzeit, das liebevolle Versenken in die Geschichte der stammverwandten Völker nördlich der Ostsee zur Entfaltung nationaler Selbsterkenntnis in hohem Maße beitragen können.

ABKÜRZUNGEN UND ERLÄUTERUNGEN

aengl.	altenglisch
afries.	altfriesisch
ags.	angelsächsisch
ahd.	althochdeutsch
aind.	altindisch
aisl.	altisländisch
altir.	altiranisch
an.	altnordisch
as.	altsächsisch
bayr.	bayerisch
erm.	erminonisch
got.	gotisch
ide.	indoeuropäisch
idg.	indogermanisch
ir.	irisch
istw.	istwäonisch
langob.	langobardisch
lat.	lateinisch
lit.	litauisch
mhd.	mittelhochdeutsch
mndl.	mittelniederländisch
nd.	niederdeutsch
nhd.	neuhochdeutsch
nl.	niederländisch
skr.	sanskrit

urgerm.	urgermanisch
ǫ	entspricht engl. »aw«
Þ đ	entspricht engl. »th«
¯ ^	über Vokalen, bedeutet deren Länge
ˇ	Akzent
*	aus dem Indogermanischen hypothetisch erschlossen

Leseprobe

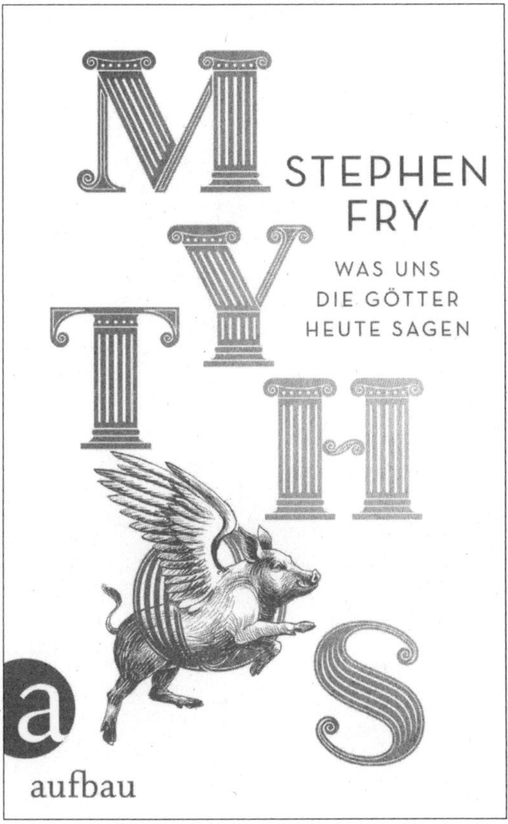

Aus dem Chaos

Heute stellen wir uns den Beginn des Universums als Urknall vor, ein Ereignis, das schlagartig Raum, Zeit und Materie hervorbrachte, wodurch alles entstand. Die Griechen sahen das anders. Sie glaubten, dass das Universum nicht mit einem Knall, sondern mit CHAOS begann. War Chaos ein Gott – ein göttliches Wesen – oder schlicht ein Zustand des Nichts? Oder war Chaos, so wie wir das Wort heute benutzen, eine Art schreckliches Durcheinander, das Zimmer eines Teenagers, nur viel schlimmer?

Vielleicht muss man sich Chaos wie ein großes kosmisches Gähnen vorstellen, eine gähnende Leere oder einen gähnenden Abgrund. Ob Chaos das Leben und die Materie aus dem Nichts geschaffen oder es erträumt hat, ob es einer klaffenden Leere entstammt oder anderweitig heraufbeschworen wurde, weiß ich nicht, ich war nicht dabei. Sie auch nicht. Und doch waren wir es irgendwie schon, denn all die Teilchen, die uns ausmachen, waren dabei. Es genügt zu sagen, dass es nach Ansicht der Griechen Chaos war, das, mit einem gewaltigen Ruck, einem übergroßen Schulterzucken, Schluckauf, Brechanfall oder Husten, die lange Kette der Schöpfung in Gang setzte, die mit Pelikanen und Penizillin endete, mit Kröten, Seelöwen, Robben, Löwen, mit Menschen und Narzissen, Mord, Kunst, Liebe, Wirrwarr und Tod und Irrsinn und Gebäck.

Wie immer die Wahrheit auch aussieht, ist sich die Wissenschaft heute einig, dass alles dazu bestimmt ist, wieder in den Zustand des Chaos zurückzukehren. Dieses unausweichliche Schicksal nennt man Entropie: Teil des großen Zyklus vom Chaos zur Ordnung und wieder zurück zum Chaos. Ihre Hosen beispielsweise waren ursprünglich chaotische Atome, die irgendwie zu Materie verschmolzen, sich über Äonen von Jahren zu einer lebendigen Substanz anordneten, die sich wiederum langsam zu einer Baumwollpflanze entwickelte, aus der dieser ansehnliche Stoff gewebt wurde, der ihre wunderhübschen Beine bekleidet. Irgendwann werden Sie ihre Hosen entsorgen – sie werden verbrannt oder verrotten auf einer Müllkippe. In beiden Fällen wird ihre Materie auf lange Sicht hin wieder freigesetzt und damit Teil der Atmosphäre unseres Planeten. Und wenn die Sonne explodiert und jedes Partikel dieser Welt mit sich nimmt, die Bestandteile Ihrer Hose eingeschlossen, werden alle dazugehörigen Atome ins kalte Chaos zurückkehren. Und was für Ihre Hosen gilt, gilt natürlich auch für Sie.

Also ist das Chaos, mit dem alles begann, auch das Chaos, das alles beenden wird.

Vielleicht gehören Sie ja zu der Sorte Menschen, die fragen: »Aber wer oder was war *vor* dem Chaos?, oder: Wer oder was war vor dem Urknall? *Irgendwas* muss es doch gegeben haben.«

Nun, die Antwort lautet nein. Wir müssen akzeptieren, dass es kein *vorher* gibt, weil die Zeit noch nicht existierte. Niemand hatte den Startknopf für die Zeit gedrückt. Niemand hatte *Jetzt!* gerufen. Und da die Zeit noch erschaffen werden musste, waren Zeitwörter wie »vorher«, »während«, »als«, »dann«, »nach dem Mittagessen« und »letzten Mittwoch« ohne Bedeutung. Es macht einen ganz wuschig, aber es ist so.

Das griechische Wort für »alles, was der Fall ist«, also das, was wir »das Universum« nennen würden, lautet Kosmos. Und in dem Moment – obwohl »Moment« ein Zeitwort ist und noch keinen Sinn ergibt (genauso wenig wie der Ausdruck »noch keinen«) –, in diesem Moment ist Kosmos Chaos und nur Chaos, denn Chaos ist das Einzige, was der Fall ist. Ein Sich-Recken und Strecken, ein Einstimmen im Orchester …

Bald aber schon wird sich alles sehr schnell ändern.

Die erste Generation

Aus dem formlosen Chaos entsprangen zwei Schöpfungen: EREBOS und NYX. Erebos war die Dunkelheit, Nyx die Nacht. Er und sie vereinigten sich auf der Stelle, und die leuchtenden Früchte dieser Vereinigung waren HEMERA, Tag, und ÄTHER, Licht.

Zur gleichen Zeit – denn alles muss gleichzeitig passieren, bis die Zeit die einzelnen Ereignisse trennt – brachte das Chaos noch zwei weitere Gebilde hervor: GAIA, die Erde, und TARTAROS, die Unterwelt.

Ich kann mir vorstellen, was Sie jetzt denken: Diese Schöpfungen hören sich ganz charmant an – Tag, Nacht, Licht, Unterwelt –, aber es handelt sich nicht um Götter und Göttinnen, nicht einmal um Lebewesen. Und es ist Ihnen vielleicht auch aufgefallen, dass es ohne die Zeit keine dramatische Erzählung geben kann, keine Geschichten, denn Geschichten bestehen aus ES WAR EINMAL und WAS PASSIERTE DANN?

Damit liegen Sie ziemlich richtig. Was sich zuerst aus dem Chaos entwickelte, waren grundlegende, ursprüngliche Prinzipien, die noch keinerlei Farbe besaßen, keinen Charakter, keine Bedeutung. Es waren die PRIMORDIALEN GOTTHEITEN, die Erstausgabe göttlicher Wesen, denen all die Götter, Helden und Monster der griechischen Mythen entspringen. Sie brüteten in Wartestellung vor sich hin.

Die stille Leere dieser Welt wurde gefüllt, als Gaia ganz allein zwei Söhne gebar.* Der erste war PONTOS, das Meer, und der zweite URANOS, der Himmel. Hemera und Äther vermehrten sich ebenfalls, und aus ihrer Vereinigung entstand THALASSA, der weibliche Gegenpart zu Pontos, dem Meer. Uranos *war* der Himmel und das Firmament in dem Sinn, wie – ganz zu Anfang – die primordialen Gottheiten immer die Dinge *waren*, über die sie herrschten und die sie repräsentierten.** Man könnte sagen, Gaia war die Erde, war Hügel, Täler, Höhlen und Berge, aber auch dazu fähig, sich eine Form zu geben, die gehen und sprechen konnte. Die Wolken vom Himmel des Uranos jagten und zogen über sie hinweg, aber sie waren ebenfalls in der Lage, sich in einer Form zusammenzuballen, die wir wiedererkennen könnten. Das Leben hatte gerade erst begonnen. Sehr wenig war festgelegt.

* Der Trick der jungfräulichen Geburt, die *Parthenogenese,* lässt sich in der Natur auch heute noch beobachten. Für Blattläuse, Echsen und sogar Haie ist es nicht ungewöhnlich, sich auf diese Art fortzupflanzen. Sie bringt allerdings nicht die Vielfalt hervor, wie sie durch zwei Sätze von Genen ermöglicht wird – genauso verhält es sich mit dem Ursprung der griechischen Götter: Die Interessantesten von ihnen sind allesamt die Frucht zweier Elternteile, nicht nur eines.

** Und tatsächlich ist *ouranós* bis heute das griechische Wort für ›Himmel‹.